Der territoriale Anwendungsbereich des Rechtes der nichtinternationalen bewaffneten Konflikte

Christopher Wolters

Der territoriale Anwendungsbereich des Rechtes der nichtinternationalen bewaffneten Konflikte

PETER LANG

Bibliografische Information der Deutschen Nationalbibliothek
Die Deutsche Nationalbibliothek verzeichnet diese Publikation in der Deutschen Nationalbibliografie; detaillierte bibliografische Daten sind im Internet über http://dnb.d-nb.de abrufbar.

Zugl.: Berlin, Freie Univ., Diss., 2017

Cover Design: © Olaf Gloeckler, Atelier Platen, Friedberg

D 188
ISBN 978-3-631-74208-2 (Print) · E-ISBN 978-3-631-74231-0 (E-PDF)
E-ISBN 978-3-631-74232-7 (EPUB) · E-ISBN 978-3-631-74233-4 (MOBI)
DOI 10.3726/b13082

Internationaler Verlag der Wissenschaften
Berlin 2018

Peter Lang – Berlin · Bern · Bruxelles · New York ·
Oxford · Warszawa · Wien

Diese Publikation wurde begutachtet.

www.peterlang.com

Vorwort

Die vorliegende Dissertation entstand nach Abschluss meiner Ersten Juristischen Prüfung an der Westfälischen Wilhelms-Universität Münster sowie während meines Referendariats am Kammergericht Berlin. Sie wurde vom Promotionsausschuss der Rechtswissenschaftlichen Fakultät der Freien Universität Berlin als Dissertation angenommen.

Ich danke allen Personen, die mich in der schönen Zeit des Erstellens dieser Arbeit begleitet und mir dabei Rückhalt gegeben haben. Ein besonderer Dank gebührt dabei meinen Freunden, die ganz wesentlich zum Gelingen der Arbeit beigetragen haben. Meiner Familie und meiner Freundin verdanke ich mehr als den erfolgreichen Abschluss der Promotion. Ihnen sei an dieser Stelle für die immerwährende Unterstützung und Liebe gedankt.

Mein Dank gilt schließlich selbstverständlich auch meiner Doktormutter, Frau Prof. Dr. Heike Krieger, für die Betreuung dieser Arbeit sowie meinem Zweitgutachter, Herrn Prof. Dr. Dr. h.c. Dr. h.c. Philip Kunig.

Gliederung

Inhaltsverzeichnis

Abkürzungsverzeichnis

A.F. L. Rev.	Air Force Law Review
AIT	Asylum & Immigration Tribunal of Great Britain
Am. J. Int'l L.	American Journal of International Law
Am. U. Int'l L. Rev.	American University International Law Review
Am. U. L. Rev.	American University Law Review
AVR	Archiv des Völkerrechts
Austl. Int'l L.J.	Australian International Law Journal
Baltic Y.B. Int'l L.	Baltic Yearbook of International Law
BGBl.	Bundesgesetzblatt der Bundesrepublik Deutschland
B.U. Int'l L.J.	Boston University International Law Journal
Brit. Y.B. Int'l L.	British Year Book of International Law
Colum. J. Transnat'l L.	Columbia Journal of Transnational Law
CLP	Current Legal Problems
Denv. J. Int'l L. & Pol'y.	Denver Journal of International Law and Policy
DePaul L. Rev.	DePaul Law Review
EGMR	Europäischer Gerichtshof für Menschenrechte
Emory Int'l L. Rev.	Emory International Law Review
Eur. J. Int'l L.	European Journal of International Law
Fordham Int'l L.J.	Fordham International Law Journal
Geo.Wash. Int'l L. Rev.	George Washington International Law Review
Geo. Wash. L. Rev.	George Washington Law Review
Ga. J. Int'l & Comp. L.	Georgia Journal of International and Comparative Law
Ga. L. Rev.	Georgia Law Review
German L.J.	German Law Journal
GJ	Global Jurist

GK I	Genfer Abkommen vom 12. August 1949 zur Verbesserung des Loses der Verwundeten und Kranken der bewaffneten Kräfte im Felde
GK II	Genfer Abkommen vom 12. August 1949 zur Verbesserung des Loses der Verwundeten, Kranken und Schiffbrüchigen der bewaffneten Kräfte zur See
GK III	Genfer Abkommen vom 12. August 1949 über die Behandlung der Kriegsgefangenen
GK IV	Genfer Abkommen vom 12. August 1949 über den Schutz von Zivilpersonen in Kriegszeiten
Harv. Int'l L.J.	Harvard International Law Journal
Harv. Nat'l Sec. J.	Harvard National Security Journal
HK IV	Haager Konvention betreffend die Gesetze und Gebräuche des Landkriegs
HK V	Haager Konvention betreffend die Rechte und Pflichten der neutralen Mächte und Personen im Falle eines Landkrieges
HK XIII	Haager Konvention betreffend die Rechte und Pflichten der Neutralen im Falle eines Seekrieges
HLKO	Haager Landkriegsordnung
Hum. Rts. L. Rev.	Human Rights Law Review
IAKMR	Interamerikanische Kommission für Menschenrechte
ICTR	Internationaler Strafgerichtshof für Ruanda
ICTY	Internationaler Strafgerichtshof für das ehemalige Jugoslawien
IGH	Internationaler Gerichtshof
IKRK	Internationales Komitee vom Roten Kreuz
ILA	International Law Association
ILSA J. Int'l & Comp. L.	ILSA Journal of International and Comparative Law
Int'l Aff. (London)	International Affairs (London)
IPbpR	Internationaler Pakt über bürgerliche und politische Rechte
IpwskR	Internationaler Pakt über wirtschaftliche, soziale und kulturelle Rechte
IRRC	International Review of the Red Cross
ISQ	International Studies Quarterly

ISIL Y.B. Int'l Human. & Ref. L.	ISIL Year Book of International Humanitarian and Refugee Law
Isr. L. Rev.	Israel Law Review
Isr. Y.B. Hum. Rts.	Israel Yearbook on Human Rights
IStGh	Internationaler Strafgerichtshof
J. Conflict & Sec. L.	Journal of Conflict and Security Law
J. Int'l Crim. Just.	Journal of International Criminal Justice
J. Int'l Human. Legal Stud.	Journal of International Humanitarian Legal Studies
JILPAC	Journal of International Law of Peace and Armed Conflict
J. Nat'l Sec. L. & Pol'y.	Journal of National Security Law & Policy
JPR	Journal of Peace Research
J. Hist. Int'l L.	Journal of the History of International Law
JZ	Juristenzeitung
Law & Ineq.	Law and Inequality: A Journal of Theory and Practice
LJIL	Leiden Journal of International Law
Loy. U. Chi. Int'l L. Rev.	Loyola University Chicago International Law Review
Mich. J. Int'l L.	Michigan Journal of International Law
Mich. L. Rev.	Michigan Law Review
Mil. L. Rev.	Military Law Review
Mil. L. & L. War Rev.	Military Law and the Law of War Review
N.Y. City L. Rev.	New York City Law Review
N.Y.U. J. Int'l L. & Pol.	New York University Journal of International Law & Politics
Notre Dame J.L. Ethics & Pub. Pol'y.	Notre Dame Journal of Law, Ethics & Public Policy
PIRA	Provisional Irish Republican Army
SCI	Oberstes Gericht von Israel
SCSL	Sondergerichtshof für Sierra Leone
SCUS	Oberster Gerichtshof der Vereinigten Staaten
SZIER	Schweizerische Zeitschrift für internationales und europäisches Recht

Suffolk Transnat'l L. Rev.	Suffolk Transnational Law Review
Survival	Survival
Temp. L. Rev.	Temple Law Review
Tex. Int'l L.J.	Texas International Law Journal
UAV	Unmanned Aerial Vehicle / unbemanntes Luftfahrzeug (umgangssprachlich „Drohne“)
U. Miami Int'l & Comp. L. Rev.	University of Miami International & Comparative Law Review
U. Pa. J. Int'l L.	University of Pennsylvania Journal of International Law
U. Pa. L. Rev. PENNumbra	University of Pennsylvania Law Review Online
U. Pa. L. Rev.	University of Pennsylvania Law Review
U. Rich. L. Rev.	University of Richmond Law Review
Vand. J. Transnat'l L.	Vanderbilt Journal of Transnational Law
Va. J. Int'l L.	Virginia Journal of International Law
VN	Vereinte Nationen
VNSR	Sicherheitsrat der Vereinten Nationen
UNHRC	VN-Menschenrechtsrat
WaCLRP	Washington College of Law Research Paper
Willamette L. Rev.	Willamette Law Review
Wm. Mitchell L. Rev.	William Mitchell Law Review
Yale J. Int'l L.	Yale Journal of International Law
YIHL	Yearbook of International Humanitarian Law
ZaöRV	Zeitschrift für ausländisches öffentliches Recht und Völkerrecht
ZP I	Erstes Zusatzprotokoll zu den Genfer Konventionen
ZP II	Zweites Zusatzprotokoll zu den Genfer Konventionen
ZP III	Drittes Zusatzprotokoll zu den Genfer Konventionen

A. Einleitung

Die vorliegende Arbeit soll den territorialen Anwendungsbereich des Rechtes der nichtinternationalen bewaffneten Konflikte näher beleuchten. Der territoriale Anwendungsbereich beantwortet die Frage, auf welcher konkreten Fläche das humanitäre Völkerrecht im Zusammenhang mit einem bewaffneten Konflikt anwendbar ist.[1] Die Bestimmung des territorialen Anwendungsbereichs ist deshalb im Rahmen jedes bewaffneten Konflikts notwendig. Sie hat aber im Rahmen nichtinternationaler bewaffneter Konflikte, also insbesondere in Auseinandersetzungen zwischen Staaten und nichtstaatlichen Akteuren, in den letzten zehn Jahren eine besondere Relevanz erhalten. Dabei sind besonders die unter *targeted killings* bezeichneten gezielten Tötungen durch die USA in der Öffentlichkeit präsent.[2]

Der Begriff der *targeted killings*[3] wird für das Vorgehen der USA verwendet, mittels überwiegend von *unmanned aerial vehicles* abgeschossenen Raketen Mitglieder feindlicher Gruppierungen zu töten. Besondere Ziele waren dabei in den letzten Jahren die Taliban und al-Qaida.[4] Die USA befinden sich derzeit jedenfalls in Afghanistan mit den Taliban und al-Qaida in einem nichtinternationalen bewaffneten Konflikt.[5] Sie setzen ihre Drohnen gegen Mitglieder beider Gruppen jedoch auch in Pakistan, Somalia und dem Jemen ein.[6]

---

1 So implizit auch: Geiß, in: Heintze/ Ipsen (Hrsg.), Heutige bewaffnete Konflikte als Herausforderungen an das humanitäre Völkerrecht, S. 53 f.; Kleffner, in: Fleck (Hrsg.), The Handbook of International Humanitarian Law, Rn. 220; Lubell/ Derejko, J. Int'l Crim. Just. 2013, 65, 68.

2 Häußler, Frankfurter Allgemeine Zeitung vom 1.11.2012, 6; Luther, Zeit Online vom 26.02.2013.

3 Zum Begriff: Altman, in: Finkelstein (Hrsg.), Targeted Killings – Law and Morality in an Asymmetrical World, S. 5; Melzer, Targeted Killing in International Law, S. 3 f.; Otto, Targeted Killings and International Law, S. 22; Schmitz-Elvenich, Targeted Killing. Die völkerrechtliche Zulässigkeit der gezielten Tötung von Terroristen im Ausland, S. 11 f.

4 US-Präsident Obama: Remarks by the President at the National Defense University vom 23. Mai 2013.

5 Corn, in: Lewis (Hrsg.), The War on Terror and the Laws of War – A Military Perspective, S. 31 ff.; Detter, The Law of War, S. 12; Kleffner, in: Fleck (Hrsg.), The Handbook of International Humanitarian Law, Rn. 209.3.

6 Vgl.: Keesing's Record of World Events, Bd. 59, Oktober 2013, S. 52939; Bd. 60, April 2014, S. 53324; Bd. 60, Juni 2014, S. 53414.

Die Bestimmung des territorialen Anwendungsbereichs spielt aber auch in anderen Fallkonstellationen eine Rolle. Diese weisen überwiegend die Gemeinsamkeit auf, dass sich bei ihnen ein Staat und ein nichtstaatlicher Akteur gegenüberstehen. Nichtstaatliche Akteure sind bewaffnete Gruppen mit einem gewissen Organisationsgrad, die in einem Land nicht die Regierung bilden.[7] In diese Kategorie lassen sich beispielsweise auch die Taliban oder al-Qaida einordnen.[8] Dazu gehören generell „Freiheitskämpfer", „Rebellen" und „Terroristen".

Der Bestimmung des territorialen Anwendungsbereichs im Rahmen nichtinternationaler bewaffneter Konflikte kommt dabei eine besondere Bedeutung zu. Denn es ist das Rechtsregime, das in den modernen Konfliktkonstellationen am häufigsten anwendbar ist. Zugleich verändern die modernen Konfliktkonstellationen die Art und Weise, wie der territoriale Anwendungsbereich bestimmt werden muss. Dem vorgelagert steht jedoch die Frage, welchen Nutzen es überhaupt für die Praxis hat, den territorialen Anwendungsbereich im Rahmen nichtinternationaler bewaffneter genau zu bestimmen.

Die Weltöffentlichkeit bezweifelt die Rechtmäßigkeit der *targeted killings* in einem hohen Maße.[9] So hat ein pakistanisches Gericht die Drohneneinsätze der USA sogar als Kriegsverbrechen eingestuft.[10] Trotzdem finden sich immer mehr Staaten, die die „Vorteile" einer solchen Vorgehensweise selbst nutzen wollen. Chinesische Regierungsvertreter äußerten sich beispielsweise dahingehend, dass China die vorhandene Möglichkeit, im Ausland mittels Drohneneinsätzen gegen Menschen vorzugehen, auch tatsächlich nutzen sollte.[11]

Zur Rechtmäßigkeit der *targeted killings* wird eine Vielzahl verschiedener Rechtsfragen diskutiert.[12] Die Frage nach dem territorialen Anwendungsbereich stellt sich in diesem Zusammenhang, wenn es zu ermitteln gilt, ob ein Mensch

---

7 David, in: Clapham/ Gaeta (Hrsg.), The Oxford Handbook of International Law in Armed Conflict, S. 359.

8 Kleffner, in: Fleck (Hrsg.), The Handbook of International Humanitarian Law, Rn. 209.3.

9 Dershowitz, The Huffington Post vom 2.05.2011; Luban, Boston Review Online vom 06.06.2012; Prantl, Sueddeutsche Zeitung vom 2.06.2013, 4; Rüb, Frankfurter Allgemeine Zeitung Online vom 04.08.2012.

10 Peshawar High Court, Judgement vom 9. Mai 2013, Writ. Petition No. 1551-P/2012.

11 Kao, South China Morning Post vom 19.02.2013.

12 Vgl.: Altman, in: Finkelstein (Hrsg.), Targeted Killings – Law and Morality in an Asymmetrical World, S. 8 ff.; Boothby, The Law of Targeting, S. 530 ff.; Melzer, Targeted Killing in International Law, S. 44 ff.; Otto, Targeted Killings and International Law, S. 535 ff.; Schmitz-Elvenich, Targeted Killing. Die völkerrechtliche Zulässigkeit der gezielten Tötung von Terroristen im Ausland, S. 23.

außerhalb des hauptsächlichen Austragungsortes einer Auseinandersetzung auf Grundlage des humanitären Völkerrechts getötet wurde oder nicht. Das gilt insbesondere für die Drohneneinsätze der USA im Jemen und in Somalia. Eine auf Erwägungen zum territorialen Anwendungsbereich gestützte Begründung der völkerrechtlichen Zulässigkeit einer Tötung lautet dort, dass, obwohl sie geographisch betrachtet nicht in der Nähe Afghanistans geschah, das durch den Konflikt in Afghanistan anwendbare humanitäre Völkerrecht auch am Ort der Tötung anwendbar ist.[13] So würde sich die Notwendigkeit erübrigen, dass sich die USA in den entsprechenden Ländern selbst in einem nichtinternationalen bewaffneten Konflikt mit al-Qaida befinden.

Um ein höheres Maß an Rechtssicherheit zu schaffen, hat sich der derzeitige VN-Sonderberichterstatter für Menschenrechte dazu entschlossen, die Drohneneinsätze in Somalia, Pakistan und im Jemen auf ihre Konformität mit dem internationalen Recht hin zu untersuchen.[14] Schon einer seiner Vorgänger hatte an deren Rechtmäßigkeit gezweifelt, auch weil er sie für außerhalb des territorialen Anwendungsbereichs des humanitären Völkerrechts liegend betrachtete.[15] Ohne sich auf eine bestimmte Position festzulegen, sieht auch der derzeitige Sonderberichterstatter eine Lösung der Rechtsfragen im Zusammenhang mit den Drohneneinsätzen in der Bestimmung eines territorialen Anwendungsbereichs.[16]

Wie der Einsatz von Drohnen im Jemen und in Somalia zeigt, ist die Kernfrage des territorialen Anwendungsbereichs im Rahmen nichtinternationaler bewaffneter Konflikte letztlich, ob das humanitäre Völkerrecht überall auf der Welt die Rechtsgrundlage für Handlungen im Zusammenhang mit einem lokal begrenzten Konflikt bilden kann.[17] Eine Bejahung dieser Frage würde dem Standpunkt der USA bezüglich ihres Konflikts mit al-Qaida zumindest nahekommen.

Verneint man sie jedoch, muss eruiert werden, wie der Anwendungsbereich in territorialer Hinsicht bestimmt werden kann. Mit der früheren Literatur ließe sich auf die Staatsgrenzen abstellen.[18] Allerdings sind auch andere Kriterien denkbar,

---

13 US Department of Justice, Lawfulness of a Lethal Operation Directed Against a U.S. Citizen Who Is a Senior Operational Leader of Al-Qaida or an associated Force, White Paper vom 2. April 2013.

14 VN Doc A/68/389, 18. September 2013, Summary.

15 VN Doc A/HRC/14/24/Add.6, 28. Mai 2010, Rn. 52 ff.

16 VN Doc A/HRC/25/59, 28. Februar 2014, Rn. 71.

17 Lubell/ Derejko, J. Int'l Crim. Just. 2013, 65, 87; Thynne, Austl. Int'l L.J. 2009, 161, 183.

18 Ambos, in: Lagodny (Hrsg.), Münchener Kommentar zum Strafgesetzbuch, Bd. 8, Vor §§ 8 ff. VStGB, Rn. 26; Lubell/ Derejko, J. Int'l Crim. Just. 2013, 65, 68.

wie etwa die Kontrolle eines Gebiets durch eine der Konfliktparteien.[19] Letzteres hätte dann aber beispielweise im Afghanistan-Konflikt zur Folge, dass humanitäres Völkerrecht nicht nur in Afghanistan und Teilen Pakistans anwendbar wäre. Da Deutschland und andere Staaten Konfliktparteien sind, könnte auch auf deren Territorium das humanitäre Völkerrecht als Rechtsgrundlage herangezogen werden. In diesem Spannungsfeld eine aus dem vorhandenen geschriebenen Recht ableitbare und praktikable Bestimmung des territorialen Anwendungsbereichs des Rechtes der nichtinternationalen bewaffneten Konflikte zu finden ist Zielsetzung der vorgelegten Dissertation.

Die vorliegende Arbeit wird für die Bestimmung in der Praxis dabei keine endgültige Lösung anbieten können. Von der Frage abgesehen, ob es überhaupt eine juristisch „richtige" oder „falsche" Lösung gibt, ist Prüfstein jeder Ansicht im humanitären Völkerecht die Umsetzung durch wenigstens die Mehrheit der Staaten. Deren Auffassungen ergeben sich jedoch zumindest nicht nur aus dem juristisch Nachvollziehbaren. Mindestens ebenso wichtig ist das politisch opportune oder vermittelbare. Ebenso werden sich zahlreiche Wege bieten, eine genaue Positionierung zu diesem Thema zu vermeiden. Nichtdestotrotz soll die Stellungnahme insbesondere im Hinblick auf ein entsprechendes Interesse der Staaten aufzeigen, wie bei der Bestimmung des territorialen Anwendungsbereichs des humanitären Völkerrechts im Rahmen nichtinternationaler bewaffneter Konflikte ein Ausgleich zwischen der Notwendigkeit der effektiven Bekämpfung nichtstaatlicher Akteure und dem in heutiger Zeit in der Öffentlichkeit präsenten Ruf nach der Achtung der Menschenrechte, und zwar überall und jederzeit, erreicht werden kann.

19 Duffy, The "War on Terror" and the Framework of International Law, S. 223; Kreß, J. Conflict & Sec. L. 2010, 245, 266; Tahzib-Lie/ Swaak-Goldman, in: Lijnzaad u. a. (Hrsg.), Making the Voice of Humanity Heard – Essays in Honour of HRH Princess Margriet of the Netherlands, S. 246.

B. Kontext des territorialen Anwendungsbereichs

Die Bestimmung des territorialen Anwendungsbereichs als Frage nach dem räumlichen Geltungsbereich von Vorschriften stellt sich grundsätzlich für jedes Rechtsregime.[20] Als Teilaspekt des Anwendungsbereichs ist er im Rahmen des humanitären Völkerrechts vom Begriff der Anwendungsvoraussetzungen abzugrenzen.[21] Der Unterscheidung von Anwendungsvoraussetzungen und des Anwendungsbereichs übergeordnet ist jedoch die Frage, warum sich der territoriale Anwendungsbereich nicht für das gesamte humanitäre Völkerrecht einheitlich bestimmen lässt.

Letzterer muss nämlich für das Recht der nichtinternationalen bewaffneten Konflikte gesondert bestimmt werden.[22] Dem liegt der Umstand zugrunde, dass der Begriff des humanitären Völkerrechts den Oberbegriff für zwei eigenständige Rechtsregime bildet.[23] Es ist das Recht der internationalen und das der nichtinternationalen bewaffneten Konflikte zu unterscheiden. Dies belegen Entwicklung und Systematik des humanitären Völkerrechts.

I. Humanitäres Völkerrecht

Der Begriff „humanitäres Völkerrecht“ umfasst sämtliche völkerrechtlichen Verträge, die die Grenzen jeder Gewaltanwendung im Rahmen bewaffneter Konflikte festlegen und durch die beteiligten Parteien beachtet werden müssen.[24] Er ist keine

---

20 Vgl. für die internationalen Menschenrechtsabkommen: Buergenthal in: Wolfrum (Hrsg.), The Max Planck Encyclopedia of Public International Law, Bd. IV, Human Rights, Rn. 18; Joseph, in: Moeckli u. a. (Hrsg.), International Human Rights Law, S. 160 ff.

21 So auch: Schmitt, in: (Hrsg.), Naval War College International Law Studies, Bd. 90, S. 8.

22 So auch: Kleffner, in: Fleck (Hrsg.), The Handbook of International Humanitarian Law, Rn. 220; Lewis, Tex. Int'l L.J. 2012, 293, 301 ff.; Lubell/ Derejko, J. Int'l Crim. Just. 2013, 65, 67 f.; Sivakumaran, The Law of Non-International Armed Conflict, S. 250.

23 Ambos, in: Lagodny (Hrsg.), Münchener Kommentar zum Strafgesetzbuch, Bd. 8, Vor §§ 8 ff. VStGB, Rn. 27; Bothe, in: Graf Vitzthum (Hrsg.), Völkerrecht, 8. Abschnitt, Rn. 121; Kleffner, in: Fleck (Hrsg.), The Handbook of International Humanitarian Law, Rn. 201.3; Stadlmeier, in: Reinisch (Hrsg.), Österreichisches Handbuch des Völkerrechts, Bd. I, Rn. 2640.

24 Gasser/ Melzer, Humanitäres Völkerrecht, S. 18; O'Connell, in: Fleck (Hrsg.), The Handbook of International Humanitarian Law, Rn. 102.

hergebrachte Bezeichnung, die schon seit den ersten Abkommen zum Recht im Zusammenhang mit Kriegen verwendet wird. Vielmehr wurde er erstmalig 1977 im Zusammenhang mit Zusatzprotokollen zu den Genfer Konventionen verwendet.[25]

Das humanitäre Völkerrecht hat den Zweck, die Opfer eines bewaffneten Konflikts zu schützen und die Mittel und Methoden der gegenseitigen Gewaltanwendung im Rahmen dessen zu beschränken.[26] Generell soll das Leid der Menschen im Rahmen bewaffneter Konflikte so gering wie möglich gehalten werden.[27] Hintergrund der Beschränkung der Mittel und Methoden ist es, eine Eskalation der gegenseitigen Gewaltanwendung zu verhindern.[28] Denn wären bestimmte Mittel der Kriegsführung nicht schon völkerrechtlich untersagt, müsste eine Konfliktpartei den aus der Verwendung eines unzulässigen Mittels erwachsenden Vorteil der anderen Partei auf irgendeine Art und Weise ausgleichen. Dies wird aber in der Regel nur über eine entsprechende Eskalation der eigenen Gewalt möglich sein. In diesem Sinne verstanden, dient das humanitäre Völkerrecht gleichzeitig dazu, die Schäden durch Konflikte zu begrenzen.[29] Obwohl es nur in gewaltsamen Auseinandersetzungen anwendbar ist, erhält das humanitäre Völkerrecht dadurch ein friedensförderndes Element.[30]

Historisch grenzte man innerhalb des humanitären Völkerrechts zwei Gebiete voneinander ab.[31] Auf der einen Seite wurden die zulässigen Mittel zur Schädigung eines Gegners festgelegt. Dieser Regelungsbereich findet sich noch heute weitestgehend in den Haager Landkriegsordnungen und wird auch als *Haager Recht* bezeichnet.[32] Auf der anderen Seite wurden Regeln vereinbart, die primär den Schutz von Opfern eines Konfliktes bezweckten. Da diese bis nach dem Ende des

---

25 O'Connell, in: Fleck (Hrsg.), The Handbook of International Humanitarian Law, Rn. 102; Otto, Targeted Killings and International Law, S. 203.

26 Gasser/ Melzer, Humanitäres Völkerrecht, S. 3.

27 Bothe, in: Graf Vitzthum (Hrsg.), Völkerrecht, Rn. 58; Paulus/ Vashakmadze, IRRC 2009, 95, 95.

28 Bothe, in: Graf Vitzthum (Hrsg.), Völkerrecht, Rn. 61; Gasser/ Melzer, Humanitäres Völkerrecht, S. 28.

29 Bothe, in: Graf Vitzthum (Hrsg.), Völkerrecht, Rn. 58; Ipsen, in: Ipsen (Hrsg.), Völkerrecht, § 65, Rn. 3.

30 Bothe, in: Graf Vitzthum (Hrsg.), Völkerrecht, Rn. 58.

31 Gasser/ Melzer, Humanitäres Völkerrecht, S. 23; O'Connell, in: Fleck (Hrsg.), The Handbook of International Humanitarian Law, Rn. 119; Shaw, International Law, S. 849.

32 Delahunty/ Yoo, DePaul L. Rev. 2009–2010, 803, 815; Ipsen, in: Ipsen (Hrsg.), Völkerrecht, § 63, Rn. 8; McCoubrey/ White, International Law and Armed Conflict, S. 189; Otto, Targeted Killings and International Law, S. 203.

Zweiten Weltkrieges nur den Genfer Konventionen entnommen wurden, wird dieser Bereich als *Genfer Recht* bezeichnet.[33]

Der Begriff humanitäres Völkerrecht ist gleichbedeutend mit „*ius in bello*".[34] Beide sind vom „*ius ad bellum*" zu unterscheiden.[35] Letzteres wird auch als „*ius contra bellum*" bezeichnet.[36] Es setzt thematisch noch vor dem Beginn umfassender Kampfhandlungen zwischen zwei Parteien an und beinhaltet diejenigen Rechtsvorschriften, die die grundsätzliche Zulässigkeit der Anwendung von militärischer Gewalt eines gewissen Grades regeln.[37] Die zentrale Vorschrift ist dabei Art. 2 Nr. 4 der VN-Charta. Sie untersagt die Ausübung militärischer Gewalt zwischen souveränen Staaten. Nur in bestimmten, beispielsweise in Art. 51 der VN-Charta statuierten Ausnahmefällen kann es zulässig sein, Gewalt anzuwenden.[38]

Das Rechtsregime des *ius in bello* hat hingegen die Aufgabe, der konkreten Ausübung, mithin dem Modus von militärischer Gewalt einen rechtlichen Rahmen zu geben.[39] Es stellt primär Regeln auf, die die Zulässigkeit von Zielen und Mitteln konkreter Gewaltanwendungen regeln.[40] Dazu werden den Konfliktparteien überwiegend bestimmte Pflichten auferlegt, wie beispielsweise hinsichtlich des Umgangs mit Kriegsgefangenen.[41] Die Pflichten des *ius in bello* obliegen den Parteien unabhängig von der Rechtmäßigkeit der Gewaltanwendung nach den Vorschriften des *ius ad bellum*.[42]

---

33 Bothe, in: Graf Vitzthum (Hrsg.), Völkerrecht, Rn. 56; Delahunty/ Yoo, DePaul L. Rev. 2009–2010, 803, 815; Ipsen, in: Ipsen (Hrsg.), Völkerrecht, § 63, Rn. 8; McCoubrey/ White, International Law and Armed Conflict, S. 189; O'Connell, in: Fleck (Hrsg.), The Handbook of International Humanitarian Law, Rn. 118.

34 Bothe, in: Graf Vitzthum (Hrsg.), Völkerrecht, Rn. 60; Gasser/ Melzer, Humanitäres Völkerrecht, S. 3; O'Connell, in: Fleck (Hrsg.), The Handbook of International Humanitarian Law, Rn. 102; Shaw, International Law, S. 847.

35 Shaw, International Law, S. 847; Stadlmeier, in: Reinisch (Hrsg.), Österreichisches Handbuch des Völkerrechts, Bd. I, Rn. 2625 f.; Stein/ von Buttlar, Völkerrecht, Rn. 1208 ff.

36 So beispielsweise: Bothe, in: Graf Vitzthum (Hrsg.), Völkerrecht, Rn. 2.

37 Bothe, in: Graf Vitzthum (Hrsg.), Völkerrecht, Rn. 2.

38 Zu den aktuellen Streitpunkten insbesondere: Deeks, Va. J. Int'l L. 2012, 483, 483 ff.

39 Bothe, in: Graf Vitzthum (Hrsg.), Völkerrecht, Rn. 56; Gasser/ Thürer in: Wolfrum (Hrsg.), The Max Planck Encyclopedia of Public International Law, Bd. V, Humanitarian Law, International, Rn. 1; O'Connell, in: Fleck (Hrsg.), The Handbook of International Humanitarian Law, Rn. 101.1; Shaw, International Law, S. 847.

40 Vgl. Art. 12 GK I, Art. 23 HLKO.

41 Vgl. Art. 4 ff. GK III.

42 Gasser/ Thürer in: Wolfrum (Hrsg.), The Max Planck Encyclopedia of Public International Law, Bd. V, Humanitarian Law, International, Rn. 2; Kreß, J. Conflict & Sec. L.

Damit die Vorschriften des *ius in bello* anwendbar sind, müssen die Voraussetzungen eines „bewaffneten Konflikts“ vorliegen.[43] Dieser Begriff soll, im Unterschied zur früher notwendigen Voraussetzung eines „Krieges“, eine größere Objektivität bei der Bestimmung der Anwendbarkeit des humanitären Völkerrechts gewährleisten.[44] Denn die Voraussetzungen für einen bewaffneten Konflikt sind, anders als bei einem „Krieg“, nicht vom Willen der Parteien getragen.[45] Liegen sie objektiv vor, so ist *ipso iure* das humanitäre Völkerrecht anwendbar.[46]

Das humanitäre Völkerrecht ist deshalb nur in Ausnahmefällen anwendbar. Das liegt auch in seinem Sinn und Zweck. Denn es soll nur eine Notordnung für den Fall darstellen, dass die Konfliktparteien jede andere Rechtsordnung nicht befolgen würden, weil sie den Umständen gegenseitiger Gewaltanwendung nicht in ausreichendem Maße Rechnung trüge.[47]

Eine allgemeine Definition für den Begriff des „bewaffneten Konflikts“ existiert jedoch nicht. Sie ist abhängig von der zugrunde liegenden Konfliktform. Denn es existieren zwei unterschiedliche Begriffe des bewaffneten Konflikts: Es werden internationale und nichtinternationale bewaffnete Konflikte unterschieden. Deren Definitionen sind in einzelnen Normen des humanitären Völkerrechts geregelt.[48] Beide Konflikttypen werden schon systematisch getrennt behandelt und besitzen auch unterschiedliche Voraussetzungen.[49] Ebenso haben beide Begriffe die Anwendbarkeit unterschiedlicher Vorschriften zur Folge.[50] Deswegen stellen die jeweils anwendbaren Vorschriften zwei verschiedene Rechtsregime innerhalb des humanitären Völkerrechts dar.[51] Ihre Unterschei-

---

2010, 245, 264; O’Connell, in: Fleck (Hrsg.), The Handbook of International Humanitarian Law, Rn. 131.2.

43 Vgl. Art. 2 und Art. 3 GK.

44 Grundlegend dazu: Pictet, The Geneva Conventions of 12 August 1949: Commentary 1. Geneva Convention, S. 32.

45 Cullen, The Concept of Non-International Armed Conflict in International Humanitarian Law, S. 27; Ipsen, in: Ipsen (Hrsg.), Völkerrecht, § 65, Rn. 6.

46 Vgl. Art. 2 und Art. 3 GK.

47 Gasser/ Melzer, Humanitäres Völkerrecht, S. 24.

48 Art. 2 und Art. 3 der Genfer Konventionen.

49 Vasiliauskiene, Baltic Y.B. Int’l L. 2011, 193, 197.

50 Marauhn/ Ntoubandi in: Wolfrum (Hrsg.), The Max Planck Encyclopedia of Public International Law, Bd. I, Armed Conflict, Non-International, Rn. 13 ff.

51 Bothe, in: Graf Vitzthum (Hrsg.), Völkerrecht, Rn. 121; Gasser/ Thürer in: Wolfrum (Hrsg.), The Max Planck Encyclopedia of Public International Law, Bd. V, Humanita-

dung resultiert schon aus der Entwicklung des humanitären Völkerrechts, seit seiner Entstehung.[52]

1. Entwicklung

Das humanitäre Völkerrecht in seiner heutigen Form hat seinen Ursprung im Westfälischen Frieden von 1648. Dieser beendete den Dreißigjährigen Krieg und bildete den Beginn der Praxis, dass ausschließlich souveräne Staaten in umfassenden Kampfhandlungen gegeneinander auftreten.[53] Dementsprechend wurden bis nach dem Zweiten Weltkrieg nur Regeln über Auseinandersetzungen zwischen Staaten vereinbart.[54] Die davon noch gültigen Verträge sind deshalb auch heute nur auf Konflikte zwischen Staaten anwendbar.[55]

Der Zweite Weltkrieg zeigte der Staatengemeinschaft, dass die bis dahin vorhandenen Regeln zur Vermeidung der schlimmsten Auswüchse eines Krieges nicht ausreichten und einer Überarbeitung bedurften. Die VN lehnten es jedoch ab, eine solche Überarbeitung zu leiten.[56] Die Aufgabe übernahm in Folge dessen vor allem das IKRK, auf das der Entwurf für die Genfer Konventionen von 1949 und die sie erweiternden und ergänzenden ZP I[57] und II[58] aus dem Jahr 1977 zurückgeht.[59]

Die vor dem Zweiten Weltkrieg existierenden Genfer Konventionen von 1864[60], 1906[61] und 1929[62] sind schließlich von den noch heute gültigen Gen-

rian Law, International, Rn. 5; Kleffner, in: Fleck (Hrsg.), The Handbook of International Humanitarian Law, Rn. 201.3.

52 Akande, in: Wilmshurst (Hrsg.), International Law and the Classification of Conflicts, S. 37; Bartels, IRRC 2009, 35, 61 ff.; Holland, Suffolk Transnat'l L. Rev. 2011, 145, 177.

53 Green, The Contemporary Law of Armed Conflict, S. 35; McCoubrey/ White, International Law and Armed Conflict, S. 214.

54 Ipsen, in: Ipsen (Hrsg.), Völkerrecht, § 64, Rn. 1; Kretzmer, Isr. L. Rev. 2009, 8, 13.

55 Ipsen, in: Ipsen (Hrsg.), Völkerrecht, § 64, Rn. 1; Kretzmer, Isr. L. Rev. 2009, 8, 13.

56 Delahunty/ Yoo, DePaul L. Rev. 2009–2010, 803, 816; Ipsen, in: Ipsen (Hrsg.), Völkerrecht, § 63, Rn. 6.

57 BGBl. 1990 II, 1550.

58 BGBl. 1990 II, 1637.

59 Gasser/ Thürer in: Wolfrum (Hrsg.), The Max Planck Encyclopedia of Public International Law, Bd. V, Humanitarian Law, International, Rn. 13.

60 RGBl. 1901 II, S. 455.

61 RGBl. 1907 II, S. 279.

62 RGBl. 1934 II, S. 208.

fer Konventionen mit deren Unterzeichnung am 12.08.1949 abgelöst worden.[63] Letztere bestehen aus vier separaten Abkommen: dem I. Genfer Abkommen zur Verbesserung des Loses der Verwundeten und Kranken der Streitkräfte im Felde[64], dem II. Genfer Abkommen zur Verbesserung des Loses der Verwundeten und Kranken der Streitkräfte zur See[65], dem III. Genfer Abkommen über die Behandlung der Kriegsgefangenen[66] und dem IV. Genfer Abkommen zum Schutze der Zivilisten in Kriegszeiten[67]. Die Genfer Konventionen sind inzwischen von fast jedem Staat der Welt ratifiziert worden.[68]

Eine wesentliche Innovation der Genfer Konventionen von 1949 war deren gemeinsamer Art. 3. Bis zum Inkrafttreten dieser Norm der Genfer Konventionen wurden nichtinternationale bewaffnete Konflikte als alleinige Angelegenheit des betroffenen Staates betrachtet.[69] Dementsprechend bestanden für solche Konfliktformen bis zur Unterzeichnung der Genfer Konventionen 1949 keine völkerrechtlichen Regeln.[70] Einem nichtstaatlichen Akteur gegenüber waren die Vorschriften des humanitären Völkerrechts nur dann zu beachten, wenn er von dem betroffenen Staat zuvor als „kriegsführende Partei“ anerkannt worden war.[71] Diese erfolgte jedoch nur sehr selten.[72]

Art. 3 GK enthält eine Negativ-Definition des nichtinternationalen bewaffneten Konflikts. Darüber hinaus beinhaltet er eigenständige Regeln und erklärt keine der

---

63 Delahunty/ Yoo, DePaul L. Rev. 2009–2010, 803, 815; Green, The Contemporary Law of Armed Conflict, S. 38.

64 BGBl. 1954 II, 783.

65 BGBl. 1954 II, 813.

66 BGBl. 1954 II, 838.

67 BGBl. 1954 II, 917.

68 O'Connell, in: Fleck (Hrsg.), The Handbook of International Humanitarian Law, Rn. 125.

69 Blank/ Corn, Vand. J. Transnat'l L. 2013, 693, 703; Bothe, in: Graf Vitzthum (Hrsg.), Völkerrecht, Rn. 121; Cullen, Mil. L. Rev. 2005, 66, 69 ff.; Fleck, in: Fleck (Hrsg.), The Handbook of International Humanitarian Law, Rn. 1202.2; Green, The Contemporary Law of Armed Conflict, S. 54; Kretzmer, Isr. L. Rev. 2009, 8, 9.

70 Blank/ Corn, Vand. J. Transnat'l L. 2013, 693, 703; Cullen, The Concept of Non-International Armed Conflict in International Humanitarian Law, S. 25; Green, The Contemporary Law of Armed Conflict, S. 54.

71 Bothe, in: Graf Vitzthum (Hrsg.), Völkerrecht, Rn. 121; Cullen, Mil. L. Rev. 2005, 66, 75; Cullen, The Concept of Non-International Armed Conflict in International Humanitarian Law, S. 11; Green, The Contemporary Law of Armed Conflict, S. 343; Ipsen, in: Ipsen (Hrsg.), Völkerrecht, § 65, Rn. 12; Neff, War and the Law of Nations, S. 258 ff.

72 Bothe, in: Graf Vitzthum (Hrsg.), Völkerrecht, Rn. 121; Kretzmer, Isr. L. Rev. 2009, 8, 18; Otto, Targeted Killings and International Law, S. 235.

Normen für internationale bewaffnete Konflikte für anwendbar. Nach dem Ende des Zweiten Weltkrieges und besonders vor dem Hintergrund des Spanischen Bürgerkrieges hatte das IKRK die Gleichstellung von internen Konflikten mit den bisher ausschließlich geregelten zwischenstaatlichen Konflikten gefordert.[73] Die Staatengemeinschaft lehnte die damit verbundene Einschränkung ihrer Souveränität durch die Geltung von internationalem Recht in ausschließlich auf ihrem Staatsgebiet stattfindenden Konflikten jedoch ab.[74] Deshalb wurde mit Art. 3 GK für nichtinternationale bewaffnete Konflikte ein eigenes Rechtsregime geschaffen.[75]

2. Grundprinzipien

Trotz der früheren Beschränkung auf zwischenstaatliche Konflikte fußt das gesamte *ius in bello*, unabhängig von der konkreten Konfliktform, auf einer Grundüberlegung zum Zweck bewaffneter Konflikte.[76] Diese besagt, dass ein bewaffneter Konflikt eine Auseinandersetzung zwischen verschiedenen Parteien (historisch: Staaten), aber gerade nicht bestimmten Personengruppen oder einzelnen Personen darstellt.[77] Ziel kann es unter dieser Grundprämisse daher nicht sein, ein ganzes Volk zu bekämpfen. Vielmehr kann legitime Gewalt nur solche sein, die die jeweils andere Partei in ihrer militärischen (!) Widerstandskraft schwächt.[78] Aus dieser Überlegung resultieren die vier Grundprinzipien des humanitären Völkerrechts, die wiederum die Grundlage für einzelne Vorschriften darstellen. Diese sind die militärische Notwendigkeit, das allgemeine Humanitätsgebot, die Verhältnismäßigkeit und die Unterscheidung zwischen legitimen und illegitimen Zielen einer konkreten Gewaltanwendung.[79]

---

73 Bothe, in: Graf Vitzthum (Hrsg.), Völkerrecht, Rn. 121; Cullen, The Concept of Non-International Armed Conflict in International Humanitarian Law, S. 28; Kretzmer, Isr. L. Rev. 2009, 8, 13; Stewart, IRRC 2003, 313, 313.

74 Cullen, The Concept of Non-International Armed Conflict in International Humanitarian Law, S. 29 ff.; Kretzmer, Isr. L. Rev. 2009, 8, 13.

75 David, in: Clapham/ Gaeta (Hrsg.), The Oxford Handbook of International Law in Armed Conflict, S. 353 f.; Marauhn/ Ntoubandi in: Wolfrum (Hrsg.), The Max Planck Encyclopedia of Public International Law, Bd. I, Armed Conflict, Non-International, Rn. 8 ff.

76 McCoubrey/ White, International Law and Armed Conflict, S. 215.

77 Boeckner, Der Kriegsschauplatz, S. 178; Bothe, in: Graf Vitzthum (Hrsg.), Völkerrecht, Rn. 64; Guggenheim, Lehrbuch des Völkerrechts, Bd. I-2, S. 375; Kolb, Das Kriegsgebiet im Völkerrecht, S. 74; O'Connell, in: Fleck (Hrsg.), The Handbook of International Humanitarian Law, Rn. 131.4.

78 Bothe, in: Graf Vitzthum (Hrsg.), Völkerrecht, Rn. 64.

79 Bothe, in: Graf Vitzthum (Hrsg.), Völkerrecht, Rn. 64; Otto, Targeted Killings and International Law, S. 215.

Die militärische Notwendigkeit ist ein Instrument zur Beurteilung der Rechtmäßigkeit einer konkreten militärischen Gewaltanwendung durch eine Konfliktpartei. Nach ihr ist militärische Gewalt solange legitim, wie sie zur Erreichung eines militärischen Ziels erforderlich ist und damit auch nur bis zu diesem Grad erlaubt.[80] Die militärische Notwendigkeit stellt das zentralste Rechtsprinzip dar, von dem viele Vorschriften des *ius in bello* konkretisierende Ausformungen darstellen.[81] Sie ist jedoch nicht nur ein abstrakter Rechtsgedanke, sondern auch ein Rechtsinstrument. Denn sie muss immer erfüllt sein, unabhängig davon, ob sie nach den besonderen Vorschriften des humanitären Völkerrechts rechtmäßig ist.[82] Dementsprechend kann die militärische Notwendigkeit allein keine ausreichende Legitimationsgrundlage für die Zulässigkeit bestimmter Gewaltausübungen bilden.[83] Sie wird insbesondere durch dem Haager Recht zuzuordnende Vorschriften und die anderen drei Prinzipien begrenzt. Ein Verstoß gegen diese Vorschriften kann auch unter Bezugnahme auf die militärische Notwendigkeit nicht rechtmäßig werden.[84]

Die Unterscheidung zwischen legitimen und illegitimen Zielen einer konkreten Gewaltanwendung folgt der Ratio, dass ein Konflikt gerade nicht zwischen einzelnen Personengruppen besteht, sondern dass er zwischen den Parteien als abstrakte Rechtspersönlichkeiten geführt wird.[85] Um eine Rechtspersönlichkeit in ihrer militärischen Widerstandskraft zu schwächen, muss ein Staat aber nicht vollständig und insbesondere nicht die Bevölkerung insgesamt bekämpft werden. Dementsprechend besagt dieses Grundprinzip, dass nur bestimmte Personen oder Sachgüter von den Konfliktparteien angegriffen werden dürfen.[86] Dazu ge-

---

80 Bothe, in: Graf Vitzthum (Hrsg.), Völkerrecht, Rn. 64; Gasser/ Melzer, Humanitäres Völkerrecht, S. 27; O'Connell, in: Fleck (Hrsg.), The Handbook of International Humanitarian Law, Rn. 131.1.

81 O'Connell, in: Fleck (Hrsg.), The Handbook of International Humanitarian Law, Rn. 131.1; Otto, Targeted Killings and International Law, S. 216.

82 O'Connell, in: Fleck (Hrsg.), The Handbook of International Humanitarian Law, Rn. 132.2; Otto, Targeted Killings and International Law, S. 216.

83 Gasser/ Thürer in: Wolfrum (Hrsg.), The Max Planck Encyclopedia of Public International Law, Bd. V, Humanitarian Law, International, Rn. 26; O'Connell, in: Fleck (Hrsg.), The Handbook of International Humanitarian Law, Rn. 133.

84 Bothe, in: Graf Vitzthum (Hrsg.), Völkerrecht, Rn. 64; Ipsen, in: Ipsen (Hrsg.), Völkerrecht, § 65, Rn. 3; O'Connell, in: Fleck (Hrsg.), The Handbook of International Humanitarian Law, Rn. 133.1.

85 Melzer, in: Clapham/ Gaeta (Hrsg.), The Oxford Handbook of International Law in Armed Conflict, S. 297.

86 Bothe, in: Graf Vitzthum (Hrsg.), Völkerrecht, Rn. 64; O'Connell, in: Fleck (Hrsg.), The Handbook of International Humanitarian Law, Rn. 131.5.

hören beispielsweise als Kämpfer einzuordnende Personen oder unmittelbar an Kampfhandlungen teilnehmende Personen und militärische Einrichtungen.[87] Dem zivilen Bereich zuzuordnende Personen und Sachgüter hingegen dürfen grundsätzlich nicht angegriffen werden.[88]

Das allgemeine Humanitätsgebot ist ein Prinzip, das erstmals in der Präambel der Haager Konvention über die Gesetze und Gebräuche des Landkrieges durch Friedrich von Martens entwickelt wurde. Demnach „*verbleiben Zivilisten und Kombattanten unter dem Schutz und der Herrschaft der Grundsätze des Völkerrechts, wie sie sich aus feststehenden Gebräuchen, aus den Grundsätzen der Menschlichkeit und aus den Forderungen des öffentlichen Gewissens ergeben*“.[89] Durch das Gebot der Menschlichkeit sollen die Interessen der am bewaffneten Konflikt Unbeteiligten und Wehrlosen gesichert werden.[90]

Die Verhältnismäßigkeit gleicht das allgemeine Humanitätsgebot mit dem der militärischen Notwendigkeit aus.[91] Ebenso wie Letzteres nicht jedes Rechtsprinzip verdrängt,[92] steht auch das allgemeine Humanitätsgebot nicht über den anderen Prinzipien. Ein bewaffneter Konflikt zielt zumindest als notwendiger Zwischenakt auf die Verletzung bzw. Tötung von Menschen, die der anderen Partei zuzuordnen sind. Dabei kann nach den heutigen technischen Möglichkeiten die Beeinträchtigung unbeteiligter Personen nicht vollständig ausgeschlossen werden. Dementsprechend lässt das humanitäre Völkerrecht zivile Schäden zu, solange sie nicht unverhältnismäßig im Vergleich zu dem bezweckten legitimen militärischen Nutzen sind.[93] Diese Abwägung wird unter dem Begriff der Verhältnismäßigkeit vorgenommen.

---

87 Boothby, The Law of Targeting, S. 6; O'Connell, in: Fleck (Hrsg.), The Handbook of International Humanitarian Law, Rn. 132.4.

88 Vgl. Art. 51 Abs. 2 ZP I.

89 Präambel HK IV.

90 Gasser/ Melzer, Humanitäres Völkerrecht, S. 27; Ipsen, in: Ipsen (Hrsg.), Völkerrecht, § 65, Rn. 3; O'Connell, in: Fleck (Hrsg.), The Handbook of International Humanitarian Law, Rn. 130.1; Otto, Targeted Killings and International Law, S. 217.

91 Gasser/ Thürer in: Wolfrum (Hrsg.), The Max Planck Encyclopedia of Public International Law, Bd. V, Humanitarian Law, International, Rn. 26; O'Connell, in: Fleck (Hrsg.), The Handbook of International Humanitarian Law, Rn. 134.

92 Bothe, in: Graf Vitzthum (Hrsg.), Völkerrecht, Rn. 64; Ipsen, in: Ipsen (Hrsg.), Völkerrecht, § 65, Rn. 3; O'Connell, in: Fleck (Hrsg.), The Handbook of International Humanitarian Law, Rn. 133.1.

93 Gasser/ Melzer, Humanitäres Völkerrecht, S. 27; Ipsen, in: Ipsen (Hrsg.), Völkerrecht, § 65, Rn. 3; O'Connell, in: Fleck (Hrsg.), The Handbook of International Humanitarian Law, Rn. 130.1; Otto, Targeted Killings and International Law, S. 217.

Ein zentraler Aspekt des humanitären Völkerrechts ist zudem, dass es keine Reziprozität erfordert.[94] Dies ist Ausdruck der nicht beschränkbaren Geltungskraft des humanitären Völkerrechts, wenn die Anwendungsvoraussetzungen erst einmal vorliegen.[95] Demnach sind die Konfliktparteien auch dann an die Vorschriften des anwendbaren Rechtsregimes gebunden, wenn die andere Partei diese missachtet.[96] Etwas anderes ergibt sich nur im Rahmen internationaler bewaffneter Konflikte, wenn die andere Partei ein Abkommen des Rechtsregimes nicht ratifiziert hat[97] und wenn auch die entsprechenden Vorschriften keine gewohnheitsrechtliche Bindungswirkung haben. Letzteres ist insbesondere bei Art. 3 GK der Fall. Jede Partei, die den Genfer Konventionen verpflichtet ist, muss deren Vorschriften unabhängig davon beachten, ob die gegnerische Partei sie ratifiziert hat.[98]

3. Systematik

Die die Parteien eines bewaffneten Konflikts in ihrer Gewaltausübung beschränkenden Vorschriften unterscheiden sich abhängig davon, ob die Voraussetzungen für einen internationalen oder für einen nichtinternationalen bewaffneten Konflikt vorliegen. Innerhalb des Rechtsregimes der nichtinternationalen bewaffneten Konflikte unterscheidet sich der Umfang der Regeln noch einmal abhängig davon, ob nur die Definition des Art. 3 oder ob auch diejenige des ZP II erfüllt ist. Das Recht der nichtinternationalen bewaffneten Konflikte wird durch gewohnheitsrechtliche Regelungen ergänzt.

a) Verhältnis der Rechtsregime

Die unterschiedliche Definition internationaler bewaffneter Konflikte in Art. 2 GK und nichtinternationaler bewaffneter Konflikte in Art. 3 GK bildet den Ausgangspunkt für die Trennung des humanitären Völkerrechts in zwei unterschiedliche Rechtsregime. Ein bewaffneter Konflikt kann nicht gleichzeitig internationaler und nichtinternationaler Art sein. Das schließt die Negativ-Definition des nicht-

---

94 Bothe, in: Graf Vitzthum (Hrsg.), Völkerrecht, Rn. 60; Gasser/ Melzer, Humanitäres Völkerrecht, S. 24; O'Connell, in: Fleck (Hrsg.), The Handbook of International Humanitarian Law, Rn. 102.2.

95 Gasser/ Melzer, Humanitäres Völkerrecht, S. 24.

96 Gasser/ Melzer, Humanitäres Völkerrecht, S. 24; O'Connell, in: Fleck (Hrsg.), The Handbook of International Humanitarian Law, Rn. 102.2.

97 Weiterführend: O'Connell, in: Fleck (Hrsg.), The Handbook of International Humanitarian Law, Rn. 102.2.

98 Cullen, Mil. L. Rev. 2005, 66, 80.

internationalen bewaffneten Konflikts in Art. 3 GK aus.[99] Ein nichtinternationaler bewaffneter Konflikt ist demnach ein *„armed conflict not of an international character"*. Die beiden Rechtsregime sind auch weder durch Rechtsprechung beziehungsweise Staatenpraxis zu einem Rechtsregime verschmolzen.[100]

Aus der Definition wird auch die Rangfolge zwischen beiden Rechtsregimen deutlich. Erfüllt eine Auseinandersetzung die Voraussetzungen für internationale bewaffnete Konflikte, so ist das Recht der nichtinternationalen bewaffneten Konflikte auf ihn nicht mehr anwendbar.[101] Die 1977 zusammen unterzeichneten ZP I und II erhalten diese Trennung aufrecht.[102] Das am 8. Dezember 2005 unterzeichnete ZP III bezieht sich auf beide Rechtsregime, ohne die Trennung aufzuheben.[103] Es führte zudem neben dem roten Kreuz und dem roten Halbmond ein weiteres Schutzzeichen ein.[104]

b) Recht der nichtinternationalen bewaffneten Konflikte

Einen Großteil der hier relevanten Vorschriften für internationale bewaffnete Konflikte statuieren die Genfer Konventionen. Nichtinternationale bewaffnete Konflikte wurden in den Genfer Konventionen ausschließlich in deren gemeinsamem Art. 3 behandelt. Die Vorschrift enthält keine positiv formulierte Definition des Begriffs und ausschließlich rudimentäre Regeln für diesen Konflikttyp, ohne auf Vorschriften des Rechtes der internationalen bewaffneten Konflikte zu verweisen.[105] Dieser von der Literatur häufig kritisierte[106] und mit erheblichen

---

99 Ambos, in: Lagodny (Hrsg.), Münchener Kommentar zum Strafgesetzbuch, Bd. 8, Vor §§ 8 ff. VStGB, Rn. 2; Kleffner, in: Fleck (Hrsg.), The Handbook of International Humanitarian Law, Rn. 201.3.

100 So aber: Holland, Suffolk Transnat'l L. Rev. 2011, 145, 176; dagegen insbesondere: Fleck, in: Fleck (Hrsg.), The Handbook of International Humanitarian Law, Rn. 1212.5; *ILA*: Final Report on the Meaning of Armed Conflict in International Law (2010), S. 9; Moir, The Law of Internal Armed Conflict, S. 51; Sivakumaran, The Law of Non-International Armed Conflict, S. 69 ff.; Stewart, IRRC 2003, 313, 314.

101 Kleffner, in: Fleck (Hrsg.), The Handbook of International Humanitarian Law, Rn. 201.3; Sivakumaran, The Law of Non-International Armed Conflict, S. 212.

102 Vgl. Art. 1 Abs. 3 ZP I und Art. 1 Abs. 1 ZP II.

103 Art. 1 Abs. 2 ZP III.

104 Art. 2 ZP III.

105 Bothe, in: Graf Vitzthum (Hrsg.), Völkerrecht, Rn. 125; Cassese, International Law, S. 429 f.; Stadlmeier, in: Reinisch (Hrsg.), Österreichisches Handbuch des Völkerrechts, Bd. I, Rn. 2723.

106 Ausführlich zu der ersten Rezeption des Art. 3 GK: Cullen, Mil. L. Rev. 2005, 66, 87 f.; vgl. für eine Zusammenfassung der Kritik nur: Fleck, in: Fleck (Hrsg.), The Handbook of International Humanitarian Law, Rn. 1209.

Einbußen des Schutzes Unbeteiligter[107] verbundene Zustand sollte durch das ZP II behoben werden.[108]

Ein wesentlicher Beweggrund für die Reform dieses Rechtsregimes war jedoch zuvor entfallen.[109] Denn ein Großteil der damals zu nichtinternationalen bewaffneten Konflikten geführten Diskussionen bezog sich auf Konfliktkonstellationen, die in den zeitgleich zu ZP I geführten Beratungen durch dessen Art. 1 Abs. 4 den internationalen bewaffneten Konflikten zugeordnet wurden.[110] Entsprechend fand sich keine Mehrheit mehr für eine weitergehende Änderung, und es wurde vielmehr versucht, den Inhalt des ZP II weitestgehend zu marginalisieren. Das ZP II stellte freilich neue und im Vergleich zu Art. 3 GK umfassendere Vorschriften für Handlungen während eines nichtinternationalen bewaffneten Konflikts auf. Die Wirkung der Regeln wurde aber über eine Verschärfung der Voraussetzungen für die Anwendbarkeit des ZP II stark beschränkt.[111]

Art. 1 Abs. 1 ZP II enthält zwar eine im Unterschied zu Art. 3 GK positiv formulierte Definition des nichtinternationalen bewaffneten Konflikts. Diese ist jedoch enger als die negativ formulierte Definition des Art. 3 GK.[112] Folglich sind beide Anwendungsvoraussetzungen nicht deckungsgleich.[113] Deshalb muss innerhalb des Rechtsregimes der nichtinternationalen bewaffneten Konflikte danach

---

107 Bothe, in: Graf Vitzthum (Hrsg.), Völkerrecht, Rn. 121; Cullen, U. Miami Int'l & Comp. L. Rev. 2004, 189, 199.

108 Cullen, U. Miami Int'l & Comp. L. Rev. 2004, 189, 199; Cullen, The Concept of Non-International Armed Conflict in International Humanitarian Law, S. 87; Ipsen, in: Ipsen (Hrsg.), Völkerrecht, § 63, Rn. 8.

109 Cullen, Mil. L. Rev. 2005, 66, 97; Moir, The Law of Internal Armed Conflict, S. 91.

110 Bothe, in: Graf Vitzthum (Hrsg.), Völkerrecht, Rn. 122.

111 Bothe, in: Graf Vitzthum (Hrsg.), Völkerrecht, Rn. 122; Cullen, U. Miami Int'l & Comp. L. Rev. 2004, 189, 200.

112 Cullen, Mil. L. Rev. 2005, 66, 92; Holland, Suffolk Transnat'l L. Rev. 2011, 145, 158; Junod in: Pilloud/ Sandoz (Hrsg.), Commentary on the Additional Protocols of 8 June 1977 to the Geneva Conventions of 12 August 1949, Protocol II – Article 1, Rn. 4453; Kleffner, in: Fleck (Hrsg.), The Handbook of International Humanitarian Law, Rn. 211; Paulus/ Vashakmadze, IRRC 2009, 95, 98.

113 Cullen, Mil. L. Rev. 2005, 66, 94; Fleck, in: Fleck (Hrsg.), The Handbook of International Humanitarian Law, Rn. 1201.5; *IKRK*: How is the Term "Armed Conflict" Defined in International Humanitarian Law? (2008), S. 1; *ILA* (2010), S. 13; Junod in: Pilloud/ Sandoz (Hrsg.), Commentary on the Additional Protocols of 8 June 1977 to the Geneva Conventions of 12 August 1949, Protocol II – Article 1, Rn. 4453; Milanovic/ Hadzi-Vidanovic, in: White/ Henderson (Hrsg.), Research Handbook on International Conflict and Security Law, S. 286; Sivakumaran, The Law of Non-International Armed Conflict, S. 164.

differenziert werden, ob die Voraussetzungen von Art. 3 GK beziehungsweise ZP II erfüllt sind. Beide sind zwei getrennte Rechtsregime, soweit man nur das geschriebene Recht betrachtet.[114]

Regelungen für den Fall eines nichtinternationalen bewaffneten Konflikts im Sinne des Art. 3 GK existieren vereinzelt auch in anderen völkerrechtlichen Verträgen. Ein Beispiel hierfür ist Art. 19 der Haager Konvention zum Schutz von Kulturgut bei bewaffneten Konflikten.[115] Außerdem finden sich Regelungen in Art. 1 Abs. 2 der Konvention über das Verbot oder die Beschränkung des Einsatzes bestimmter konventioneller Waffen[116] und in Art. 8 des IStGH-Statuts.

c) Gewohnheitsrecht

Keine Differenzierung zwischen den Definitionen bewaffneter Konflikte macht das Gewohnheitsrecht. Es bindet die Konfliktparteien, sobald ein bewaffneter Konflikt in einem der drei Sinne gegeben ist.[117] Das Gewohnheitsrecht bildet neben dem geschriebenen Recht die zweite Rechtsquelle des humanitären Völkerrechts. Völkergewohnheitsrecht ist nach Art. 38 Abs. 1 lit. b Statut des Internationalen Gerichtshofs[118] die Summe der Verhaltensregeln, die bisher von Völkerrechtssubjekten in ihrem Verkehr untereinander angewendet worden sind und bezüglich deren Rechtsgültigkeit eine allgemeine Rechtsüberzeugung besteht.

Es ist möglich, dass die einzelnen völkerrechtlichen Verträge auch gewohnheitsrechtliche Regelungen enthalten. In diesem Fall stellt der entsprechende völkerrechtliche Vertrag das *lex specialis* des Gewohnheitsrechts dar.[119] Ein Beispiel dafür sind das ZP I und Art. 3 GK. Die gewohnheitsrechtliche generelle Anwendbarkeit von Art. 3 GK ist durch die Praxis der internationalen Gerichte

---

114 Fleck, in: Fleck (Hrsg.), The Handbook of International Humanitarian Law, Rn. 1201.6; Marauhn/ Ntoubandi in: Wolfrum (Hrsg.), The Max Planck Encyclopedia of Public International Law, Bd. I, Armed Conflict, Non-International, Rn. 4.

115 BGBl. 1967 II, 1233.

116 BGBl. 1992 II, 958.

117 Gasser/ Thürer in: Wolfrum (Hrsg.), The Max Planck Encyclopedia of Public International Law, Bd. V, Humanitarian Law, International, Rn. 29; Meron, in: Clapham/ Gaeta (Hrsg.), The Oxford Handbook of International Law in Armed Conflict, S. 49.

118 BGBl. 1973 II, 505.

119 Graf Vitzthum, in: Graf Vitzthum (Hrsg.), Völkerrecht, Rn. 132.

anerkannt.[120] Das ZP I kodifizierte demgegenüber zu wesentlichen Teilen Regelungen, die schon vorher gewohnheitsrechtlich anerkannt waren.[121]

Liegen die Voraussetzungen eines der Rechtsregime des humanitären Völkerrechts vor, so sind als Rechtsfolge die Vorschriften des jeweiligen Rechtsregimes grundsätzlich anwendbar.[122] Beachtenswert ist dabei jedoch, dass die grundsätzliche Anwendbarkeit des humanitären Völkerrechts auf einem bestimmten Gebiet nicht bedeutet, dass es auch in jeder dort stattfindenden Handlung den Rechtmäßigkeitsmaßstab bildet. Vielmehr dient dazu das spätestens durch das ZP II in die Systematik des humanitären Völkerrechts eingeführte Erfordernis des funktionalen Zusammenhangs zwischen einer Handlung und dem entsprechenden bewaffneten Konflikt.[123]

Es fragt sich, in welchem Zusammenhang der Begriff des Anwendungsbereichs mit der soweit dargestellten Systematik des Rechtes der nichtinternationalen bewaffneten Konflikte steht. Dabei ist besonders zu fragen, welche grundsätzliche Funktion ihm zukommt und welche Rolle der territoriale Anwendungsbereich dabei spielt.

II. Begriff des Anwendungsbereichs

Der Begriff des Anwendungsbereichs unterscheidet sich im Rahmen des humanitären Völkerrechts grundlegend von dem der Anwendungsvoraussetzungen.[124] Letztere legen fest, ob das humanitäre Völkerecht im Rahmen einer Auseinandersetzung überhaupt anwendbar ist. Erst dem nachgelagert klärt der Anwendungsbereich, in welchem Umfang die Parteien an das Rechtsregime gebunden sind.[125] Diese Funktion erfüllt er, indem er festlegt, ob das humanitäre Völkerrecht auf einer

---

120 IGH, *Case Concerning Military and Paramilitary Activities in and Against Nicaragua* (Nicaragua v. United States of America), Merits vom 27. Juni 1986, Rn. 218; ICTY, *Prosecutor v. Dusko Tadić*, Decision on the Defence Motion for Interlocutory Appeal on Jurisdiction vom 2. Oktober 1995, Case No. IT-94–1, Rn. 116; ICTR, *Prosecutor v. Jean-Paul Akayesu*, Judgement vom 2. September 1998, Case No. ICTR-96–4, Rn. 608.

121 O'Connell, in: Fleck (Hrsg.), The Handbook of International Humanitarian Law, Rn. 127.

122 Das ergibt sich bereits aus dem Wortlaut von Art. 2 und Art. 3 GK.

123 Zur Abgrenzung vom „Belligerent-Nexus“: Lubell/ Derejko, J. Int'l Crim. Just. 2013, 65, 84 f.; Sivakumaran, The Law of Non-International Armed Conflict, S. 251.

124 So in der Sache aber nicht im Begriff auch: Gasser/ Melzer, Humanitäres Völkerrecht, S. 64 ff.; Kleffner, in: Fleck (Hrsg.), The Handbook of International Humanitarian Law, Rn. 210 ff.

125 So auch: Schmitt, in: (Hrsg.), Naval War College International Law Studies, Bd. 90, S. 8.

bestimmten Fläche der Welt anwendbar ist. Er entscheidet über die Anwendbarkeit folglich immer noch nur abstrakt. Darin unterscheidet er sich vom Erfordernis des funktionalen Zusammenhangs, das konkret für jeden einzelnen Sachverhalt neu zu bestimmen ist.[126] Der Anwendungsbereich beschränkt die Bindung an das humanitäre Völkerrecht somit auf einer generelleren Ebene als der innere Zusammenhang, aber auf einer spezielleren Ebene als die Anwendungsvoraussetzungen.

Ob das humanitäre Völkerrecht grundsätzlich den Rechtmäßigkeitsmaßstab im Zusammenhang mit einer Auseinandersetzung bildet, wird durch den territorialen Anwendungsbereich somit nicht beeinflusst. Unabhängig davon kann die geographische Dichte von Kampfhandlungen natürlich ein Kriterium dafür sein, ob eine Auseinandersetzung die notwendige Intensität für einen bewaffneten Konflikt besitzt.[127] Die Kontrolle eines Gebiets ist aber grundsätzlich nicht dafür entscheidend, ob eine Auseinandersetzung die Voraussetzungen für einen bewaffneten Konflikt erfüllt.[128]

Neben dem territorialen haben der persönliche und der temporäre Anwendungsbereich eine erhöhte Relevanz, weil sie entscheidende Aussagen über den Umfang der Anwendung treffen.

1. Temporär

Der temporäre Anwendungsbereich des humanitären Völkerrechts wird für internationale und nichtinternationale bewaffnete Konflikte gleichermaßen bestimmt.[129] Weniger relevant ist in diesem Zusammenhang der Beginn der Anwendbarkeit des humanitären Völkerrechts. Denn jede im Zusammenhang mit dem entsprechenden bewaffneten Konflikt stehende Handlung unterliegt rückwirkend dem humanitären Völkerrecht, sobald die Anwendungsvoraussetzungen des jeweiligen Rechtsregimes erstmalig vorliegen.[130]

---

126 Lubell/ Derejko, J. Int'l Crim. Just. 2013, 65, S. 75; Zimmermann/ Geiß, in: Lagodny (Hrsg.), Münchener Kommentar zum Strafgesetzbuch, Bd. 8, § 8 VStGB, Rn. 119 f.

127 Kleffner, in: Fleck (Hrsg.), The Handbook of International Humanitarian Law, Rn. 209.1.

128 Sivakumaran, The Law of Non-International Armed Conflict, S. 162.

129 Kleffner, in: Fleck (Hrsg.), The Handbook of International Humanitarian Law, Rn. 221.

130 Ipsen, in: Ipsen (Hrsg.), Völkerrecht, § 68, Rn. 1; Kleffner, in: Fleck (Hrsg.), The Handbook of International Humanitarian Law, Rn. 221.2.

Im Zentrum der Diskussion steht das Ende der Anwendbarkeit des jeweiligen Rechtsregimes.[131] Davon getrennt betrachtet werden muss, wann eine Einstellung der Kampfhandlungen vorliegt.[132] Ausschlaggebend für die Unanwendbarkeit des humanitären Völkerrechts ist die faktische Einstellung der Kampfhandlungen.[133] Die völlige Unanwendbarkeit des jeweiligen Rechtsregimes setzt aber neben dem Fehlen von Kampfhandlungen auch voraus, dass keine Kriegsgefangenen mehr in Gewahrsam gehalten werden und kein gegnerisches Gebiet besetzt gehalten wird.[134] Denn dann wären GK III beziehungsweise GK IV noch immer anwendbar.

Nicht ausreichend hingegen ist eine bloße Feuerunterbrechung, weil es bei ihr jederzeit möglich ist, erneut Gewalt anzuwenden.[135] Ob ein Waffenstillstand zu einer gegebenenfalls temporären Unterbrechung der Anwendbarkeit führt, ist nicht eindeutig geklärt.[136] Klar ist jedoch, dass ein Friedensvertrag keine Voraussetzung für die Unanwendbarkeit des humanitären Völkerrechts darstellt.[137]

2. Persönlich

Der persönliche Anwendungsbereich entscheidet darüber, welche Personen und Parteien an die Vorschriften des jeweiligen Rechtsregimes gebunden sind.[138] In

---

131 Ambos, in: Lagodny (Hrsg.), Münchener Kommentar zum Strafgesetzbuch, Bd. 8, Vor §§ 8 ff. VStGB, Rn. 24; Doehring, Völkerrecht, Rn. 646 ff.; Fleck, in: Fleck (Hrsg.), The Handbook of International Humanitarian Law, Rn. 1221; Ipsen, in: Ipsen (Hrsg.), Völkerrecht, § 68, Rn. 4 ff.; Kleffner, in: Fleck (Hrsg.), The Handbook of International Humanitarian Law, Rn. 222 ff.

132 Kleffner, in: Fleck (Hrsg.), The Handbook of International Humanitarian Law, Rn. 223.1.

133 ICTY, *Prosecutor v. Dusko Tadić*, Decision on the Defence Motion for Interlocutory Appeal on Jurisdiction vom 2. Oktober 1995, Case No. IT-94-1, Rn. 70; Ambos, in: Lagodny (Hrsg.), Münchener Kommentar zum Strafgesetzbuch, Bd. 8, Vor §§ 8 ff. VStGB, Rn. 24; Ipsen, in: Ipsen (Hrsg.), Völkerrecht, § 68, Rn. 4; Kleffner, in: Fleck (Hrsg.), The Handbook of International Humanitarian Law, Rn. 222.

134 Ipsen, in: Ipsen (Hrsg.), Völkerrecht, § 68, Rn. 4; Kleffner, in: Fleck (Hrsg.), The Handbook of International Humanitarian Law, Rn. 222.1.

135 Ambos, in: Lagodny (Hrsg.), Münchener Kommentar zum Strafgesetzbuch, Bd. 8, Vor §§ 8 ff. VStGB, Rn. 24; Doehring, Völkerrecht, Rn. 647.

136 Für eine Anwendbarkeit: Doehring, Völkerrecht, Rn. 647; dagegen: Ipsen, in: Ipsen (Hrsg.), Völkerrecht, § 68, Rn. 6.

137 Doehring, Völkerrecht, Rn. 651; Kleffner, in: Fleck (Hrsg.), The Handbook of International Humanitarian Law, Rn. 222.2.

138 Kleffner, in: Fleck (Hrsg.), The Handbook of International Humanitarian Law, Rn. 210.

Frage steht in diesem Zusammenhang insbesondere, ob die Bindung auch für eine Personengruppe gilt, die selbst nicht die wesentlichen Abkommen unterzeichnet hat. Grundsätzlich und für den hiesigen Untersuchungsgegenstand relevant ist diese Frage in Bezug auf nichtstaatliche Akteure, die mangels Staateneigenschaft die Abkommen gar nicht erst ratifizieren können.[139] Darüber hinaus stellt sich das Problem aber auch bei Staaten, die die Abkommen nicht ratifiziert haben.

Das Gewohnheitsrecht kann über die fehlende Ratifizierung nicht hinweghelfen. Denn es erklärt grundsätzlich nur einzelne Vorschriften eines Rechtsregimes, unabhängig von einer Ratifizierung der ihm zugrunde liegenden Abkommen, für anwendbar.[140] Das Gewohnheitsrecht trifft hingegen gerade keine Aussage darüber, ob eine Rechtsordnung überhaupt anwendbar ist.[141] Eine gewohnheitsrechtliche Bestimmung kann ihre Bindung jedoch auch nur dann entfalten, wenn die Voraussetzungen für die Anwendbarkeit des ihr zugrunde liegenden Rechtsregimes erfüllt sind.[142]

Staaten sind außerhalb des Gewohnheitsrechts jedoch nicht an Vorschriften des humanitären Völkerrechts gebunden, wenn sie diese nicht ratifiziert haben.[143] Für nichtstaatliche Akteure gilt dies nicht. Sie sind unabhängig von einer Ratifizierung des entsprechenden Abkommens an alle Vorschriften des geschriebenen humanitären Völkerrechts gebunden.[144] Dies haben zwischenzeitlich auch die

---

139 Clapham, in: Clapham/ Gaeta (Hrsg.), The Oxford Handbook of International Law in Armed Conflict, S. 767; Kleffner, in: Fleck (Hrsg.), The Handbook of International Humanitarian Law, Rn. 210.4.

140 Vgl. die Anwendbarkeit des Art. 3 GK ohne dies auf alle Normen des Rechtes der nichtinternationalen bewaffneten Konflikte zu erstrecken: ICTY, *Prosecutor v. Dusko Tadić*, Decision on the Defence Motion for Interlocutory Appeal on Jurisdiction vom 2. Oktober 1995, Case No. IT-94–1, Rn. 114; ICTR, *Prosecutor v. Jean-Paul Akayesu*, Judgement vom 2. September 1998, Case No. ICTR-96–4, Rn. 608.

141 Lubell, Extraterritorial Use of Force against Non-State Actors, S. 96.

142 Gasser/ Thürer in: Wolfrum (Hrsg.), The Max Planck Encyclopedia of Public International Law, Bd. V, Humanitarian Law, International, Rn. 29; Marauhn/ Ntoubandi in: Wolfrum (Hrsg.), The Max Planck Encyclopedia of Public International Law, Bd. I, Armed Conflict, Non-International, Rn. 28.

143 Zegveld, Accountability of Armed Opposition Groups in International Law, S. 12.

144 Fleck, in: Fleck (Hrsg.), The Handbook of International Humanitarian Law, Rn. 1207.2; Ipsen, in: Fischer-Lescano/ Bothe (Hrsg.), Frieden in Freiheit. Festschrift für Michael Bothe zum 70. Geburtstag, S. 454; Junod in: Pilloud/ Sandoz (Hrsg.), Commentary on the Additional Protocols of 8 June 1977 to the Geneva Conventions of 12 August 1949, Protocol II – Part I, Rn. 4444; Sassòli, Transnational Armed Groups and International Humanitarian Law, S. 12; Solis, The Law of Armed Con-

internationalen Gerichtshöfe bestätigt.[145] Uneins ist sich die Literatur in diesem Zusammenhang lediglich hinsichtlich der Begründung der Bindung der nichtstaatlichen Akteure.[146]

3. Territorial

Vom Begriff des territorialen Anwendungsbereichs unterschieden werden müssen zunächst drei Begriffe, die auch im Zusammenhang mit geographischen Aspekten des Kriegsrechts verwendet werden.[147] Sie entstammen der Fragestellung, auf welchem Gebiet es Parteien erlaubt ist, einen Konflikt auszutragen. Diese Frage ist bereits früher Thema von Dissertationen gewesen. Die Begriffe zur Umschreibung eines bestimmten Gebiets in bewaffneten Konflikten haben sich in den letzten 100 Jahren gewandelt. War ursprünglich von einem „*Kriegsschauplatz*"[148] die Rede, wird in der Literatur der letzten 50 Jahre mit „*Kriegsgebiet*"[149] (engl.: „*Region of War*"[150]) diejenige Fläche bezeichnet, auf der die Konfliktparteien generell gegeneinander kämpfen dürfen. Mit „*Kriegsschauplatz*" (engl.: „*Theatre of*

---

flict – International Humanitarian Law in War, S. 158; Zegveld, Accountability of Armed Opposition Groups in International Law, S. 10.

145 IAKMR, Case 11.137, Report 55/97 vom 13. April 1998, Rn. 174; ICTR, *Prosecutor v. Jean-Paul Akayesu*, Judgement vom 2. September 1998, Case No. ICTR-96-4, Rn. 30 ff.; SCSL, *Prosecutor v. Sam Hinga Norman*, Decision on Preliminary Motion Based on Lack of Jurisdiction vom 31. Mai 2004, Case No. SCSL-2004–14-AR72(E), Rn. 22.

146 Bothe, in: Graf Vitzthum (Hrsg.), Völkerrecht, Rn. 123; Fleck, in: Fleck (Hrsg.), The Handbook of International Humanitarian Law, Rn. 1207.2; Junod in: Pilloud/ Sandoz (Hrsg.), Commentary on the Additional Protocols of 8 June 1977 to the Geneva Conventions of 12 August 1949, Protocol II – Part I, Rn. 4444; Kleffner, IRRC 2011, S. 443 ff.; Zegveld, Accountability of Armed Opposition Groups in International Law, S. 15 ff.

147 Geiß, in: Heintze/ Ipsen (Hrsg.), Heutige bewaffnete Konflikte als Herausforderungen an das humanitäre Völkerrecht, S. 53 f.; Kleffner, in: Fleck (Hrsg.), The Handbook of International Humanitarian Law, Rn. 220 ; Lubell/ Derejko, J. Int'l Crim. Just. 2013, 65, 68; dies in seinen Ausführungen verkennend: Rajower, Das Recht des bewaffneten nicht-internationalen Konflikts seit 1949, S. 172 ff.

148 Boeckner, Der Kriegsschauplatz, S. 35 ff.; wieder anders: Lueder in: Holtzendorff (Hrsg.), Handbuch des Völkerrechts – Die Staatsstreitigkeiten und ihre Entscheidung, Bd. 4, Das Kriegsfeld, S. 362.

149 Berber, Lehrbuch des Völkerrechts, Bd. 2: Kriegsrecht, S. 116; Guggenheim, Lehrbuch des Völkerrechts, Bd. I-2, S. 811; Kolb, Das Kriegsgebiet im Völkerrecht, S. 14.

150 Berber, Lehrbuch des Völkerrechts, Bd. 2: Kriegsrecht, S. 116; Kunig in: Bernhardt (Hrsg.), Encyclopedia of Public International Law, Bd. 4, War, Theatre of, S. 1392.

War"[151]) wird inzwischen das Gebiet bezeichnet, „*in dem tatsächlich militärische Operationen* [...] *vorgesehen sind*"[152]. Noch enger ist der Begriff des „*Operationsgebiets*" (engl.: „*Theatre of Operations*"[153]) gefasst. Er bezeichnet diejenige Fläche, auf der sich zu einem bestimmten Zeitpunkt die Konfliktparteien gegenseitig mit Waffengewalt bekämpfen.[154]

Diese Begriffsunterscheidungen sollen auch im Folgenden beibehalten werden. „Kriegsschauplatz" ist also eine Fläche, die subjektiv vom Willen der kriegführenden Parteien abhängt.[155] Das „Kriegsgebiet" ist demgegenüber eine Fläche, die rechtlich eindeutig bestimmt und damit unabhängig vom Willen der Parteien ist. Der „Kriegsschauplatz" ist dementsprechend nicht mit dem Kriegsgebiet identisch und kann von der Fläche her sowohl kleiner als auch größer sein. Der „Kriegsschauplatz" kann sich im Laufe eines Konflikts zudem ändern. Das Kriegsgebiet steht hingegen grundsätzlich fest.

Der territoriale Anwendungsbereich dient demgegenüber dazu, die konkrete geographische Fläche zu bestimmen, auf der das humanitäre Völkerrecht im Rahmen eines bewaffneten Konflikts anwendbar ist.[156] Der Begriff beschreibt somit nicht einen tatsächlichen Zustand oder eine Frage des nach dem *ius ad bellum* zu beurteilenden rechtlichen Dürfens.

Für die Bestimmung anhand des territorialen Anwendungsbereichs, ob ein Rechtsregime des humanitären Völkerrechts an einem Ort anwendbar ist, ist alleine der Ort der Wirkung der Gewaltanwendung maßgeblich. In dem Maße, in dem z. B. Interkontinentalraketen und andere Waffentechnologien keine unmittelbare körperliche Präsenz am Ziel der Gewalteinwirkung mehr erfordern, würde jeder andere Anknüpfungspunkt eine Umgehung der Grenzen des Anwendungsbereichs ermöglichen. Denn wäre ein anderer Ort entscheidend, könnte man eine Waffe an einem Ort abschießen oder kontrollieren, an dem humanitäres Völkerrecht an-

151 Kunig in: Bernhardt (Hrsg.), Encyclopedia of Public International Law, Bd. 4, War, Theatre of, S. 1392.

152 Kolb, Das Kriegsgebiet im Völkerrecht, S. 15.

153 Kunig in: Bernhardt (Hrsg.), Encyclopedia of Public International Law, Bd. 4, War, Theatre of, S. 1393.

154 Guggenheim, Lehrbuch des Völkerrechts, Bd. I-2, S. 811; Kolb, Das Kriegsgebiet im Völkerrecht, S. 16.

155 Kolb, Das Kriegsgebiet im Völkerrecht, S. 15.

156 So implizit auch: Geiß, in: Heintze/ Ipsen (Hrsg.), Heutige bewaffnete Konflikte als Herausforderungen an das humanitäre Völkerrecht, S. 53 f.; Kleffner, in: Fleck (Hrsg.), The Handbook of International Humanitarian Law, Rn. 220; Lubell/ Derejko, J. Int'l Crim. Just. 2013, 65, 68.

wendbar ist, und sie dort wirken lassen, wo es nicht anwendbar ist. Besonders einsichtig wird die Richtigkeit dieser Auslegung bei einem Blick auf Kriegsgefangene. Hier ist nur relevant, dass ein feindlicher Kämpfer im Anwendungsbereich des Rechtes der internationalen bewaffneten Konflikte gefangengenommen wird, damit ihm der Schutz des GK III zukommt. Der Schutz besteht nämlich gerade unabhängig vom Ort, an dem der Kriegsgefangene festgehalten wird.[157]

Eine weitere Untersuchung des so klar bestimmten und abgegrenzten Begriffs des territorialen Anwendungsbereichs des Rechtes nichtinternationaler bewaffneter Konflikte würde sich erübrigen, wenn er im Rahmen nichtinternationaler überhaupt nicht bestünde.

III. Existenz des territorialen Anwendungsbereichs

Fraglich ist, ob das humanitäre Völkerrecht im Rahmen nichtinternationaler bewaffneter Konflikte überhaupt einen territorialen Anwendungsbereich besitzt. Ein Blick auf die Entstehungsgeschichte von Art. 2 Abs. 1 ZP II[158] lässt daran Zweifel aufkommen:

> *Mr. Prugh (United States of America), referring to article 2, paragraph 1, asked whether the application had any geographical limitation, as, for example, to the territory of the party where the conflict occurred. None was expressly stated.*
> *Mrs. Bujard (International Committee of the Red Cross) said there had been a long discussion of that point at the Conference of Government Experts, but the experts had pointed out that in a large, federal State, for example, it might be better that the Protocol should apply to the persons affected by an armed conflict rather than to the territory where the armed conflict took place. To meet that wish, the ICRC had not included in its draft an article including the territorial scope of the Protocol.*[159]

Dem könnte man entnehmen, dass die Urheber des ZP II einen territorialen Anwendungsbereich im Rahmen von Konflikten im Sinne des ZP II ganz ausschließen wollten. Für die Anwendbarkeit des humanitären Völkerrechts auf eine bestimmte Handlung wäre dann ausschließlich maßgeblich, ob die beteiligten

157 Arimatsu, YIHL 2009, 157, 181; Gasser/ Thürer in: Wolfrum (Hrsg.), The Max Planck Encyclopedia of Public International Law, Bd. V, Humanitarian Law, International, Rn. 32.

158 „*This Protocol shall be applied* […] *to all persons affected by an armed conflict as defined in Article 1*".

159 Official Records of the Diplomatic Conference on the Reaffirmation and Development of International Humanitarian Law applicable in Armed Conflicts, Bd. 8, S. 211, Rn. 47 f.

Personen durch den bewaffneten Konflikt betroffen („*affected*") sind. Aus dem letzten Satz der Stellungnahme der Vertreterin des IKRK wird jedoch deutlich, dass im ZP II keine endgültige Aussage zum territorialen Anwendungsbereich gemacht werden sollte. Das bedeutet auch nicht zwingend, dass es keinen territorialen Anwendungsbereich der Vorschriften des ZP II gibt. Vielmehr wird aus der Gesamtaussage deutlich, dass die Urheber des ZP II lediglich vermeiden wollten, dass durch einen möglicherweise zu eng gefassten territorialen Anwendungsbereich Personen nicht mehr vom Schutzbereich des ZP II erfasst werden, die dieses Schutzes aber bedürfen.

Der alleinige Beweggrund der Urheber des ZP II, keine expliziten Aussagen zum territorialen Anwendungsbereich aufzunehmen, war also der, die Anwendbarkeit des humanitären Völkerrechts nicht auf das Operationsgebiet zu beschränken.[160] Dieser Wille wird mit Blick auf das internationale Recht zur Zeit der Schaffung des ZP II verständlich. Der Schutz der Menschenrechte auf der Ebene des internationalen Rechtes hatte damals noch nicht den Geltungsbereich, der ihm heute zugesprochen wird. Insbesondere die extraterritoriale Anwendbarkeit war noch nicht anerkannt.[161] Dementsprechend war außerhalb des Anwendungsbereichs des humanitären Völkerrechts oftmals kein die Menschen schützendes internationales Rechtsregime einschlägig. Die Urheber des ZP II zielten deshalb darauf ab, den Geltungsbereich auch auf Gebiete außerhalb des Operationsgebiets zu erstrecken, um durch das humanitäre Völkerrecht einen möglichst umfassenden Mindestschutz zu gewährleisten.[162]

Statt auf ein geographisches Merkmal abzustellen, zogen sie hierzu mittels des Erfordernisses des Betroffenseins einen funktionalen Zusammenhang heran.[163] Dadurch war ihrer Ansicht nach eher gesichert, dass der Geltungsbereich des humanitären Völkerrechts nicht später durch Auslegung so gefasst wird, dass

---

160 Official Records of the Diplomatic Conference on the Reaffirmation and Development of International Humanitarian Law applicable in Armed Conflicts, Bd. 8, S. 211, Rn. 48.

161 Nowak, U.N. Covenant on Civil and Political Rights Commentary, Art. 2, Rn. 27; Wenzel in: Wolfrum (Hrsg.), The Max Planck Encyclopedia of Public International Law, Bd. IV, Human Rights, Treaties, Extraterritorial Application and Effects, Rn. 4.

162 Official Records of the Diplomatic Conference on the Reaffirmation and Development of International Humanitarian Law applicable in Armed Conflicts, Bd. 8, S. 211, Rn. 43.

163 Official Records of the Diplomatic Conference on the Reaffirmation and Development of International Humanitarian Law applicable in Armed Conflicts, Bd. 8, S. 211, Rn. 47 f.

einzelne zu einem Konflikt gehörige Handlungen außerhalb jeden internationalen Rechtsrahmens fallen.[164] Das sollten die Normen des ZP II nämlich verhindern.[165]

Das Abstellen auf einen funktionalen Zusammenhang und das Fehlen der Regelung eines territorialen Anwendungsbereichs war also alleine darauf gerichtet, einen zu kleinen Anwendungsbereich zu verhindern. Darin ist dann aber keine Festlegung im Hinblick auf die maximale territoriale Ausdehnung des Anwendungsbereichs enthalten. Gleichzeitig wird mit diesem Gedankengang der Urheber des ZP II auch deutlich, dass auch sie die Existenz eines territorialen Anwendungsbereichs grundsätzlich nicht in Abrede gestellt haben. Vielmehr haben sie es lediglich vermieden, ihn selbst zu bestimmen. Sie beschränkten sich darauf, einen Mindestanwendungsbereich sicherzustellen.

Spätestens durch das ZP II wurde mit dem Merkmal *affected* im Rahmen solcher nichtinternationaler bewaffneter Konflikte ein für die Anwendbarkeit des humanitären Völkerrechts im Einzelfall entscheidendes funktionelles Kriterium geschaffen. Das im deutschen als *„funktionaler Zusammenhang"* bezeichnete Kriterium[166] lässt sich im ZP II in verschiedenen Vorschriften wiederfinden.[167] Das im Englischen als *„Nexus-Requirement"*[168] bezeichnete Kriterium wird sowohl vom ICTR als auch ICTY verwendet.[169] Es fordert einen Zusammenhang zwischen der konkret zu betrachtenden Handlung und dem entsprechenden bewaffneten Konflikt. Ohne weitere Bedeutung ist in diesem Zusammenhang die Frage, ob man das Kriterium des funktionalen Zusammenhangs für durch die Rechtsprechung entwickelt ansieht[170], oder ob man es schon durch die verschiedenen Vorschriften

---

164 Official Records of the Diplomatic Conference on the Reaffirmation and Development of International Humanitarian Law applicable in Armed Conflicts, Bd. 8, S. 211, Rn. 47 f.

165 Junod in: Pilloud/ Sandoz (Hrsg.), Commentary on the Additional Protocols of 8 June 1977 to the Geneva Conventions of 12 August 1949, Protocol II - Article 1, Rn. 4459.

166 Zimmermann/ Geiß, in: Lagodny (Hrsg.), Münchener Kommentar zum Strafgesetzbuch, Bd. 8, § 8 VStGB, Rn. 119.

167 Vgl. Art. 5, 6, 17 und 18 ZP II.

168 zur Abgrenzung vom „Belligerent-Nexus": Lubell/ Derejko, J. Int'l Crim. Just. 2013, 65, 84 f.; vgl.: Sivakumaran, The Law of Non-International Armed Conflict, S. 251.

169 ICTY, *Prosecutor v. Dusko Tadić*, Decision on the Defence Motion for Interlocutory Appeal on Jurisdiction vom 2. Oktober 1995, Case No. IT-94-1, Rn. 69; ICTR, *Prosecutor v. Jean-Paul Akayesu*, Judgement vom 2. September 1998, Case No. ICTR-96-4, Rn. 641.

170 Lubell/ Derejko, J. Int'l Crim. Just. 2013, 65, 75; Milanovic/ Hadzi-Vidanovic, in: White/ Henderson (Hrsg.), Research Handbook on International Conflict and Security Law, S. 291; Paulus/ Vashakmadze, IRRC 2009, 95, 116.

des humanitären Völkerrechts als statuiert betrachtet[171]. Das Kriterium ist inzwischen sowohl in der Rechtsprechung als auch in der Literatur anerkannt.[172] Klar ist ebenfalls, dass das Kriterium ein Element der geographischen Nähe beinhalten kann, aber nicht muss.[173]

Das Erfordernis eines funktionalen Zusammenhangs schließt einen daneben bestehenden territorialen Anwendungsbereich aber nicht aus. Selbst wenn man annähme, dass das humanitäre Völkerrecht im Rahmen aller nichtinternationalen bewaffneten Konflikte prinzipiell unabhängig vom Wirkungsort überall dann anwendbar ist, wenn der funktionale Zusammenhang gegeben ist, würde noch ein territorialer Anwendungsbereich bestehen.[174] Dieser würde sich dann auf die gesamte Welt erstrecken.[175] Funktionaler und territorialer Anwendungsbereich existieren somit in jedem Fall nebeneinander. Dafür spricht auch die explizite Behandlung des territorialen Anwendungsbereichs durch die Rechtsprechung[176] und teilweise durch die Staaten selbst[177]. Die Reichweite des funktionalen Anwendungsbereichs erlaubt höchstens Rückschlüsse auf die Grundkonzeption des territorialen Anwendungsbereichs. Sein genauer Umfang und die Art und Weise seiner Bestimmung bleiben dadurch aber unklar.

IV. Einheitlichkeit des territorialen Anwendungsbereichs

Der Ermittlung des Modus der Bestimmung des territorialen Anwendungsbereichs vorgelagert muss auch eruiert werden, ob der territoriale Anwendungsbereich für alle Vorschriften einheitlich zu bestimmen ist. Verschiedentlich wird vertreten, dass nicht alle Normen des Rechtes der internationalen oder nichtinternationalen bewaffneten Konflikte denselben territorialen Anwendungsbereich

---

171 Thynne, Austl. Int'l L.J. 2009, 161, 174.

172 Vgl. obenstehende Quellen; zusammenfassend: Ambos, in: Lagodny (Hrsg.), Münchener Kommentar zum Strafgesetzbuch, Bd. 8, Vor §§ 8 ff. VStGB, Rn. 26.

173 Mit dem Versuch einer eigenen Konkretisierung des Begriffs: Lubell/ Derejko, J. Int'l Crim. Just. 2013, 65, 77.

174 Lubell/ Derejko, J. Int'l Crim. Just. 2013, 65, 75.

175 So: Dehn/ Heller, U. Pa. L. Rev. PENNumbra 2011, 175, 190 f.

176 Vgl. nur: ICTY, *Prosecutor v. Dusko Tadić*, Decision on the Defence Motion for Interlocutory Appeal on Jurisdiction vom 2. Oktober 1995, Case No. IT-94-1, Rn. 70; ICTR, *Prosecutor v. Jean-Paul Akayesu*, Judgement vom 2. September 1998, Case No. ICTR-96-4, Rn. 635.

177 Vgl. die Rede des deutschen Außenministers Westerwelle vor dem Deutschen Bundestag zum Afghanistan-Einsatz der Bundeswehr vom 10. Feb 2010, die ohne die Existenz eines territorialen Anwendungsbereichs nicht möglich wäre.

besitzen.[178] Dabei wird eine Unterscheidung danach getroffen, ob eine Vorschrift auf dem gesamten Gebiet des territorialen Anwendungsbereichs einschlägig ist und ob sie unter Umständen an das Operationsgebiet gebunden sind. Der ICTY hat sich zu dieser Frage wie folgt positioniert:

> *Certainly, some of the provisions are clearly bound up with the hostilities and the geographical scope of those provisions should be so limited. Others, particularly those relating to the protection of prisoners of war and civilians, are not so limited. With respect to prisoners of war, the Convention applies to combatants in the power of an enemy; it makes no difference whether they are kept in the vicinity of the hostilities. In the same vein, Geneva Convention IV protects civilians anywhere in the territory of the Parties.*[179]

Nach Ansicht des ICTY sind einzelne Vorschriften also nur im Rahmen von Kampfhandlungen anwendbar. Der ICTY konkretisiert aber nicht weiter, welche Normen das sind. Ebensowenig wird ausgeführt, welche Definition von „*hostilities*" dieser Aussage zugrunde gelegt wurde. Mangels engerer Definition muss darunter jede bewaffnete Auseinandersetzung zwischen Konfliktparteien zu verstehen sein. Das hat dann aber wiederum keinen den territorialen Anwendungsbereich der jeweiligen Vorschrift beschränkenden Inhalt, weil der Austragungsort der *hostilities* nicht begrenzt wurde. Bestimmte Handlungen wären nach dem ICTY demnach nur dort zulässig, wo Kampfhandlungen stattfinden. Kampfhandlungen selbst können bei alleiniger Betrachtung dieses Passus aber überall begonnen werden. Da die Tötung eines jeden feindlichen Kämpfers eine Kampfhandlung darstellen kann, sind selbst solche Handlungen letztlich überall zulässig. Die Aussage des ICTY begrenzt in dieser Hinsicht nicht den territorialen Anwendungsbereich einzelner Normen.[180] Der ICTY kreiert folglich keine zweite Kategorie des territorialen Anwendungsbereichs.

Im humanitären Völkerrecht existieren jedoch einzelne Vorschriften, die unabhängig vom territorialen Anwendungsbereich anwendbar sind. Sie sind auch in Situationen anwendbar, die außerhalb des territorialen Anwendungsbereichs stattfinden. Dazu zählen jedoch ausschließlich die Rechte und Pflichten im Zusammenhang mit der Behandlung von Gefangenen.[181] Auf sie kann sich der Gefangene unabhängig von seinem Aufenthaltsort immer dann berufen, wenn das

---

178 ICTY, *Prosecutor v. Dusko Tadić*, Decision on the Defence Motion for Interlocutory Appeal on Jurisdiction vom 2. Oktober 1995, Case No. IT-94-1, Rn. 68.

179 ICTY, *Prosecutor v. Dusko Tadić*, Decision on the Defence Motion for Interlocutory Appeal on Jurisdiction vom 2. Oktober 1995, Case No. IT-94-1, Rn. 68.

180 Arimatsu, YIHL 2009, 157, 180.

181 Vgl. Art. 5 GK III.

humanitäre Völkerrecht bei seiner Gefangennahme anwendbar war.[182] Nur zu diesem Zeitpunkt ist der territoriale Anwendungsbereich also von Belang. Später ist die Anwendbarkeit der Vorschriften aber unabhängig von dem Ort, an dem der Gefangene festgehalten wird.[183] Dieser muss gemäß Art. 5 Abs. 2c) ZP II sogar auch außerhalb des Operationsgebiets liegen.

Es existieren jedoch Normen, die einen eigenen territorialen Anwendungsbereich besitzen. Ein Beispiel hierfür ist Art. 29 der HLKO. Dort ist bestimmt, dass eine Person nur dann wegen Spionage bestraft werden darf, wenn sie innerhalb des Operationsgebiets tätig war. Obwohl diese Norm, wenn überhaupt, nur gewohnheitsrechtlich im Rahmen nichtinternationaler bewaffneter Konflikte anwendbar ist, so ist sie ein Beispiel dafür, dass, wenn eine Vorschrift einen eigenen territorialen Anwendungsbereich besitzt, sich dieser denklogisch immer nur auf ein kleineres Gebiet als dasjenige erstreckt, das vom territorialen Anwendungsbereichs des gesamten Rechtsregimes umfasst ist. Damit steht im Umkehrschluss aber auch fest, dass der territoriale Anwendungsbereich keine kleinere Fläche erfassen kann als die, die durch die Vorschriften festgelegt wird, die einen eigenen territorialen Anwendungsbereich besitzen.

Es bleibt also beim Grundsatz, dass außerhalb des territorialen Anwendungsbereichs keine andere Norm des humanitären Völkerrechts anwendbar ist. So kann auch insbesondere die Position nicht verstanden werden, die die Tötung eines Terroristen wegen der Anwendbarkeit des humanitären Völkerrechts überall für rechtmäßig hält.[184] Denn sie vertreten nur implizit die These, dass sich der territoriale Anwendungsbereich auf die ganze Welt erstreckt. Von dieser Ansicht abweichende Auffassungen können nach den Gesetzen der Logik nur zur Folge haben, dass das humanitäre Völkerrecht auf einer kleineren Fläche, beispielsweise dem Operationsgebiet, anwendbar ist. Denn ein größerer territorialer Anwendungsbereich als ein weltweiter ist nicht denkbar.

Die Bestimmung des territorialen Anwendungsbereichs steht abhängig von der konkreten Konfliktkonstellation vor verschiedenen Fragestellungen. Auf jede von ihnen muss die Art und Weise der Bestimmung eine in der Gesamtschau mit den anderen Fragestellungen schlüssige Antwort bieten. Die Art und Weise der Bestimmung muss dabei sowohl im Sinn und Zweck des Rechtes der nichtinter-

182 Arimatsu, YIHL 2009, 157, 181; Gasser/ Thürer in: Wolfrum (Hrsg.), The Max Planck Encyclopedia of Public International Law, Bd. V, Humanitarian Law, International, Rn. 32; Lubell/ Derejko, J. Int'l Crim. Just. 2013, 65, 75.

183 Vgl. Art. 5 GK III.

184 Dehn/ Heller, U. Pa. L. Rev. PENNumbra 2011, 175, 198; Thynne, Austl. Int'l L.J. 2009, 161, 183.

nationalen bewaffneten Konflikte liegen, als auch den Bedürfnissen der Praxis gerecht werden, um nicht ignoriert zu werden.

V. Präsente Fragestellungen

Bei der Bestimmung des territorialen Anwendungsbereichs sind verschiedene Fragen zu berücksichtigen, die widerspruchsfrei einer angemessenen Antwort bedürfen. Diese Fragen unterscheiden sich dabei abhängig von der Fallkonstellation. Im Einzelnen: Erstreckt sich der territoriale Anwendungsbereich auf das Gebiet aller beteiligten Staaten? Erstreckt sich der territoriale Anwendungsbereich auf das gesamte Gebiet aller vom Konflikt betroffenen Staaten? Wo ist das humanitäre Völkerrecht in territorialem Sinne bei Konflikten anwendbar, die auf einem unzusammenhängenden Gebiet ausgetragen werden?

1. Auf dem Gebiet aller Staaten?

Wenn ein nichtinternationaler bewaffneter Konflikt auf dem Territorium eines Staates ausgetragen wird, so stellt sich zunächst die Frage, auf welchem Gebiet innerhalb des Staates das humanitäre Völkerrecht anwendbar ist.[185] Komplexer wird die Bestimmung des territorialen Anwendungsbereichs, wenn nicht nur ein Staat und ein nichtstaatlicher Akteur an der Auseinandersetzung beteiligt sind.[186] Unter der Voraussetzung, dass der Konflikt durch die Beteiligung weiterer Staaten nicht zu einem internationalen bewaffneten Konflikt geworden ist, ist in diesen Fällen fraglich, ob das humanitäre Völkerrecht auch auf dem Gebiet der beteiligten Staaten anwendbar ist, in denen der Konflikt nicht ausgetragen wird.[187]

Letztere Frage erhält insbesondere durch Kontrollstationen von UAVs eine praktische Relevanz. Ohne die territoriale Anwendbarkeit des humanitären Völkerrechts zumindest in den entsprechenden Teilen der USA wären die Piloten der in Afghanistan eingesetzten Drohnen unter keinen Umständen Kämpfer im Sinne des Rechtes der nichtinternationalen bewaffneten Konflikte, weil sie sich gerade nicht im territorialen Anwendungsbereich des Rechtsregimes befinden.[188]

---

185 So bspw. auch: Geiß, in: Heintze/ Ipsen (Hrsg.), Heutige bewaffnete Konflikte als Herausforderungen an das humanitäre Völkerrecht, S. 53.

186 Das ist zumindest möglich, vgl.: Sivakumaran, The Law of Non-International Armed Conflict, S. 224 f.

187 So auch: Kreß, JZ 2014, 365, 369.

188 So auch: Kreß, JZ 2014, 365, 369.

2. Auf dem gesamten Gebiet der Staaten?

Die Bestimmung des territorialen Anwendungsbereichs ist auch dann von Belang, wenn ein nichtinternationaler bewaffneter Konflikt auf dem Gebiet mehrerer Staaten ausgetragen wird.[189] Erfasst der Kriegsschauplatz nicht jeweils das gesamte Gebiet des betroffenen Staates, so ist der territoriale Anwendungsbereich dafür maßgeblich, auf welcher konkreten Fläche das humanitäre Völkerrecht zwischen den Konfliktparteien anwendbar ist.[190]

Weiterhin ist auch fraglich, ob, und wenn ja, welche Auswirkung die Ausweitung, Verringerung oder Verlagerung des Operationsgebiets auf den territorialen Anwendungsbereich des Rechtes der nichtinternationalen bewaffneten Konflikte hat. Mit Blick auf die im internationalen Gefüge entscheidenden Staatsgrenzen ist eine Konstellation der Ausweitung oder Verlagerung des Konflikts von besonderer Bedeutung. Die Frage der Folgen stellt sich nämlich in einem besonderen Licht dar, wenn die Ausweitung oder Verlagerung des Operationsgebiets auf das Gebiet eines Staates erfolgt, in dem bisher keine Kampfhandlungen stattfanden. Diese Konstellation wird als „*Spill-Over*" bezeichnet.[191] Ein Spill-Over kann sowohl auf Dauer als auch in Form von nur unregelmäßigen und die Ausnahme bleibenden Grenzüberschreitungen geschehen.[192] Vom Ort des Spill-Overs her muss danach differenziert werden, ob er in ein unmittelbar angrenzendes oder ein entferntes Gebiet erfolgt.[193]

Hier ist auch von Belang, wie die Frage des territorialen Anwendungsbereichs in einem am Konflikt beteiligten Staat beantwortet wird, auf dessen Gebiet selbst keine Kampfhandlungen ausgetragen werden. Bejaht man in diesem Zusammenhang die generelle Erstreckung des territorialen Anwendungsbereichs auf das Territorium dieser Staaten, dann stellt sich die Frage der Wirkung eines Spill-Overs nur in den Fällen, in denen das Gebiet eines zuvor unbeteiligten Staates betroffen ist.

---

189 So bspw. auch: Geiß, in: Heintze/ Ipsen (Hrsg.), Heutige bewaffnete Konflikte als Herausforderungen an das humanitäre Völkerrecht, S. 54.

190 Lubell/ Derejko, J. Int'l Crim. Just. 2013, 65, 78.

191 Corn, in: Deeks (Hrsg.), Naval War College International Law Studies, Bd. 89: The Geography of Cyber Conflict: Through a Glass Darkly, S. 86; Geiß, IRRC 2009, 127, 137; Lubell/ Derejko, J. Int'l Crim. Just. 2013, 65, 78; Milanovic/ Hadzi-Vidanovic, in: White/ Henderson (Hrsg.), Research Handbook on International Conflict and Security Law, S. 290; Pejic, IRRC 2011, 189, 194; Zimmermann/ Geiß, in: Lagodny (Hrsg.), Münchener Kommentar zum Strafgesetzbuch, Bd. 8, § 8 VStGB, Rn. 118.

192 So auch: Geiß, IRRC 2009, 127, 138.

193 So auch: Pejic, IRRC 2011, 189, 195.

3. Auf einem nichtzusammenhängenden Konfliktgebiet?

Eine weitere generelle Rechtsfrage ist, ob sich der territoriale Anwendungsbereich nur über ein zusammenhängendes Gebiet erstrecken kann. Wäre dem so, wäre das humanitäre Völkerrecht auf dem Gebiet von Staaten nicht anwendbar, die zwar an dem Konflikt teilnehmen, aber nicht in unmittelbarer Nähe des Austragungsortes des Konflikts liegen. Bewaffnete nichtinternationale Auseinandersetzungen, die an verschiedenen Orten auf der Welt ausgetragen werden, unterfielen nur dann dem humanitären Völkerrecht, wenn man davon ausginge, dass sich der territoriale Anwendungsbereich auch auf unzusammenhängende Gebiete erstrecken kann. Andernfalls müssten in jedem einzelnen Austragungsort der Auseinandersetzung die Voraussetzungen für die Existenz eines nichtinternationalen bewaffneten Konflikts vorliegen. Denn sonst würde die Auseinandersetzung nicht an jedem Ort unter dem Rechtsregime des humanitären Völkerrechts ausgetragen werden.

Demgegenüber entstehen keine weiteren Fragestellungen, wenn ein vormals nicht beteiligter Staat in den bestehenden Konflikt eintritt. Dies ist auch dann der Fall, wenn der Eintritt die Folge eines Spill-Overs war. Der Eintritt selbst und die Seite des Eintritts sind nur für die Einordnung in die Kategorien von internationalem bzw. nichtinternationalem Konflikt von Belang.[194] Ist die Parteienkonstellation aber so, dass ein nichtinternationaler bewaffneter Konflikt vorliegt, so sagt die Beteiligung des ehemals unbeteiligten Staates jedenfalls unmittelbar nichts über den territorialen Anwendungsbereich des humanitären Völkerrechts aus.

Gänzlich unerheblich für den territorialen Anwendungsbereich des humanitären Völkerrechts ist es zudem, ob auf einem Gebiet die Rechtsregime verschiedener bewaffneter Konflikte anwendbar sind. Denn die verschiedenen bewaffneten Konflikte beeinflussen sich gegenseitig nicht.[195]

---

194 Ambos, in: Lagodny (Hrsg.), Münchener Kommentar zum Strafgesetzbuch, Bd. 8, Vor §§ 8 VStGB, Rn. 23; Fleck, in: Fleck (Hrsg.), The Handbook of International Humanitarian Law, Rn. 1201.3c; Gasser/ Thürer in: Wolfrum (Hrsg.), The Max Planck Encyclopedia of Public International Law, Bd. V, Humanitarian Law, International, Rn. 2; IKRK (2008), S. 5; Kreß, J. Conflict & Sec. L. 2010, 245, 255; Lubell, Extraterritorial Use of Force against Non-State Actors, S. 96; Pejic, IRRC 2011, 189, 196; Sassòli, Transnational Armed Groups and International Humanitarian Law, S. 4; Schondorf, N.Y.U. J. Int'l L. & Pol. 2004–2005, 1, 6.

195 IGH, *Case Concerning Military and Paramilitary Activities in and Against Nicaragua* (Nicaragua v. United States of America), Merits vom 27. Juni 1986, Rn. 219; Holland, Suffolk Transnat'l L. Rev. 2011, 145, 179 f.; Milanovic/ Hadzi-Vidanovic, in: White/ Henderson (Hrsg.), Research Handbook on International Conflict and Security Law, S. 302; Moir, The Law of Internal Armed Conflict, S. 47. Siehe näher dazu S. 142.

VI. Bisherige Lösungsansätze

Die bisherigen Lösungsansätze sind nicht alle in der Lage, die aufgeworfenen Fragestellungen in ähnlich angemessener Art und Weise zufriedenstellend zu beantworten. Ebenso werfen sie alle in der Praxis Folgeprobleme auf, die Zweifel an ihrer Tauglichkeit begründen.

In diesem Zusammenhang kommt eine generelle Rechtsfrage im Zusammenhang mit dem territorialen Anwendungsbereich zum Tragen. Ungeklärt ist nämlich, ob den Staatsgrenzen im Rahmen des territorialen Anwendungsbereichs eine besondere Bedeutung zukommt.[196] Man könnte davon ausgehen, dass die Bestimmung des territorialen Anwendungsbereichs unabhängig von Staatsgrenzen erfolgt.[197] Andererseits ist es zumindest nicht undenkbar, dass es besonderer Voraussetzungen bedarf, damit sich der territoriale Anwendungsbereich auf das Gebiet von Staaten erstreckt, in denen zuvor keine Kampfhandlungen im Zusammenhang mit dem bewaffneten Konflikt erfolgten.[198]

Nicht verwechselt werden darf dieses Problem aber mit der Frage, inwieweit „internationalisierte" Konflikte zwischen einem nichtstaatlichen Akteur und einem Staat noch dem Recht der nichtinternationalen bewaffneten Konflikte unterfallen können.[199] Denn der territoriale Anwendungsbereich dient der Feststellung, auf welchem Gebiet das humanitäre Völkerrecht im Rahmen eines nichtinternationalen bewaffneten Konflikts anwendbar ist.[200] Die Problematik der „Internationalisierung" behandelt die Frage, ob eine Auseinandersetzung mit internationalen Bezügen dem Recht der nichtinternationalen bewaffneten Konflikte überhaupt unterfallen kann.[201]

Es lassen sich drei wesentliche Lösungsansätze ausmachen, anhand derer der territoriale Anwendungsbereich des Rechtes der nichtinternationalen bewaffneten Konflikte bisher bestimmt worden ist. Die älteste Herangehensweise stellt auf die Staatsgrenzen ab.[202] In der Argumentation eng mit dem ersten Lösungs-

196 Geiß, IRRC 2009, 127, 138.

197 Lubell/ Derejko, J. Int'l Crim. Just. 2013, 65, 79.

198 Geiß, in: Heintze/ Ipsen (Hrsg.), Heutige bewaffnete Konflikte als Herausforderungen an das humanitäre Völkerrecht, S. 54.

199 So auch: Kreß, JZ 2014, 365, 369; Lubell/ Derejko, J. Int'l Crim. Just. 2013, 65, 67 f.

200 Kreß, JZ 2014, 365, 369; Lubell/ Derejko, J. Int'l Crim. Just. 2013, 65, 68.

201 Vgl.: Lubell/ Derejko, J. Int'l Crim. Just. 2013, 65, 67; Wilmshurst, in: Wilmshurst (Hrsg.), International Law and the Classification of Conflicts, S. 480 ff.

202 Vgl.: Official Records of the Diplomatic Conference on the Reaffirmation and Development of International Humanitarian Law applicable in Armed Conflicts, Bd. 8, S. 211, Rn. 47 f.

ansatz verbunden ist die zweite Position, die den territorialen Anwendungsbereich auf die gesamte Welt erstreckt.[203] Dennoch unterscheiden sie sich im Ergebnis erheblich. Der zweite Modus geht nämlich davon aus, dass die Staatsgrenzen nicht dazu dienen, die Grenzen des territorialen Anwendungsbereichs festzulegen.[204] In dieser Annahme stimmt sie mit dem dritten Lösungsansatz überein. Dieser zieht aber bestimmte Kriterien zur Grenzziehung heran, um so im Gegensatz zum zweiten Lösungsansatz zu einer Beschränkung des territorialen Anwendungsbereichs zu gelangen.[205] Welches Kriterium dazu konkret heranzuziehen ist, wird innerhalb dieser Strömung unterschiedlich beurteilt.[206]

1. Staatsgrenzen

Der Lösungsansatz, der auf den ersten Blick am naheliegendsten ist, ist die Bestimmung des territorialen Anwendungsbereichs anhand der Staatsgrenzen. Hier bieten sich zwei verschiedene Bestimmungen des territorialen Anwendungsbereichs an. Man könnte das Recht der nichtinternationalen bewaffneten Konflikte auf dem gesamten Staatsgebiet der Staaten gelten lassen, die an dem jeweiligen Konflikt beteiligt sind.[207] Andererseits könnte man das humanitäre Völkerrecht auch nur auf dem gesamten Gebiet der Staaten für anwendbar halten, in denen das Kampfgeschehen stattfindet.[208] Beide Ansätze werfen jedoch Folgeprobleme auf.

2. Weltweiter Anwendungsbereich

Nähme man mit dem zweiten Lösungsansatz eine weltweite Geltung des humanitären Völkerrechts und damit einen unbeschränkten territorialen Anwendungsbereich an, so würde eine eindeutige Klarheit herrschen, wann das Recht der nichtinternationalen bewaffneten Konflikte den Rechtmäßigkeitsmaßstab für die Kampfhandlungen bildet. Allerdings wäre auch nach diesem Modus der Bestimmung das humanitäre Völkerrecht grundsätzlich an Orten und in Situationen anwendbar, an denen die Anwendbarkeit zumindest nicht naheliegt. Eine Folge dessen wäre auch, dass die beteiligten Staaten de fac-

203 Lubell/ Derejko, J. Int'l Crim. Just. 2013, 65, 86 f.; Sivakumaran, The Law of Non-International Armed Conflict, S. 251.
204 Lubell/ Derejko, J. Int'l Crim. Just. 2013, 65, 80.
205 Daskal, U. Pa. L. Rev. 2013, 1165, 1192 ff.; Kreß, Brit. Y.B. Int'l L. 2012, 145, 153.
206 Vgl.: Daskal, U. Pa. L. Rev. 2013, 1165, 1187 ff.; Kreß, Brit. Y.B. Int'l L. 2012, 145, 153 f.
207 Kreß, Brit. Y.B. Int'l L. 2012, 145, 153.
208 Lubell/ Derejko, J. Int'l Crim. Just. 2013, 65, 71.

to selbst entscheiden könnten, wann sie auf das humanitäre Völkerrecht als Rechtsregime zurückgreifen. Insbesondere Staaten in der Auseinandersetzung mit nichtstaatlichen Akteuren stehen regelmäßig vor der Wahl, alternativ auch nach lokalem Strafrecht und damit auf internationaler Ebene am Maßstab der Menschenrechtsabkommen zu handeln.[209]

3. Andere Beschränkungen

Stellt man zur Bestimmung des territorialen Anwendungsbereichs nach dem dritten Lösungsansatz auf ein anderes Kriterium als die Staatengrenzen ab, ist insbesondere fraglich, welches Kriterium zur Bestimmung überhaupt herangezogen werden kann und soll.[210]

Man kann das humanitäre Völkerrecht auf den Gebieten für anwendbar halten, die sich unter der Kontrolle der an dem Konflikt beteiligten Parteien befinden.[211] Eine engere Bestimmung läge darin, den territorialen Anwendungsbereich dem Operationsgebiet oder Kriegsschauplatz gleichzusetzen.[212] Nur wenn sich die gegenseitigen Kampfhandlungen verlagern oder sich die Kontrolle über einzelne Gebiete ändert, würde sich dementsprechend auch der Anwendungsbereich des humanitären Völkerrechts verändern.

Bei der Auseinandersetzung mit den bisherigen Ansätzen im Rahmen der Untersuchung, wie der territoriale Anwendungsbereich zu bestimmen ist, ist zudem zu berücksichtigen, welche Aufgabe er erfüllen kann. Dabei steht nicht seine im vorliegenden Abschnitt beschriebene Funktion im Vordergrund. Entscheidend ist vielmehr, wie er sich auf das Gesamtgefüge des im Rahmen bewaffneter Auseinandersetzungen anwendbaren Rechtes auswirkt.

---

209 Vgl.: Geiß, in: Heintze/ Ipsen (Hrsg.), Heutige bewaffnete Konflikte als Herausforderungen an das humanitäre Völkerrecht, S. 56 f.

210 Kreß, Brit. Y.B. Int'l L. 2012, 145, 155.

211 ICTY, *Prosecutor v. Dusko Tadić*, Decision on the Defence Motion for Interlocutory Appeal on Jurisdiction vom 2. Oktober 1995, Case No. IT-94-1, Rn. 70.

212 Bundesanwaltschaft der Bundesrepublik Deutschland, Drohneneinsatz vom 4. Oktober 2010 in Mir Ali/Pakistan (AZ: 3 BJs 7/12-4), offene Einstellungsverfügung vom 23. Juli 2013, S. 21; Zimmermann/ Kashgar, Schriftliche Stellungnahme für die Öffentliche Anhörung des Bundestagsausschusses für Menschenrechte und Humanitäre Hilfe, v. 27. Februar 2013, S. 10; O'Connell, U. Rich. L. Rev. 2009, 845, 862.

C. Aufgaben des territorialen Anwendungsbereichs

Der Bestimmung des territorialen Anwendungsbereichs des Rechtes der nichtinternationalen bewaffneten Konflikte können zwei bedeutende Aufgaben zukommen.

Neben dem humanitären Völkerrecht existiert auf internationaler Ebene noch ein zweites Rechtsregime, das für die Beurteilung der Rechtmäßigkeit von Handlungen im Rahmen von bewaffneten Auseinandersetzungen anwendbare Vorschriften enthält. Dieses ergibt sich aus den internationalen Menschenrechtsabkommen.[213] Auf internationaler Ebene beschränken sie jederzeit die Handlungsbefugnisse von Staaten gegenüber jedem Menschen.[214]

Das humanitäre Völkerrecht bildet demgegenüber nur dann den Rechtsrahmen, wenn eine Auseinandersetzung die Voraussetzungen der Definition „bewaffneter Konflikt" erfüllt.[215] Stellt eine Auseinandersetzung keinen bewaffneten Konflikt dar, kommen auf internationaler Ebene nur die internationalen Menschenrechtsabkommen als Rechtsrahmen für eine Handlung in Betracht.[216] Ebenso verhält es sich, wenn eine Handlung außerhalb des territorialen Anwendungsbereichs vorgenommen wird. Seine Bestimmung dient, neben der Rechtsklarheit gebenden Festlegung, wo humanitäres Völkerrecht anwendbar ist, somit auch der Abgrenzung zur Geltung der internationalen Menschenrechte. Das sind die beiden Hauptaufgaben, die ein territorialer Anwendungsbereich erfüllen kann.

I. Abgrenzung zum internationalen Menschenrechtsschutz

Die Rechtsregime der internationalen Menschenrechtsabkommen und des humanitären Völkerrechts dienen dem Schutz des einzelnen Menschen und weisen

---

213 Gasser/ Thürer in: Wolfrum (Hrsg.), The Max Planck Encyclopedia of Public International Law, Bd. V, Humanitarian Law, International, Rn. 34; O'Connell, in: Fleck (Hrsg.), The Handbook of International Humanitarian Law, Rn. 102.

214 Buergenthal in: Wolfrum (Hrsg.), The Max Planck Encyclopedia of Public International Law, Bd. IV, Human Rights, Rn. 9 f.; Nowak, U.N. Covenant on Civil and Political Rights Commentary, Art. 2, Rn. 23.

215 O'Connell, in: Fleck (Hrsg.), The Handbook of International Humanitarian Law, Rn. 102.

216 Jinks, in: Clapham/ Gaeta (Hrsg.), The Oxford Handbook of International Law in Armed Conflict, S. 656 f.; Kolb in: Wolfrum (Hrsg.), The Max Planck Encyclopedia of Public International Law, Bd. IV, Human Rights and Humanitarian Law, Rn. 12.

damit einen sie verbindenden Kern auf.[217] Dass es jedoch fundamentale Unterschiede zwischen Menschenrechtsabkommen und humanitärem Völkerrecht geben muss, wird schon vor dem Hintergrund der unterschiedlichen Zielsetzung klar. Das humanitäre Völkerrecht ist als Rechtsordnung für Fälle bewaffneter Konflikte entwickelt worden.[218] Die Menschenrechte auf der anderen Seite sollen jederzeit der Staatsgewalt im Umgang mit Menschen Grenzen setzen.[219]

Ein Vergleich der geschriebenen Vorschriften des Rechtes der nichtinternationalen bewaffneten Konflikte und der internationalen Menschenrechtsabkommen verdeutlicht, warum eine Abgrenzung zwingend notwendig ist.

1. Notwendigkeit der Abgrenzung

Im vorliegenden Kontext soll ausschließlich auf diejenigen Vorschriften beider Rechtsregime eingegangen werden, die zentrale Aspekte von Kampfhandlungen insgesamt betreffen. Sie machen deutlich, weshalb der Rechtmäßigkeitsmaßstab einer einzelnen Handlung im Rahmen einer Auseinandersetzung erheblich danach divergiert, ob die Menschenrechtsabkommen oder das Recht der nichtinternationalen bewaffneten Konflikte anwendbar ist.

Einige Regeln stimmen zwischen humanitärem Völkerrecht und internationalen Menschenrechten indes überein. Hervorzuheben sind dabei die Verbote des Völkermords und der Folter. Die Konvention über die Verhütung und Bestrafung des Völkermords[220] bindet die Staaten nach Art. 1 unabhängig von der Geltung der Menschenrechtsabkommen oder des humanitären Völkerrechts. Das Verbot der Folter existiert in beiden Rechtsregimen unabhängig voneinander.

Für das Rechtsregime des internationalen Menschenrechtsschutzes legte erstmals Art. 7 der IPbpR für Staaten bindend das absolute Folterverbot fest.[221] Es wurde durch die am 10. Dezember 1987 in Kraft getretene Konvention gegen

217 Droege, Isr. L. Rev. 2007, 310, 312; Gasser/ Melzer, Humanitäres Völkerrecht, S. 28; Kleffner, in: Fleck (Hrsg.), The Handbook of International Humanitarian Law, Rn. 254; Pictet, Humanitarian Law and the Protection of War Victims, S. 15.

218 Gasser/ Thürer in: Wolfrum (Hrsg.), The Max Planck Encyclopedia of Public International Law, Bd. V, Humanitarian Law, International, Rn. 7 ff.; O'Connell, in: Fleck (Hrsg.), The Handbook of International Humanitarian Law, Rn. 105 ff.

219 Cassese, International Law, S. 375; Hailbronner/ Kau, in: Graf Vitzthum (Hrsg.), Völkerrecht, Rn. 228; Nowak, U.N. Covenant on Civil and Political Rights Commentary, Introduction, Rn. 3.

220 BGBl. 1954 II, 729.

221 Nowak, U.N. Covenant on Civil and Political Rights Commentary, Art. 7, Rn. 3; Weissbrodt/ de la Vega, International Human Rights Law, S. 53.

Folter durch die VN weiter konkretisiert.[222] Es enthält insbesondere in Art. 1 erstmals eine verbindliche Definition der Folter.[223] Neben dem generellen Verbot der Folter wird durch Art. 3 Abs. 1 der Konvention statuiert, dass die Unterzeichner des Abkommens keinen Menschen an einen Staat ausliefern dürfen, in dem er gefoltert werden könnte. Das Folterverbot im Rahmen des humanitären Völkerrechts ist an verschiedenen Stellen abhängig vom Status der betreffenden Person festgehalten.[224] Dort wird jeweils nur ein allgemeines Folterverbot statuiert, dessen Schutzniveau demjenigen des IPbpR entspricht.[225]

Anders als bei den hier besonders relevanten Vorschriften bilden die internationalen Menschenrechtsabkommen im Vergleich mit dem humanitären Völkerrecht nicht in jeder Hinsicht das strengere Rechtsregime. Sie kennen im Vergleich zum humanitären Völkerrecht keine Vorschriften, die den Einsatz einzelner Waffen generell verbieten. Ein bestimmtes Mittel der Gewaltanwendung ist dort nur dann verboten, wenn ihr Einsatz im Einzelfall mit den allgemeinen Rechtsvorschriften dieses Rechtsregimes und insbesondere mit dem Verhältnismäßigkeitsgrundsatz unvereinbar ist.[226] So ist auch der Einsatz von Giftgas in den internationalen Menschenrechtsabkommen nicht grundsätzlich untersagt. Insbesondere nicht tödlich wirkende chemische Waffen können im Einzelfall zulässig sein.[227] Ein weiteres Beispiel ist der grundsätzlich zulässige Einsatz der im humanitären Völkerrecht schon früh verbotenen sogenannten Dum-Dum-Geschosse.[228]

Diese beiden Einzelfälle können aber nicht darüber hinwegtäuschen, dass die internationaleren Menschenrechtsabkommen im Rahmen bewaffneter Auseinan-

---

222 BGBl 1990 II, 247.

223 Nowak, U.N. Covenant on Civil and Political Rights Commentary, Art. 7, Rn. 6; Tolley in: Forsythe (Hrsg.), Encyclopedia of Human Rights, Bd. 5, Torture, Convention Against Torture, S. 52.

224 Vgl. Art. 3 der GK, Art. 17 GK II und Art. 32 GK IV.

225 Nowak, in: Clapham/ Gaeta (Hrsg.), The Oxford Handbook of International Law in Armed Conflict, S. 403.

226 Marauhn in: Wolfrum (Hrsg.), The Max Planck Encyclopedia of Public International Law, Bd. II, Chemical Weapons and Warfare, Rn. 26 f.; Otto, Targeted Killings and International Law, S. 177 f.

227 Bspw. Tränengas, dessen Einsatz nach Art. 1 Abs. 5 der Chemiewaffenkonvention vom 03.11.1992 im humanitären Völkerrecht generell untersagt ist; Fleck, in: Fischer-Lescano/ Bothe (Hrsg.), Frieden in Freiheit. Festschrift für Michael Bothe zum 70. Geburtstag, S. 394.

228 St. Petersburger Erklärung über das Verbot bestimmter Geschosse von 1868; Bothe, in: Graf Vitzthum (Hrsg.), Völkerrecht, Rn. 56; Fleck, in: Fischer-Lescano/ Bothe (Hrsg.), Frieden in Freiheit. Festschrift für Michael Bothe zum 70. Geburtstag, S. 394.

dersetzungen wesentlich engere Handlungsvorgaben machen als das Recht der nichtinternationalen bewaffneten Konflikte. Das zeigt ein Blick auf die Normen zum Schutz der Zivilbevölkerung und der Zulässigkeit der Tötung oder Gefangennahme feindlicher Kämpfer.

a) Menschenrechtsschutz im internationalen Recht

Der Menschenrechtsschutz auf der Ebene des internationalen Rechtes ist kein einheitlich kodifiziertes Rechtssystem. Es setzt sich vielmehr aus verschiedenen völkerrechtlichen Verträgen zusammen, die das Verhalten der Staaten gegenüber Menschen oder Menschengruppen reglementieren.[229] Der erste Schritt zur internationalen Anerkennung der Existenz von Menschenrechten wurde durch die 1945 verabschiedete VN-Charta[230] gegangen.[231] Das erste eigenständige Dokument auf internationaler Ebene, das den Schutz des Individuums explizit thematisierte, war die Deklaration zur Achtung der Menschenrechte der VN-Generalversammlung von 1948.[232] Beide Dokumente waren jedoch für die einzelnen Staaten nicht bindend.[233]

Ein bindender Schutz wurde erst 1966 durch die Verabschiedung und Ratifizierung des Internationalen Pakts über bürgerliche und politische Rechte[234] und des Internationalen Pakts über wirtschaftliche, soziale und kulturelle Rechte[235] geschaffen.[236] Beide wurden am 19. Dezember 1966 von der Generalvollversammlung der VN angenommen und traten 1976 in Kraft. Zwischenzeitlich sind weitere

229 Herdegen, Völkerrecht, § 47, Rn. 1; Ipsen, in: Ipsen (Hrsg.), Völkerrecht, Rn. 2.

230 BGBl. 1973 II, 430.

231 Vgl. Präambel, Art. 1, Art. 55, Art. 62 und Art. 76 VN-Charta; Delahunty/ Yoo, DePaul L. Rev. 2009–2010, 803, 816; Stern, in: Merten/ Papier (Hrsg.), Handbuch der Grundrechte, Bd. I: Entwicklung und Grundlagen, Rn. 82.

232 Hailbronner/ Kau, in: Graf Vitzthum (Hrsg.), Völkerrecht, Rn. 226; Stern, in: Merten/ Papier (Hrsg.), Handbuch der Grundrechte, Bd. I: Entwicklung und Grundlagen, Rn. 36.

233 Herdegen, Völkerrecht, § 47, Rn. 3; Nettesheim, in: Merten/ Papier (Hrsg.), Handbuch der Grundrechte, Bd. 6.2: Europäische Grundrechte, universelle Menschenrechte, Rn. 11; Stern, in: Merten/ Papier (Hrsg.), Handbuch der Grundrechte, Bd. I: Entwicklung und Grundlagen, Rn. 36.

234 BGBl. 1973 II, 1533.

235 BGBl. 1973 II, 1569.

236 Delahunty/ Yoo, DePaul L. Rev. 2009–2010, 803, 817; Stern, in: Merten/ Papier (Hrsg.), Handbuch der Grundrechte, Bd. I: Entwicklung und Grundlagen, Rn. 38.

internationale Abkommen zum Schutz der Menschenrechte in einzelnen Regelungsbereichen beider Abkommen hinzugekommen.[237]

Die mit den einzelnen Abkommen begonnene Einschränkung der staatlichen Souveränität im Umgang mit dem einzelnen Menschen hat sich bis heute weiterentwickelt. Die Menschenrechte haben inzwischen einen solchen Stellenwert in der Weltöffentlichkeit erreicht, dass kein Staat mehr die von ihm garantierten Menschenrechte grob und über einen längeren Zeitraum hinweg ohne Kritik verletzen kann. Dies zeigen die Reaktionen der Weltöffentlichkeit auf das Gefängnis der USA in Guantánamo oder auf den Konflikt in Syrien. Ein umfassender Menschenrechtsschutz ist auf der rechtlichen Ebene durch die zahlreichen einzelnen Abkommen aber bis heute nicht geschaffen worden.[238] Denn die verschiedenen Menschenrechtsabkommen umfassten immer nur den Inhalt, den die Staaten jeweils für notwendig erachteten und der sich politisch durchsetzen ließ.[239]

Das bedeutendste Abkommen in Bezug auf die Bestimmung des Schutzes der Menschenrechte im Rahmen bewaffneter Auseinandersetzungen ist das IPbpR, weil es als einziges in dessen Teil III die grundlegenden Freiheits- und Abwehrrechte zusammenhängend rechtlich bindend verbrieft.[240] Besonders erwähnenswert sind dabei folgende Vorschriften: das Recht auf Leben (Art. 6), das Verbot der Folter (Art. 7), das Verbot der Sklaverei (Art. 8), der Schutz vor willkürlicher Festnahme oder Haft (Art. 9), die Gedanken-, Gewissens- und Religionsfreiheit (Art. 18), die Meinungsfreiheit (Art. 19) und die Versammlungs- und Vereinigungsfreiheit (Art. 21 f.).

Das IPbpR sichert die nach dem Verständnis unseres Rechtskreises wesentlichen Grundrechte. Dennoch entsteht aus den Regelungen kein Schutzniveau, das dem der nationalen Rechtsordnungen Europas oder Nordamerikas entspräche.

237 Ipsen, in: Ipsen (Hrsg.), Völkerrecht, § 48, Rn. 51 ff.; Nettesheim, in: Merten/ Papier (Hrsg.), Handbuch der Grundrechte, Bd. 6.2: Europäische Grundrechte, universelle Menschenrechte, Rn. 13; Stern, in: Merten/ Papier (Hrsg.), Handbuch der Grundrechte, Bd. I: Entwicklung und Grundlagen, Rn. 38.

238 Hailbronner/ Kau, in: Graf Vitzthum (Hrsg.), Völkerrecht, Rn. 226; Nettesheim, in: Merten/ Papier (Hrsg.), Handbuch der Grundrechte, Bd. 6.2: Europäische Grundrechte, universelle Menschenrechte, Rn. 11.

239 Lauren in: Forsythe (Hrsg.), Encyclopedia of Human Rights, Bd. 2, History of Human Rights, S. 407; Randall, in: Kolb/ Gaggioli (Hrsg.), Research Handbook on Human Rights and Humanitarian Law, S. 15 ff.

240 Buergenthal in: Wolfrum (Hrsg.), The Max Planck Encyclopedia of Public International Law, Bd. IV, Human Rights, Rn. 9; Tomuschat in: Wolfrum (Hrsg.), The Max Planck Encyclopedia of Public International Law, Bd. V, International Covenant on Civil and Political Rights, Rn. 15.

Der Hauptgrund dafür liegt darin, dass das IPbpR den ratifizierenden Staaten insbesondere durch die allgemein gehaltenen Begriffe einen großen Spielraum für Eingriffe in die Menschenrechte zugesteht.[241] Nahezu allen Vorschriften der internationalen Menschenrechte gemeinsam ist der Umstand, dass sie in einem hohen Maße auslegungsfähig und auslegungsbedürftig sind.[242]

Der vom IPbpR ausgehende Schutz lässt sich generell dadurch einschränken, dass nach Art. 4 Abs. 1 ein Außer-Kraft-Setzen der Vorschriften bis zu einer von Abs. 2 bestimmten Grenze möglich ist:

> *In time of public emergency which threatens the life of the nation and the existence of which is officially proclaimed, the States Parties to the present Covenant may take measures derogating from their obligations under the present Covenant to the extent strictly required by the exigencies of the situation, provided that such measures are not inconsistent with their other obligations under international law and do not involve discrimination solely on the ground of race, colour, sex, language, religion or social origin.*
> *No derogation from articles 6, 7, 8 (paragraphs I and 2), 11, 15, 16 and 18 may be made under this provision.*

Besonders im Rahmen von nichtinternationalen bewaffneten Konflikten ist wesentlich, dass die Staaten nicht nur selbst zur Einhaltung der Regelungen verpflichtet werden. Vielmehr werden die Staaten dazu verpflichtet, auf ihrem gesamten Staatsgebiet dafür Sorge zu tragen, dass dort von niemandem entgegen der Regeln des IPbpR gehandelt wird.[243] Dies wird insbesondere aus dem englischen Wortlaut des Art. 2 Abs. 1 IPbpR deutlich:

> *Each State Party to the present Covenant undertakes to respect and to ensure to all individuals* […].

aa) Recht auf Leben

Der Schutz des Rechtes auf Leben wird in vielen Abkommen gewährleistet, wobei das Schutzniveau immer dem des IPbpR entspricht. Dort statuiert Art. 6 Abs. 1:

> *Every human being has the inherent right to life. This right shall be protected by law. No one shall be arbitrarily deprived of his life.*

Satz 1 deklariert einen umfassenden Schutz des Lebens eines jeden Menschen. Dementsprechend existieren im Rechtsregime der internationalen Menschenrechte keine gesonderten Regeln über das Recht auf Leben einer bestimmten Per-

---

241 Herdegen, Völkerrecht, § 48, Rn. 3; Ipsen, in: Ipsen (Hrsg.), Völkerrecht, § 48, Rn. 42.
242 Ipsen, in: Ipsen (Hrsg.), Völkerrecht, § 48, Rn. 46.
243 Herdegen, Völkerrecht, § 48, Rn. 5.

sonengruppe wie beispielsweise Soldaten. Der grundsätzliche Schutz des Lebens wird durch die Sätze 2 und 3 eingeschränkt: Durch Satz 2 wird der Schutz des Lebens einem einfachen Gesetzesvorbehalt unterstellt.[244] Die Formulierung von Satz 3 konkretisiert die Formulierung von Satz 1. Der Wortlaut von Art. 6 Abs. 1 IPbpR führt insgesamt dazu, dass den einzelnen Staaten eine große Freiheit bei der Umsetzung der Pflichten verbleibt. Deshalb vermittelt Art. 6 IPbpR keinen Schutz des Lebens, das dem des deutschen Grundgesetzes vergleichbar wäre.[245]

Durch das Willkürverbot („*arbitrarily*") in Satz 3 IPbpR wird die Erlaubnis, einen Menschen zu töten, an bestimmte Voraussetzungen geknüpft. Weil der Wortlaut des Abkommens keine nähere Bestimmung des Begriffs der Willkür vornimmt, ist die Konkretisierung der Rechtsprechung und Literatur überantwortet worden. Sie haben inzwischen festgelegt, dass jedenfalls die Hinrichtung bei geringfügigeren Vergehen als unverhältnismäßig verboten, das Recht auf die Berechenbarkeit, dass eine bestimmte Handlung die Tötung durch staatliche Gewalt zur Folge haben kann, gewährleistet, und dass die Einhaltung rechtsstaatlicher Voraussetzungen für eine Hinrichtung im Begriff des Willkürverbots beinhaltet ist.[246]

Unter der ausschließlichen Geltung der Menschenrechte als internationales Rechtsregime kann die Tötung eines Menschen somit in zwei Fallkonstellationen grundsätzlich zulässig sein: Dies ist zum einen die Vollstreckung eines den Voraussetzungen des jeweiligen Staates entsprechenden und nicht gegen die oben genannten Grundsätze verstoßenden Todesurteils.[247] Denn die Todesstrafe ist durch das IPbpR nicht verboten, wie der Umkehrschluss aus dessen Art. 6 Abs. 2 und 5 zeigt. Das Verbot der Todesstrafe ist auf internationaler Ebene mit dem zweiten Zusatzprotokoll zum IPbpR[248] vereinbart worden. Dieses Protokoll ist bisher aber nur von einem Teil der Staatengemeinschaft, darunter auch Deutschland, ratifiziert worden.[249]

---

244 Lubell, Extraterritorial Use of Force against Non-State Actors, S. 170.

245 Nowak, U.N. Covenant on Civil and Political Rights Commentary, Art. 6 IPbpR, Rn. 4.

246 VN Doc CCPR/C/39/D/305/1988, 15. August 1990, Rn. 5.8; Vedder, in: Dederer u. a. (Hrsg.), Handbuch der Grundrechte, Bd. 6.2: Europäische Grundrechte, universelle Menschenrechte, Rn. 22.

247 Lubell, Extraterritorial Use of Force against Non-State Actors, S. 171; Vedder, in: Dederer, u. a. (Hrsg.), Handbuch der Grundrechte, Bd. 6.2: Europäische Grundrechte, universelle Menschenrechte, Rn. 23.

248 BGBl. 1992 II S. 390.

249 Vedder, in: Dederer, u. a. (Hrsg.), Handbuch der Grundrechte, Bd. 6.2: Europäische Grundrechte, universelle Menschenrechte, Rn. 23.

Tötungen ohne Todesurteil bilden die zweite Fallkonstellation. Derartige Konstellationen sind in bewaffneten Auseinandersetzungen häufiger denkbar. Sie sind rechtmäßig, also frei von Willkür im Sinne von Art. 6 Abs. 1 S. 3 IPbpR, wenn sie eine Maßnahme der *ultima ratio* darstellen und dabei notwendig und verhältnismäßig gewesen sind.[250] Die Verhältnismäßigkeit ist dabei das wesentliche Kriterium, das besagt, dass das mit der Tötung des jeweiligen Menschen erstrebte Ziel den Wert des Menschenlebens überwiegen muss.[251] Dies beinhaltet die Abwägung, ob das angestrebte Ziel nicht durch ein milderes Mittel als die Tötung erreicht werden könnte.[252] Als ein solches stellt sich zumeist die Gefangennahme oder die Beschränkung auf eine Verletzung der entsprechenden Person dar.[253]

Diese Voraussetzungen gewähren eine, verglichen mit dem deutschen Rechtssystem, weite Handhabe für die Tötung eines Menschen. Doch auch sie ist nicht unbegrenzt. So sind grundsätzlich solche Fälle nicht rechtmäßig, in denen die Tötung einer Person das einzige und unmittelbare Ziel einer staatlichen Handlung darstellt.[254] Denn dazu müssten sich die Umstände des konkreten Falls so darstellen, dass die Erreichung des durch die staatliche Maßnahme angestrebten Ziels ausschließlich durch die Tötung eines Menschen zu erreichen ist.[255] Dies wird in der Regel aber nicht der Fall sein. „*Targeted killings*" sind unter dem Rechtsregime der internationalen Menschenrechtsabkommen deshalb grundsätzlich rechtswidrig.[256] Langfristig geplante gezielte Tötungen einer Person durch einen Staat sind nach dem Rechtsregime der internationalen Menschenrechte immer unzulässig. Die gezielte Tötung einer Person kann nach diesem Rechtsregime nur

250 Corn, J. Int'l Human. Legal Stud. 2010, 52, 76; Lubell, Extraterritorial Use of Force against Non-State Actors, S. 171; Schabas, Isr. L. Rev. 2007, 592, 606.

251 Corn, J. Int'l Human. Legal Stud. 2010, 52, 76; Schabas, Isr. L. Rev. 2007, 592, 605; Sperotto, GJ 2008, Art. 10, S. 17.

252 Corn, J. Int'l Human. Legal Stud. 2010, 52, 76; Krieger, J. Conflict & Sec. L. 2006, 265, 280; Sperotto, GJ 2008, Art. 10, S. 17.

253 Lubell, Extraterritorial Use of Force against Non-State Actors, S. 173; Melzer, Targeted Killing in International Law, S. 117; Otto, Targeted Killings and International Law, S. 199.

254 So jedenfalls der EGMR zur EMRK in: EGMR, McCann and others v. The United Kingdom, Judgement vom 24 September 1997, (§ 148); Kretzmer, Isr. L. Rev. 2009, 8, 28; Sperotto, GJ 2008, Art. 10, S. 18.

255 Corn, J. Int'l Human. Legal Stud. 2010, 52, 77; Schabas, Isr. L. Rev. 2007, 592, 604.

256 Höfer, Gezielte Tötungen. Terrorismusbekämpfung und die neuen Feinde der Menschheit, S. 239; Melzer, Targeted Killing in International Law, S. 424; Otto, Targeted Killings and International Law, S. 201.

ausnahmsweise dann zulässig sein, wenn sie das einzig verbleibende Mittel ist, das Leben oder die Gesundheit anderer Personen zu schützen.[257]

Aus den dargestellten Voraussetzungen und insbesondere wegen der Verhältnismäßigkeit ergibt sich zudem, dass es grundsätzlich unzulässig ist, bei einer Maßnahme Menschen zu töten, von denen die zu beseitigende Gefahr nicht ausgeht.[258] Unabhängig von der Rechtmäßigkeit der Tötung ist auch im internationalen Recht die Frage zu behandeln, ob damit strafrechtliche Konsequenzen der verantwortlichen Person(en) einhergehen.[259]

bb) Recht auf Bewegungsfreiheit

Der Schutz des Rechtes auf Bewegungsfreiheit ist durch das IPbpR im Grundsatz in Art. 9 Abs. 1 geschützt:

> *Everyone has the right to liberty and security of person. No one shall be subjected to arbitrary arrest or detention. No one shall be deprived of his liberty except on such grounds and in accordance with such procedure as are established by law.*

Vergleichbar mit dem Schutz des Lebens wird auch hier ein Gesetzesvorbehalt zur Einschränkung der Freiheit aufgestellt und ein unverhältnismäßiger Freiheitsentzug untersagt.[260] Wesentlich ist in diesem Zusammenhang, dass jeder Gefängnisaufenthalt ohne eine vorher durch ein Gerichtsverfahren bestimmte Dauer unzulässig ist.[261] Unter dem Begriff der Freiheit ist im Rahmen der internationalen Menschenrechte darunter ausschließlich die Freiheit zur selbstbestimmten Änderung des Aufenthaltsortes und somit der Schutz vor und während Inhaftierungen verstanden.[262]

Neben dem grundsätzlichen Schutz enthält Art. 9 IPbpR einzelne Aussagen zum prozessualen Schutz im Rahmen des für den Freiheitsentzug notwendigen Gerichtsverfahrens. Abgesehen vom Recht auf Informationen über die vorge-

---

257 Lubell, Extraterritorial Use of Force against Non-State Actors, S. 173; Melzer, Targeted Killing in International Law, S. 423; Otto, Targeted Killings and International Law, S. 199.

258 Nowak, U.N. Covenant on Civil and Political Rights Commentary, Art. 6, Rn. 15; Otto, Targeted Killings and International Law, S. 200.

259 Kretzmer, Isr. L. Rev. 2009, 8, 27.

260 Vedder, in: Dederer, u. a. (Hrsg.), Handbuch der Grundrechte, Bd. 6.2: Europäische Grundrechte, universelle Menschenrechte, Rn. 34.

261 O'Connell, J. Nat'l Sec. L. & Pol'y 2010, 343, 353.

262 Nowak, U.N. Covenant on Civil and Political Rights Commentary, Art. 9 IPbpR, Rn. 3; Vedder, in: Dederer, u. a. (Hrsg.), Handbuch der Grundrechte, Bd. 6.2: Europäische Grundrechte, universelle Menschenrechte, Rn. 33.

brachten Anschuldigungen (Abs. 2) gehört auch das Recht auf Überprüfung der Rechtmäßigkeit des Freiheitsentzugs durch einen Richter (Abs. 4) dazu.

Die Behandlung von Gefangenen durch die Staatsgewalt ist Regelungsgegenstand von Art. 10 des IPbpR. Darin wird statuiert, dass Beschuldigte nach Möglichkeit von Verurteilten und Minderjährige getrennt von Volljährigen festgehalten werden sollen. Außerdem enthält sie die Verpflichtung, das Gefängnissystem auf die Verbesserung und Resozialisierung („*reformation and social rehabilitation*") der Gefangenen hin auszurichten.

Weitere strafprozessuale Regeln beinhalten Art. 14 und 15 des IPbpR. Mit diesen Grundsätzen sind Sondergerichte grundsätzlich vereinbar. Allerdings darf damit keine unterschiedliche Behandlung gegenüber denjenigen einhergehen, die sich für ähnliche Vergehen vor anderen Gerichten verantworten müssen.[263] Weiter enthält Abs. 1 das Erfordernis eines rechtsstaatlichen (*Due Process*) und fairen Verfahrens,[264] Abs. 2 der Grundsatz des „*in dubio pro reo*". Art. 15 verpflichtet die Staaten schließlich, den „*nullum crimen sine lege, nulla poena sine lege*"-Grundsatz zu beachten.

cc) Zulässige Mittel der Gewaltanwendung

Vorschriften zu den zulässigen Mitteln im Rahmen einer bewaffneten Auseinandersetzung werden in den internationalen Abkommen über Menschenrechte grundsätzlich nicht explizit formuliert. Der Grund liegt darin, dass die Menschenrechtsabkommen nur Regeln grundsätzlicher Art und Weise aufstellen, die unabhängig von besonderen Situationen wie bewaffneten Konflikten anwendbar sind.[265] Die Menschenrechtsabkommen regeln deswegen auch eine wesentlich größere Breite an Lebenssachverhalten. Das Rechtsregime der internationalen Menschenrechte enthält ausschließlich generelle Aussagen über den Schutz des Lebens, der Gesundheit und der individuellen Bewegungsfreiheit jedes Menschen.[266] Den Regeln der internationalen Menschenrechte sollen im Folgenden

---

263 Nowak, U.N. Covenant on Civil and Political Rights Commentary, Art. 14 IPbpR, Rn. 8; Vedder, in: Dederer, u. a. (Hrsg.), Handbuch der Grundrechte, Bd. 6.2: Europäische Grundrechte, universelle Menschenrechte, Rn. 46.

264 Vedder, in: Dederer, u. a. (Hrsg.), Handbuch der Grundrechte, Bd. 6.2: Europäische Grundrechte, universelle Menschenrechte, Rn. 47.

265 Gasser/ Thürer in: Wolfrum (Hrsg.), The Max Planck Encyclopedia of Public International Law, Bd. V, Humanitarian Law, International, Rn. 36; Otto, Targeted Killings and International Law, S. 200; Sassòli, in: Ben-Naftali (Hrsg.), International Humanitarian Law and International Human Rights Law, S. 34.

266 Vgl. beispielsweis Artt. 6–15 IpbpR.

diejenigen des humanitären Völkerrechts gegenübergestellt werden, die bei den internationalen Menschenrechten eine Entsprechung haben.

b) *Nichtinternationale bewaffnete Konflikte*

Im Zusammenhang mit dem Rechtsregime der nichtinternationalen bewaffneten Konflikte unterscheiden sich die nach dem geschriebenen Recht geltenden Vorschriften danach, ob allein die Voraussetzungen des Art. 3 GK oder auch die des Art. 1 Abs. 1 ZP II erfüllt sind.[267] Ein nichtinternationaler bewaffneter Konflikt, bei dem die Voraussetzungen des ZP II erfüllt sind, unterliegt einer größeren Anzahl mittels völkerrechtlicher Abkommen vereinbarter Regeln, als wenn ausschließlich Art. 3 GK anwendbar wäre. Die anwendbaren Vorschriften im Rahmen eines nichtinternationalen bewaffneten Konflikts sollen deshalb nach Art. 3 GK und ZP II getrennt untersucht werden. Inwieweit sich der Unterschied in den zugrunde liegenden Rechtsvorschriften durch die gewohnheitsrechtliche Geltung einzelner Normen aufhebt, ist ein weiterer Gegenstand der Untersuchung.

aa) *Gemeinsamer Art. 3 aller Genfer Konventionen*

Art. 3 GK enthält sämtliche Regeln, mit denen die Genfer Konventionen im Rahmen nichtinternationaler bewaffneter Konflikte den Modus der gegenseitigen Gewaltanwendung begrenzen.[268] Er gilt darüber hinaus gewohnheitsrechtlich auch für andere Auseinandersetzungen.[269] Art. 3 Abs. 1 lit. (a) gewährleistet ein generelles Mindestniveau an Schutz für als schutzbedürftig erachtete Personen:

> *Persons taking no active part in the hostilities, including members of armed forces who have laid down their arms and those placed hors de combat by sickness, wounds, detention, or any other cause, shall in all circumstances be treated humanely,* [...]. *To this end, the following acts are and shall remain prohibited at any time and in any place whatsoever*

267 Fleck, in: Fleck (Hrsg.), The Handbook of International Humanitarian Law, Rn. 1201.6; Marauhn/ Ntoubandi in: Wolfrum (Hrsg.), The Max Planck Encyclopedia of Public International Law, Bd. I, Armed Conflict, Non-International, Rn. 4.

268 Bothe, in: Graf Vitzthum (Hrsg.), Völkerrecht, Rn. 125; Cassese, International Law, S. 429 f.; Stadlmeier, in: Reinisch (Hrsg.), Österreichisches Handbuch des Völkerrechts, Bd. I, Rn. 2723.

269 IGH, *Case Concerning Military and Paramilitary Activities in and Against Nicaragua* (Nicaragua v. United States of America), Merits vom 27. Juni 1986, Rn. 218; ICTY, *Prosecutor v. Dusko Tadić*, Decision on the Defence Motion for Interlocutory Appeal on Jurisdiction vom 2. Oktober 1995, Case No. IT-94-1, Rn. 116; ICTR, *Prosecutor v. Jean-Paul Akayesu*, Judgement vom 2. September 1998, Case No. ICTR-96-4, Rn. 608.

with respect to the above-mentioned persons: (a) violence to life and person, in particular murder of all kinds [...].

Durch die Vorschrift wird das Leben derjenigen Personen geschützt, die nicht unmittelbar an Kampfhandlungen teilnehmen. Der so definierte Personenkreis entspricht nicht dem Zivilistenstatus in internationalen bewaffneten Konflikten.[270] Er geht darüber hinaus, weil er grundsätzlich jede Person schützt, unabhängig von einem Status. Gleichzeitig ist der im Rahmen internationaler bewaffneter Konflikte bestehende Schutzumfang für Unbeteiligte jedoch weitreichender. Denn die Todesstrafe und die Tötung im Zuge von Kampfhandlungen werden durch Art. 3 GK, anders als bei internationalen bewaffneten Konflikten, nicht explizit untersagt.[271] Eine den Kollateralschäden[272] vergleichbare Regelung, die geeignet wäre, die Schäden in der Zivilbevölkerung wenigstens zu minimieren, findet sich in Art. 3 GK ebenfalls nicht.[273]

Art. 3 GK gilt nur für diejenigen Personen nicht, die an den Kampfhandlungen teilnehmen. Dazu gehören gemäß Art. 3 Abs. 1 S. 1 GK insbesondere die Mitglieder der Streitkräfte, die weder kapituliert haben noch kampfunfähig sind. Mitglieder der Streitkräfte im Sinne des Art. 3 Abs. 1 S. 1 GK und damit grundsätzlich ohne Schutz aus diesem Artikel sind diejenigen Personen, die eine „*continuous combat function*" besitzen.[274] Anders als im Rahmen internationaler bewaffneter Konflikte und entsprechend des Fehlens eines Zivilistenstatus gibt es keinen Kombattantenstatus.[275] Denn Art. 3 GK enthält keine Regeln für diejenigen, die nicht durch Art. 3 geschützt werden. Im Rahmen nichtinternationaler bewaffneter Konflikte kann deshalb nur von Kämpfern gesprochen werden und nicht von Kombattanten.[276]

---

270 Vgl.: Art. 50 Abs. 1 S. 1 ZP I.

271 Vgl.: Art. 51 ZP I.

272 Vgl.: Art. 51 Abs. 5 Lit. b iVm. Abs. 4 S. 1 ZP I.

273 Bothe, in: Graf Vitzthum (Hrsg.), Völkerrecht, Rn. 68; Gasser/ Dörmann, in: Fleck (Hrsg.), The Handbook of International Humanitarian Law, Rn. 509; weiterführend: Sperotto, GJ 2008, Art. 10, Art. 10, 16.

274 Heintschel von Heinegg, in: (Hrsg.), Naval War College International Law Studies, Bd. 87: International Law and the Changing Character of War, S. 469.

275 Ambos, in: Lagodny (Hrsg.), Münchener Kommentar zum Strafgesetzbuch, Bd. 8, Vor §§ 8 ff. VStGB; Gasser/ Dörmann, in: Fleck (Hrsg.), The Handbook of International Humanitarian Law, Rn. 500.4.

276 Fleck, in: Fleck (Hrsg.), The Handbook of International Humanitarian Law, Rn. 1215.3.

Die Unterscheidung zwischen den von Art. 3 GK geschützten Zivilisten und Kämpfern erfolgt abseits der *continuous combat function* parallel zur Beurteilung der Rechtsfrage, ob ein Zivilist im Rahmen eines internationalen bewaffneten Konflikts seine Schutzrechte verliert. Denn die Regelung des Art. 3 Abs. 1 S. 1 GK entspricht mit dem unerheblichen Unterschied *active/direct* im Wortlaut der Regelung des Art. 51 Abs. 3 ZP I. Letzterer legt für internationale bewaffnete Konflikte fest, unter welchen Voraussetzungen ein Zivilist den ihm zukommenden Schutz verliert:

Civilians shall enjoy the protection afforded by this section, unless and for such time as they take a direct part in hostilities.

In der Praxis hat die Vorschrift zur Folge, dass der Schutz des Lebens einer Person nach humanitärem Völkerrecht einem ständigen Wandel unterliegen kann.[277] Für das Schutzniveau ist ausschlaggebend, ob die entsprechende Person im entscheidenden Augenblick unmittelbar an Kampfhandlungen teilnimmt („*direct part in hostilities*"). Wann genau eine *direct participation* vorliegt, wird weder durch das ZP I oder ZP II noch durch andere wirksame internationalen Verträge näher bestimmt.[278] Sie beschränkt sich nicht nur auf den Zeitraum, in dem die jeweilige Person aktiv an Kampfhandlungen teilnimmt. Erfasst werden vielmehr auch Vor- und Nachbereitungshandlungen.[279] Wie weit die Ausdehnung reicht ist daher zentraler Gegenstand der Diskussion in der Literatur.[280] Sie ist ausschlag-

277 Lubell, Extraterritorial Use of Force against Non-State Actors, S. 142; Melzer, in: Clapham/ Gaeta (Hrsg.), The Oxford Handbook of International Law in Armed Conflict, S. 318; Sassòli in: Wolfrum (Hrsg.), The Max Planck Encyclopedia of Public International Law, Bd. II, Combatants, Rn. 37.

278 Hampson, in: Pedrozo/ Wollschläger (Hrsg.), Naval War College International Law Studies, Bd. 87: International Law and the Changing Character of War, S. 199; Melzer, in: Clapham/ Gaeta (Hrsg.), The Oxford Handbook of International Law in Armed Conflict, S. 324.

279 Ambos, in: Lagodny (Hrsg.), Münchener Kommentar zum Strafgesetzbuch, Bd. 8, Vor §§ 8 ff. VStGB, Rn. 41; Melzer, in: Clapham/ Gaeta (Hrsg.), The Oxford Handbook of International Law in Armed Conflict, S. 328.

280 Dinstein, in: Borch/ Wilson (Hrsg.), Naval War College International Law Studies, Bd. 79: International Law and the War on Terror, S. 151 ff.; Durham/ Massingham, in: Lovell/ Primoratz (Hrsg.), Protecting Cilivilians during Violent Conflict. Theoretical and Practical Issues for the 21st Century, S. 103 ff.; Gasser/ Dörmann, in: Fleck (Hrsg.), The Handbook of International Humanitarian Law, Rn. 519; Goodman/ Jinks, New York University Journal of International Law and Politics 2010, 637, 637 ff.; Hankel, in: Hankel (Hrsg.), Die Macht und das Recht. Beiträge zum Völkerrecht und Völkerstrafrecht am Beginn des 21. Jahrhunderts, S. 417 ff.; Höfer,

gebend dafür, wie lange ein Zivilist den durch die Genfer Konventionen grundsätzlich vorgesehenen Schutz verliert.

Regeln, die Kämpfern der anderen Partei bestimmte Rechte zuerkennen würden, bestehen nicht. Daraus und aus dem im Umkehrschluss aus Art. 3 GK erkennbaren Schutz wird deutlich, dass feindliche Kämpfer wie Kombattanten grundsätzlich jederzeit getötet werden können.[281] Kämpfer dürfen also auch im Anwendungsbereich des Rechtsregimes der nichtinternationalen bewaffneten Konflikte grundsätzlich mittels *targeted killings* getötet werden. Dies ändert sich erst, wenn sie in den Schutzbereich des Art. 3 GK fallen. Ihr Leben ist ab dem Zeitpunkt geschützt, an dem sie kapitulieren, kampfunfähig geworden sind oder die Teilnahme an den Kampfhandlungen aufgegeben haben.[282]

Bezüglich des Rechtes auf Freiheit enthält Art. 3 GK keinerlei Regelungen. Wie auch zum internationalen bewaffneten Konflikt[283] ist die Geiselnahme von Menschen nach Art. 3 Abs. 1 lit. (b) GK untersagt. Art. 3 GK enthält aber keine Vorgaben über die Umstände und die Zulässigkeit der Gefangennahme von Kämpfern der anderen Partei oder Zivilisten. Allerdings müssen Gefangenen gegenüber die generellen Vorschriften des Art. 3 GK beachtet werden, da sie nicht mehr unmittelbar an den Kampfhandlungen teilnehmen.[284] Im Gegensatz zum internationalen bewaffneten Konflikt bestehen aber keine darüber hinausgehenden Regeln, was den Umgang mit gefangengenommenen Kämpfern der anderen Partei betrifft. Insbesondere die aus dem Kriegsgefangenenstatus[285] erwachsenden Rechte kommen feindlichen Kämpfern nicht zu.[286]

Gezielte Tötungen. Terrorismusbekämpfung und die neuen Feinde der Menschheit, S. 182 ff.; Otto, Targeted Killings and International Law, S. 271 ff.; Sassòli, Transnational Armed Groups and International Humanitarian Law, S. 18; Schmidt, Das humanitäre Völkerrecht in modernen asymmetrischen Konflikten, S. 119 ff.; Schmitt, YIHL 2009, 301, 309 ff.

281 Melzer, in: Clapham/ Gaeta (Hrsg.), The Oxford Handbook of International Law in Armed Conflict, S. 308; Sassòli in: Wolfrum (Hrsg.), The Max Planck Encyclopedia of Public International Law, Bd. II, Combatants, Rn. 37.

282 Vgl. Art. 3 Abs. 1 S. 1 GK.

283 Vgl. Art. 34 GK IV.

284 Ambos, in: Lagodny (Hrsg.), Münchener Kommentar zum Strafgesetzbuch, Bd. 8, Vor §§ 8 ff. VStGB, Rn. 40; Melzer, in: Clapham/ Gaeta (Hrsg.), The Oxford Handbook of International Law in Armed Conflict, S. 308.

285 Vgl. Art. 45 Abs. 1 ZP I und GK III.

286 Fleck, in: Fleck (Hrsg.), The Handbook of International Humanitarian Law, Rn. 1215.3.

Gefangengenommene Kämpfer der anderen Partei genießen im Unterschied zum internationalen bewaffneten Konflikt auch nicht die aus Art. 99 GK III erwachsende Immunität für die reguläre Teilnahme an Kampfhandlungen.[287] Dies wird mit der Formulierung in Art. 3 Abs. 5 GK klargestellt:

> *The application of the preceding provisions shall not affect the legal status of the Parties to the conflict.*

Deshalb können Personen für ihre mit dem humanitären Völkerrecht konforme Teilnahme an dem bewaffneten Konflikt beispielsweise nach lokalem Strafrecht inhaftiert oder anderweitig bestraft werden.[288]

bb) Zweites Zusatzprotokoll zu den Genfer Konventionen

Über den von Art. 3 GK statuierten Mindeststandard hinausgehende geschriebene Regeln für die Austragung eines nichtinternationalen bewaffneten Konflikts finden sich im ZP II. Die Regeln für einen nichtinternationalen bewaffneten Konflikt im Sinne des ZP II sind weitestgehend nähere Ausgestaltungen eines allgemeinen Schutzes vor unnötigem Leid derjenigen Personen, die nicht oder nicht mehr unmittelbar an Kampfhandlungen teilnehmen.[289]

Eine Übernahme der Unterscheidung zwischen Kombattanten und Zivilisten wie durch das Rechtsregime der internationalen bewaffneten Konflikte erfolgt auch hier nicht.[290] Die schon von Art. 3 GK gemachte Unterscheidung zwischen Kämpfern und Zivilisten besteht deshalb auch im ZP II. Es enthält weder neue Regelungen in diesem Zusammenhang, noch wird die Systematik des Art. 3 GK konkretisiert. Das ZP II schützt eine Person deshalb wie Art. 3 GK abhängig davon, ob sie unmittelbar an Kampfhandlungen teilnimmt.[291]

---

287 Melzer, in: Clapham/ Gaeta (Hrsg.), The Oxford Handbook of International Law in Armed Conflict, S. 318; Sassòli in: Wolfrum (Hrsg.), The Max Planck Encyclopedia of Public International Law, Bd. II, Combatants, Rn. 38.

288 Cullen, The Concept of Non-International Armed Conflict in International Humanitarian Law, S. 56; Fleck, in: Fleck (Hrsg.), The Handbook of International Humanitarian Law, Rn. 1202.3; Green, The Contemporary Law of Armed Conflict, S. 346; McCoubrey/ White, International Law and Armed Conflict, S. 321; Otto, Targeted Killings and International Law, S. 235.

289 Vgl. den Wortlaut von Art. 4 Abs. 1 ZP II.

290 Fleck, in: Fleck (Hrsg.), The Handbook of International Humanitarian Law, Rn. 1215.3; Melzer, in: Clapham/ Gaeta (Hrsg.), The Oxford Handbook of International Law in Armed Conflict, S. 318.

291 Ambos, in: Lagodny (Hrsg.), Münchener Kommentar zum Strafgesetzbuch, Bd. 8, Vor §§ 8 ff. VStGB, Rn. 40; Marauhn/ Ntoubandi in: Wolfrum (Hrsg.), The Max

Der durch das ZP II garantierte Schutz des Lebens Unbeteiligter sieht gemäß Art. 13 Abs. 2 ZP II ein Verbot direkter Angriffe vor, der dem des Art. 51 Abs. 2 ZP I entspricht:

> *The civilian population as such, as well as individual civilians, shall not be the object of attack. Acts or threats of violence the primary purpose of which is to spread terror among the civilian population are prohibited.*

Neben der Einschränkung, dass Zivilisten nicht unmittelbar Ziel eines Angriffs sein dürfen, gibt es jedoch keine Regel, die ihre Einbeziehung in die Kampfhandlungen einschränken würde. Insbesondere eine Regelung, die jede Form von zivilen Schäden zumindest auf ihre Verhältnismäßigkeit hin überprüfen würde, fehlt hier.[292]

Das Leben von Kämpfern ist grundsätzlich nicht geschützt. Das ändert sich wie im Rahmen von Art. 3 GK nur, wenn die Voraussetzungen der *direct participation* nicht mehr erfüllt sind.[293] Der Schutz des Lebens von kapitulierenden Kämpfern der anderen Partei wird schon durch Art. 3 GK gesichert. Darüber geht Art. 4 Abs. 1 S. 3 ZP II hinaus, indem klargestellt wird, dass es verboten ist, Kämpfern der anderen Seite die Kapitulation zu verweigern. Durch Art. 7 Abs. 2 ZP II wird schließlich jede Konfliktpartei verpflichtet, auch für die Verletzten der anderen Seite zu sorgen.

Der Schutz der Freiheit der Kämpfer findet im ZP II keine besondere Regelung. Damit ist wie schon unter Art. 3 GK jeder Partei die Möglichkeit eröffnet, Kämpfer der anderen Partei für die Teilnahme an dem bewaffneten Konflikt strafrechtlich zu belangen.[294] Das schließt die Todesstrafe mit ein, da sie in Art. 6 Abs. 4 ZP II nur für Kinder und schwangere Frauen ausgeschlossen ist.

Das ZP II enthält in seinem Art. 6 zudem Verfahrensgarantien für die Verurteilung von Personen für Taten im Zusammenhang mit dem vorherrschenden bewaffneten Konflikt. Eine Straffreiheit für Kämpfer der anderen Partei ist im gesamten ZP II jedoch nicht enthalten. Vielmehr wird in Art. 6 Abs. 5 nur unverbindlich die Aufforderung festgehalten, Amnestien zu gewähren:

Planck Encyclopedia of Public International Law, Bd. I, Armed Conflict, Non-International, Rn. 20.

292 Marauhn/ Ntoubandi in: Wolfrum (Hrsg.), The Max Planck Encyclopedia of Public International Law, Bd. I, Armed Conflict, Non-International, Rn. 23; Steiger in: Wolfrum (Hrsg.), The Max Planck Encyclopedia of Public International Law, Bd. II, Civilian Object, Rn. 31.

293 Vgl. den Wortlaut von Art. 4 Abs. 1 ZP II.

294 Fleck, in: Fleck (Hrsg.), The Handbook of International Humanitarian Law, Rn. 1215.3; Sassòli in: Wolfrum (Hrsg.), The Max Planck Encyclopedia of Public International Law, Bd. II, Combatants, Rn. 38.

At the end of hostilities, the authorities in power shall endeavor to grant the broadest possible amnesty to persons who have participated in the armed conflict, or those deprived of their liberty for reasons related to the armed conflict, whether they are interned or detained.

Die Zivilbevölkerung erhält keinen besonderen Schutz in ihrer Bewegungsfreiheit. Sie wird als Kollektiv durch Art. 17 ZP II zwar vor willkürlichen Vertreibungen geschützt. Die Gefangennahme oder Internierung einzelner Zivilisten wird durch das ZP II jedoch nicht unter bestimmte Voraussetzungen gestellt.[295] Das ZP II enthält allerdings Regeln für die Unterbringung von Gefangenen und Internierten.[296] Durch sie wird ein Mindestschutz des Lebens und der Gesundheit der betroffenen Personen gewährleistet.[297] Die Bestimmungen gelten unabhängig vom Status der jeweiligen Person bei ihrer Gefangennahme.[298]

cc) Gewohnheitsrechtliche Regeln

Als weitere wesentliche Rechtsquelle im Rahmen nichtinternationaler bewaffneter Konflikte hat sich das Gewohnheitsrecht entwickelt. Ihm kommt hier deshalb eine bedeutende Rolle zu, weil der Regelungsumfang des Rechtsregimes der nichtinternationalen bewaffneten Konflikte nicht dem der internationalen bewaffneten Konflikte entspricht.[299] Dementsprechend bestehen zahlreiche Regelungslücken, die mittels gewohnheitsrechtlicher Normen gefüllt werden können.

Die Vorschriften, die für eine gewohnheitsrechtliche Geltung im Rahmen nichtinternationaler bewaffneter Konflikte im Sinne des Art. 3 GK überwiegend in Betracht kommen, entstammen dem ZP II, dem Rechtsregime der internationalen bewaffneten Konflikte oder den internationalen Menschenrechtsabkommen.[300] Das ZP II kommt als gewohnheitsrechtliche Quelle bei nichtinternationalen

295 Einzige Ausnahme Art. 6 Abs. 2 lit. (c) ZP II.

296 Vgl. Artt. 5, 6, 17 ZP II.

297 Vgl. Art. 5 ZP II.

298 Marauhn/ Ntoubandi in: Wolfrum (Hrsg.), The Max Planck Encyclopedia of Public International Law, Bd. I, Armed Conflict, Non-International, Rn. 21.

299 Bothe, in: Graf Vitzthum (Hrsg.), Völkerrecht, Rn. 125; Cassese, International Law, S. 429 f.; Stadlmeier, in: Reinisch (Hrsg.), Österreichisches Handbuch des Völkerrechts, Bd. 1, Rn. 2723.

300 Fleck, in: Fleck (Hrsg.), The Handbook of International Humanitarian Law, Rn. 1212; Marauhn/ Ntoubandi in: Wolfrum (Hrsg.), The Max Planck Encyclopedia of Public International Law, Bd. I, Armed Conflict, Non-International, Rn. 28 ff.

bewaffneten Konflikten noch deshalb in Betracht, weil es im Vergleich zu Art. 3 GK eigenständige Anwendungsvoraussetzungen enthält.[301]

Alle Grundprinzipien des humanitären Völkerrechts[302] gelten gewohnheitsrechtlich im Rahmen aller bewaffneten Konflikte.[303] Dazu gehört insbesondere auch das Prinzip der Verhältnismäßigkeit.[304] Ohne entsprechende Ausformungen durch geschriebene Regeln ist durch dieses Prinzip gesichert, dass die Zivilbevölkerung nicht unverhältnismäßig zum militärischen Vorteil als Kollateralschaden unter einzelnen Gewaltanwendungen leiden darf.[305] Zudem ist die Zivilbevölkerung insoweit geschützt, als sie im Rahmen jedes bewaffneten Konflikts nie das unmittelbare Ziel von Angriffen sein darf.[306] Das dabei vermittelte Schutzniveau entspricht dem des Art. 13 ZP II.[307] Deshalb besteht unabhängig vom Vorliegen der Anwendungsvoraussetzungen des ZP II auch in jedem der nichtinternationalen bewaffneten Konflikte das Verbot, die Zivilbevölkerung unmittelbar anzugreifen.[308] Der Schutz kampfunfähiger Kämpfer ist auch gewohnheitsrechtlich anerkannt.[309]

Ebenso ist auch jedenfalls durch das Gewohnheitsrecht die prinzipielle Unterscheidung zwischen Kämpfern und Zivilisten im Rahmen nichtinternationaler

---

301 Fleck, in: Fleck (Hrsg.), The Handbook of International Humanitarian Law, Rn. 1201.6; Marauhn/ Ntoubandi in: Wolfrum (Hrsg.), The Max Planck Encyclopedia of Public International Law, Bd. I, Armed Conflict, Non-International, Rn. 4.

302 Siehe dazu S. 11 ff.

303 Green, The Contemporary Law of Armed Conflict, S. 354; Otto, Targeted Killings and International Law, S. 321.

304 Doswald-Beck, SZIER 2005, 471, 490; Gasser/ Melzer, Humanitäres Völkerrecht, S. 57; Green, The Contemporary Law of Armed Conflict, S. 354; a.A.: Kretzmer, Isr. L. Rev. 2009, 8, 28 f.; Otto, Targeted Killings and International Law, S. 321; Schmitt, YIHL 2009, 301, 308.

305 Cannizzaro, in: Clapham/ Gaeta (Hrsg.), The Oxford Handbook of International Law in Armed Conflict, S. 335; Gasser/ Thürer in: Wolfrum (Hrsg.), The Max Planck Encyclopedia of Public International Law, Bd. V, Humanitarian Law, International, Rn. 26.

306 Fleck, in: Fleck (Hrsg.), The Handbook of International Humanitarian Law, Rn. 1203.2; Henckaerts, IRRC 2005, 175, 186; IKRK, Customary International Humanitarian Law, Bd. I: Rules, Regel Nr. 1.

307 ICTY, *Prosecutor v. Dario Kordić MarioCerkez*, Decision on the Joint Defense Motion to Dismiss the amended indictment for Lack of Jurisdiction baded on the limited Jurisdictional Reach of Articles 2 and 3 vom 2. März 1999, Case No.IT-95-14/2, Rn. 31; Zegveld, Accountability of Armed Opposition Groups in International Law, S. 21.

308 Fleck, in: Fleck (Hrsg.), The Handbook of International Humanitarian Law, Rn. 1203.2; Kretzmer, Isr. L. Rev. 2009, 8, 35; Otto, Targeted Killings and International Law, S. 236; Schmitt, YIHL 2009, 301, 307.

309 Gasser/ Melzer, Humanitäres Völkerrecht, S. 57.

bewaffneter Konflikte etabliert.[310] Wie genau Zivilist und Kämpfer in einem nichtinternationalen bewaffneten Konflikt definiert werden, ist jedoch auch durch Gewohnheitsrecht bisher nicht geklärt.[311] Die in diesem Zusammenhang schon im Rahmen des Art. 3 GK angesprochene wesentliche Fragestellung, wie der Begriff der *direct participation* als maßgebliches Kriterium für den Verlust des Schutzes als Zivilist zu fassen ist, ist auch hier relevant. Aber ebensowenig wie dort ist eine Klärung durch Gewohnheitsrecht zu verzeichnen.[312]

Die Rechte feindlicher Kämpfer im Rechtsregime der nichtinternationalen bewaffneten Konflikte stärkt auch nicht das Gewohnheitsrecht.[313] Gefangengenommene Kämpfer erhalten im Rahmen nichtinternationaler bewaffneter Konflikte auch auf Grundlage des Gewohnheitsrechts insbesondere nicht das Privileg des Kriegsgefangenenstatus.[314] Ebensowenig ist es ausgeschlossen, dass sie für eine völkerrechtskonforme Teilnahme an den Kampfhandlungen nach staatlichem Recht belangt werden.[315]

Weitestgehend anerkannt ist inzwischen, dass wesentliche Vorschriften des ZP II gewohnheitsrechtlich in jeder Form eines nichtinternationalen bewaffneten Konflikts im Sinne des Art. 3 GK anwendbar sind.[316] Als Begründung werden vielfach die Ergebnisse der Untersuchungen des IKRK zum Gewohnheitsrecht[317]

---

310 Fleck, in: Fleck (Hrsg.), The Handbook of International Humanitarian Law, Rn. 1203.2; Henckaerts, IRRC 2005, 175, 190; weiterführend: Otto, Targeted Killings and International Law, S. 236 ff.

311 Henckaerts, IRRC 2005, 175, 190.

312 Doswald-Beck, SZIER 2005, 471, 489; Henckaerts, IRRC 2005, 175, 190; Schmitt, YIHL 2009, 301, 309.

313 Doswald-Beck, SZIER 2005, 471, 489; Lubell, Extraterritorial Use of Force against Non-State Actors, S. 93.

314 Fleck, in: Fleck (Hrsg.), The Handbook of International Humanitarian Law, Rn. 1215.3; Sassòli in: Wolfrum (Hrsg.), The Max Planck Encyclopedia of Public International Law, Bd. II, Combatants, Rn. 35.

315 Fleck, in: Fleck (Hrsg.), The Handbook of International Humanitarian Law, Rn. 1215.3; Sassòli in: Wolfrum (Hrsg.), The Max Planck Encyclopedia of Public International Law, Bd. II, Combatants, Rn. 38.

316 Doswald-Beck, SZIER 2005, 471, 489; Fleck, in: Fleck (Hrsg.), The Handbook of International Humanitarian Law, Rn. 1209.2; Henckaerts, IRRC 2005, 175, 188; wohl erst für die Zukunft: Zegveld, Accountability of Armed Opposition Groups in International Law, S. 22.

317 IKRK, Customary International Humanitarian Law, Bd. I: Rules, Customary Law – Rules.

angeführt, die der ICTY bezüglich des ZP II teilt.[318] Der ICTY hat zudem eine gewohnheitsrechtliche Geltung der überwiegenden Regeln des ZP II in allen nichtinternationalen bewaffneten Konflikten bejaht.[319] Dadurch ist ein erheblicher Teil der Regeln des Art. 3 GK und ZP II auch dann anwendbar, wenn nur die Anwendungsvoraussetzungen des Art. 3 GK erfüllt sind.[320] Dies ermöglicht, die Unterscheidung des nichtinternationalen bewaffneten Konflikts nach Art. 3 GK und ZP II im hiesigen Kontext zu vernachlässigen.

Doch auch das ZP II bietet keine Bestimmungen über die Voraussetzungen, unter denen die Freiheit der Zivilbevölkerung eingeschränkt werden darf. Zwar bestehen bestimmte Verfahrensgarantien für Gerichtsprozesse und die Behandlung von Gefangenen, jedoch lässt sich für die Internierung von Zivilisten ohne Gerichtsverfahren keine Bestimmung finden. Nach den Grundprinzipien für bewaffnete Konflikte ist zwar der willkürliche Entzug der Freiheit verboten[321], weitere Bestimmungen bezüglich der Voraussetzungen und des Modus lassen sich ihnen aber nicht entnehmen. Das IKRK geht davon aus, dass eine Internierung nur aus zwingenden Gründen der Sicherheit zulässig ist.[322]

Zudem enthält das Recht der nichtinternationalen bewaffneten Konflikte allein auf Grundlage des Art. 3 GK und ZP II keine Regeln für das Ende der Internierung von Zivilisten oder ehemaligen Kämpfern. Gefangene müssen nach Ablauf der Strafe aus der Haft entlassen werden. Was aber mit Internierten passiert, ist nicht ausdrücklich geregelt. Hier geht das IKRK davon aus, dass diese Personen dann entlassen werden müssen, wenn die Gründe für ihre Internierung entfallen sind. Dies sei spätestens nach Ende des entsprechenden Konflikts der Fall.[323]

---

318 ICTY, *Prosecutor v. Dusko Tadić*, Decision on the Defence Motion for Interlocutory Appeal on Jurisdiction vom 2. Oktober 1995, Case No. IT-94-1, Rn. 117 ff.

319 ICTY, *Prosecutor v. Dusko Tadić*, Decision on the Defence Motion for Interlocutory Appeal on Jurisdiction vom 2. Oktober 1995, Case No. IT-94-1, Rn. 117 ff.; zustimmend: ICTR, *Prosecutor v. Jean-Paul Akayesu*, Judgement vom 2. September 1998, Case No. ICTR-96-4, Rn. 609.

320 Cullen, The Concept of Non-International Armed Conflict in International Humanitarian Law, S. 114; Fleck, in: Fleck (Hrsg.), The Handbook of International Humanitarian Law, Rn. 1209.2; A.A.: Green, The Contemporary Law of Armed Conflict, S. 348.

321 Pejic, IRRC 2011, 189, 206.

322 Pejic, IRRC 2011, 189, 209.

323 Pejic, IRRC 2011, 189, 210 f.

Die Ergebnisse der Studie des IKRK sind, abgesehen von den Standpunkten zum ZP II, in der Literatur nicht unumstritten.[324] Dabei wird insbesondere intensiv darüber diskutiert, inwieweit Vorschriften aus den internationalen Menschenrechtsabkommen für das Recht der nichtinternationalen bewaffneten Konflikte herangezogen werden können.[325] Zudem akzeptiert ein überwiegender Teil der Staatengemeinschaft nicht sämtliche Schlussfolgerungen der Studie.[326] Davon unabhängig sind inzwischen auch im Rahmen nichtinternationaler bewaffneter Konflikte in Bezug auf die Mittel der Gewaltanwendung und den Schutz besonders geschützter Personen und Einrichtungen ein Großteil der Regeln des ZP I gewohnheitsrechtlich übernommen worden.[327] Davon bleiben aber insbesondere die bestehenden Unterschiede in Bezug auf die Rechte der Kämpfer der Gegenseite unbeeinflusst.[328]

c) Unterschiede der Rechtsregime

Aus den Unterschieden zwischen den Vorschriften des humanitären Völkerrechts und der Menschenrechtsabkommen wird deutlich, dass der Rechtsrahmen und damit die Bandbreite der Handlungsoptionen der Parteien erheblich dahingehend unterscheiden, welches Rechtsregime anwendbar ist. Allein die Frage, unter welchen Voraussetzungen ein Mitglied der feindlichen Partei getötet werden und Kollateralschäden in Kauf genommen werden dürfen, beschränkt die Möglichkeiten einer Partei in einer einzelnen Situation entscheidend.

Nach dem Recht der nichtinternationalen bewaffneten Konflikte ist der Schutz des Lebens davon abhängig, ob die jeweilige Person an Kampfhandlungen unmittelbar teilnimmt.[329] Ist eine Person unmittelbar an Kampfhandlungen beteiligt und ist sie nicht kampfunfähig bzw. hat sich nicht ergeben, kann sie jederzeit

---

324 Doswald-Beck, SZIER 2005, 471, 471 ff.; Henckaerts, IRRC 2005, 175, 175 ff.; Krieger, J. Conflict & Sec. L. 2006, 265, 176 ff.; Sivakumaran, The Law of Non-International Armed Conflict, S. 104.

325 Ipsen, in: Fischer-Lescano/ Bothe (Hrsg.), Frieden in Freiheit. Festschrift für Michael Bothe zum 70. Geburtstag, S. 456.

326 Kelly, Va. J. Int'l L. 2000, 449, 469 ff.; Murphy, in: Watkin/ Norris (Hrsg.), Naval War College International Law Studies, Bd. 88: Non-International Armed Conflict in the Twenty-first Centrury, S. 20.

327 Fleck, in: Fleck (Hrsg.), The Handbook of International Humanitarian Law, Rn. 1212.1; Henckaerts, IRRC 2005, 175, 189.

328 Fleck, in: Fleck (Hrsg.), The Handbook of International Humanitarian Law, Rn. 1212.5.

329 Art. 3 Abs. 1 lit. (a) und Art. 4 Abs. 1 ZP II.

getötet werden.[330] Menschen, die nicht an Kampfhandlungen teilnehmen, dürfen nicht unmittelbares und alleiniges Ziel eines Angriffs sein.[331]

Die internationalen Menschenrechtsabkommen lassen die Tötung eines Menschen nur zur, wenn dies frei von Willkür ist.[332] Außerhalb der Verhängung von Todesstrafen ist die Tötung eines Menschen nur unter engen Voraussetzungen zulässig. Sie verhindern grundsätzlich, dass eine Tötung rechtmäßig ist, wenn sie das alleinige Ziel einer Handlung war.[333] Die Tötung eines Menschen ist vielmehr nur als mittelbares Ziel zur Vermeidung erheblicher anderer Schäden zulässig.[334] Aber auch dann ist sie grundsätzlich nur rechtmäßig, wenn andere Mittel zur Verhinderung des Schadens nicht mit einer ähnlichen Wahrscheinlichkeit zum Erfolg führen.[335] Folge dieser Voraussetzungen ist es, dass grundsätzlich nur solche Menschen getötet werden dürfen, von denen selbst eine Gefahr für Leib und Leben anderer Personen ausgeht. Denn nur in derartig gelagerten Fällen ist es zumeist denkbar, dass die Tötung eines Menschen die Gefahr für andere Menschen zu beseitigen in der Lage ist.

Insbesondere die *targeted killings* sind unter dem Rechtsregime der internationalen Menschenrechtsabkommen nach dem oben Gesagten nur in einem sehr geringen Umfang zulässig.[336] Die derzeit durch die USA insbesondere mittels UAVs durchgeführten Tötungen überall auf der Welt können deshalb in der Regel nur dann rechtmäßig sein, wenn sie nach humanitärem Völkerrecht zu beurteilen sind.

---

330 Melzer, in: Clapham/ Gaeta (Hrsg.), The Oxford Handbook of International Law in Armed Conflict, S. 308; Sassòli in: Wolfrum (Hrsg.), The Max Planck Encyclopedia of Public International Law, Bd. II, Combatants, Rn. 37.

331 Vgl. Art. 13 Abs. 2 ZP II.

332 Vgl. Art. 6 S. 3 IPbpR.

333 Höfer, Gezielte Tötungen. Terrorismusbekämpfung und die neuen Feinde der Menschheit, S. 239; Melzer, Targeted Killing in International Law, S. 424; Otto, Targeted Killings and International Law, S. 201.

334 Lubell, Extraterritorial Use of Force against Non-State Actors, S. 173; Melzer, Targeted Killing in International Law, S. 116; Otto, Targeted Killings and International Law, S. 199.

335 Höfer, Gezielte Tötungen. Terrorismusbekämpfung und die neuen Feinde der Menschheit, S. 239; Melzer, Targeted Killing in International Law, S. 117; Otto, Targeted Killings and International Law, S. 201.

336 So jedenfalls die tiefergehende Literatur: Finkelstein, in: Finkelstein (Hrsg.), Targeted Killings – Law and Morality in an Asymmetrical World, S. 181; Lubell, Extraterritorial Use of Force against Non-State Actors, S. 178; Melzer, Targeted Killing in International Law, S. 423; Otto, Targeted Killings and International Law, S. 201; Schmitz-Elvenich, Targeted Killing. Die völkerrechtliche Zulässigkeit der gezielten Tötung von Terroristen im Ausland, S. 254.

d) *Interessenlage der Staaten*

Ebenso wie sich die Vorschriften zum Schutz des Lebens eines Menschen zwischen den internationalen Menschenrechtsabkommen und dem Recht der nichtinternationalen bewaffneten Konflikte unterscheiden, können auch die Vorgaben für die Behandlung von Gefangenen der gegnerischen Partei zwischen den Rechtsregimen erheblich voneinander abweichen. Relevant ist insbesondere, dass außerhalb des Anwendungsbereichs des humanitären Völkerrechts gefangengenommene Gegner nicht auf unbestimmte Zeit festgehalten werden dürfen.[337]

Diese Unterschiede führen zu einer gemischten Interessenlage bei den Staaten. Sie neigen einerseits dazu, Auseinandersetzungen deswegen nicht als nichtinternationale bewaffnete Konflikte anzuerkennen, wenn sie an ihnen beteiligt sind, weil dann ihre eigenen Soldaten getötet werden können, ohne dass dies gegen das Völkerrecht verstoßen würde.[338] Zudem fürchten sie unter dem Aspekt des internationalen Renommees den Eindruck, dass sie ihre eigene Bevölkerung nicht kontrollieren können und dass mit der Anwendung des humanitären Völkerrechts eine Anerkennung des nichtstaatlichen Akteurs einherginge.[339] Insbesondere wenn der bewaffnete Konflikt auf dem eigenen Territorium ausgetragen wird, sind diese Aspekte noch immer sehr relevant.

In der Vergangenheit neigten die Staaten auch unabhängig vom Austragungsort des bewaffneten Konflikts dazu, die Anwendbarkeit des humanitären Völkerrechts abzustreiten.[340] Dies hatte seine Ursache in der fehlenden Existenz eines sie außerhalb des humanitären Völkerrechts in ihren Handlungsoptionen im Rahmen bewaffneter Auseinandersetzungen beschränkenden Rechtsregimes. Denn die internationalen Menschenrechtsabkommen traten erst ein Jahr vor den ZP I und II in Kraft. Davor war im Rahmen einer Auseinandersetzung also entweder das humanitäre Völkerrecht oder überhaupt kein internationales Rechtsregime anwendbar. Im letzteren Fall waren den Handlungen der Staaten durch internationales Recht in keiner Weise Grenzen gesetzt.

Erst mit der Ratifizierung der Abkommen über Menschenrechte verpflichteten sich die Staaten dazu, grundsätzlich jederzeit, also auch unabhängig von der

---

337 O'Connell, J. Nat'l Sec. L. & Pol'y 2010, 343, 353.

338 Fleck, in: Fleck (Hrsg.), The Handbook of International Humanitarian Law, Rn. 1202.2.

339 Cullen, Mil. L. Rev. 2005, 66, 85; Moir, The Law of Internal Armed Conflict, S. 34.

340 Fleck, in: Fleck (Hrsg.), The Handbook of International Humanitarian Law, Rn. 1202.2; Marauhn/ Ntoubandi in: Wolfrum (Hrsg.), The Max Planck Encyclopedia of Public International Law, Bd. I, Armed Conflict, Non-International, Rn. 8.

Existenz einer bewaffneten Auseinandersetzung, jedem Menschen gewisse Rechte zu gewähren.[341] Sie gaben hierbei ein Stück der ihnen eigenen Souveränität ab, indem sie sich gegenüber einer Instanz außerhalb ihres eigenen Staatssystems zur Einhaltung bestimmter Regeln verpflichteten.[342]

In dieser Ausgangslage berufen sich Staaten immer häufiger auch in solchen Auseinandersetzungen auf das humanitäre Völkerrecht, in denen rechtlich nicht abschließend geklärt ist, ob dieses überhaupt anwendbar ist.[343] Besonders häufig erfolgen solche Erklärungen im Rahmen von Auseinandersetzungen mit nichtstaatlichen Akteuren. In derartigen Konflikten haben die Staaten eine größere Freiheit, gegen Gruppierungen mit militärischen Mitteln vorzugehen, ohne dass die als ineffektiv empfundenen Voraussetzungen der internationalen Menschenrechtsabkommen beachtet werden müssten.[344]

Dabei spielt nicht nur die geringere Schwelle eine Rolle, ab der eine Person getötet werden darf. Ganz erheblich ist auch die Möglichkeit, zivile Opfer bis zu einem gewissen Maße in Kauf nehmen zu können. Eine Zulässigkeit der Tötung eines Zivilisten nach humanitärem Völkerrecht ist, wie es unter den internationalen Menschenrechtsabkommen immer der Fall ist, von der Abwägung der Notwendigkeit und Erforderlichkeit abhängig. Jedoch stimmt zwischen den Rechtsregimen nur das Prinzip der Abwägung überein, ihr Maßstab ist hingegen ein anderer.[345] Anders als bei den internationalen Menschenrechtsabkommen ist die Tötung eines Zivilisten hier nicht nur zum Schutz des Lebens anderer Menschen zulässig. Im humanitären Völkerrecht ist ein Ziel einer Maßnahme schon dann ein zulässiges, wenn es irgendeinen militärischen Nutzen aufweist. In der Abwägung wird dieser Nutzen dann mit den zu erwartenden zivilen Schäden verglichen.[346] Nach dieser Maxime kann die bewusste Tötung eines nicht unmittelbar an Kampfhandlungen teilnehmenden Menschen auch dann legitimerweise als Nebeneffekt in Kauf genommen werden, wenn von diesem Menschen selbst

341 Buergenthal in: Wolfrum (Hrsg.), The Max Planck Encyclopedia of Public International Law, Bd. IV, Human Rights, Rn. 7; Herdegen, Völkerrecht, § 47, Rn. 1.

342 Buergenthal in: Wolfrum (Hrsg.), The Max Planck Encyclopedia of Public International Law, Bd. IV, Human Rights, Rn. 8; Shelton, in: Shelton (Hrsg.), The Oxford Handbook of International Human Rights Law, S. 2.

343 Kretzmer, Isr. L. Rev. 2009, 8, 21 f.

344 Cullen, U. Miami Int'l & Comp. L. Rev. 2004, 189, 197.

345 Vertiefend: Corn, J. Int'l Human. Legal Stud. 2010, 52, 85 ff.

346 Gasser/ Melzer, Humanitäres Völkerrecht, S. 27; Ipsen, in: Ipsen (Hrsg.), Völkerrecht, § 65, Rn. 3; O'Connell, in: Fleck (Hrsg.), The Handbook of International Humanitarian Law, Rn. 130.1; Otto, Targeted Killings and International Law, S. 217.

keine Bedrohung für die handelnde Partei ausgeht.[347] Nach den internationalen Menschenrechtsabkommen ist der Tod einer unbeteiligten Person nur als ungewollte Folge der Gewaltanwendung möglich.[348]

Der Anreiz für Staaten, sich in einer Auseinandersetzung mit einem nichtstaatlichen Akteur dem humanitären Völkerrecht zu unterwerfen, wird durch die immer häufiger inhärente Asymmetrie in der Kampfführung noch verstärkt. Ebenso kann man aber auch von einer rechtlichen Asymmetrie sprechen.[349] Nichtstaatliche Akteure haben in der derzeitigen Rechtslage insbesondere durch die fehlende Immunität für völkerrechtskonforme Kampfhandlungen wenig Anreize, das humanitäre Völkerrecht zu beachten.[350] Dies gilt ebenso, wenn die Menschenrechtsabkommen das internationale Rechtsregime bilden. Denn auch hier wäre eine strafrechtliche Verfolgung nach lokalem Recht nicht ausgeschlossen. Denn Vorschriften für eine Immunität für bestimmte Handlungen finden sich neben den allgemeinen Regeln in den relevanten Menschenrechtsabkommen nicht.[351]

Die Asymmetrie ist auch dadurch bedingt, dass Verstöße nichtstaatlicher Akteure gegen das internationale Recht insbesondere auf der Ebene des internationalen Rechtes nur unzureichend geahndet werden.[352] Allerdings besteht grundsätzlich auch gegenüber Angehörigen einer Regierung das Problem, dass Verstöße gegen internationales Recht nur mangelhaft verfolgt werden.[353] Zumindest in den westlichen Gesellschaften existiert jedoch ein Gegengewicht in Form von öffentlichem Druck.[354] Dieser, der insbesondere westliche Staaten am effektivsten zur Einhaltung des internationalen Rechtes anhält, hat auf nichtstaatliche Akteure aber keinen vergleichbaren Einfluss. Deshalb verletzen nicht-

347 Delahunty/ Yoo, DePaul L. Rev. 2009–2010, 803, 823.

348 Delahunty/ Yoo, DePaul L. Rev. 2009–2010, 803, 823 f.; Krieger, in: Weingärtner/ Burkhardt (Hrsg.), Die Bundeswehr als Armee im Einsatz. Entwicklungen im nationalen und internationalen Recht, S. 40 f.

349 Paulus/ Vashakmadze, IRRC 2009, 95, 109.

350 Clapham, in: Clapham/ Gaeta (Hrsg.), The Oxford Handbook of International Law in Armed Conflict, S. 768; Fleck, in: Fleck (Hrsg.), The Handbook of International Humanitarian Law, Rn. 1201.5.

351 Vgl. beispielsweise Art. 9–15 IPbpR.

352 Clapham, in: Clapham/ Gaeta (Hrsg.), The Oxford Handbook of International Law in Armed Conflict, S. 809.

353 Vgl.: Gaeta, in: Clapham/ Gaeta (Hrsg.), The Oxford Handbook of International Law in Armed Conflict, S. 765; Vöneky, in: Fleck (Hrsg.), The Handbook of International Humanitarian Law, Rn. 1410.8 ff.

354 Vöneky, in: Fleck (Hrsg.), The Handbook of International Humanitarian Law, Rn. 1401.

staatliche Akteure in der Regel die Vorschriften des internationalen Rechtes in einer wesentlich eindeutigeren Art und Weise, als Staaten dies tun. Zum Ausgleich dieser Asymmetrie steigt auf Seiten der Staaten das Bedürfnis, auch außerhalb des konventionellen Schlachtfeldes möglichst weitgehend gegen die nichtstaatlichen Akteure vorzugehen. Dies ist aber nach dem Rechtsregime der internationalen Menschenrechte nicht in einem Umfang wie nach dem humanitären Völkerrecht möglich.

Vor allem um zu vermeiden, dass Staaten willkürlich das den eigenen Handlungsmaßstab bildende Rechtsregime wählen können, ist eine klare Abgrenzung zwischen der Anwendbarkeit der internationalen Menschenrechtsabkommen und der des humanitären Völkerrechts notwendig. Sie erübrigt sich nicht schon deshalb, weil die Rechtsregime nie gleichzeitig anwendbar sein können. Das Gegenteil ist nämlich der Fall.

2. Überschneidung der Anwendbarkeit

Eine Abgrenzung ist nicht nur sachlich wegen der großen Unterschiede im Handlungsmaßstab während bewaffneter Auseinandersetzungen notwendig. Eine rechtliche Notwendigkeit kann auch daraus entstehen, dass die Rechtsregime des humanitären Völkerrechts und dasjenige der internationalen Menschenrechtsabkommen gleichzeitig anwendbar sind.

Ohne sich das Verhältnis beider Rechtsregime vor Augen geführt zu haben, ergibt sich das zumindest aus den Anwendungsvoraussetzungen und dem Anwendungsbereich der internationalen Menschenrechtsabkommen. Beide Aspekte müssen für jedes Menschenrechtsabkommen jedoch jeweils einzeln bestimmt werden. Die Notwendigkeit der Einzelbetrachtung ergibt sich daraus, dass es keine über den einzelnen Abkommen stehende, diese zusammenfassende Rechtsquelle gibt, die Anwendungsvoraussetzungen für alle Menschenrechtsabkommen aufstellt.[355]

a) Anwendungsvoraussetzungen der internationalen Menschenrechtsabkommen

Den wesentlichen Menschenrechtsabkommen lassen sich in der Regel nur wenige Anhaltspunkte im Hinblick auf ihre Anwendungsvoraussetzungen entnehmen. IPwskR und IPbpR enthalten beispielsweise keine unmittelbaren Aussagen hierzu.

355 Doswald-Beck, Human Rights in Times of Conflict and Terrorism, S. 5.

In Art. 4 Abs. 1 IPbpR findet sich jedoch eine Formulierung, die Rückschlüsse zulässt:

> *In time of public emergency which threatens the life of the nation and the existence of which is officially proclaimed, the States Parties to the present Covenant may take measures derogating from their obligations under the present Covenant to the extent strictly required by the exigencies of the situation, provided that such measures are not inconsistent with their other obligations under international law and do not involve discrimination solely on the ground of race, color, sex, language, religion or social origin.*

Die Regelung dient dem Wortlaut nach zwar nur dazu, den Staaten eine Möglichkeit zu geben, unter bestimmten Voraussetzungen die Geltung einzelner Menschenrechtsabkommen außer Kraft zu setzen. Aus der Aussage, dass sich Staaten nur im Ausnahmefall von der Geltung der jeweiligen Regeln befreien können, ergibt sich jedoch im Umkehrschluss, dass das IPbpR grundsätzlich jederzeit ihre Bindungswirkung entfaltet.[356] Ein Staat ist demnach immer dann an alle Regeln des IPbpR gebunden, wenn er das Abkommen ratifiziert hat und keine Derogation vorgenommen hat.[357] Voraussetzung für die Anwendbarkeit des IPbpR ist somit ausschließlich die Ratifikation durch den betreffenden Staat und das Fehlen der Derogation durch diesen.

Die anderen beiden wesentlichen Menschenrechtsabkommen mit Derogationsklauseln sind die EMRK und die AMRK. Bei ihnen bereitet die Feststellung der Anwendungsvoraussetzungen ähnliche Schwierigkeiten wie im Rahmen des IPbpR. Auch dort werden die Anwendungsvoraussetzungen jeweils nicht ausdrücklich festgelegt. Anders als beim IPbpR ist neben der allgemeinen Derogationsmöglichkeit aber noch die Aussage enthalten, dass das Abkommen auch im Falle eines Krieges gilt.[358] Das lässt wiederum den Schluss zu, dass ein Menschenrechtsabkommen erst recht jederzeit gelten muss, wenn es sogar im Krieg seine grundsätzliche Geltung behält.[359] Denn nur in diesem Falle besteht auf internationaler Ebene mit dem humanitären Völkerrecht ein anderes Rechtsregime, das an die Stelle der Menschenrechte treten kann.

---

356 Vgl.: Kleffner, in: Fleck (Hrsg.), The Handbook of International Humanitarian Law, Rn. 251; Kolb in: Wolfrum (Hrsg.), The Max Planck Encyclopedia of Public International Law, Bd. IV, Human Rights and Humanitarian Law, Rn. 20.

357 Doswald-Beck, Human Rights in Times of Conflict and Terrorism, S. 5; Sassòli, in: Ben-Naftali (Hrsg.), International Humanitarian Law and International Human Rights Law, S. 50.

358 Vgl. Art. 15 EMRK, Art. 30 IPwskR und Art. 27 AMRK.

359 Doswald-Beck, Human Rights in Times of Conflict and Terrorism, S. 5.

Die Vorschriften der einzelnen Menschenrechtsabkommen binden eine Partei somit immer dann, wenn sie das entsprechende Abkommen ratifiziert und nicht einzelne Rechte derogiert hat.[360]

b) Anwendungsbereich der internationalen Menschenrechtsabkommen

Relevant ist für den Vergleich mit dem humanitären Völkerrecht insbesondere die Frage, ob auch nichtstaatliche Akteure an die internationalen Menschenrechtsabkommen gebunden sind. Ebenso wichtig ist die Frage, auf welchem Gebiet die Menschenrechtsabkommen beachtet werden müssen. Die erste Frage beantwortet der persönliche, die zweite der territoriale Anwendungsbereich.

aa) Persönlich

Die Pflicht der Staaten, die Vorschriften der internationalen Menschenrechtsabkommen zu beachten, ergibt sich schon aus ihrer Ratifizierung und aus dem Wortlaut des jeweiligen Abkommens.[361] Hingegen nicht explizit geregelt ist, ob und unter welchen Voraussetzungen nichtstaatliche Akteure an die internationalen Menschenrechte gebunden sind.

Ein nichtstaatlicher Akteur kann nur auf zwei Wegen an die internationalen Menschenrechtsabkommen gebunden sein: Er ist zum einen immer dann zu ihrer Beachtung verpflichtet, wenn er sich freiwillig daran gebunden hat.[362] Zum anderen entsteht eine Bindung an die Menschenrechte, wenn der nichtstaatliche Akteur die faktische Regierung in einem Land stellt, das das entsprechende Menschenrechtsabkommen unterzeichnet hat.[363]

Mangels ausdrücklicher Regelungen können nichtstaatliche Akteure darüber hinaus nur gewohnheitsrechtlich an die Vorschriften der internationalen Menschenrechte gebunden sein. Dies ist von der Rechtsprechung in der Ver-

---

360 Provost, International Human Rights and Humanitarian Law, S. 152; Sassòli, in: Ben-Naftali (Hrsg.), International Humanitarian Law and International Human Rights Law, S. 50.

361 Vgl. bspw.: Art. 2 Abs. 1 IPbpR.

362 Zegveld, Accountability of Armed Opposition Groups in International Law, S. 49 f.

363 Wobei unklar ist, ab welchem Umfang eine solche regierungsähnliche Position zur Bindung an die Menschenrechte führt: Clapham, IRRC 2006, 491, 500; Kleffner, in: Fleck (Hrsg.), The Handbook of International Humanitarian Law, Rn. 258; Tomuschat, in: Fischer (Hrsg.), Krisensicherung und Humanitärer Schutz. Festschrift für Dieter Fleck, 587; Zegveld, Accountability of Armed Opposition Groups in International Law, S. 150.Ersterer argumentiert insbesondere mit den Res. 1214 (1998), Rn. 12 und Res 1509 (2003), Rn. 10 des VN-Sicherheitsrats.

gangenheit weitestgehend abgelehnt worden.[364] Die Literatur schließt sich dem Ergebnis überwiegend an, dass nichtstaatliche Akteure grundsätzlich nicht an die internationalen Menschenrechtsabkommen gebunden sind.[365]

Die Begründung stützt sich insbesondere auf zwei Überlegungen: Zum einen seien nichtstaatliche Akteure grundsätzlich nicht in der Lage, internationale Menschenrechtsabkommen zu unterzeichnen, da diese ausschließlich zwischen Staaten geschlossen wurden.[366] Zum anderen würden die Abkommen ausschließlich Vorschriften enthalten, die die Staatsgewalt in ihren Handlungen gegenüber der Bevölkerung beschränken. Die einzelnen Pflichten ließen sich deswegen schon systematisch nicht auf nichtstaatliche Akteure übertragen.[367] Auch eine Übertragung der Grundsätze des humanitären Völkerrechts sei nicht möglich.[368]

Für eine Bindung nichtstaatlicher Akteure an die internationalen Menschenrechte lassen sich im Gegenzug nur vereinzelt Hinweise finden. Diese beschränken sich zudem auf die Stellungnahmen einzelner Organe der VN zu verschiedenen Konflikten.[369] Allerdings kann man in der Praxis nach Kategorien von nichtstaatlichen Akteuren unterscheiden. Insbesondere nichtstaatliche Akteure, die die derzeitige Regierung ersetzen wollen, werden wegen dieser Zielsetzung als den Menschenrechten verpflichtet angesehen.[370] Dementsprechend lässt sich festhalten, dass nichtstaatliche Akteure grundsätzlich solange nicht an die internationalen Menschenrechtsabkommen gebunden sind, bis sie wie eine Regierung einen Teil oder das gesamte Staatsgebiet kontrollieren.[371] Weil nichtstaatliche

364 VN Doc E/CN.4/1998/87, 5. Januar 1998, Rn. 59 ff.; Zegveld, Accountability of Armed Opposition Groups in International Law, S. 39 ff.

365 A.A.: Clapham, IRRC 2006, 491, 500; zweifelnd und dabei zwischen Bindung und Durchsetzbarkeit differenzierend: Kleffner, in: Fleck (Hrsg.), The Handbook of International Humanitarian Law, Rn. 258; Moir, The Law of Internal Armed Conflict, S. 194; Pejic, IRRC 2011, 189, 190; Zegveld, Accountability of Armed Opposition Groups in International Law, S. 39.

366 Zegveld, Accountability of Armed Opposition Groups in International Law, S. 41.

367 Zegveld, Accountability of Armed Opposition Groups in International Law, S. 41.

368 Im Umkehrschluss: VN Doc E/CN.4/1994/48, 1. Februar 1994, Rn. 121; Zegveld, Accountability of Armed Opposition Groups in International Law, S. 42.

369 Clapham, IRRC 2006, 491, 504 ff.; Tomuschat, in: Fischer (Hrsg.), Krisensicherung und Humanitärer Schutz. Festschrift für Dieter Fleck, S. 577 ff.; Zegveld, Accountability of Armed Opposition Groups in International Law, S. 47 ff.

370 Tomuschat, in: Fischer (Hrsg.), Krisensicherung und Humanitärer Schutz. Festschrift für Dieter Fleck, 588.

371 Weiterführend: Doswald-Beck, Human Rights in Times of Conflict and Terrorism, S. 118 ff.; Zegveld, Accountability of Armed Opposition Groups in International Law, S. 54.

Akteure in der Praxis also selten an Menschenrechtsabkommen gebunden sind, sollen im Folgenden trotzdem Staaten als alleinige Verpflichtete der Menschenrechtsabkommen genannt werden. Die Pflicht, die Menschenrechte zu beachten, obliegt den Staaten jedenfalls nur in Bezug auf ihr eigenes, ihnen zurechenbares Verhalten.[372]

bb) Territorial

Die Bestimmung des territorialen Anwendungsbereichs der Menschenrechtsabkommen ist ebensowenig wie seine Anwendungsvoraussetzungen explizit geregelt. Im Unterschied zum Letzteren ist es jedoch wesentlich umstrittener.[373] Im Zusammenhang mit den internationalen Menschenrechtsabkommen bildet der territoriale Anwendungsbereich aber zudem den Hauptaustragungsort der Frage, wie weitreichend Staaten an die Menschenrechtsabkommen gebunden sind.

Die Qualität des vom Rechtsregime ausgehenden Schutzes ist zwar von der Auslegung der Vorschriften des jeweiligen Abkommens abhängig. Da sich Staaten jedoch wie oben gezeigt[374] nur in wenigen Ausnahmefällen von der Geltung der Menschenrechte befreien können, ist der territoriale Anwendungsbereich jedenfalls in Bezug auf die Bindung der Staaten allein für die Quantität der erfassten Sachverhalte verantwortlich. Alle weiteren diesbezüglichen Einschränkungen und damit der Reichweite der Schutzpflichten ergeben sich nämlich in der Anwendung der jeweiligen Vorschriften im Einzelfall.

Da das IPbpR das umfassendste und meistratifizierte der „klassischen“ Menschenrechtsabkommen ist, kommt der Bestimmung seines territorialen Anwendungsbereichs eine besondere Bedeutung zu.[375] Im Folgenden soll deswegen zur Betrachtung des territorialen Anwendungsbereichs exemplarisch insbesondere auf das IPbpR eingegangen werden.

Rückschlüsse zum territorialen Anwendungsbereich lassen sich im IPbpR ausschließlich aus Art. 2 Abs. 1 entnehmen:

---

372 Joseph/ Castan, The International Covenant on Civil and Political Rights – Cases, Materials and Commentary, Rn. 1.106 ff.; Schilling, Internationaler Menschenrechtsschutz, Rn. 79.

373 Für eine Einführung vgl.: Kleffner, in: Fleck (Hrsg.), The Handbook of International Humanitarian Law, Rn. 254 ff.; Lubell, Extraterritorial Use of Force against Non-State Actors, S. 193 ff.; Wenzel in: Wolfrum (Hrsg.), The Max Planck Encyclopedia of Public International Law, Bd. IV, Human Rights, Treaties, Extraterritorial Application and Effects, Rn. 1 ff.

374 Siehe S. 62 ff.

375 So auch: Lubell, Extraterritorial Use of Force against Non-State Actors, S. 167.

Each State Party to the present Covenant undertakes to respect and to ensure to all individuals within its territory and subject to its jurisdiction the rights recognized in the present Covenant [...].

Die Bindung eines Staates an das IPbpR ist also auf solche Handlungen begrenzt, die „*within its territory* [...] *and* [...] *its jurisdiction*" vorgenommen werden. Daraus ergibt sich, dass ein Staat in der Ausübung der ihm zurechenbaren Gewalt jedenfalls gegenüber jeder Person, die sich auf seinem Staatsgebiet aufhält, an die Menschenrechte gebunden ist.[376] Fraglich ist aber, ob sich der territoriale Anwendungsbereich noch über das Gebiet des jeweiligen Staates hinaus, also extraterritorial[377], erstrecken kann. Unter dem Begriff „*within its territory*" ist das jedenfalls nicht möglich, weil sein Wortlaut eine eindeutige Grenze zieht.[378] Anders verhält sich das aber bei Hoheitsgewalt *(jurisdiction)*. Die genaue Auslegung des Begriffs und sein Verhältnis zu „*within its territory*" sind deshalb entscheidend für eine weitergehende Bindung der Staaten an das IPbpR.

(1) Möglichkeit der extraterritorialen Anwendbarkeit

Es gibt noch immer Staaten wie die USA, die die extraterritoriale Anwendbarkeit der Menschenrechtsabkommen grundsätzlich ablehnen.[379] Das VN-

376 VN Doc CCPR/C/21/Rev.1/Add.13, 26. Mai 2004, Rn. 10; Duffy, The „War on Terror" and the Framework of International Law, S. 289; Lorenz, Der territoriale Anwendungsbereich der Grund- und Menschenrechte, S. 76; Schilling, Internationaler Menschenrechtsschutz, Rn. 84; Schindler, in: Haefelin u. a. (Hrsg.), Menschenrechte, Föderalismus, Demokratie. Festschrift zum 70. Geburtstag von Werner Kägi, S. 334. Zu den Ausnahmen: VNHRC, *CCPR General Comment No. 15: The Position of Aliens Under the Covenant*, 11. April 1986, Rn. 140; Duffy, The "War on Terror" and the Framework of International Law, S. 289.

377 So die überwiegende Bezeichnung durch die LiteraturDuffy, The "War on Terror" and the Framework of International Law, S. 282; Lubell, Extraterritorial Use of Force against Non-State Actors, S. 193; Sassòli, in: Ben-Naftali (Hrsg.), International Humanitarian Law and International Human Rights Law, S. 64; Wenzel in: Wolfrum (Hrsg.), The Max Planck Encyclopedia of Public International Law, Bd. IV, Human Rights, Treaties, Extraterritorial Application and Effects, Rn. 1.

378 Dennis, Am. J. Int'l L. 2005, 119, 122; Sassòli, in: Ben-Naftali (Hrsg.), International Humanitarian Law and International Human Rights Law, S. 64.

379 Bellinger, German L.J. 2007, 871, 877; Sassòli, in: Ben-Naftali (Hrsg.), International Humanitarian Law and International Human Rights Law, S. 64. Für die Position der USA wird verwiesen auf: United States Department of State, Second Periodic Report of the United States of America to the Committee against Torture, vom 6. Mai 2005, http://www.state.gov/g/drl/rls/45738.htm. Für die übereinstimmende israelische

Menschenrechtskomitee hat sich zum Verständnis von Hoheitsgewalt im Sinne des IPbpR in diesem Zusammenhang wie folgt geäußert:

> *Article 2 (1) [...] does not imply that the State party concerned cannot be held accountable for violations of rights under the Covenant which its agents commit upon the territory of another State.*[380]

Diese Ansicht wurde vom UNHRC in folgenden Stellungnahmen bestätigt[381] und wird so inzwischen auch vom IGH unterstützt:

> *This provision can be interpreted as covering only individuals who are both present within a State's territory and subject to that State's jurisdiction. It can also be construed as covering both individuals present within a State's territory and those outside that territory but subject to that State's jurisdiction. [...] In conclusion, the Court considers that the International Covenant on Civil and Political Rights is applicable in respect of acts done by a State in the exercise of its jurisdiction outside its own territory.*[382]

Der IGH hat seine Auffassung zwischenzeitlich ebenfalls wiederholt bestätigt.[383] Seit den Entscheidungen des IGH und des UNHRC ist ebenso im internationalen Schrifttum überwiegend anerkannt, dass die Staaten bei der Gewaltausübung generell nicht nur auf ihrem Staatsgebiet an die internationalen Menschenrechtsabkommen gebunden sind. Sie sind es vielmehr auch gegenüber den Personen, die sich außerhalb des eigenen Territoriums, aber in ihrer Hoheitsgewalt befinden.[384]

Position mit dem Verweis auf: IGH, *Legal Consequences of a Wall in the Occupied Palestinian Territory*, Advisory Opinion vom 9. Juli 2004, Rn. 102, 110.

380 VN Doc CCPR/C/13/D/52/1979, 29. Juli 1981, Rn. 12.3.

381 VN Doc E/CN.4/1992/26, 15. Januar 1992, Rn. 57; VN Doc CCPR/C/13/D/56/1979, 29. Juli 1981, Rn. 10.3; VN Doc CCPR/C/18/D/106/1981, 29. März 1983, Rn. 5; Duffy, The "War on Terror" and the Framework of International Law, S. 283.

382 IGH, *Legal Consequences of a Wall in the Occupied Palestinian Territory*, Advisory Opinion vom 9. Juli 2004, Rn. 108, 111.

383 IGH, *Armed Activities on the Territory of the Congo* (Democratic Republic of the Congo v. Uganda), Judgement vom 19. Dezember 2005, Rn. 216; IGH, *Case concerning Application of the International Convention on the Elimination of all forms of racial Discrimination* (Georgia v. Russian Federation), Request for the Indication of Provisional Measures vom 15. Oktober 2008, Rn. 109.

384 Buergenthal, in: Henkin (Hrsg.), The International Bill of Rights, S. 74; Coomans/ Kamminga, in: Coomans/ Kamminga (Hrsg.), Extraterritorial Application of Human Rights Treaties, S. 3; Duffy, The "War on Terror" and the Framework of International Law, S. 282; Kleffner, in: Fleck (Hrsg.), The Handbook of International Humanitarian Law, Rn. 257; Lorenz, Der territoriale Anwendungsbereich der Grund- und Menschenrechte, S. 74; Lubell, Extraterritorial Use of Force against Non-State Actors, S. 197 ff.; McGoldrick, in: Coomans/ Kamminga (Hrsg.), Extraterritorial Application

Damit wird durch die Rechtsprechung und mit dem überwiegenden Teil der Literatur der Auffassung eine Absage erteilt, dass die Voraussetzungen „*within its territory*“ und „*within its jurisdiction*“ kumulativ vorliegen müssen.[385] Da andere internationalen Gerichtshöfe die Ansicht teilen, ist die Position der USA zum IPbpR nicht mehr haltbar.[386]

Es gibt auch Menschenrechtsabkommen, die, anders als das IPbpR, keine Zuständigkeitsklausel enthalten, beispielsweise die Völkermordkonvention[387] und der IPwskR. Bei ihnen ist die territoriale Anwendbarkeit außerhalb des eigenen Staates gänzlich unumstritten.[388] In allen anderen Menschenrechtsabkommen wird der Begriff der Hoheitsgewalt als Grenze der Anwendbarkeit verwendet.[389] Die zu einem Abkommen entwickelten Grundsätze lassen sich deshalb auf die anderen Abkommen übertragen.[390] Der Grundsatz der extraterritorialen Anwendbarkeit gilt insbesondere auch für die EMRK,[391] die selbst für den Anwendungsbereich nicht auf das Staatsgebiet, sondern ausschließlich auf die Hoheitsgewalt abstellt.[392]

Demnach sind die internationalen Menschenrechtsabkommen grundsätzlich auch außerhalb des Staatsgebiets des jeweiligen Landes territorial anwendbar. Da

---

of Human Rights Treaties, S. 48; Meron, Am. J. Int'l L. 1995, 78, 79; Otto, Targeted Killings and International Law, S. 372.

385 So aber:Delahunty/ Yoo, DePaul L. Rev. 2009–2010, 803, 825 ff.; Dennis, Am. J. Int'l L. 2005, 119, 124; Dennis, ILSA J. Int'l & Comp. L. 2006, 459, 468; implizit auch: Schindler, Am. U. L. Rev. 1982, 935, 939.

386 Vgl. auch die Rechtsprechung der IAKMR und des EGMR, die im Folgenden zitiert werden.

387 BGBl. 1954 II, 729.

388 Mit Verweis auf die Völkermordkonvention: IGH, *Case concerning Application of the Convention on the Prevention and Punishment of the Crime of Genocide* (Bosnia and Herzegovina v. Yugoslavia), Judgement vom 11. Juli 1996, Rn. 31; Coomans/ Kamminga, in: Coomans/ Kamminga (Hrsg.), Extraterritorial Application of Human Rights Treaties, S. 2; Lorenz, Der territoriale Anwendungsbereich der Grund- und Menschenrechte, S. 75.

389 Vgl. Art. 1 EMRK und Art. 1 Abs. 1 IAMRK.

390 So auch: Kleffner, in: Fleck (Hrsg.), The Handbook of International Humanitarian Law, Rn. 254; Sassòli, in: Ben-Naftali (Hrsg.), International Humanitarian Law and International Human Rights Law, S. 63; Wenzel in: Wolfrum (Hrsg.), The Max Planck Encyclopedia of Public International Law, Bd. IV, Human Rights, Treaties, Extraterritorial Application and Effects, Rn. 3.

391 EGMR, Cyprus v. Turkey, Judgement vom 10. May 2001, (§ 77); EGMR, Loizidou v. Turkey, Judgement vom 23. März 1995, (§ 62).

392 Vgl. Art. 1 EMRK.

keine territorialen Grenzen des Anwendungsbereichs bestehen, ist folglich das Rechtsregime für jeden Staat prinzipiell weltweit anwendbar. Es bleibt dabei allerdings offen, unter welchen Voraussetzungen das Rechtsregime in einer konkreten Situation extraterritorial anwendbar ist. Maßgeblich ist dafür, dass die zu beurteilende Situation unter der Hoheitsgewalt des jeweiligen Staates stattgefunden hat.

(2) Voraussetzungen der extraterritorialen Anwendbarkeit

Entscheidende Bedeutung für die Anwendbarkeit der internationalen Menschenrechtsabkommen als Rechtsrahmen eines Staates außerhalb seines Territoriums kommt somit der Frage zu, wann eine Gewaltausübung unter seine Hoheitsgewalt fällt. Die Fragestellung wird im Rahmen aller Menschenrechtsabkommen weitgehend parallel diskutiert.[393]

Ein Mensch kann der Hoheitsgewalt eines Staates außerhalb des jeweiligen Staatsgebiets aufgrund zweier nebeneinander stehender Argumentationsansätze unterliegen. Beide sind in ihren genauen Voraussetzungen noch Gegenstand der Diskussion in der Literatur[394] und in der Konkretisierung durch die Rechtsprechung.[395] Die Argumentationslinien bestehen unabhängig voneinander und schließen sich gegenseitig nicht aus.[396]

Nach dem ersten Ansatz kann die Hoheitsgewalt aus der Kontrolle eines Gebiets durch den Staat erwachsen.[397] Nach dem zweiten Ansatz handelt ein Staat

---

393 Coomans/ Kamminga, in: Coomans/ Kamminga (Hrsg.), Extraterritorial Application of Human Rights Treaties, S. 3 f.; Lorenz, Der territoriale Anwendungsbereich der Grund- und Menschenrechte, S. 71 ff.

394 Für eine Einführung vgl.: Kleffner, in: Fleck (Hrsg.), The Handbook of International Humanitarian Law, Rn. 254 ff.; Lubell, Extraterritorial Use of Force against Non-State Actors, S. 193 ff.; Wenzel in: Wolfrum (Hrsg.), The Max Planck Encyclopedia of Public International Law, Bd. IV, Human Rights, Treaties, Extraterritorial Application and Effects, Rn. 1 ff.

395 IAKMR, Case 11.598, Report 86/99 vom 29. Septermber 1999, Rn. 23; EGMR, Bankovic & Others v. Belgium & Others, Decision as to the Admissibility vom 12. Dezember 2001, (§ 70 ff.); EGMR, Issa v. Turkey, Judgement vom 16. November 2004, (§ 68 ff.).

396 Lubell, Extraterritorial Use of Force against Non-State Actors, S. 211; Wenzel in: Wolfrum (Hrsg.), The Max Planck Encyclopedia of Public International Law, Bd. IV, Human Rights, Treaties, Extraterritorial Application and Effects, Rn. 21.

397 Coomans/ Kamminga, in: Coomans/ Kamminga (Hrsg.), Extraterritorial Application of Human Rights Treaties, S. 3; Lorenz, Der territoriale Anwendungsbereich der Grund- und Menschenrechte, S. 88; Lubell, Extraterritorial Use of Force against Non-State Actors, S. 211; Otto, Targeted Killings and International Law, S. 374.

dann mit Hoheitsgewalt, wenn er ein bestimmtes Ausmaß an Kontrolle über die von der Handlung betroffene Person ausübt.[398] Die verschiedenen Ansätze führen dazu, dass nur aus der ersten Argumentationslinie die Pflicht zur Beachtung der internationalen Menschenrechtsabkommen auf einem bestimmten Gebiet führt. Der zweite Argumentationsansatz lässt die Abkommen hingegen lediglich in bestimmten Konstellationen anwendbar sein, die sich in Fallgruppen zusammenfassen lassen.[399] Aufgrund der zweiten Argumentationslinie kann ein Staat potentiell überall auf der Welt an die Menschenrechtsabkommen gegenüber einer Person gebunden sein, woraus sich die Möglichkeit eines weltweiten Anwendungsbereichs ergibt.[400]

Als Voraussetzung für die Ausübung von Hoheitsgewalt durch einen Staat wird überwiegend der Begriff der „*effective control*“ verwendet.[401] *Effective control* dient im Rahmen internationaler Menschenrechtsabkommen deshalb der Konkretisierung der Hoheitsgewalt.[402] Der Begriff wird im Zusammenhang mit beiden Argumentationslinien verwendet. Er selbst enthält jeweils verschiedene Voraussetzungen, die abhängig von dem Argumentationsansatz sind, in dessen Kontext er verwendet wird.

---

398 Coomans/ Kamminga, in: Coomans/ Kamminga (Hrsg.), Extraterritorial Application of Human Rights Treaties, S. 4; Lorenz, Der territoriale Anwendungsbereich der Grund- und Menschenrechte, S. 105; Lubell, Extraterritorial Use of Force against Non-State Actors, S. 211; Otto, Targeted Killings and International Law, S. 374.

399 Lorenz, Der territoriale Anwendungsbereich der Grund- und Menschenrechte, S. 106.

400 So implizit auch:Kleffner, in: Fleck (Hrsg.), The Handbook of International Humanitarian Law, Rn. 254; Wenzel in: Wolfrum (Hrsg.), The Max Planck Encyclopedia of Public International Law, Bd. IV, Human Rights, Treaties, Extraterritorial Application and Effects, Rn. 20.

401 VN Doc CCPR/C/21/Rev.1/Add. 13 vom 26. Mai 2004, Rn. 10; EGMR, Loizidou v. Turkey, Judgement vom 23. März 1995, (§ 62); EGMR, Bankovic & Others v. Belgium & Others, Decision as to the Admissibility vom 12. Dezember 2001, (§ 70); IAKMR, Case 11.598, Report 86/99 vom 29. Septermber 1999, Rn. 23; Doswald-Beck, Human Rights in Times of Conflict and Terrorism, S. 13; Duffy, The “War on Terror” and the Framework of International Law, S. 283; Lorenz, Der territoriale Anwendungsbereich der Grund- und Menschenrechte, S. 88, 105; Lubell, Extraterritorial Use of Force against Non-State Actors, S. 211; Otto, Targeted Killings and International Law, S. 373.

402 Anders: EGMR, Bankovic & Others v. Belgium & Others, Decision as to the Admissibility vom 12. Dezember 2001, (§ 67 ff.). Richtigerweise feststellend, dass damit kein Abrücken vom Grundsatz der extraterritorialen Anwendbarkeit der Menschenrechte einherging:Otto, Targeted Killings and International Law, S. 376.

Die genaue Auslegung des Begriffs der *effective control* im Sinne der ersten Argumentationslinie ist eine Frage des Einzelfalles und wird von den verschiedenen internationalen Gerichtshöfen unterschiedlich beantwortet. So hat der EGMR festgelegt, dass der Begriff der *effective control* nicht so weit auszulegen ist, dass „*anyone adversely affected by an act imputable to a contracting state*“ das Kriterium erfüllt.[403] Jedenfalls ist die *effective control* dann gegeben, wenn Gebiete eines anderen Staates dauerhaft besetzt gehalten werden.[404]

Aus der Feststellung, dass sich die Hoheitsgewalt eines Staates jedenfalls über ein Gebiet erstreckt, das dieser besetzt, lässt sich eine Verallgemeinerung anstellen. Eine Hoheitsgewalt muss auch über diejenigen Gebiete bestehen, über die ein Staat auf Einladung des Heimatstaats[405] oder durch kurzzeitige Besatzung Kontrolle in der Art und Weise ausübt, wie sie der durch die eigentliche Regierung ausgeübten gleichkommt.[406] Denn mit Ausnahme der zeitlichen Dauer bestehen zwischen den verschiedenen Konstellationen keine Unterschiede in den Möglichkeiten, den sich in dem betreffenden Gebiet befindlichen Menschen Regeln aufzuerlegen und diese durchzusetzen.[407] Allerdings wird in diesem Zusammenhang teilweise aus einzelnen Entscheidungen internationaler Gerichte hergeleitet, dass die Pflicht zur Beachtung der Menschenrechte durch dem Staat zurechenbare Kräfte vom Umfang her von der Kontrolle abhängt, die über das entsprechende Gebiet durch den Staat ausgeübt wird.[408]

Die zweite Argumentationslinie, die auf die Kontrolle über einen bestimmten Menschen abstellt, begründet die Hoheitsgewalt eines Staates jedenfalls gegen-

---

403 EGMR, Bankovic & Others v. Belgium & Others, Decision as to the Admissibility vom 12. Dezember 2001, (§ 75).

404 IGH, *Legal Consequences of a Wall in the Occupied Palestinian Territory*, Advisory Opinion vom 9. Juli 2004, Rn. 112; Krieger, ZaöRV 2002, 696, 674; implizit auch: Lawson, in: Coomans/ Kamminga (Hrsg.), Extraterritorial Application of Human Rights Treaties, S. 98; Lubell, Extraterritorial Use of Force against Non-State Actors, Rn. 211; Otto, Targeted Killings and International Law, S. 373.

405 EGMR, Bankovic & Others v. Belgium & Others, Decision as to the Admissibility vom 12. Dezember 2001, (§ 71); Krieger, ZaöRV 2002, 696, 675.

406 EGMR, Bankovic & Others v. Belgium & Others, Decision as to the Admissibility vom 12. Dezember 2001, (§ 71); Lorenz, Der territoriale Anwendungsbereich der Grund- und Menschenrechte, S. 92 f.; Lubell, Extraterritorial Use of Force against Non-State Actors, S. 211.

407 Weiterführend: Lorenz, Der territoriale Anwendungsbereich der Grund- und Menschenrechte, S. 92 ff.

408 Lawson, in: Coomans/ Kamminga (Hrsg.), Extraterritorial Application of Human Rights Treaties, S. 98 f.

über den eigenen Staatsangehörigen.[409] Zudem ist nahezu unumstritten, dass Hoheitsgewalt auch in den Fällen ausgeübt wird, in denen ein Staat einen Menschen gefangenhält. Dies gilt insbesondere auch für die Fälle, in denen der Gefangene außerhalb des Territoriums des jeweiligen Staates gefangengenommen und festgehalten wurde.[410] Der EGMR und der UNHRC gehen daneben in ständiger Rechtsprechung davon aus, dass Staaten auch in den Fällen die Hoheitsgewalt über einen Menschen innehaben können, in denen die ausgeübte Gewalt zwar nicht den Grad einer Gefangennahme erreicht, aber ein Element des Entzugs der Bewegungsfreiheit vorhanden ist.[411]

Fraglich ist, ob Staaten auch dann mit Hoheitsgewalt handeln, wenn sie weder über ein ganzes Gebiet eine regierungsähnliche Kontrolle ausüben noch durch auch nur vorübergehende Gefangennahme einem Menschen die Bewegungsfreiheit entzogen haben. Nach einer solchen weiten Auslegung wäre die Rechtmäßigkeit jeder Gewaltanwendung eines Staates gegenüber jedem Menschen unabhängig von dessen Nationalität und Aufenthaltsort am Maßstab der internationalen Menschenrechte zu beurteilen. Dies würde dazu führen, dass insbesondere die Schutzgüter Leben und Gesundheit bei jeder Gewaltanwendung durch einen Staat durch die Vorschriften der internationalen Menschenrechte geschützt wären.

Über die Zulässigkeit einer solchen weiten Auslegung diskutiert die Literatur derzeit ausgiebig.[412] Eine Stellungnahme der internationalen Gerichtshöfe zu diesem Thema steht noch aus.[413] Teilweise wird eine solche Kontrolle über eine

409 Buergenthal in: Henkin, The International Bill of Rights, S. 74; Lorenz, Der territoriale Anwendungsbereich der Grund- und Menschenrechte, S. 116.

410 VN Doc CCPR/C/OP/1 at 92 (1984), Rn. 10.1; VN Doc CCPR/C/OP/1 at 88 (1984), Rn. 12.1; die bisherige Rechtsprechung des EGMR zusammenfassend: EGMR, Case of Al-Skeini and others v. the United Kingdom, Judgement vom 7. Juli 2011, (§ 136); Coomans/ Kamminga, in: Coomans/ Kamminga (Hrsg.), Extraterritorial Application of Human Rights Treaties, S. 4; Lorenz, Der territoriale Anwendungsbereich der Grund- und Menschenrechte, S. 105; Lubell, Extraterritorial Use of Force against Non-State Actors, S. 216.

411 EGMR, Case of Medveyev and others v. France, Judgement vom 29. März 2010, (§ 67); EGMR, Case of Al-Skeini and others v. the United Kingdom, Judgement vom 7. Juli 2011, (§ 136).

412 Coomans/ Kamminga, in: Coomans/ Kamminga (Hrsg.), Extraterritorial Application of Human Rights Treaties, S. 4; Droege, Isr. L. Rev. 2007, 310, 335; Milanovic, Hum. Rts. L. Rev. 2008, 411, 415 ff.

413 Droege, Isr. L. Rev. 2007, 310, 334.

Person gefordert, die mit der über einen Gefangenen vergleichbar ist.[414] Andere vertreten eine Ausübung von Hoheitsgewalt, wenn eine „faktische Kontrolle“ besteht, die weniger als Minuten andauern muss.[415] Der Begriff der faktischen Kontrolle wird dabei so verstanden, dass sie bei jeder Tötung oder Verletzung eines Menschen gegeben ist.[416]

Für die weite Auslegung wird häufig der Vergleich zwischen dem Schutz von gefangenen und nicht gefangenen Menschen in Konflikten angeführt.[417] Es wird dabei argumentiert, dass es nicht dem Telos der Menschenrechte entsprechen könne, wenn die Freiheit der Menschen in Konflikten faktisch besser geschützt wäre als ihr Leben und ihre Gesundheit. Der Schutz von Leben und Gesundheit sei vom Willen der gegnerischen Konfliktpartei abhängig, da diese prinzipiell entscheiden könne, wann sie sich durch die Gefangennahme zur Einhaltung der Abkommen verpflichte und wann sie durch eine Tötung die Bindung an die Menschenrechtsabkommen umgehe.

Für die Ausweitung des Menschenrechtsschutzes wird außerdem angebracht, dass zumindest europäische Staaten das Rechtsregime in den oben aufgeführten Situationen teilweise beachten. Dies würde insbesondere am Beispiel des Anti-Piraterie-Einsatzes in den Gewässern in der Nähe von Somalia deutlich.[418] Der EGMR hat jedoch für die EMRK festgestellt, dass eine Hoheitsgewalt abseits der territorialen Kontrolle nur ausnahmsweise und unter dem Erfordernis einer besonderen Rechtfertigung ausgeübt werden kann.[419] Im zu entscheidenden Fall hielt es die Tötung von Personen mittels eines Bombenabwurfs durch Flugzeuge für nicht unter den Begriff der Hoheitsgewalt fallend.[420] Trotz der wohl überzeugenden Argumente kann bisher nicht von einer vollumfänglichen, extraterritorialen Bindung der Staaten an die internationalen Menschenrechtsabkommen die Rede sein.

---

414 Lorenz, Der territoriale Anwendungsbereich der Grund- und Menschenrechte, S. 106 f. m.w.N.

415 Lorenz, Der territoriale Anwendungsbereich der Grund- und Menschenrechte, S. 108 m.w.N; Lubell, Extraterritorial Use of Force against Non-State Actors, S. 223.

416 Lubell, Extraterritorial Use of Force against Non-State Actors, S. 223.

417 Altiparmak, J. Conflict & Sec. L. 2004, 213, 228; Lubell, Extraterritorial Use of Force against Non-State Actors, S. 224; Otto, Targeted Killings and International Law, S. 393.

418 Lubell, Extraterritorial Use of Force against Non-State Actors, S. 225.

419 EGMR, Bankovic & Others v. Belgium & Others, Decision as to the Admissibility vom 12. Dezember 2001, (§ 61).

420 Für eine kritische Auseinandersetzung und Hinweise auf weiterführende Literatur siehe: Otto, Targeted Killings and International Law, S. 386 ff.

Dafür fehlen bisher eindeutige Urteile der internationalen Gerichtshöfe. Solange sind Staaten jedenfalls faktisch nicht an die Beurteilungen der Literatur gebunden.

Im Rahmen der Diskussion um die extraterritoriale Anwendbarkeit der internationalen Menschenrechtsabkommen ist bislang ungeklärt, in welchem Umfang die Staaten sie außerhalb ihres eigenen Staatsgebiets beachten müssen, wenn sie mit Hoheitsgewalt handeln.[421] Dabei steht insbesondere in Frage, wann über der negativen Schutzpflicht hinaus positive Schutzpflichten bestehen.[422]

Unabhängig davon, ob eine vollumfängliche extraterritoriale Anwendbarkeit anerkannt wird, bedarf es zudem einer Begrenzung der Verantwortlichkeit der Staaten für Menschenrechtsverletzungen, damit sie nicht uferlos wird. Dazu wird vorgeschlagen, dass die Verletzung von Vorschriften der internationalen Menschenrechte dann einem Staat nicht zugerechnet werden dürfe, wenn sie nur die mittelbare Folge der Handlung eines Staates war.[423] Wo die Grenze zwischen mittelbaren und unmittelbaren Folgen der Handlung eines Staates gezogen werden muss, ist ein Diskussionsgegenstand in der Literatur.[424]

c) Möglichkeiten der gleichzeitigen Anwendbarkeit

Betrachtet man nur die Anwendungsvoraussetzungen und die bisher erläuterten Aspekte der Anwendungsbereiche, können die internationalen Menschenrechtsabkommen mit dem humanitären Völkerrecht kollidieren. Denn ohne das Verhältnis der beiden Rechtsregime hinterfragt zu haben, besteht zumindest die Möglichkeit, dass sie gleichzeitig den Handlungsmaßstab einer Partei im Rahmen einer bewaffneten Auseinandersetzung bilden. Denn unter ausschließlicher Beachtung des Wortlauts sind die internationalen Menschenrechte auf Handlung zumindest eines Staates[425] unabhängig davon anwendbar, ob sie im Rahmen eines

---

421 Lubell, Extraterritorial Use of Force against Non-State Actors, S. 227 ff.

422 Krieger, J. Conflict & Sec. L. 2006, 265, 283 ff.; Lubell, Extraterritorial Use of Force against Non-State Actors, S. 227 ff.; Otto, Targeted Killings and International Law, S. 375.

423 Lubell, Extraterritorial Use of Force against Non-State Actors, S. 221; Otto, Targeted Killings and International Law, S. 377.

424 Siehe die Quellen der vorvorangegangenen FN. Wobei dies alleine eine Frage der Auslegung der einschlägigen Normen der Menschenrechtsabkommen darstellen dürfte. Instruktiv zu der Frage: Lubell, Extraterritorial Use of Force against Non-State Actors, S. 221.

425 Kleffner, in: Fleck (Hrsg.), The Handbook of International Humanitarian Law, Rn. 251.1; Sassòli, in: Ben-Naftali (Hrsg.), International Humanitarian Law and International Human Rights Law, S. 56.

internationalen oder eines nichtinternationalen bewaffneten Konflikts vorgenommen wurden oder nicht.[426]

Eine Kollision ist deshalb immer dann möglich, wenn auch die Anwendungsvoraussetzungen der im Unterschied zu den internationalen Menschenrechtsabkommen nicht jederzeit anwendbaren Rechtsregime des humanitären Völkerrechts vorliegen. Humanitäres Völkerrecht ist gemäß Art. 2 und Art. 3 GK nur dann und nur solange anwendbar, wie ein bewaffneter Konflikt vorliegt.[427]

Ist ein Staat auf dem eigenen Territorium an einem bewaffneten Konflikt beteiligt, kollidieren die Rechtsregime immer, weil er dort auch immer an die Menschenrechtsabkommen gebunden ist. Denn die Staaten müssen in einer Auseinandersetzung auf dem eigenen Territorium jedenfalls die internationalen Menschenrechte beachten, solange sie keine Derogation vorgenommen haben.[428]

Außerhalb des eigenen Territoriums ist eine Kollision der Rechtsregime für einen Staat nur möglich und nicht notwendig der Fall. Denn nur wenn er auf einem Gebiet an einem bewaffneten Konflikt beteiligt ist, über das er die Hoheitsgewalt ausübt, oder er im Einzelfall die Hoheitsgewalt über eine einzelne Person besitzt, kollidieren die Rechtsregime.[429] Die Pflicht der Staaten, die internationalen Menschenrechte auch im Rahmen eines bewaffneten Konflikts zu beachten, bleibt damit aber jederzeit und unabhängig vom Austragungsort möglich.

Mangels Bestimmungen im geschriebenen Recht können Handlungen im Rahmen einer bewaffneten Auseinandersetzung somit vom ersten Anschein her gleichzeitig sowohl am Recht der internationalen bewaffneten Konflikte als auch des humanitären Völkerrechts zu beurteilen sein. Eine Kollision der Rechtsregime

---

426 Gasser/ Thürer in: Wolfrum (Hrsg.), The Max Planck Encyclopedia of Public International Law, Bd. V, Humanitarian Law, International, Rn. 36; Jinks, in: Clapham/ Gaeta (Hrsg.), The Oxford Handbook of International Law in Armed Conflict, S. 659.

427 Vertiefend siehe dazu S. 19 f.

428 VN Doc CCPR/C/21/Rev.1/Add.13, 26. Mai 2004, Rn. 10; Duffy, The „War on Terror“ and the Framework of International Law, S. 289; Lorenz, Der territoriale Anwendungsbereich der Grund- und Menschenrechte, S. 76; Schilling, Internationaler Menschenrechtsschutz, Rn. 84; Schindler, in: Haefelin, u. a. (Hrsg.), Menschenrechte, Föderalismus, Demokratie. Festschrift zum 70. Geburtstag von Werner Kägi, S. 334. Zu den Ausnahmen: VNHRC, *CCPR General Comment No. 15: The Position of Aliens Under the Covenant*, 11. April 1986, Rn. 140; Duffy, The “War on Terror” and the Framework of International Law, S. 289.

429 Vgl.: Kleffner, in: Fleck (Hrsg.), The Handbook of International Humanitarian Law, Rn. 254 ff.; Lubell, Extraterritorial Use of Force against Non-State Actors, S. 193 ff.; Wenzel in: Wolfrum (Hrsg.), The Max Planck Encyclopedia of Public International Law, Bd. IV, Human Rights, Treaties, Extraterritorial Application and Effects, Rn. 1 ff.

könnte jedoch dann entfallen, wenn die Bindung der Staaten an die internationalen Menschenrechte und durch die Anwendbarkeit des humanitären Völkerrechts verdrängt würde. Das wird durch das Verhältnis der Rechtsregime bestimmt.

3. Verhältnis der Rechtsregime

Ursprünglich wurden Menschenrechte und humanitäres Völkerrecht als sich ausschließende Rechtsregime betrachtet.[430] Der Grund dafür lag insbesondere in der voneinander unabhängigen Entstehungsgeschichte der Rechtsregime. So gingen die Urheber der Rechtsregime der internationalen Menschenrechte von einer Anwendbarkeit nur in Friedenszeiten aus.[431] Für die Begründung einer Alternativität zwischen humanitärem Völkerrecht und internationalen Menschenrechten lassen sich auch ihre unterschiedlichen Zwecke heranziehen.[432] Das humanitäre Völkerrecht soll speziell im Krieg den Umgang mit feindlichen Kämpfern und der Zivilbevölkerung reglementieren und ist jedenfalls historisch ein Recht zwischen Parteien, die sich auf Augenhöhe befinden.[433] Die internationalen Menschenrechte sind hingegen dazu entwickelt worden, der Ausübung von Staatsgewalt gegenüber der eigenen Bevölkerung Grenzen zu setzen.[434] Sie reglementiert also kein Verhalten zwischen Gleichrangigen.[435]

---

430 Delahunty/ Yoo, DePaul L. Rev. 2009–2010, 803, ; Lubell, Extraterritorial Use of Force against Non-State Actors, S. 237; Milanovic/ Hadzi-Vidanovic, in: White/ Henderson (Hrsg.), Research Handbook on International Conflict and Security Law, S. 258 f.; O'Connell, in: Fleck (Hrsg.), The Handbook of International Humanitarian Law, 1, 12.

431 Draper, Isr. Y.B. Hum. Rts. 1971, 191, S. 192; Pictet, Humanitarian Law and the Protection of War Victims, S. 14; Westlake, International Law, Bd. 2: War, S. 4.

432 Delahunty/ Yoo, DePaul L. Rev. 2009–2010, 803, 821; Draper, Isr. Y.B. Hum. Rts. 1971, 191, S. 193; Kretzmer, Isr. L. Rev. 2009, 8, 14; Schmidt, Das humanitäre Völkerrecht in modernen asymmetrischen Konflikten, S. 201.

433 Boeckner, Der Kriegsschauplatz, S. 178; Bothe, in: Graf Vitzthum (Hrsg.), Völkerrecht, Rn. 64; Guggenheim, Lehrbuch des Völkerrechts, Bd. I-2, S. 375; Kolb, Das Kriegsgebiet im Völkerrecht, S. 74; O'Connell, in: Fleck (Hrsg.), The Handbook of International Humanitarian Law, Rn. 131.4.

434 Buergenthal in: Wolfrum (Hrsg.), The Max Planck Encyclopedia of Public International Law, Bd. IV, Human Rights, Rn. 7 f.; Weissbrodt/ de la Vega, International Human Rights Law, S. 6.

435 Schmidt, Das humanitäre Völkerrecht in modernen asymmetrischen Konflikten, S. 201.

a) *Alternative Anwendbarkeit*

Durch die Entwicklungen sowohl im humanitären Völkerrecht als auch in den internationalen Menschenrechtsabkommen lässt sich die Annahme nicht mehr aufrechterhalten, dass die Rechtsregime in einem alternativen Verhältnis stehen. Gegen eine alternative Anwendbarkeit spricht, dass einzelne Vorschriften auf das jeweils andere Rechtsregime Bezug nehmen.[436] Die EMRK hält für seine grundsätzliche Anwendbarkeit in Art. 15 Abs. 1 fest:

> *In time of war or other public emergency threatening the life of the nation any High Contracting Party may take measures derogating from its obligations under this Convention to the extent strictly required by the exigencies of the situation, provided that such measures are not inconsistent with its other obligations under international law.*

Die EMRK ist also so lange auch im Rahmen eines bewaffneten Konflikts und damit gleichzeitig mit dem humanitären Völkerrecht anwendbar, wie der betroffene Staat ihre Anwendbarkeit nicht derogiert hat. Andere Menschenrechtsabkommen werden im Vertragstext explizit für auch im Geltungsbereich des humanitären Völkerrechts anwendbar erklärt. So hält beispielsweise Art. 1 der Konvention gegen Völkermord fest:

> *The Contracting Parties confirm that genocide, whether committed in time of peace or in time of war, is a crime under international law which they undertake to prevent and to punish.*

Zudem enthält die Entwicklungsgeschichte keine zwingende Aussage darüber, dass die Rechtsregime nur alternativ anwendbar sein können. Es existierten einige der zentralen internationalen Menschenrechtsabkommen noch nicht, als die wesentlichen Abkommen des humanitären Völkerrechts in Kraft getreten waren. Die Genfer Konventionen wurden 1949, die EMRK 1950, das IPbpR 1966 und die AMRK 1969 unterzeichnet.[437] Zwar wurde die allgemeine Erklärung der Menschenrechte zeitgleich mit den Genfer Konventionen entworfen. Doch geschah dies durch zwei verschiedene Organisationen und ohne, dass sich die Urheber

---

436 Corn, J. Int'l Human. Legal Stud. 2010, 52, 58; Kleffner, in: Fleck (Hrsg.), The Handbook of International Humanitarian Law, Rn. 254; Dafür wird teilweise schon die Entwicklung beider Rechtsregime ab den ZP I und ZP II herangezogen, die gerade nicht wie bei einer Alternativität zu vermuten wäre unabhängig voneinander erfolgte: Pictet/ Pilloud in: Pilloud/ Sandoz (Hrsg.), Commentary on the Additional Protocols of 8 June 1977 to the Geneva Conventions of 12 August 1949, Protocol I – Article 75, Rn. 3005.

437 Buergenthal in: Wolfrum (Hrsg.), The Max Planck Encyclopedia of Public International Law, Bd. IV, Human Rights, Rn. 9, 12; O'Connell, in: Fleck (Hrsg.), The Handbook of International Humanitarian Law, Rn. 126.

beider Vertragswerke über ein Verhältnis Gedanken gemacht hätten.[438] Zudem bestand zur Zeit der Entwicklung der internationalen Menschenrechtsabkommen kein Wille, sich mit den Fragen eines Krieges auseinanderzusetzen.[439]

Seit den vergangenen 50 Jahren entwickelt sich zudem vermehrt eine Staatenpraxis, die auf der Basis dieser Argumente zumindest implizit eine Koexistenz der beiden Rechtsregime anerkennt.[440] Unterstützt wird diese Annahme durch die Rechtsprechung internationaler Gerichtshöfe.[441] Die Möglichkeit der parallelen Anwendbarkeit von humanitärem Völkerrecht und internationalen Menschenrechtsabkommen ist auf dieser Grundlage inzwischen nahezu unbestritten.[442] Die Anwendbarkeit eines Rechtsregimes des humanitären Völkerrechts schließt also nicht die Möglichkeit der gleichzeitigen Anwendbarkeit des Rechtsregimes der internationalen Menschenrechte aus.

b) *Kumulative Anwendbarkeit*

An die Verneinung der Alternativität schließt sich die Frage an, welcher konkreten Natur die parallele Anwendbarkeit ist. Man könnte die Rechtsregime für kumu-

---

438 Kolb in: Wolfrum (Hrsg.), The Max Planck Encyclopedia of Public International Law, Bd. IV, Human Rights and Humanitarian Law, Rn. 3.

439 Lorenz, Der territoriale Anwendungsbereich der Grund- und Menschenrechte, S. 202; Tomuschat, Human Rights: Between Idealism and Realism, S. 248.

440 Für einen näheren Nachweis sei verwiesen auf: Internationale Konferenz über Menschenrechte in Teheran, *Human Rights and Armed Conflicts*, Resolution XXII vom 12. Mai 1968; VN Doc CCPR/C/21/Rev.1/Add. 13, 26. Mai 2005, Rn. 11; Lorenz, Der territoriale Anwendungsbereich der Grund- und Menschenrechte, S. 210; Lubell, Extraterritorial Use of Force against Non-State Actors, S. 237.

441 IGH, *Legality of the Threat or Use of Nuclear Weapons*, Advisory Opinion vom 8. Juli 1996, Rn. 25; IGH, *Legal Consequences of a Wall in the Occupied Palestinian Territory*, Advisory Opinion vom 9. Juli 2004, Rn. 106; IGH, *Armed Activities on the Territory of the Congo* (Democratic Republic of the Congo v. Uganda), Judgement vom 19. Dezember 2005, Rn. 216.

442 Droege, Isr. L. Rev. 2007, 310, 315 ff.; Gillard, in: Coomans/ Kamminga (Hrsg.), Extraterritorial Application of Human Rights Treaties, S. 35 f.; Kleffner, in: Fleck (Hrsg.), The Handbook of International Humanitarian Law, Rn. 254; Lorenz, Der territoriale Anwendungsbereich der Grund- und Menschenrechte, S. 203; Lubell, Extraterritorial Use of Force against Non-State Actors, S. 237; Ross, in: Coomans/ Kamminga (Hrsg.), Extraterritorial Application of Human Rights Treaties, S. 9 ff.; Schindler, in: Haefelin, u. a. (Hrsg.), Menschenrechte, Föderalismus, Demokratie. Festschrift zum 70. Geburtstag von Werner Kägi, S. 332; a.A.: Dennis, Am. J. Int'l L. 2005, 119, 141.

lativ anwendbar halten. Anderseits könnten die internationalen Menschenrechte und das humanitäre Völkerrecht auch ein einheitliches Rechtsregime bilden.[443] Allerdings geht diese Ansicht nach der derzeitigen Rechtslage zu weit, da auf der Ebene des geschriebenen Rechtes die materiellen Regeln der internationalen Menschenrechte und der Rechtsregime des humanitären Völkerrechts in getrennten Abkommen zu finden sind.

Offen ist, wie die kumulative Anwendbarkeit von internationalen Menschenrechtsabkommen und humanitärem Völkerrecht konkret ausgestaltet ist. Die genaue Ausgestaltung ist deswegen relevant, weil sie darüber entscheidet, in welchem Umfang die Vorschriften des jeweils anwendbaren Rechtsregimes durch das andere beeinflusst werden. Weitestgehend wird in diesem Zusammenhang angenommen, dass das humanitäre Völkerrecht das *lex specialis* gegenüber den internationalen Menschenrechten darstellt, wenn und soweit sich Parteien in einem bewaffneten Konflikt befinden.[444] Danach würden die Vorschriften der internationalen Menschenrechte durch das humanitäre Völkerrecht soweit verdrängt, wie letzteres eigene Regelungen für den entsprechenden Sachverhalt aufweist.[445] Dabei konkretisieren die Vorschriften des humanitären Völkerrechts im Einzelfall die daneben einschlägigen Vorschriften der internationalen Menschenrechte.[446]

---

443 Draper, Isr. Y.B. Hum. Rts. 1971, 191, S. 198; Heintze, in: Fischer (Hrsg.), Krisensicherung und Humanitärer Schutz. Festschrift für Dieter Fleck, S. 247 ff.; Lorenz, Der territoriale Anwendungsbereich der Grund- und Menschenrechte, S. 205.

444 IGH, *Legality of the Threat or Use of Nuclear Weapons*, Advisory Opinion vom 8. Juli 1996, Rn. 25; IGH, *Legal Consequences of a Wall in the Occupied Palestinian Territory*, Advisory Opinion vom 9. Juli 2004, Rn. 106; IGH, *Armed Activities on the Territory of the Congo* (Democratic Republic of the Congo v. Uganda), Judgement vom 19. Dezember 2005, Rn. 216; Krieger, J. Conflict & Sec. L. 2006, 265, 270; gegen den Begriff, nicht die vom IGH davon ausgehenden Schlüsse richtet sich der VNHRC in CCPR/C/21/Rev.1/Add. 13 vom 26. Mai 2004, Rn. 11. Dies nachweisend: Lorenz, Der territoriale Anwendungsbereich der Grund- und Menschenrechte, S. 210; Lubell, Extraterritorial Use of Force against Non-State Actors, S. 239.

445 Krieger, Mil. L. & L. War Rev. 2011, 419, 427.

446 IGH, *Legality of the Threat or Use of Nuclear Weapons*, Advisory Opinion vom 8. Juli 1996, Rn. 25; Corn, J. Int'l Human. Legal Stud. 2010, 52, 60; Doswald-Beck, Human Rights in Times of Conflict and Terrorism, S. 122 ff.; Heintze, in: Fischer (Hrsg.), Krisensicherung und Humanitärer Schutz. Festschrift für Dieter Fleck, S. 248; Kleffner, in: Fleck (Hrsg.), The Handbook of International Humanitarian Law, Rn. 256; Lorenz, Der territoriale Anwendungsbereich der Grund- und Menschenrechte, S. 225; Lubell, Extraterritorial Use of Force against Non-State Actors, S. 239; Watkin, Am. J. Int'l L. 2004, 1, 22.

Die jeweilige Vorschrift des humanitären Völkerrechts verdrängt die parallel anwendbaren Regeln der internationalen Menschenrechtsabkommen also nicht vollständig. Denn sonst hätten letztere wie bei einer alternativen Anwendbarkeit für den zu beurteilenden Sachverhalt keine Bedeutung.[447] Die Rechtsprechung zieht aber immer wieder einzelne Vorschriften der Menschenrechtsabkommen zur Konkretisierung einer Norm des humanitären Völkerrechts heran.[448]

Grundsätzlich können Vorschriften des einen Rechtsregimes also auch im Hinblick auf Vorschriften des anderen Rechtsregimes ausgelegt werden.[449] Nicht jede Vorschrift des humanitären Völkerrechts kann jedoch durch die Menschenrechtsabkommen konkretisiert werden.[450] Gleichzeitig ist es unter bestimmten Voraussetzungen aber möglich, dass einzelne Vorschriften der Menschenrechtsabkommen im Rahmen bewaffneter Konflikte unmittelbar anwendbar sind.[451] Da das Recht der nichtinternationalen bewaffneten Konflikte nur wenige Vorschriften enthält, findet die Literatur häufiger Beispiele, in denen die internationalen Menschenrechte als Konkretisierung oder Lückenfüller in diesem Rechtsregime heranzuziehen sind.[452]

Festzuhalten bleibt jedoch, dass die Vorschriften des humanitären Völkerrechts im Allgemeinen und die der nichtinternationalen bewaffneten Konflikte im Besonderen die Vorschriften der internationalen Menschenrechtsabkommen als *lex specialis* überlagern. Damit ist jedoch nicht das gesamte Rechtsregime der internationalen Menschenrechte unanwendbar. Wenn beide Rechtsregime

---

447 Krieger, J. Conflict & Sec. L. 2006, 265, 271.

448 Vgl.: IGH, *Legality of the Threat or Use of Nuclear Weapons*, Advisory Opinion vom 8. Juli 1996, Rn. 25; Kleffner, in: Fleck (Hrsg.), The Handbook of International Humanitarian Law, Rn. 256; Lubell, Extraterritorial Use of Force against Non-State Actors, S. 239. Zu den auch aus der Praxis deutlich werdenden Grenzen: Corn, J. Int'l Human. Legal Stud. 2010, 52, 60 ff.; für berechtigte Kritkik an einer generellen Beeinflussung des humanitären Völkerrechts durch die Menschenrechte stellvertretend: McLaughlin, YIHL 2011, 213, 216 ff.

449 Corn, J. Int'l Human. Legal Stud. 2010, 52, 55; Droege, Isr. L. Rev. 2007, 310, 337; Kleffner, in: Fleck (Hrsg.), The Handbook of International Humanitarian Law, Rn. 255; Krieger, J. Conflict & Sec. L. 2006, 265, 275; Meron, Am. J. Int'l L. 2000, 239, 239 ff.

450 Corn, J. Int'l Human. Legal Stud. 2010, 52, 59.

451 Krieger, J. Conflict & Sec. L. 2006, 265, 273 ff.; Lorenz, Der territoriale Anwendungsbereich der Grund- und Menschenrechte, S. 227.

452 Corn, J. Int'l Human. Legal Stud. 2010, 52, 62; Pictet/ Pilloud in: Pilloud/ Sandoz (Hrsg.), Commentary on the Additional Protocols of 8 June 1977 to the Geneva Conventions of 12 August 1949, Protocol I – Article 75, Rn. 3005.

anwendbar sind, konkretisiert das humanitäre Völkerrecht die Menschenrechtsabkommen vielmehr grundsätzlich so, dass ihre Vorschriften über die Rechtmäßigkeit einer Handlung entscheiden. Die Menschenrechtsabkommen haben dabei insbesondere bei der Zulässigkeit der Tötung einer Person, den Kollateralschäden und der Dauer der Inhaftierung einer Person keinen bestimmenden Einfluss auf das humanitäre Völkerrecht.[453] Deshalb unterscheidet sich der Rechtsrahmen für eine Handlung noch immer erheblich danach, ob nur die internationalen Menschenrechtsabkommen oder daneben auch das humanitäre Völkerrecht anwendbar ist.

4. Abgrenzung durch den territorialen Anwendungsbereich

Nach dem soeben Gesagten sind die internationalen Menschenrechtsabkommen im Rahmen eines bewaffneten Konflikts neben dem humanitären Völkerrecht anwendbar. Nur eines der beiden Rechtsregime bildet somit nur dann den Rechtmäßigkeitsmaßstab, wenn das humanitäre Völkerrecht nicht anwendbar ist. Nur in dieser Konstellation steht von vornherein fest, dass die Partei einer bewaffneten Auseinandersetzung ausschließlich an die internationalen Menschenrechtsabkommen als internationales Rechtsregime gebunden ist. Somit entscheiden die Voraussetzung und der Anwendungsbereich des humanitären Völkerrechts darüber, wann ausschließlich die Menschenrechtsabkommen und wann das humanitäre Völkerrecht unter Einflussnahme der Menschenrechtsabkommen anwendbar sind. Einen Teil der so vorzunehmenden Abgrenzung vermag der territoriale Anwendungsbereich zu erfüllen.

Wie auch schon aus seiner Bezeichnung deutlich wird, kommt dem territorialen Anwendungsbereich im Gefüge des *ius in bello* die Aufgabe zu, im Rahmen eines bewaffneten Konflikts dasjenige Gebiet festzulegen, auf dem die Handlungen der Konfliktparteien am Rechtmäßigkeitsmaßstab des humanitären Völkerrechts zu messen sind. Dadurch legt es die Orte fest, an denen feindliche Kämpfer ohne weiteres getötet und Kollateralschäden in Kauf genommen werden dürfen. Außerhalb dieser Orte gilt das humanitäre Völkerrecht nicht, können Handlungen somit auch nicht deswegen rechtmäßig sein, weil sie nach humanitärem Völkerrecht rechtmäßig wären. Denn humanitäres Völkerrecht ist an diesen Orten für keine Handlung eine Rechtsgrundlage, weil es eben dort nicht anwendbar ist.

Dies soll am Beispiel der Tötung eines feindlichen Kämpfers verdeutlicht werden. Der territoriale Anwendungsbereich des humanitären Völkerrechts legt fest, wo

---

453 Corn u. a., in: Tba (Hrsg.), Naval War College International Law Studies, Bd. 89: tba, S. 624 ff.

überhaupt das humanitäre Völkerrecht anwendbar ist. Außerhalb des territorialen Anwendungsbereichs dürfen feindliche Kämpfer somit nicht nach den Regeln des humanitären Völkerrechts getötet werden. Nur auf dem so bestimmten Gebiet gilt Art. 3 GK, sodass feindliche Kämpfer, solange sie sich nicht ergeben haben oder kampfunfähig sind, jederzeit getötet werden dürfen. Folglich ist diese Aussage um den Zusatz zu ergänzen, dass feindliche Kämpfer jederzeit nur auf der Fläche getötet werden dürfen, auf der das humanitäre Völkerrecht auch anwendbar ist. Folglich dürfen feindliche Kämpfer im Rahmen eines nichtinternationalen bewaffneten Konflikts vielleicht jederzeit, aber nicht an jedem Ort getötet werden.[454]

II. Rechtsklarheit

Eine simple Bestimmung des territorialen Anwendungsbereichs dient zudem der Rechtsklarheit für die Konfliktparteien. Jede Partei, die die Vorschriften des humanitären Völkerrechts befolgen möchte, muss wissen, auf welchem Gebiet die entsprechenden Vorschriften überhaupt anwendbar sind. Dies ist besonders deswegen wichtig, weil das humanitäre Völkerrecht den Staaten einen weitaus größeren Handlungsspielraum zugesteht als andere Rechtsregime. Außerhalb des Geltungsbereichs des humanitären Völkerrechts bestehen beispielsweise für deutsche Soldaten andere Maßstäbe bei der Beurteilung der Rechtmäßigkeit ihres Handelns.[455] Kann ein Staat den eigenen Soldaten nicht klar kommunizieren, wo und unter welchen Umständen ihr Handeln dem humanitären Völkerrecht unterliegt, besteht die Gefahr, dass sie zur Vermeidung einer Strafbarkeit ein zu großes Risiko für das eigene Leben und das Anderer eingehen, beispielsweise durch das zu späte Erwidern von Kampfhandlungen. Kann der territoriale Anwendungsbereich des humanitären Völkerrechts einfach bestimmt werden, so trägt dies mit dazu bei, dass der einzelne Kämpfer sicherer einschätzen kann, wann er sich wie zu verhalten hat.

Auch der Weltöffentlichkeit nutzen klare Grenzen des territorialen Anwendungsbereichs. Denn sie kann Verstöße gegen ein internationales Rechtsregime leichter erkennen und leichter auf ein Unterbinden in der Zukunft hinwirken. Insbesondere nichtstaatlichen Akteuren lassen sich Verstöße gegen das humanitäre Völkerrecht leichter nachweisen, wenn nicht mehr bestreitbar ist, dass das humanitäre Völkerrecht nicht anwendbar ist. Gleichzeitig können Staaten bei

454 Diesen Unterschied außer Acht lassend: Pedrozo, in: Pedrozo/ Wollschläger (Hrsg.), Naval War College International Law Studies, Bd. 87: International Law and the Changing Character of War, S. 238; Thynne, Austl. Int'l L.J. 2009, 161, 183.

455 Vgl. Bundesanwaltschaft der Bundesrepublik Deutschland, Verfahren gg. Oberst Klein (AZ: 3 BJs 6/10-4), offene Einstellungsverfügung vom 16. April 2010, S. 41 ff.

einer einfachen Bestimmung des territorialen Anwendungsbereichs Verstöße gegen die Menschenrechtsabkommen nicht mehr mit der Behauptung bestreiten, dass auch humanitäres Völkerrecht anwendbar sei.

III. Begrenzung von Konflikten

Dadurch, dass mittels des territorialen Anwendungsbereichs der ausschließliche Geltungsbereich der internationalen Menschenrechtsabkommen von den Fällen der parallelen Anwendbarkeit mit dem humanitären Völkerrecht abgegrenzt werden kann, dient der territoriale Anwendungsbereich gleichzeitig auch zur Eingrenzung von bewaffneten Konflikten. Denn außerhalb des Geltungsbereichs des humanitären Völkerrechts können Staaten jedenfalls durch den Druck der westlichen Öffentlichkeit selbst dann nicht nach Belieben handeln, wenn keine andere Vorschrift des internationalen Rechts einen Rechtsrahmen bildet.[456]

Die Bestimmung des territorialen Anwendungsbereichs des humanitären Völkerrechts erhält durch die mediale Öffentlichkeit noch größere Relevanz. Denn jedenfalls in den westlichen Gesellschaften besitzt die Beachtung der Menschenrechte selbst dann einen großen Stellenwert, wenn aus juristischer Sicht die internationalen Menschenrechtsabkommen insbesondere deshalb nicht anwendbar sind, weil der Staat keine *Hoheitsgewalt* im Sinne der entsprechenden Abkommen ausübt.[457] Nur deshalb müssen sich Staaten beispielsweise auch dann für Tötungen rechtfertigen, wenn ein Verstoß gegen ein Menschenrechtsabkommen mangels Anwendbarkeit nicht vorliegt. Insofern sind zumindest die westlichen Staaten zwar nicht juristisch, wohl aber aus öffentlicher Sicht auch extraterritorial stets an die Menschenrechtsabkommen gebunden.

Vor diesem Hintergrund versuchen Staaten, die eigenen Handlungen einem Rechtsregime des humanitären Völkerrechts zu unterstellen.[458] Dadurch erhoffen sie sich eine rechtliche und damit zugleich moralische Legitimation ihrer Handlungen, um innenpolitisch und vor der Weltöffentlichkeit dem Vorwurf von

---

456 Crowley, Time Magazine vom 01.04.2013, 40, 40 ff.; Prantl, Sueddeutsche Zeitung vom 2.06.2013, 4.

457 Prantl, Sueddeutsche Zeitung vom 2.06.2013, 4.

458 So: John Brennan, The Ethics and Efficacy of the President's Counterterrorism Strategy, Remarks at the Woodrow Wilson International Center for Scholars vom 30. April 2012.

etwaigen Menschenrechtsverletzungen zu entgehen.[459] Zugleich bietet ihnen die grundsätzliche Anwendbarkeit des humanitären Völkerrechts auch einen weiteren Handlungsspielraum für ihr Verhalten im Rahmen von Auseinandersetzungen, da sie weniger rigide Vorschriften als die internationalen Menschenrechtsabkommen enthalten. Insbesondere im Rahmen von Auseinandersetzungen mit einem nichtstaatlichen Akteur wollen sie damit auch einen Ausgleich der Asymmetrie erreichen.[460]

Dieses Verhalten steht im Kontrast zum früheren Verhalten der Staaten. Denn vor der erhöhten Bedeutung der internationalen Menschenrechtsabkommen in der Weltöffentlichkeit stritten Staaten sehr häufig die Anwendbarkeit des humanitären Völkerrechts ab.[461] Die Regierung Großbritanniens hat beispielsweise noch im Rahmen des Nordirland-Konflikts eine Anwendbarkeit des humanitären Völkerrechts abgelehnt.[462]

Bei dem nun veränderten Verhalten[463] spielt der territoriale Anwendungsbereich eine wesentliche Rolle. Denn Staaten berufen sich inzwischen auch in Sachverhalten auf das humanitäre Völkerrecht, die sich außerhalb des Hauptaustragungsorts des Konflikts zugetragen haben. Ein Beispiel hierfür ist die Behauptung der USA, dass ihre Auseinandersetzung mit al-Qaida überall auf der Welt einen bewaffneten Konflikt darstellen würde.[464] Der territoriale Anwendungsbereich des humanitären Völkerrechts trägt somit nicht nur zur klaren Abgrenzung der alleinigen Anwendbarkeit der internationalen Menschenrechte und des humanitären Völkerrechts bei.

Die Bestimmung des territorialen Anwendungsbereichs ist zudem eine wichtige Stellschraube bei der Frage, in welchen Situationen sich Staaten im Zusammenhang mit einem bewaffneten Konflikt noch auf die Anwendbarkeit

---

459 Vgl. bspw.: John Brennan, The Ethics and Efficacy of the President's Counterterrorism Strategy, Remarks at the Woodrow Wilson International Center for Scholars vom 30. April 2012.

460 Kreß, JZ 2014, 365, 369.

461 Sassòli, in: Ben-Naftali (Hrsg.), International Humanitarian Law and International Human Rights Law, S. 51 f.

462 Grote in: Wolfrum (Hrsg.), The Max Planck Encyclopedia of Public International Law, Bd. VII, Northern Ireland, Rn. 18.

463 Vgl.: Sassòli, in: Ben-Naftali (Hrsg.), International Humanitarian Law and International Human Rights Law, S. 52.

464 Vgl.: US-Präsident Obama: Remarks by the President at the National Defense University vom 23. Mai 2013; John Brennan, The Ethics and Efficacy of the President's Counterterrorism Strategy, Remarks at the Woodrow Wilson International Center for Scholars vom 30. April 2012.

des humanitären Völkerrechts berufen dürfen. Dies birgt nicht nur den Aspekt der Kontrolle der Staaten durch die Weltöffentlichkeit. Eine klare Abgrenzung ermöglicht nach dem oben Gesagten gerade auch, dass sich Staaten selbst Klarheit über das anwendbare Rechtsregime verschaffen und danach handeln können. Eine genaue Bestimmung des territorialen Anwendungsbereichs des Rechtes der nichtinternationalen bewaffneten Konflikte ist somit in der Lage, Licht in das Dunkel einiger sich derzeit stellender Fragen im humanitären Völkerrecht zu bringen.

D. Historische Bestimmung des territorialen Anwendungsbereichs

Es fragt sich nunmehr, anhand welcher Kriterien der territoriale Anwendungsbereich im Rahmen nichtinternationaler bewaffneter Konflikte bestimmt wird. Die Urheber der Genfer Konventionen und des ZP II hatten dazu eine gefestigte Position. Wie im folgenden Abschnitt zu beweisen sein wird, hat sich seit Inkrafttreten beider Abkommen allerdings der Kreis der Konfliktkonstellationen erweitert, der dem Rechtsregime der nichtinternationalen bewaffneten Konflikte unterfällt. Da das Rechtsregime nunmehr auch „moderne" Konfliktkonstellationen erfasst, ist die historische Bestimmung des territorialen Anwendungsbereichs obsolet.

I. Historische Bestimmung

Der territoriale Anwendungsbereich des Rechtes der nichtinternationalen bewaffneten Konflikte wurde lange unangefochten anhand der Staatsgrenzen bestimmt.[465] Ausgangspunkt dafür war der Wortlaut von Art. 3 GK. Dort findet sich mit „*on the territory of a State party*" nur ein kurzer Passus, der sich überhaupt auf ein geographisches Merkmal bezieht. Dem dabei verwendeten Verweis auf das Staatsgebiet wurde der Inhalt beigemessen, dass das humanitäre Völkerrecht im Rahmen eines nichtinternationalen bewaffneten Konflikts auf dem gesamten Gebiet des Staates anwendbar sei, in dem die zugehörigen Kampfhandlungen ausgetragen werden.[466]

1. Keine Grundlage in Wortlaut und Entstehungsgeschichte

Zieht man die Entstehungsgeschichte hinzu, um den Wortlaut von Art. 3 GK auszulegen, muss dieser jedoch nicht zwingend so verstanden werden, dass er

465 Ambos, in: Lagodny (Hrsg.), Münchener Kommentar zum Strafgesetzbuch, Bd. 8, Vor §§ 8 ff. VStGB, Rn. 26; Lubell/ Derejko, J. Int'l Crim. Just. 2013, 65, 68.

466 Blank, in: N.A. (Hrsg.), Boundaries of the Battlefield, S. 11; Kleffner, in: Fleck (Hrsg.), The Handbook of International Humanitarian Law, Rn. 220.1; Lubell/ Derejko, J. Int'l Crim. Just. 2013, 65, 68; Pictet, The Geneva Conventions of 12 August 1949: Commentary 4. Geneva Convention, S. 36; Tahzib-Lie/ Swaak-Goldman, in: Lijnzaad, u. a. (Hrsg.), Making the Voice of Humanity Heard – Essays in Honour of HRH Princess Margriet of the Netherlands, S. 244.

überhaupt eine Aussage zum territorialen Anwendungsbereich enthält.[467] Die Formulierung war von den Verfassern der GK nämlich primär deswegen aufgenommen worden, damit die Anwendbarkeit des humanitären Völkerrechts nicht in einer Auseinandersetzung behauptet wird, die zwar die Voraussetzungen für einen nichtinternationalen bewaffneten Konflikt erfüllt, nicht aber auf dem Gebiet eines Staates ausgetragen wird, der die Genfer Konventionen nicht unterzeichnet hat.[468] So enthält der erste Formulierungsvorschlag noch den Passus: „which may occur in the territory of one or more of the High Contracting Parties".[469] Neben dem Verweis auf die Staatsgrenzen ließe sich der Passus zudem auch so auslegen, dass er nur eine Aussage darüber enthält, auf welches Gebiet sich der territoriale Anwendungsbereich mindestens erstreckt.[470]

Betrachtet man die Protokolle der abschließenden Beratungen zu Art. 3, so fällt daneben auf, dass sich die Urheber der Genfer Konventionen nicht mit der Frage des territorialen Anwendungsbereichs auseinandergesetzt haben.[471] Konsultiert man den unmittelbar nach Inkrafttreten der GK zu diesen Abkommen erschienenen Kommentar, so findet der territoriale Anwendungsbereich auch dort keine Erwähnung.[472] Daraus lassen sich zunächst, wie gezeigt[473], keine Rückschlüsse ziehen, ob es einen territorialen Anwendungsbereich überhaupt gibt. Es legt aber den Schluss nahe, dass sich die Urheber keine Gedanken über den territorialen Anwendungsbereich gemacht haben. Denn wenn dem so gewesen wäre, so wäre das zumindest in den Beratungsprotokollen erwähnt worden.

Der Wortlaut und die Entstehungsgeschichte von Art. 3 GK können somit nicht als Grundlage für die Bestimmung des territorialen Anwendungsbereichs anhand von Staatsgrenzen herangezogen werden. Sie enthalten vielmehr diesbezüglich überhaupt keine zwingenden Anhaltspunkte. Unabhängig davon lässt sich die historische Bestimmung schon deswegen nicht mehr weiterverwenden, weil sie einen ganz entscheidenden Umstand nicht berücksichtigt hat.

---

467 So auch: Zegveld, Accountability of Armed Opposition Groups in International Law, S. 136.

468 Melzer, Targeted Killing in International Law, S. 258; Pejic, IRRC 2011, 189, 200.

469 Final Record of the Diplomatic Conference of Geneva of 1949, Bd. I, S. 47.

470 Blank, in: N.A. (Hrsg.), Boundaries of the Battlefield, S. 11.

471 Final Record of the Diplomatic Conference of Geneva of 1949, Bd. II.B, S. 10 ff.

472 Vgl.: Pictet, The Geneva Conventions of 12 August 1949: Commentary 1. Geneva Convention, S. 48.

473 Siehe S. 23 ff.

2. Historisch erfasste Konfliktkonstellationen

Es bleibt auch in diesem Zusammenhang zu bedenken, dass die Urheber für das Rechtsregime der nichtinternationalen bewaffneten Konflikte nur wenige Konfliktkonstellationen vor Augen hatten. Nach ihrer Ansicht konnte sich ein nichtinternationaler bewaffneter Konflikt nicht über das Gebiet eines Staates hinaus ausweiten.[474] Ein solches Verständnis liegt auch dem ZP II zugrunde, wie seine Entstehungsgeschichte zeigt.

Die Vorschriften des Abkommens selbst enthalten bewusst keine expliziten Aussagen zur Bestimmung des territorialen Anwendungsbereichs.[475] Ansatzpunkt für eine Auslegung bietet nur Art. 2 Abs. 1 ZP II:

> *Mr. Prugh (United States of America), referring to article 2, paragraph 1, asked whether the application had any geographical limitation, as, for example, to the territory of the party where the conflict occurred. None was expressly stated.*
> *Mrs. Bujard (International Committee of the Red Cross) said there had been a long discussion of that point at the Conference of Government Experts, but the experts had pointed out that in a large, federal State, for example, it might be better that the Protocol should apply to the persons affected by an armed conflict rather than to the territory where the armed conflict took place. To meet that wish, the ICRC had not included in its draft an article including the territorial scope of the Protocol.*[476]

Der grundsätzlichen Existenz eines territorialen Anwendungsbereichs wird dadurch keine Absage erteilt.[477] Implizit wurde damit jedoch beabsichtigt, dass das humanitäre Völkerrecht auf dem gesamten Gebiet des Staates anwendbar ist, auf dessen Territorium der Konflikt ausgetragen wird.[478]

---

474 Pictet, The Geneva Conventions of 12 August 1949: Commentary 4. Geneva Convention, S. 36; Pictet, The Geneva Conventions of 12 August 1949: Commentary 2. Geneva Convention, S. 33; Pictet, The Geneva Conventions of 12 August 1949: Commentary 3. Geneva Convention, S. 37.

475 Official Records of the Diplomatic Conference on the Reaffirmation and Development of International Humanitarian Law applicable in Armed Conflicts, Bd. 8, S. 211, Rn. 47 f.

476 Official Records of the Diplomatic Conference on the Reaffirmation and Development of International Humanitarian Law applicable in Armed Conflicts, Bd. 8, S. 211, Rn. 47 f.

477 Lubell/ Derejko, J. Int'l Crim. Just. 2013, 65, 75. Siehe näher dazu S. 23 ff.

478 Vgl.: Official Records of the Diplomatic Conference on the Reaffirmation and Development of International Humanitarian Law applicable in Armed Conflicts, Bd. 8, S. 211, Rn. 47 f.

Diesen Schluss legt auch der erste Kommentar zum zweiten Zusatzprotokoll nahe, der anhand der Eindrücke des Entstehungsprozesses verfasst wurde. Er bestitzt eine ähnliche Nähe zur Entstehungsgeschichte wie der erste Kommentar zu den Genfer Konventionen. Ihm lassen sich folgende Aussagen zum territorialen Anwendungsbereich entnehmen:

> *Persons affected by the conflict within the meaning of this paragraph are covered by the Protocol wherever they are in the territory of the State engaged in conflict. The situation may only affect a small part of the territory; this is why the Diplomatic Conference did not provide the Protocol should automatically apply to the territory as a whole. No criterion ratione loci was adopted. As we saw above, the applicability of the Protocol follows from criteria related to persons, and not to places.*[479]

Das humanitäre Völkerrecht ist demnach nicht zwingend in jeder Situation auf dem gesamten Gebiet des Staates anwendbar, auf dem der nichtinternationale bewaffnete Konflikt ausgetragen wird. Die Situationen, in denen das humanitäre Völkerrecht nicht auf dem Gebiet des Staates anwendbar ist, würden dabei jedoch nicht mittels eines geographischen Kriteriums bestimmt. Vielmehr würde dazu auf das durch das ZP II etablierte Kriterium des funktionalen Zusammenhangs („*all persons affected*") abgestellt.[480] Das bedeutet aber im Umkehrschluss, dass das humanitäre Völkerrecht alleine vom territorialen Anwendungsbereichs her auf dem gesamten Gebiet des Staates anwendbar wäre, auf dem der Konflikt ausgetragen wird. Die Staatsgrenze wäre folglich das maßgebliche Kriterium, mittels dessen der territoriale Anwendungsbereich konkret bestimmt würde.

Aus dem Wortlaut des Kommentars wird jedoch genauso wie bei den Ausführungen *Pictets*[481] deutlich, dass beide Autoren – ebenso wie die Verfasser der Abkommen – davon ausgingen, dass nichtinternationale bewaffnete Konflikte nur auf dem Territorium eines Staates ausgetragen werden. Denn in der Kommentierung ist nur von einem „*State engaged in the conflict*" die Rede und nicht von mehreren.[482] Zudem befassten sich die Verfasser von Art. 3 GK als auch

479 Junod in: Pilloud/ Sandoz (Hrsg.), Commentary on the Additional Protocols of 8 June 1977 to the Geneva Conventions of 12 August 1949, Protocol II – Article 2, Rn. 4490.

480 Vgl.: Zimmermann/ Geiß, in: Lagodny (Hrsg.), Münchener Kommentar zum Strafgesetzbuch, Bd. 8, § 8 VStGB, Rn. 119 ff.

481 Pictet, The Geneva Conventions of 12 August 1949: Commentary 4. Geneva Convention, S. 36; Vgl.: Pictet, The Geneva Conventions of 12 August 1949: Commentary 3. Geneva Convention, S. 37.

482 Junod in: Pilloud/ Sandoz (Hrsg.), Commentary on the Additional Protocols of 8 June 1977 to the Geneva Conventions of 12 August 1949, Protocol II – Article 2, Rn. 4490.

die des ZP II nicht mit der Frage, ob das humanitäre Völkerrecht auch auf dem Territorium von Staaten anwendbar ist, die nur im Konflikt beteiligt sind, auf deren Gebiet aber keine Kampfhandlungen ausgetragen werden.[483] Als denkbare Konfliktkonstellationen wurden folglich nur der Konflikt zwischen zwei nichtstaatlichen Akteuren auf dem Gebiet eines Staates und der zwischen der Regierung des Staates und einem nichtstaatlichen Akteur angesehen.

Das Recht der internationalen bewaffneten Konflikte wurde demgegenüber ausweislich des eindeutigen Wortlauts in Art. 2 Abs. 1 GK geschaffen, um einen Rechtsrahmen für Konflikte zwischen zwei Staaten zu bilden.[484] Die Verfasser der Genfer Konventionen müssen davon ausgegangen sein, dass damit alle Fälle internationaler Konflikte erfasst seien. Dadurch, dass die Verfasser der wesentlichen Abkommen des humanitären Völkerrechts im Rahmen nichtinternationaler bewaffneter Konflikte sich nur auf innerhalb eines Staates und nur zwischen zwei Parteien stattfindende Konflikte fokussierten, setzten sie sich nicht damit auseinander, ob auch ein nichtinternationaler bewaffneter Konflikt irgendeine Form von internationalen Elementen aufweisen kann.[485] Dementsprechend ließ auch der Großteil der bis 2000 verfassten Artikel Konfliktkonstellationen außer Acht, in denen die Kampfhandlungen über die Staatsgrenzen der Konfliktparteien hinausgehen.[486] Das Recht der nichtinternationalen bewaffneten Konflikte erfasst jedoch auch andere, moderne Konfliktkonstellationen.

II. Moderne Konfliktkonstellationen

Konfliktkonstellationen, die durch die Verfasser der Genfer Konventionen und des ZP II nicht bedacht wurden, lassen sich in fünf Fallgruppen aufteilen.[487] Diese Konstellationen stellen die absolute Mehrzahl der derzeit ausgetragenen militärischen Auseinandersetzungen dar.

---

483 Vgl.: Final Record of the Diplomatic Conference of Geneva of 1949, Bd. II.B, S. 10 ff.; Official Records of the Diplomatic Conference on the Reaffirmation and Development of International Humanitarian Law applicable in Armed Conflicts, Bd. 8, S. 211, Rn. 47 f.

484 Sassòli, in: Ben-Naftali (Hrsg.), International Humanitarian Law and International Human Rights Law, S. 45.

485 Sassòli, in: Ben-Naftali (Hrsg.), International Humanitarian Law and International Human Rights Law, S. 47.

486 So auch: Arimatsu, YIHL 2009, 157, 189.

487 So ähnlich: Holland, Suffolk Transnat'l L. Rev. 2011, 145, S. 218 f.; Pejic, IRRC 2011, 189, 191 ff.

Die ersten beiden Fallkonstellationen gehen von einer Situation aus, in der ein fremder Staat in einen bestehenden klassischen nichtinternationalen bewaffneten Konflikt innerhalb eines Staates zwischen dessen offzizeller Regierung und einem nichtstaatlichen Akteur eingreift. In der ersten Fallkonstellation kämpft er auf Seiten des nichtstaatlichen Akteurs und in der zweiten Fallkonstellation auf Seiten der Regierung. Für die Einordnung beider Fallkonstellationen ist letztlich erheblich, welches Rechtsregime anwendbar ist, wenn sich ein weiterer Staat an einem Konflikt beteiligt, in dem sich ein nichtstaatlicher Akteur und ein Staat auf dem Territorium von Letzterem gegenüberstehen.

Die dritte Fallkonstellation ist das Vorgehen eines Staates gegen einen nichtstaatlichen Akteur auf dem Gebiet eines anderen Staates, ohne Beteiligung des Letzteren. Für eine Anwendbarkeit des humanitären Völkerrechts ist hierbei letztlich entscheidend, ob eines der Rechtsregime auf dem Gebiet eines Staates anwendbar sein kann, wenn dieser selbst in keiner Form am Konflikt beteiligt ist.

Eine ähnliche – aber in diesem Zusammenhang nicht zu beantwortende – Frage ist, ob ein bewaffneter Konflikt selbst ohne Folgen für die Anwendbarkeit eines Rechtsregimes Staatsgrenzen überschreiten kann. Diese Frage wird in der vierten Fallkonstellation behandelt. In der fünften soll schließlich überprüft werden, ob in unzusammenhängenden Gebieten ausgetragene Auseinandersetzungen, sogenannte transnationale Konflikte[488], auch dem humanitären Völkerrecht unterstehen.

Im Rahmen der ersten und zweiten Fallgruppe wird somit die Frage beantwortet, welches Rechtsregime anwendbar ist, wenn ein Konflikt mit einem nichtstaatlichen Akteur auf dem Gebiet eines am Konflikt beteiligten Staates unter Beteiligung eines weiteren Staates ausgetragen wird. Das Ergebnis der dritten Fallgruppe entscheidet über die rechtliche Zuordnung eines Konflikts, der zwischen einem nichtstaatlichen Akteur und einem Staat auf dem Gebiet eines anderen, nicht am Konflikt beteiligten Staates ausgetragen wird. Die vierte und fünfte Fallgruppe sind deswegen andere Fragestellungen als die vorgenannten, weil sich bei ihnen eine Auseinandersetzung zwischen einem Staat und einem nichtstaatlichen Akteur über das Gebiet eines Staates hinaus ausdehnt.

---

488 Wobei der Begriff uneinheitlich verwendet wird, vgl.: Corn, in: Schmitt (Hrsg.), Naval War College International Law Studies, Bd. 85: The War in Afghanistan: A Legal Analysis, S. 184; Fleck, in: Fleck (Hrsg.), The Handbook of International Humanitarian Law, Rn. 1201.4; Geiß, IRRC 2009, 127, 138; Hoffmann, in: Matheson/ Momtaz (Hrsg.), Les règles et institutions du droit international humanitaire à l'épreuve des conflits armés récents, S. 228 ff.; Pejic, IRRC 2011, 189, 195.

1. Beteiligung mehrerer Staaten an einem Konflikt

Die erste und zweite Fallgruppe stellen jeweils eine Konfliktkonstellation dar, in der sich ein weiterer Staat an einer vormals klassischen Konstellation eines nichtinternationalen bewaffneten Konflikts beteiligt. Fraglich ist somit, ob die Beteiligung eines weiteren Staates an der Zuordnung des Konflikttyps zum Recht der nichtinternationalen bewaffneten Konflikte etwas ändert. Diese Fallkonstellation wird teilweise auch als *gemischter Konflikt* bezeichnet.[489]

a) *Auswirkungen auf die rechtliche Betrachtung*

Bei der Beteiligung von mehr als zwei Parteien an einem Konflikt werden zwei verschiedene Ansätze bei der Bestimmung des maßgeblichen Rechtsregimes verfolgt. Nach dem ersten Ansatz wäre die Bestimmung auch innerhalb eines Konflikts immer von den sich in der jeweiligen Situation konkret gegenüberstehenden Parteien abhängig.[490] Das anwendbare Rechtsregime würde also ausschließlich in Zweiparteienkonstellationen ermittelt. Stehen sich in einer Situation Kämpfer eines nichtstaatlichen Akteurs und eines Staates gegenüber, so könnte eine Kampfhandlung demnach einem anderen Rechtsregime unterfallen als in einer Kampfsituation desselben Konflikts zwischen den Kämpfern zweier Staaten.[491] Dies führte in einem Konflikt zwischen mehr als zwei Parteien dazu, dass in einem Fall das Recht der internationalen und in einem anderen Fall das Recht der nichtinternationalen bewaffneten Konflikte anwendbar sein

489 Zechmeister, Die Erosion des humanitären Völkerrechts in den bewaffneten Konflikten der Gegenwart, S. 109.

490 Akande, in: Wilmshurst (Hrsg.), International Law and the Classification of Conflicts, S. 57; Dinstein, The Conduct of Hostilities under the Law of International Armed Conflict, S. 14; Kreß, J. Conflict & Sec. L. 2010, 245, 257; Lubell, Extraterritorial Use of Force against Non-State Actors, S. 98; Moir, The Law of Internal Armed Conflict, S. 47; Pejic, IRRC 2011, 189, 195; Schindler, in: Hail (Hrsg.), Recueil des Cours, Bd. I63, 151 f.; Solis, The Law of Armed Conflict – International Humanitarian Law in War, S. 156; Zechmeister, Die Erosion des humanitären Völkerrechts in den bewaffneten Konflikten der Gegenwart, S. 111.

491 Akande, in: Wilmshurst (Hrsg.), International Law and the Classification of Conflicts, S. 57; Hess, Die Anwendbarkeit des humanitären Völkerrechts, insbesondere in gemischten Konflikten – Eine Untersuchung der Anwendbarkeit der Genfer und Haager Konventionen anhand der Konflikte in Afghanistan, Angola, Kampuchea, im Libanon und im Tschad, S. 152; Otto, Targeted Killings and International Law, S. 437.

könnte. Gleichzeitig müsste für jede Zweiparteienkonstellation eigens überprüft werden, ob die Voraussetzungen für das jeweilige Rechtsregime vorliegen.[492]

Nach dem zweiten Ansatz wäre das nie möglich. Ein Konflikt wäre danach stets in seiner Gesamtheit zu betrachten.[493] Eine Differenzierung nach den sich in einer bestimmten Konfliktsituation konkret gegenüberstehenden Parteien fände somit gerade nicht statt. Deshalb wäre in einer Auseinandersetzung, solange sich dessen Eigenschaften nicht ändern, immer nur ein Rechtsregime und dieses unabhängig davon anwendbar, welche Gruppierungen sich in einer konkreten Situation im Einzelfall gegenüberstehen. Bei einer solchen Betrachtungsweise wäre ein Konflikt im Regelfall wegen der Beteiligung von mehr als einem Staat dem Recht der internationalen bewaffneten Konflikte zuzuordnen.[494]

Nach einem dritten Ansatz müssen Konflikte unter Beteiligung einer dritten Konfliktpartei immer einheitlich betrachtet werden. Sobald zwei Staaten an einem bewaffneten Konflikt beteiligt sind, muss dieser zudem den internationalen bewaffneten Konflikten zugeordnet werden.[495] Davon abgesehen, dass dieser Ansatz die Frage nach einer einheitlichen oder getrennten Betrachtung mit der Frage vermischt, auf welche Konfliktkonstellationen vom geschriebenen Recht her welches Rechtsregime anwendbar ist, scheitert auch sie an der entgegenstehenden Staatenpraxis.[496]

---

492 Ambos, in: Lagodny (Hrsg.), Münchener Kommentar zum Strafgesetzbuch, Bd. 8, Vor §§ 8 ff. VStGB, Rn. 33; Fleck, in: Fleck (Hrsg.), The Handbook of International Humanitarian Law, Rn. 1201.4a); Lubell, Extraterritorial Use of Force against Non-State Actors, S. 93.

493 Aldrich, Am. J. Int'l L. 2000, 42, 63; Gasser, Am. U. L. Rev. 1983, 145, 147; IKRK, IRRC 2010, 343, 346.

494 Dinstein, The Conduct of Hostilities under the Law of International Armed Conflict, S. 14 f.; Hess, Die Anwendbarkeit des humanitären Völkerrechts, insbesondere in gemischten Konflikten – Eine Untersuchung der Anwendbarkeit der Genfer und Haager Konventionen anhand der Konflikte in Afghanistan, Angola, Kampuchea, im Libanon und im Tschad, S. 151; Rajower, Das Recht des bewaffneten nicht-internationalen Konflikts seit 1949, S. 32; Zechmeister, Die Erosion des humanitären Völkerrechts in den bewaffneten Konflikten der Gegenwart, S. 110; Zieger, Die Behandlung interner Konflikte im Kriegsvölkerrecht, S. 145.

495 Rajower, Das Recht des bewaffneten nicht-internationalen Konflikts seit 1949, S. 32 m.w.N; Zechmeister, Die Erosion des humanitären Völkerrechts in den bewaffneten Konflikten der Gegenwart, S. 113 f.

496 Mit entsprechenden Nachweisen: Zechmeister, Die Erosion des humanitären Völkerrechts in den bewaffneten Konflikten der Gegenwart, S. 114.

aa) Zweiparteienbetrachtung

Für die erste Betrachtungsweise spricht schon, dass sie die vorhandene Rechtsprechung hinter sich weiß.[497] Zudem hält sie die von der Systematik des humanitären Völkerrechts vorgegebene Trennung von nichtinternationalen und internationalen bewaffneten Konflikten aufrecht.[498] Gleichzeitig ist sie am ehesten in der Lage, ein angemessenes Rechtsregime für jede konkrete Konfliktsituation zu finden.[499] Denn die Vorschriften, die für bewaffnete Konflikte zwischen Staaten gelten, sind nicht in jedem Fall auch für Konflikte zwischen einem Staat und einem nichtstaatlichen Akteur am passendsten.[500]

Problematisch am ersten Ansatz ist jedoch, dass er zu einer Rechtszersplitterung innerhalb eines Konflikts führt.[501] Dadurch kann es für den individuellen Kämpfer im Einzelfall schwer werden, das anwendbare Rechtsregime zu bestimmen.[502] Zudem lässt sich dem Ansatz vorwerfen, dass wegen der fehlenden Betrachtung des Gesamtkonflikts die jeweilige Situation nicht angemessen bewertet wird.[503] Schließlich kann man die unterschiedliche Behandlung von Kämpfern innerhalb einer Auseinandersetzung kritisieren, die daraus resultiert, dass, abhängig von den konkret sich gegenüberstehenden Parteien, im einen Fall das Recht der internationalen und im anderen Fall das der nichtinternationalen bewaffneten Konflikte anwendbar sein kann.[504]

---

497 IGH, *Case Concerning Military and Paramilitary Activities in and Against Nicaragua* (Nicaragua v. United States of America), Merits vom 27. Juni 1986, Rn. 219; ICTY, *Prosecutor v. Dusko Tadić*, Decision on the Defence Motion for Interlocutory Appeal on Jurisdiction vom 2. Oktober 1995, Case No. IT-94–1, Rn. 76 ff.

498 Hess, Die Anwendbarkeit des humanitären Völkerrechts, insbesondere in gemischten Konflikten – Eine Untersuchung der Anwendbarkeit der Genfer und Haager Konventionen anhand der Konflikte in Afghanistan, Angola, Kampuchea, im Libanon und im Tschad, S. 152.

499 Sivakumaran, The Law of Non-International Armed Conflict, S. 223.

500 Zechmeister, Die Erosion des humanitären Völkerrechts in den bewaffneten Konflikten der Gegenwart, S. 113.

501 Hess, Die Anwendbarkeit des humanitären Völkerrechts, insbesondere in gemischten Konflikten – Eine Untersuchung der Anwendbarkeit der Genfer und Haager Konventionen anhand der Konflikte in Afghanistan, Angola, Kampuchea, im Libanon und im Tschad, S. 152; Zechmeister, Die Erosion des humanitären Völkerrechts in den bewaffneten Konflikten der Gegenwart, S. 112.

502 Holland, Suffolk Transnat'l L. Rev. 2011, 145, 180.

503 M.w.N.: Otto, Targeted Killings and International Law, S. 439.

504 Zechmeister, Die Erosion des humanitären Völkerrechts in den bewaffneten Konflikten der Gegenwart, S. 112.

bb) Gesamtbetrachtung

Der unbestreitbare Vorteil des zweiten Ansatzes liegt im Vergleich zum ersten Ansatz gerade darin, dass er die Bestimmung des anwendbaren Rechtsregimes in einzelnen Situationen durch die Mitglieder jeder am Konflikt beteiligten Partei einfach macht.[505] Denn einzelne Situationen müssen nicht mehr danach betrachtet werden, gegen welche konkrete gegnerische Partei gerade vorgegangen wird. Somit führt der zweite Ansatz zu einem Mehr an Rechtssicherheit für diejenigen, die das humanitäre Völkerrecht beachten möchten, nach dem ersten Ansatz aber nie sicher wüssten, welches Rechtsregime im Einzelfall anwendbar ist.[506]

Die einfachere Bestimmbarkeit des anwendbaren Rechtsregimes entpuppt sich aber in dem Maße als kein wirklicher Vorteil, in dem die Staaten das damit verbundene Ergebnis nicht akzeptieren. Nach dem grundsätzlichen Verhältnis beider Rechtsregime wird im Zweifel eher das Recht der internationalen bewaffneten Konflikte einschlägig sein als das Recht der nichtinternationalen bewaffneten Konflikte. Denn ersteres verdrängt letzteres, wenn die Anwendungsvoraussetzungen beider Rechtsregime vorliegen. Das ergibt sich schon aus der Negativ-Definition in Art. 3 GK.[507] Staaten neigen aber insbesondere wegen der Kombattanten zukommenden Privilegien[508] nicht dazu, in einer Auseinandersetzung das Recht der internationalen bewaffneten Konflikte für anwendbar zu halten. So hat in der jüngeren Vergangenheit allein Israel im Libanon-Konflikt eine Auseinandersetzung mit einem nichtstaatlichen Akteur als internationalen bewaffneten Konflikt bezeichnet.[509]

Die im Gegensatz zum Recht der nichtinternationalen bewaffneten Konflikte im Rahmen internationaler bewaffneter Konflikte durch Art. 99 GK III gewährte Straffreiheit für jeden Kämpfer der Parteien wollen Staaten aber auch heute noch nichtstaatlichen Akteuren nicht gewähren.[510] Die mit der Verallgemeinerung des

---

505 Sivakumaran, The Law of Non-International Armed Conflict, S. 224.

506 Akande, in: Wilmshurst (Hrsg.), International Law and the Classification of Conflicts, S. 77; Zechmeister, Die Erosion des humanitären Völkerrechts in den bewaffneten Konflikten der Gegenwart, S. 112.

507 „*In the case of armed conflict not of an international character.*“

508 Vgl. insbesondere GK III.

509 SCI, *Public Committee against Torture v. Israel*, HCJ 769/02, Judgement vom 11. Dezember 2005, Rn. 21; SCI, *Physicians for Human Rights & others v. Prime Minister of Israel & others*, HCJ 201/09, Judgement vom 19. Januar 2009, Rn. 14.

510 Sivakumaran, The Law of Non-International Armed Conflict, S. 223; jedoch berechtigte Zweifel daran äußernd, dass nichtstaatlichen Akteuren unter der Geltung des Rechts der internationalen bewaffneten Konflikte immer die Privilegien des

anwendbaren Rechtsregimes verbundene häufigere Anwendbarkeit des Rechtes der internationalen bewaffneten Konflikte würde die Staaten aber gerade dazu zwingen. Dementsprechend haben sie eine Verallgemeinerung des anwendbaren Rechtsregimes, wie sie der zweite Ansatz vertritt, bisher regelmäßig abgestritten.[511]

cc) Fallabhängige Betrachtung

Die Vorteile der beiden ersten Ansätze versucht die neuere Literatur zu kombinieren.[512] Sie schlägt vor, dass eine generalisierende Betrachtung immer dann vorgenommen werden sollte, wenn sich die jeweiligen Auseinandersetzungen zwischen den einzelnen Parteien auch tatsächlich nicht ohne weiteres trennen lassen.[513] Sollte es jedoch noch möglich sein, dass die einzelnen Parteien beispielsweise überwiegend an verschiedenen Orten aufeinandertreffen, dann erfolgt eine getrennte juristische Bewertung.[514] In der ersten Fallkonstellation wird deshalb entscheidend sein, ob der nichtstaatliche Akteur gemeinsam mit dem auf seiner Seite stehenden fremden Staat operiert. Dann wäre eine Generalisierung angemessen. Stehen der nichtstaatliche Akteur und sein verbündeter Staat dem anderen Staat jedoch an unterschiedlichen Fronten gegenüber, so wäre eine Zuordnung zu verschiedenen Rechtsregimen des humanitären Völkerrechts möglich.

Für die weitere Darstellung soll offen bleiben, welcher der Ansichten der Vorzug zu geben ist. Trotzdem scheint die vermittelnde Ansicht ein angemessener Ausgleich zu sein zwischen dem Interesse der Staaten an Rechtssicherheit und dem Bestreben, jegliche Privilegierung eines nichtstaatlichen Akteurs zu vermeiden.

b) Beteiligung auf Seiten des nichtstaatlichen Akteurs

Als Grundfall sei hier folgende Konfliktsituation zugrunde gelegt: Ein zweiter Staat tritt in einen bestehenden Konflikt zwischen einem nichtstaatlichen Akteur und einem Staat auf der Seite des ersteren ein. Der bestehende Konflikt wurde bis zu diesem Zeitpunkt ausschließlich zwischen der Regierung des ersten Staates und

---

Kombattanten-Status zukommen: Akande, in: Wilmshurst (Hrsg.), International Law and the Classification of Conflicts, S. 78.

511 Für Beispiele siehe: Sivakumaran, The Law of Non-International Armed Conflict, S. 223 f.

512 Sivakumaran, The Law of Non-International Armed Conflict, S. 224 f.

513 Sivakumaran, The Law of Non-International Armed Conflict, S. 224.

514 Fleck, in: Fleck (Hrsg.), The Handbook of International Humanitarian Law, Rn. 1201.4a); Sivakumaran, The Law of Non-International Armed Conflict, S. 224.

dem nichtstaatlichen Akteur, auf dessen Seite jetzt der zweite Staat eintritt und auf dem Staatsgebiet des ursprünglich beteiligten Staates ausgetragen.

Bis zum Eintritt des zweiten Staates unterlag der Konflikt dem Recht der nichtinternationalen bewaffneten Konflikte. Denn in der Auseinandersetzung standen sich bis zu diesem Zeitpunkt nur ein Staat und ein auf dessen Gebiet operierender nichtstaatlicher Akteur gegenüber. Mit dem Eintritt des zweiten Staates stehen sich ein Staat und ein nichtstaatlicher Akteur auf der einen Seite und ein Staat auf der anderen Seite gegenüber, weswegen kein klassischer Fall des nichtinternationalen bewaffneten Konflikts (mehr) vorliegt. Um einen klassischen Fall des internationalen bewaffneten Konflikts handelt es sich dann aber auch nicht, weil der Konflikt ausschließlich auf dem Gebiet eines Staates stattfindet und der intervenierende Staat nicht zwingend an den Kampfhandlungen selbst beteiligt sein muss.

aa) Unmittelbare Beteiligung

Wenn ein Staat auf Seiten des nichtstaatlichen Akteurs in einen bewaffneten Konflikt eintritt, ist bei getrennter Betrachtung der Parteienkonstellation jedenfalls der Konflikt zwischen dem ersten und dem zweiten Staat ein internationaler bewaffneter Konflikt.[515] Die Parteienkonstellation ist nämlich klassisch für internationale bewaffnete Konflikte. Nicht jede Handlung des intervenierenden Staates im Zusammenhang mit dem bestehenden bewaffneten Konflikt führt aber zu dessen Beteiligung. Ein Eingreifen in diesem Sinne liegt jedoch jedenfalls dann vor, wenn der intervenierende Staat selbst an den Kampfhandlungen beteiligt ist.[516]

Operieren der intervenierende Staat und der nichtstaatliche Akteur überwiegend getrennt, so ist das der Auseinandersetzung zwischen nichtstaatlichem Akteur und Staat zugrunde liegende Rechtsregime unabhängig von der rechtlichen

---

515 Wohl unstreitig; siehe nur: Akande, in: Wilmshurst (Hrsg.), International Law and the Classification of Conflicts, S. 57; Arimatsu, YIHL 2009, 157, 184; Bothe, in: Graf Vitzthum (Hrsg.), Völkerrecht, Rn. 127; Duffy, The „War on Terror" and the Framework of International Law, S. 257; Fleck, in: Fleck (Hrsg.), The Handbook of International Humanitarian Law, Rn. 1201.3a; Hess, Die Anwendbarkeit des humanitären Völkerrechts, insbesondere in gemischten Konflikten – Eine Untersuchung der Anwendbarkeit der Genfer und Haager Konventionen anhand der Konflikte in Afghanistan, Angola, Kampuchea, im Libanon und im Tschad, S. 162; Paulus/Vashakmadze, IRRC 2009, 95, 101.

516 Näher dazu: Sivakumaran, The Law of Non-International Armed Conflict, S. 225.

Konfliktform zwischen beiden Staaten zu beurteilen.[517] In diesem Fall würden die Vorschriften zu den nichtinternationalen bewaffneten Konflikten den Rechtsrahmen der Handlungen bilden.

Wenn der nichtstaatliche Akteur überwiegend gemeinsam mit dem zweiten Staat operiert, muss die Parteienkonstellation insgesamt betrachtet werden.[518] Zieht man den nichtstaatlichen Akteur zu dem Konflikt zwischen beiden Staaten hinzu, so sind immer noch die Voraussetzungen an die Parteienkonstellation für einen internationalen bewaffneten Konflikt gegeben. Denn auf beiden Seiten stehen sich zwei Staaten gegenüber. Gemäß dem Verhältnis von internationalem und nichtinternationalem bewaffneten Konflikt muss auf einen solchen Konflikt das Recht der internationalen bewaffneten Konflikte anwendbar sein.[519] Jede konkrete Kampfhandlung zwischen dem nichtstaatlichen Akteur und dem Staat würde hier also am Maßstab des Rechtes der internationalen bewaffneten Konflikte zu messen sein.[520]

Zwischen beiden Parteien kann folglich entweder das Recht der nichtinternationalen oder das der internationalen bewaffneten Konflikte anwendbar sein. Letzteres ist dann der Fall, wenn der nichtstaatliche Akteur dem intervenierenden Staat zuzurechnen ist. Die Frage der Zurechenbarkeit erhält ihre zentrale Bedeutung in Fällen der nur mittelbaren Beteiligung des intervenierenden Staates durch die Unterstützung eines nichtstaatlichen Akteurs.

bb) Mittelbare Beteiligung

Die bloße Kontrolle und Unterstützung eines nichtstaatlichen Akteurs durch den zweiten Staat führt nicht notwendig zum Entstehen eines internationalen bewaffneten Konflikts unter Einbeziehung desselben. Das ist erst dann der Fall, wenn der nichtstaatliche Akteur dem Staat zugerechnet werden kann.[521] Dafür müssen aber bestimmte Voraussetzungen erfüllt sein.

---

517 Sivakumaran, The Law of Non-International Armed Conflict, S. 224 f. Siehe dazu S. 93 f.

518 Sivakumaran, The Law of Non-International Armed Conflict, S. 224 f. Siehe dazu S. 93 f.

519 Vgl. Art. 3 GK.

520 Solis, The Law of Armed Conflict – International Humanitarian Law in War, S. 154.

521 Akande, in: Wilmshurst (Hrsg.), International Law and the Classification of Conflicts, S. 58; Dinstein, War, Aggression, and Self-Defence, S. 219 f.; Fleck, in: Fleck (Hrsg.), The Handbook of International Humanitarian Law, Rn. 1201.3a; Holland, Suffolk Transnat'l L. Rev. 2011, 145, 163; Lubell, Extraterritorial Use of Force against Non-State Actors, S. 99; Paulus/ Vashakmadze, IRRC 2009, 95, 111; Sassòli, Trans-

Basierend auf mehreren Entscheidungen des IGH wird der schon in einem anderen Kontext der Zurechnung verwendete Begriff der „*effective control*" verwendet.[522] In der Literatur finden sich jedoch auch abweichende Auffassungen, die in einzelnen Fällen das Erreichen des durch *effective control* festgeschriebenen Niveaus für entbehrlich halten.[523] Dies wird damit begründet, dass der IGH den Begriff entwickelt hat, um eine einzelne konkrete Handlung einem Staat zuzurechnen.[524] Bei der Beurteilung der Frage, ob ein nichtinternationaler oder ein internationaler bewaffneter Konflikt vorliegt, würde jedoch ein weniger strenger Maßstab ausreichen, weil es einen Unterschied macht, ob sich Parteien zugerechnet werden sollen oder ob die Handlung einer Partei einer anderen zugerechnet werden soll.[525] Die Debatte gewinnt dadurch an Tiefe, dass der ICTY zwischenzeitlich einen eigenen Maßstab entwickelt hat. Dieser fordert eine „*overall control*" des nichtstaatlichen Akteurs zur Zurechnung zum zweiten Staat in dem hier verwendeten Sinne.[526]

Fraglich ist hier aber weiter, welche Folge die Zurechnung des nichtstaatlichen Akteurs zum intervenierenden Staat für die Ermittlung des anwendbaren Rechtsregimes hat. Konkret stellt sich die Frage, ob neben dem durch die Zurechnung des nichtstaatlichen Akteurs zum intervenierenden Staat zwischen diesem und dem anderen Staat bestehenden internationalen bewaffneten Konflikt nach der alleinigen Betrachtung der konkret sich gegenüberstehenden Konfliktparteien rechtlich gesehen ein weiterer Konflikt zwischen dem nichtstaatlichen Akteur und dem mit ihm verfeindeten Staat existiert. Ein nichtinternationaler bewaffneter Konflikt zwischen dem nichtstaatlichen Akteur und dem Staat erscheint jedoch wenig naheliegend, weil der nichtstaatliche Akteur durch die Zurechnung gerade als Teil des intervenierenden Staates betrachtet wird. Damit stehen sich rechtlich gesehen, wenn auch nur mittelbar, zwei Staaten gegenüber. Das schließt wegen der Rangfolge von nichtinternationalem und internationalem bewaffneten Kon-

---

national Armed Groups and International Humanitarian Law, S. 4; Solis, The Law of Armed Conflict – International Humanitarian Law in War, S. 154 f.

522 Fleck, in: Fleck (Hrsg.), The Handbook of International Humanitarian Law, Rn. 1201.3a; Paulus/ Vashakmadze, IRRC 2009, 95, 101.

523 Weiterführend: Solis, The Law of Armed Conflict – International Humanitarian Law in War, S. 155; a.A.: Akande, in: Wilmshurst (Hrsg.), International Law and the Classification of Conflicts, S. 58 ff.

524 ICTY, *Prosecutor v. Dusko Tadić*, Appeal Judgement vom 15. Juli 1999, Case No. IT-94–1-A, Rn. 84

525 ICTY, *Prosecutor v. Dusko Tadić*, Appeal Judgement vom 15. Juli 1999, Case No. IT-94–1-A, Rn. 124; zustimmend: Moir, The Law of Internal Armed Conflict, S. 50.

526 ICTY, *Prosecutor v. Dusko Tadić*, Appeal Judgement vom 15. Juli 1999, Case No. IT-94–1-A, Rn. 137.

flikt[527] eine Geltung des Rechtes der nichtinternationalen bewaffneten Konflikte aus. Somit würde bei einer getrennten Betrachtung der Konflikt zwischen dem nichtstaatlichen Akteur und dem Staat auch den internationalen bewaffneten Konflikten zugeordnet werden.

Deswegen erscheint es in dieser Konfliktkonstellation vorzugswürdig, in jedem Fall eine Gesamtbetrachtung des Konflikts vorzunehmen. Denn eine getrennte Betrachtung würde, wie gezeigt, in keinem Fall einen Mehrwert mit sich bringen. Jedenfalls ist eine Entscheidung hier entbehrlich, weil jede Kampfhandlung ohnehin dem Recht der internationalen bewaffneten Konflikte im Rahmen von dessen Anwendungsbereich unterfällt.[528]

c) Beteiligung auf Seiten des Staates

Als Grundfall findet sich hier folgende Konfliktsituation: Ein Staat tritt in einen bestehenden Konflikt an der Seite eines anderen Staates ein. Der bestehende Konflikt wurde bis zu diesem Zeitpunkt ausschließlich zwischen der Regierung des Staates und einem nichtstaatlichen Akteur auf dem Staatsgebiet des ursprünglich beteiligten Staates ausgetragen. Bis zum Eintritt des weiteren Staates unterlag der Konflikt dem Recht der nichtinternationalen bewaffneten Konflikte. Denn in ihm standen sich nur ein Staat und ein auf dessen Gebiet operierender nichtstaatlicher Akteur gegenüber, was den Normalfall des nichtinternationalen bewaffneten Konflikts darstellt.[529]

Bislang, soweit ersichtlich, noch nicht thematisiert wurden die Folgen des Umstands, dass nicht der Staat, auf dessen Territorium der Konflikt ausgetragen wird, sondern der intervenierenden Staat die Auseinandersetzung veranlasste. Es stellt sich nämlich parallel zur Beteiligung des intervenierenden Staates auf Seiten des nichtstaatlichen Akteurs die Frage, welches Niveau das Engagement des territorial betroffenen Staates am Konflikt des intervenierenden Staates aufweisen muss.[530] Hier ist denkbar, dass die Voraussetzungen der *overall control*[531] übernommen

527 Vgl. Art. 3 GK.

528 In diesem Ergebnis einhellig Literatur und Rechtsprechung: Akande, in: Wilmshurst (Hrsg.), International Law and the Classification of Conflicts, S. 64; m.w.N.: Sivakumaran, The Law of Non-International Armed Conflict, S. 225.

529 Sassòli, in: Ben-Naftali (Hrsg.), International Humanitarian Law and International Human Rights Law, S. 46.

530 Ohne nähere Auseinandersetzung mit dem Thema ein bestimmtes Maß an Kooperation fordernd: Lubell, in: Wilmshurst (Hrsg.), International Law and the Classification of Conflicts, S. 438.

531 Dazu siehe: Fleck, in: Fleck (Hrsg.), The Handbook of International Humanitarian Law, Rn. 1201.4a); La Haye, War crimes in Internal Armed Conflicts, S. 15 ff.; Ma-

werden. Andererseits könnte auch die Einwilligung des betroffenen Staates für ausreichend gehalten werden.[532] Man könnte nämlich argumentieren, dass die Einwilligung deshalb zu einer Beteiligung führt, weil dadurch dem betroffenen Staat die durch den intervenierenden Staat ausgeübte Gewalt zugerechnet wird.[533]

Operieren beide Staaten gemeinsam, stehen sich ein nichtstaatlicher Akteur auf der einen und zwei Staaten auf der anderen Seite gegenüber. Der klassische Fall des nichtinternationalen bewaffneten Konflikts ist damit aber nicht gegeben, weil der Konflikt nicht ausschließlich zwischen der Regierung eines Staates und einem nichtstaatlichen Akteur stattfindet. Ein klassischer Fall des internationalen bewaffneten Konflikts liegt aber ebensowenig vor, weil sich nicht mindestens zwei Staaten in dem Konflikt gegenüberstehen.

aa) Internationaler bewaffneter Konflikt

Für eine Zuordnung unter das Rechtsregime der internationalen bewaffneten Konflikte spricht zunächst die Bezeichnung der beiden Rechtsregime. Ein internationaler bewaffneter Konflikt steht in einem internationalen Zusammenhang. Der nichtinternationale bewaffnete Konflikt kommt jedenfalls vom Begriff her ohne internationalen Zusammenhang aus. Dementsprechend liegt nahe, dass er nur innerstaatliche Bezüge aufweist. Durch die Beteiligung eines zweiten Staates an einem vorher rein innerstaatlichen Konflikt sind internationale Aspekte vorhanden. Aus dieser Perspektive könnte eine Klassifizierung der Konfliktform als internationaler bewaffneter Konflikt angemessen sein.[534] Nach dieser Argumentation würde jeder Konflikt dem Recht der internationalen bewaffneten Konflikte zugeordnet, an dem nicht nur ein Staat und ein nichtstaatlicher Akteur, sondern auch ein weiterer Staat beteiligt sind. Die Kategorisierung als internationaler

---

rauhn/ Ntoubandi in: Wolfrum (Hrsg.), The Max Planck Encyclopedia of Public International Law, Bd. I, Armed Conflict, Non-International, Rn. 7.

532 In diesem Sinne lassen sich zumindest die Ausführungen der Bundesanwaltschaft verstehen: Bundesanwaltschaft der Bundesrepublik Deutschland, Drohneneinsatz vom 4. Oktober 2010 in Mir Ali/Pakistan (AZ: 3 BJs 7/12-4), offene Einstellungsverfügung vom 23. Juli 2013, S. 21.

533 Akande, in: Wilmshurst (Hrsg.), International Law and the Classification of Conflicts, S. 73; Holland, Suffolk Transnat'l L. Rev. 2011, 145, 161; Paulus/ Vashakmadze, IRRC 2009, 95, 112; Vité, IRRC 2009, 69, 73.

534 Hess, Die Anwendbarkeit des humanitären Völkerrechts, insbesondere in gemischten Konflikten – Eine Untersuchung der Anwendbarkeit der Genfer und Haager Konventionen anhand der Konflikte in Afghanistan, Angola, Kampuchea, im Libanon und im Tschad, S. 151; ähnlich: Paulus/ Vashakmadze, IRRC 2009, 95, 112; Sivakumaran, The Law of Non-International Armed Conflict, S. 223.

bewaffneter Konflikt würde also unabhängig davon erfolgen, auf welcher Seite der hinzukommende Staat in den Konflikt eintritt.

Eine Zuordnung zu einem der beiden Rechtsregime des humanitären Völkerrechts hat jedoch die vom Wortlaut der Vorschriften aufgezeigten Grenzen zu berücksichtigen. Für den internationalen bewaffneten Konflikt ist vor allem der Wortlaut von Art. 2 Abs. 1 GK ausschlaggebend:

> *In addition to the provisions which shall be implemented in peacetime, the present Convention shall apply to all cases of declared war or of any other armed conflict which may arise between two or more of the High Contracting Parties, even if the state of war is not recognized by one of them.*

Ursprünglich sollte Art. 2 Abs. 1 GK nur dazu dienen, dass in einer Auseinandersetzung zwischen Staaten das humanitäre Völkerrecht auch dann anwendbar ist, wenn keine Kriegserklärung erfolgt war.[535] Der Passus *„between two or more of the High Contracting Parties"* wird aber überwiegend zusätzlich so ausgelegt, dass ein internationaler bewaffneter Konflikt auf jeder Seite des Konfliktes zumindest einen Unterzeichner der Genfer Konventionen voraussetzt.[536] Nicht erforderlich ist es dabei, dass sich beide Staaten gegenseitig anerkannt haben.[537] Somit findet das Recht der internationalen bewaffneten Konflikte auch auf eine Auseinandersetzung Anwendung, die zwischen einem Staat und einer auf dessen Gebiet befindlichen faktischen Regierung ausgetragen wird.[538]

---

535 Arimatsu, YIHL 2009, 157, 173.

536 ICTY, *Prosecutor v. Dusko Tadić*, Judgement vom 15. Juli 1999, Case No. IT-94-1-A, Rn. 84; ICTY, *Prosecutor v. Zejnil Delalić, Zdravko Mcić, Hazim Delić & Esad Landzo*, Judgement vom16. November 1998, Case No. IT-96-21-T, Rn. 208 ff.; Arimatsu, YIHL 2009, 157, 175; Fleck, in: Fleck (Hrsg.), The Handbook of International Humanitarian Law, Rn. 1201.3c; *IKRK* (2008), S. 5; Kreß, J. Conflict & Sec. L. 2010, 245, 255; Lubell, Extraterritorial Use of Force against Non-State Actors, S. 96; Paulus/Vashakmadze, IRRC 2009, 95, 111; Pejic, IRRC 2011, 189, 196; Sassòli, Transnational Armed Groups and International Humanitarian Law, S. 4; Schondorf, N.Y.U. J. Int'l L. & Pol. 2004–2005, 1, 6.

537 Duffy, The "War on Terror" and the Framework of International Law, S. 219; Kleffner, in: Fleck (Hrsg.), The Handbook of International Humanitarian Law, Rn. 206; Otto, Targeted Killings and International Law, S. 435.

538 Bothe, Am. U. L. Rev. 1892, 899, 900 f.; Greenwood, International Affairs 2002, 301, 312 f.; Otto, Targeted Killings and International Law, S. 435; a.A. noch die ältere Literatur: Hess, Die Anwendbarkeit des humanitären Völkerrechts, insbesondere in gemischten Konflikten – Eine Untersuchung der Anwendbarkeit der Genfer und Haager Konventionen anhand der Konflikte in Afghanistan, Angola, Kampuchea, im Libanon und im Tschad, S. 139 ff..

Eine Ausnahme vom Grundsatz, dass das Recht internationaler bewaffneter Konflikte nur im Rahmen von Konflikten zwischen Staaten anwendbar sein kann, wird nur durch ein Vertragswerk in Form von Art. 1 Abs. 4 ZP I zugelassen.[539] Durch den eindeutigen Wortlaut werden nur Befreiungskriege gegen Kolonisierung, fremde Besatzung oder gegen Regime erfasst, die explizit auf Rassendiskriminierung aufbauen.[540] Erstere Fallgruppe hat in der heutigen Staatenkonstellation keine Bedeutung mehr.[541] Die zweite Fallgruppe hat nur einen äußerst geringen über Art. 2 Abs. 2 GK hinausgehenden Anwendungsbereich.[542] Nach dem Ende des Nationalsozialismus in Deutschland gab es keinen Staat mehr, der in den Grundlagen seiner Staatsverfassung Menschen explizit aufgrund ihrer Rassenzugehörigkeit diskriminiert. Da aber nur unter dieser Voraussetzung der dritte Fall des Art. 1 Abs. 4 ZP I einschlägig ist,[543] wird er auch in der Zukunft nur selten von Belang sein.

Dementsprechend kann ein internationaler bewaffneter Konflikt in der heutigen Praxis grundsätzlich nur dann vorliegen, wenn auf beiden Seiten eines Konflikts zumindest ein Staat steht.[544]

bb) Nichtinternationaler bewaffneter Konflikt

Die vorliegende Konfliktkonstellation lässt sich aber als nichtinternationaler bewaffneter Konflikt einordnen. Das liegt schon deswegen nahe, weil mit Ausnahme der Beteiligung eines weiteren Staates keine Abweichung vom Normalfall des nichtinternationalen bewaffneten Konflikts vorliegt. Ausgangspunkt für die Untersuchung

---

539 Kreß, J. Conflict & Sec. L. 2010, 245, 255.

540 Weiterführend: Kwakwa, The International Law of Armed Conflict: Personal and Material Fields of Application, S. 49 ff.

541 Kleffner, in: Fleck (Hrsg.), The Handbook of International Humanitarian Law, Rn. 202.4.

542 Kleffner, in: Fleck (Hrsg.), The Handbook of International Humanitarian Law, Rn. 202.4.

543 ICRC, Commentary on ZP's (1987), S. 54; Cullen, Mil. L. Rev. 2005, 66, 90; Kleffner, in: Fleck (Hrsg.), The Handbook of International Humanitarian Law, Rn. 202.4.

544 Ambos, in: Lagodny (Hrsg.), Münchener Kommentar zum Strafgesetzbuch, Bd. 8, Vor §§ 8 VStGB, Rn. 23; Fleck, in: Fleck (Hrsg.), The Handbook of International Humanitarian Law, Rn. 1201.3c; Gasser/ Thürer in: Wolfrum (Hrsg.), The Max Planck Encyclopedia of Public International Law, Bd. V, Humanitarian Law, International, Rn. 2; *IKRK* (2008), S. 5; Kreß, J. Conflict & Sec. L. 2010, 245, 255; Lubell, Extraterritorial Use of Force against Non-State Actors, S. 96; Pejic, IRRC 2011, 189, 196; Sassòli, Transnational Armed Groups and International Humanitarian Law, S. 4; Schondorf, N.Y.U. J. Int'l L. & Pol. 2004–2005, 1, 6.

der Kompatibilität mit dem Recht der nichtinternationalen bewaffneten Konflikte muss auch hier wieder der Wortlaut sein. Art. 3 Abs. 1 GK statuiert:

> *In the case of armed conflict not of an international character occurring in the territory of one of the High Contracting Parties, each Party to the conflict shall be bound to apply, as a minimum, the following provisions.*

Der Wortlaut stellt keine vergleichbare Hürde auf, wie es Art. 2 Abs. 1 GK im Zusammenhang mit dem Recht der internationalen bewaffneten Konflikte tut. Denn die Einschränkung „*occuring in the territory of one of the High Contracting Parties*" kann selbst bei einer engen Auslegung des Wortlauts nicht so verstanden werden, dass an einem nichtinternationaler bewaffneter Konflikt nicht mehr als ein Staat beteiligt sein darf.[545] Nur wenn der Wortlaut diese Vorgabe machen würde, könnte die vorliegende Konfliktkonstellation nicht den nichtinternationalen bewaffneten Konflikten zugeordnet werden. Denn in keiner anderen Eigenschaft weicht sie von deren Normalfall ab. Der Wortlaut ließe sich, wenn überhaupt, nur dahingehend verstehen, dass ein nichtinternationaler bewaffneter Konflikt nur auf dem Gebiet eines einzigen Staates stattfinden kann.[546] Diese Einschränkung wird aber durch die vorliegende Konfliktkonstellation erfüllt.

Nur die Entstehungsgeschichte sowohl von Art. 3 GK als auch des ZP II lässt sich gegen die Zuordnung der vorliegenden Konfliktkonstellation zu den nichtinternationalen bewaffneten Konflikten anführen.[547] Denn beim Entwurf dieser Vorschriften war eine Erstreckung des Rechtsregimes auf Fälle außerhalb der klassischen Konfliktkonstellation nicht in Betracht gezogen worden.[548] Allerdings verfügt die vorliegende Konfliktkonstellation über eine große Ähnlichkeit zu der klassischen Konfliktkonstellation der nichtinternationalen bewaffneten Konflikte. Denn die Interessenlage der Auseinandersetzung zwischen einem Staat und einem nichtstaatlichen Akteur ändert sich nicht dadurch, dass der Staat durch einen weiteren

545 Lubell, Extraterritorial Use of Force against Non-State Actors, S. 100; implizit so auch: Kleffner, in: Fleck (Hrsg.), The Handbook of International Humanitarian Law, Rn. 209.2; Marauhn/ Ntoubandi in: Wolfrum (Hrsg.), The Max Planck Encyclopedia of Public International Law, Bd. I, Armed Conflict, Non-International, Rn. 41.

546 Implizit so: Pictet, The Geneva Conventions of 12 August 1949: Commentary 4. Geneva Convention, S. 36.

547 Arimatsu, YIHL 2009, 157, 186; Kreß, J. Conflict & Sec. L. 2010, 245, 255; Lubell, Extraterritorial Use of Force against Non-State Actors, S. 100; Murphy, Geo. Wash. L. Rev. 2006–2007, 1105, 1115 f.

548 Pictet, The Geneva Conventions of 12 August 1949: Commentary 4. Geneva Convention, S. 36.

Staat unterstützt wird.[549] Sie liegt gerade darin, durch Art. 3 GK in einer Auseinandersetzung mit einem autonom agierenden nichtstaatlichen Akteur an weniger rigide Vorschriften gebunden zu sein als in der Auseinandersetzung mit einem anderen Staat. Es liegt deswegen sehr fern, dass die Urheber des Rechtes der nichtinternationalen bewaffneten Konflikte die Anwendbarkeit dieses Rechtsregimes nur deswegen verneint hätten, weil ein weiterer Staat an dem Konflikt beteiligt ist.[550]

Für eine Subsumption solcher Konfliktkonstellationen unter die nichtinternationalen bewaffneten Konflikte spricht, dass sonst eine Lücke bei der Erfassung moderner Konflikte durch das humanitäre Völkerrecht entstünde.[551] Denn unabhängig davon, ob die vorliegende Konfliktkonstellation unter das Recht der nichtinternationalen bewaffneten Konflikte fällt, lässt sie sich ausweislich des Wortlautes des Art. 2 Abs. 1 GK jedenfalls nur auf dem Wege eines Systembruchs dem Recht der internationalen bewaffneten Konflikte zuordnen.

Es widerspräche aber dem Grundgedanken von Art. 3 GK, wenn das humanitäre Völkerrecht auf diese Arten von Konflikten überhaupt nicht anwendbar wäre. Art. 3 GK enthält neben Art. 75 ZP I die als elementar betrachteten Grundregeln für bewaffnete Konflikte.[552] Dementsprechend sollen seine Vorschriften die Mindestrechte der Schutzbedürftigen in allen Auseinandersetzungen ab einer gewissen Intensität sichern.[553] Auf dieser Grundlage hat sich auch seine gewohnheitsrechtliche Geltung im Rahmen jedes bewaffneten Konflikts entwickelt.[554] Würde man nun eine bewaffnete Auseinandersetzung wegen dessen internationalen Bezügen und der Parteienkonstellation trotz des Vorliegens aller anderen Voraussetzungen nicht einer Art des bewaffneten Konflikts zuordnen, so würde der universelle Geltungsanspruch unterlaufen.[555] Denn Art. 3 GK fordert gerade

---

549 Lubell, Extraterritorial Use of Force against Non-State Actors, S. 103; Schindler, IRRC 1982, 255, 261.

550 Bassiouni, Harv. Int'l L.J. 2002, 83, 99; Lubell, Extraterritorial Use of Force against Non-State Actors, S. 103.

551 Holland, Suffolk Transnat'l L. Rev. 2011, 145, 159; Sassòli, Transnational Armed Groups and International Humanitarian Law, S. 8 f.

552 Statt vieler: Paulus/ Vashakmadze, IRRC 2009, 95, 117.

553 Pictet, The Geneva Conventions of 12 August 1949: Commentary 4. Geneva Convention, S. 36; Sassòli, Transnational Armed Groups and International Humanitarian Law, S. 9.

554 Marauhn/ Ntoubandi in: Wolfrum (Hrsg.), The Max Planck Encyclopedia of Public International Law, Bd. I, Armed Conflict, Non-International, Rn. 18.

555 Jinks, Yale J. Int'l L. 2003, 1, 40; Lubell, Extraterritorial Use of Force against Non-State Actors, S. 103; Sassòli, Transnational Armed Groups and International Humanitarian Law, S. 9.

eine möglichst umfassende Geltung, sobald die grundsätzlichen Anwendungsvoraussetzungen, insbesondere in Form von Intensität der Kampfhandlungen und Organisation des nichtstaatlichen Akteurs, erfüllt sind.[556]

Gegen die Zuordnung der vorliegenden Konfliktkonstellation zu den nichtinternationalen bewaffneten Konflikten lassen sich aber auch grundsätzliche Bedenken äußern. Hintergrund ist die Befürchtung, dass so das Recht der Besatzung fremder Staaten umgangen werden könnte.[557] Würde der intervenierende Staat auf Seiten eines nichtstaatlichen Akteurs gegen die Regierung des territorial betroffenen Staates kämpfen und würde der nichtstaatliche Akteur die Regierung soweit zurückdrängen, dass dieser selbst die Regierung bilden kann, so würde der Konflikt nach dem zuvor Gesagten im selben Augenblick nicht mehr dem Recht der internationalen, sondern dem Recht der nichtinternationalen bewaffneten Konflikte unterfallen. Dies könnte aber dazu führen, dass Staaten bei der Eroberung eines Landes die Anwendbarkeit des Besatzungsrechts dadurch umgehen, dass sie eine Marionettenregierung einsetzen.[558]

Letztlich vermögen derartige Überlegungen nicht zu überzeugen. Denn die Gefahr des Rechtsmissbrauchs kann nahezu nie ausgeschlossen werden. Es bleibt der Punkt bestehen, dass der Wortlaut von Art. 3 GK, anders als der von Art. 2 GK, die Subsumption dieser Konfliktkonstellation erlaubt und von der jüngeren Staatenpraxis gestützt wird.[559] Unabhängig davon, ob eine Zweiparteien- oder eine Gesamtbetrachtung angestellt wird, ist in der vorliegenden Konfliktkonstellation somit stets das Recht der nichtinternationalen bewaffneten Konflikte anwendbar.[560]

Lassen sich die Kampfhandlungen zwischen dem territorial betroffenen Staat und dem nichtstaatlichen Akteur sowie zwischen intervenierendem Staat und

---

556 Jinks, Va. J. Int'l L. 2005–2006, 165, 188 f.; Marauhn/ Ntoubandi in: Wolfrum (Hrsg.), The Max Planck Encyclopedia of Public International Law, Bd. I, Armed Conflict, Non-International, Rn. 14.

557 Schindler, IRRC 1982, 255, 263.

558 Akande, in: Wilmshurst (Hrsg.), International Law and the Classification of Conflicts, S. 63; Gasser, Am. U. L. Rev. 1983, 145, 154; allgemein auf die Missbrauchsgefahr hinweisend: Aldrich, Am. J. Int'l L. 2000, 42, 62 f.

559 Tiefergehend und mit entsprechenden Nachweisen: Arimatsu, YIHL 2009, 157, 184; Gasser, Am. U. L. Rev. 1983, 145, S. 151 f.; Moir, The Law of Internal Armed Conflict, S. 51.

560 Akande, in: Wilmshurst (Hrsg.), International Law and the Classification of Conflicts, S. 62 f.; Fleck, in: Fleck (Hrsg.), The Handbook of International Humanitarian Law, Rn. 1201.2a; Lubell, Extraterritorial Use of Force against Non-State Actors, S. 101; Paulus/ Vashakmadze, IRRC 2009, 95, 101; Pejic, IRRC 2011, 189, 196; a.A. ohne nähere Begründung: Oeter, AVR 2002, 422, 439.

nichtstaatlichem Akteur getrennt betrachten, bereitet eine Zuordnung zu einem der beiden Rechtsregime des humanitären Völkerrechts andere Schwierigkeiten. In beiden Parteienkonstellationen stehen sich ein Staat und ein nichtstaatlicher Akteur gegenüber. Allein von der Parteienkonstellation her liegen somit klassische Fälle nichtinternationaler bewaffneter Konflikts vor.[561]

Rechtliche Probleme stellen sich hier nur im Zusammenhang mit dem Konflikt zwischen dem hinzukommenden Staat und dem nichtstaatlichen Akteur. Hier ist fraglich, ob auch solche Konflikte dem Recht der nichtinternationalen bewaffneten Konflikte unterfallen können, die nicht auf dem Gebiet des an dem Konflikt beteiligten Staates ausgetragen werden. Wegen der rechtlichen Trennung des Konflikts in Zweiparteienkonstellationen kann hier nicht der betroffene Staat herangezogen werden, um den Normalfall des nichtinternationalen bewaffneten Konflikts herzustellen. Die rechtliche Einordnung dieser Zweiparteienkonstellation entspricht deshalb der dritten Fallkonstellation, also der fehlenden Beteiligung des Staates, auf dessen Gebiet ein Konflikt zwischen einem anderen Staat und einem nichtstaatlichen Akteur ausgetragen wird.

2. Fehlende Beteiligung des territorial betroffenen Staates

Setzt ein Staat auf dem Gebiet eines anderen Staates ohne dessen Beteiligung Gewalt gegen einen nichtstaatlichen Akteur ein, so ist fraglich, ob der Konflikt den internationalen oder den nichtinternationalen bewaffneten Konflikten zuzuordnen ist. Der entscheidende Aspekt dieser Fallkonstellation ist, dass der Staat, auf dessen Gebiet der Konflikt ausgetragen wird, an dem bewaffneten Konflikt auf keiner Seite unmittelbar oder mittelbar beteiligt ist. Wäre das der Fall, so wäre, abhängig von der Seite, auf der er beteiligt ist, die erste[562] oder die zweite[563] Fallkonstellation einschlägig. Besteht aber keine Form irgendeiner Beteiligung des territorial betroffenen Staates, muss er bei der Kategorisierung außer Acht

561 Hess, Die Anwendbarkeit des humanitären Völkerrechts, insbesondere in gemischten Konflikten – Eine Untersuchung der Anwendbarkeit der Genfer und Haager Konventionen anhand der Konflikte in Afghanistan, Angola, Kampuchea, im Libanon und im Tschad, S. 161; so auch schon der IKRK im Rahmen der Intervention der Sovietunion in Afghanistan: Gasser, Am. U. L. Rev. 1983, 145, 150; a.A wegen einer Missbrauchsgefahr für den Fall, dass der nichtstaatliche Akteur die durch den intervenierenden Staat abgesetzte frühere Regierung des betroffenen Staates gewesen ist: Gasser, Am. U. L. Rev. 1983, 145, 154.

562 Siehe dazu S. 94 ff.

563 Siehe dazu S. 97 ff.

bleiben.[564] Denn ob die Anwesenheit von Vertretern des intervenierenden Staates auf dem Gebiet des betroffenen Staates zulässig war und welche grundsätzlichen Auswirkungen auf das Verhältnis beider Staaten bestehen, ist ausschließlich eine Frage des *ius ad bellum*.[565]

Überlegungen, dass der fremde Staat mit Beginn der Intervention gegen den nichtstaatlichen Akteur gleichzeitig in einen Konflikt mit dem territorial betroffenen Staat eintritt, spielen bei der Kategorisierung der vorliegenden Fallkonstellation keine Rolle. Zunächst müssten die Anwendungsvoraussetzungen für einen solchen internationalen bewaffneten Konflikt[566] zwischen dem territorial betroffenen und dem fremden Staat erfüllt sein. Nur in einer solchen Ausnahmesituation käme die Frage auf, welche Auswirkungen dies auf den bestehenden bewaffneten Konflikt zwischen dem fremden Staat und dem nichtstaatlichen Akteur hätte. Grundsätzlich ist dann aber davon auszugehen, dass zwei getrennte Konflikte auf gegebenenfalls demselben Staatsgebiet bestehen, die keine Auswirkungen aufeinander haben.[567] Denn sie sind ja getrennt zu betrachten.[568]

Ohne irgendeine Beteiligung des territorial betroffenen Staates stehen sich in dem auf seinem Gebiet staatfindenden Konflikt somit ausschließlich ein nichtstaatlicher Akteur und der intervenierende Staat gegenüber. Vom Normalfall der nichtinternationalen bewaffneten Konflikte weicht die vorliegende Konstellation insoweit ab, als dass der Konflikt zwischen Staat und nichtstaatlichem Akteur nicht auf dem Gebiet des beteiligten Staates ausgetragen wird. Vom Normalfall

---

564 So implizit auch: Fleck, in: Fleck (Hrsg.), The Handbook of International Humanitarian Law, Rn. 1201.4c); Lubell, Extraterritorial Use of Force against Non-State Actors, S. 102; Paulus/ Vashakmadze, IRRC 2009, 95, 112; Sassòli, Law & Ineq. 2004, 195, 200 f.; Schondorf, N.Y.U. J. Int'l L. & Pol. 2004–2005, 1, 43 f.

565 Kreß, J. Conflict & Sec. L. 2010, 245, 264; O'Connell, in: Fleck (Hrsg.), The Handbook of International Humanitarian Law, Rn. 131.2.

566 ICTY, *Prosecutor v. Dusko Tadić*, Decision on the Defence Motion for Interlocutory Appeal on Jurisdiction vom 2. Oktober 1995, Case No. IT-94-1, Rn. 70; *IKRK* (2008), S. 2; Kleffner, in: Fleck (Hrsg.), The Handbook of International Humanitarian Law, Rn. 202.3; Lubell, Extraterritorial Use of Force against Non-State Actors, S. 95.

567 M.w.N.: Milanovic/ Hadzi-Vidanovic, in: White/ Henderson (Hrsg.), Research Handbook on International Conflict and Security Law, S. 302; Moir, The Law of Internal Armed Conflict, S. 47.

568 Milanovic/ Hadzi-Vidanovic, in: White/ Henderson (Hrsg.), Research Handbook on International Conflict and Security Law, S. 297; zustimmend: Kreß, J. Conflict & Sec. L. 2010, 245, 256; Lubell, in: Wilmshurst (Hrsg.), International Law and the Classification of Conflicts, S. 433; dies außer Acht lassend: Boothby, Conflict Law – The Influence of New Weapons Technology, Human Rights and Emerging Actors, S. 36.

der internationalen bewaffneten Konflikte weicht die vorliegende Konstellation insoweit ab, als dass der Konflikt auch nicht auf dem Gebiet einer beteiligten Partei ausgetragen wird. Zudem befindet sich hier nicht auf jeder Seite des Konflikts zumindest ein Staat.

a) Internationaler bewaffneter Konflikt

Nachdem bereits festgestellt wurde, dass ein internationaler bewaffneter Konflikt grundsätzlich auf jeder Seite die Beteiligung eines Staates voraussetzt[569], kommt eine Zuordnung der vorliegenden Konfliktkonstellation zu den internationalen bewaffneten Konflikten auf den ersten Blick nicht in Betracht.

Es finden sich dennoch Stimmen, die für eine Anwendbarkeit des Rechtes der internationalen bewaffneten Konflikte in vorliegender Fallgruppe plädieren.[570] Der Grundstein dieser Ansicht wurde mit der Position des SCI zum Konflikt Israels mit den palästinensischen Terrororganisationen gelegt.

aa) SCI, Public Committee against Torture v. Israel

Entgegen der obigen Wertung nimmt der SCI an, dass auch außerhalb des israelischen Staatsgebiets der Konflikt zwischen beiden Parteien den internationalen bewaffneten Konflikten zugeordnet werden muss.[571] Begründet wird die Zuordnung wie folgt:

> *In today's reality, a terrorist organization is likely to have considerable military capabilities. At times they have military capabilities that exceed those of states. Confrontation with those dangers cannot be restricted within the state and its penal law. Confronting the dangers of terrorism constitutes a part of the international law dealing with armed conflicts of international character.*[572]

Die Argumentation des SCI überzeugt nicht. Sie zielt nur darauf ab, zu begründen, warum das israelische Binnenrecht als Rechtsordnung allein nicht zum Umgang mit den dort erfahrenen Formen des Terrorismus genügt. Dazu werden die mi-

---

569 Siehe S. 99 f.

570 Akande, in: Wilmshurst (Hrsg.), International Law and the Classification of Conflicts, S. 76; Sassòli, Transnational Armed Groups and International Humanitarian Law, S. 5.

571 SCI, *Public Committee Against Torture v. Israel*, HCJ 769/02, Judgement vom 11. Dezember 2005, Rn. 21; SCI, *Physicians for Human Rights & others v. Prime Minister of Israel & others*, HCJ 201/09, Judgement vom 19. Januar 2009, Rn. 14.

572 SCI, *Public Committee Against Torture v. Israel*, HCJ 769/02, Judgement vom 11. Dezember 2005, Rn. 21.

litärischen Fähigkeiten moderner Terrororganisationen aufgeführt und damit eine Vergleichbarkeit mit Staaten nahegelegt. Darüber hinaus wird noch auf das grenzüberschreitende Element des Konflikts hingewiesen.

Warum gerade das Recht der internationalen bewaffneten Konflikte als Rechtsordnung des humanitären Völkerrechts anwendbar ist, ergibt sich daraus jedoch nicht. Die im Vergleich der beiden Rechtsregime bestehende Privilegierung der Kombattanten im Rahmen internationaler bewaffneter Konflikte beruht darauf, dass die Soldaten nach ihrem jeweiligen staatlichen und internationalen Recht rechtmäßig handeln.[573] Dies ist aber bei nichtstaatlichen Akteuren gerade nicht der Fall. Denn es sind keine Fälle denkbar, in denen sie nicht entgegen dem geltenden staatlichen Recht handeln. Dementsprechend ist das Vorliegen eines grenzüberschreitenden Elements in einem Konflikt für sich genommen kein Grund für die Anwendbarkeit des Rechtes der internationalen bewaffneten Konflikte und der damit verbundenen Privilegierung von Kämpfern.[574]

In der Begründung des SCI für seine Annahme findet sich lediglich das Argument, dass der Gerichtshof den Konflikt zwischen Israel und den palästinensischen Terrororganisationen schon immer den internationalen bewaffneten Konflikten zugeordnet hat:

> *Admittedly, the classification of the armed conflict between the state of Israel and the Hamas organization as an international conflict raises several difficulties. Nevertheless, in a string of Judgements we have regarded this conflict as an international conflict.*[575]

Die Entscheidungsbegründung in der Sache *Public Committee Against Torture v. Israel* verweist zudem auf einen Aufsatz, der auch die Position des SCI vertreten soll.[576] Im Unterschied zu der Position des SCI vertritt der Aufsatz jedoch die Ansicht, dass ein Konflikt zwischen einem nichtstaatlichen Akteur und einem Staat auf durch den Staat besetztem Gebiet auch dem Recht der internationalen bewaffneten Konflikte zuzuordnen ist.[577] Die Position des SCI wird dadurch aber nicht vollständig gestützt.[578]

---

573 Kreß, J. Conflict & Sec. L. 2010, 245, 255; Paulus/ Vashakmadze, IRRC 2009, 95, 102.

574 Paulus/ Vashakmadze, IRRC 2009, 95, 102.

575 SCI, *Physicians for Human Rights and others v. Prime Minister of Israel & others*, HCJ 201/09, Judgement vom 19. Januar 2009, Rn. 14.

576 SCI, *Public Committee Against Torture v. Israel*, HCJ 769/02, Judgement vom 11. Dezember 2005, Rn. 21.

577 Cassese, International Law, S. 420.

578 So auch: Schondorf, J. Int'l Crim. Just. 2007, 301, 303.

Teilweise wird vermutet, dass der SCI den Konflikt zwischen Israel und den palästinensischen Terrororganisationen nur deswegen dem Recht der internationalen bewaffneten Konflikte unterstellt, weil er die Voraussetzungen von Art. 4 Abs. 1 ZP I als erfüllt ansieht.[579] Da Israel nicht an das ZP I gebunden ist, durfte der SCI aber nicht explizit auf das ZP I zur Begründung Bezug nehmen.[580] Schließlich unterstützt auch der UNHRC die Sichtweise des SCI nicht. Denn er hält das Recht der internationalen bewaffneten Konflikte nur deshalb für auf die Auseinandersetzung zwischen Israel und der Hisbollah anwendbar, weil die Hisbollah eine Miliz im Sinne des Art. 4.A Abs. 2 GK III sei.[581]

bb) SCUS, Hamdan v. Rumsfeld

Es gibt jedoch auch nationale höchstgerichtliche Rechtsprechung, die einer entgegengesetzten Auffassung anhängt. Der Oberste Gerichtshof der USA hat sich in einer Entscheidung gegen die Zuordnung von Konflikten zwischen international agierenden nichtstaatlichen Akteuren und einem Staat zu den internationalen bewaffneten Konflikten gewandt:

> *In context, then, the phrase 'not of an international character' bears its literal meaning.* [...] *(using the term 'international law' as a 'new though not inexpressive appellation' meaning 'betwixt nation and nation'; defining 'international' to include 'mutual transactions between sovereigns as such');*[...] *('[A] non-international armed conflict is distinct from an international armed conflict because of the legal status of the entities opposing each other').*[582]

Im Zusammenhang mit der Auslegung des Urteils ist jedoch schon nicht klar, ob der SCUS wirklich den weltweiten Konflikt mit al-Qaida einem Rechtsregime des humanitären Völkerrechts unterstellen wollte. Betrachtet man einzelne Randbemerkungen des Urteils[583], so kann man aus ihnen den Eindruck gewinnen, dass die Vorschriften zu den internationalen bewaffneten Konflikten auf diesen Konflikt anwendbar sind.[584] Andererseits hält der SCUS Art. 3 GK explizit für auf den Konflikt anwendbar:

---

579 Ben-Naftali/ Michaeli, Am. J. Int'l L. 2007, 459, 464.

580 Arimatsu, YIHL 2009, 157, 176, Fn. 103; Ben-Naftali/ Michaeli, Am. J. Int'l L. 2007, 459, 464.

581 VN Doc A/HRC/3/2, 23. November 2006, Rn. 57.

582 SCUS, *Hamdan v. Rumsfeld, Secretary of Defense et al*, No. 05–184, Judgement vom 29. Juni 2009, S. 67 f.

583 SCUS, *Hamdan v. Rumsfeld, Secretary of Defense et al*, No. 05–184, Judgement vom 29. Juni 2009, S. 66, Fn. 61.

584 Milanovic, IRRC 2007, 373, 379.

> *We need not decide the merits of this argument [ob der bewaffnete Konflikt internationaler Art ist] because there is at least one provision of the Geneva Conventions that applies here even if the relevant conflict is not one between signatories.*[585]
> *The Court of Appeals thought [...] that Common Article 3 does not apply to Hamdan [...]. That reasoning is erroneous. The term 'conflict not of an international character' is used here in contradistinction to a conflict between nations. [...] Common Article 2 provides that 'the present Convention shall apply to all cases of declared war or of any other armed conflict which may arise between two or more of the High Contracting Parties.' [...]. Common Article 3, by contrast, affords some minimal protection, falling short of full protection under the Conventions, to individuals associated with neither a signatory nor even a nonsignatory 'Power' [...]. The latter kind of conflict is distinguishable from the conflict described in Common Article 2 chiefly because it does not involve a clash between nations [...].*[586]

Würde letzterer Aussage konsequent gefolgt, so könnte der Konflikt zwischen den USA und al-Qaida unter keinen Umständen den internationalen bewaffneten Konflikten zugeordnet werden. Gleichzeitig bedeutet die Anwendbarkeit von Art. 3 GK jedoch noch nicht zwingend, dass das Recht der nichtinternationalen bewaffneten Konflikte insgesamt auf den fraglichen Konflikt anwendbar ist.[587] Denn Art. 3 GK könnte auch nur deswegen und nur für sich genommen im Rahmen des Konflikts anwendbar sein, weil er gewohnheitsrechtlich im Rahmen jedes bewaffneten Konflikts gilt.[588] Nichtsdestotrotz neigen Teile der Literatur[589] und die amerikanische Regierung[590] dazu, die Entscheidung dahingehend auszulegen. Man muss aber festhalten, dass der SCUS in der Entscheidung nirgendwo explizit das Vorliegen eines bewaffneten Konflikts zwischen den USA und al-Qaida thematisiert hat.[591]

cc) Systematik und Telos

Das Recht der internationalen bewaffneten Konflikte passt nach Telos und Systematik nicht auf die in Frage stehende Konfliktkonstellation. Das macht schon

---

585 SCUS, *Hamdan v. Rumsfeld, Secretary of Defense et al*, No. 05-184, Judgement vom 29. Juni 2009, S. 66.

586 SCUS, *Hamdan v. Rumsfeld, Secretary of Defense et al*, No. 05-184, Judgement vom 29. Juni 2009, S. 67.

587 So auch: Milanovic, IRRC 2007, 373, 377.

588 *ILA* (2010), S. 24 f.; Milanovic, IRRC 2007, 373, 377.

589 Deeks, in: Jinks u. a. (Hrsg.), Applying International Humanitarian Law in Judicial and Quasi-Judicial Bodies, S. 144; Turns, N.Y. City L. Rev. 2006–2007, 435, 468.

590 VN Doc, A/HRC/WG.6/9/USA/1, 23. August 2010, Rn. 84.

591 Arimatsu, YIHL 2009, 157, 177; Lubell, in: Wilmshurst (Hrsg.), International Law and the Classification of Conflicts, S. 429; Milanovic, IRRC 2007, 373, 377; Modirzadeh, Harv. Nat'l Sec. J. 2014, 225, 261.

ein Vergleich zu der Situation deutlich, in der der betroffene Staat selbst gegen den von seinem Territorium aus operierenden nichtstaatlichen Akteur vorgehen würde.[592] Dies würde nämlich eine klassische Konstellation eines nichtinternationalen bewaffneten Konflikts darstellen.

Gegen die Anwendbarkeit des Rechtes der internationalen bewaffneten Konflikte in diesen Fallkonstellationen spricht zudem, dass Mitgliedern des nichtstaatlichen Akteurs nach Sinn und Zweck des humanitären Völkerrechts nicht das Privileg des Kombattantenstatus zukommen soll.[593] So wünschenswert die Anwendbarkeit des Rechtes der internationalen bewaffneten Konflikte im Hinblick auf die größere Zahl geschriebener Vorschriften auch sein mag, so klar ist auch, dass die Anwendbarkeit am Wortlaut von Art. 2 GK und dessen Auslegung scheitert.[594] Denn *de lege lata* kann das Recht der internationalen bewaffneten Konflikte grundsätzlich nicht im Rahmen eines Konflikts anwendbar sein, bei der eine Seite nur aus einem oder mehreren nichtstaatlichen Akteuren besteht.[595]

Eine Ausnahme von diesem Grundsatz ist dann möglich, wenn in der vorliegenden Konstellation die Intervention des fremden Staates ein solches Ausmaß erreicht, dass sie eine Besetzung eines fremden Staatsgebiets darstellt. Ist dies der Fall, kann der zwischen einem nichtstaatlichen Akteur und einem intervenierenden Staat ausgetragene bewaffnete Konflikt auf dem Gebiet eines anderen Staates ausnahmsweise gemäß Art. 2 Abs. 1 GK dem Recht der internationalen bewaffneten Konflikte unterfallen.[596] Andernfalls aber bleibt die Regel bestehen, dass der eindeutige Wortlaut von Art. 2 Abs. 1 GK die Zuordnung von Auseinandersetzungen zwischen nichtstaatlichen Akteuren und Staaten zum Recht der interna-

---

592 Kreß, J. Conflict & Sec. L. 2010, 245, 258.

593 Paulus/ Vashakmadze, IRRC 2009, 95, 112.

594 ICTY, *Prosecutor v. Dusko Tadić*, Decision on the Defence Motion for Interlocutory Appeal on Jurisdiction vom 2. Oktober 1995, Case No. IT-94-1, Rn. 70; *IKRK* (2008), S. 2; Kleffner, in: Fleck (Hrsg.), The Handbook of International Humanitarian Law, Rn. 202.3; Lubell, Extraterritorial Use of Force against Non-State Actors, S. 95.

595 Ambos, in: Lagodny (Hrsg.), Münchener Kommentar zum Strafgesetzbuch, Bd. 8, Vor §§ 8 VStGB, Rn. 23; Fleck, in: Fleck (Hrsg.), The Handbook of International Humanitarian Law, Rn. 1201.3c; *IKRK* (2008), S. 5; Kreß, J. Conflict & Sec. L. 2010, 245, 255; Lubell, Extraterritorial Use of Force against Non-State Actors, S. 98 f.; Pejic, IRRC 2011, 189, 196; Sassòli, Transnational Armed Groups and International Humanitarian Law, S. 4; Schondorf, N.Y.U. J. Int'l L. & Pol. 2004–2005, 1, 6.

596 Vgl.: IGH, *Armed Activities on the Territory of the Congo* (Democratic Republic of the Congo v. Uganda), Judgement vom 19. Dezember 2005, Rn. 216.

tionalen bewaffneten Konflikte grundsätzlich untersagt.[597] Als Rechtsregime des humanitären Völkerrechts kommt in der dritten Fallkonstellation somit nur das Recht der nichtinternationalen bewaffneten Konflikte in Betracht.

b) Nichtinternationaler bewaffneter Konflikt

Dass, wie im Zuge der zweiten Fallkonstellation gezeigt[598], Konfliktkonstellationen den nichtinternationalen bewaffneten Konflikten zugeordnet werden können, in denen zwei Staaten gemeinsam auf dem Gebiet des einen Staates gegen einen nichtstaatlichen Akteur vorgehen[599], lässt sich nicht ohne weiteres auf die vorliegende Problemkonstellation übertragen.[600] Denn von dieser Fallkonstellation weicht der vorliegende Fall insoweit ab, als dass hier nicht ein klassischer nichtinternationaler bewaffneter Konflikt nur unter Beteiligung eines weiteren Staates ausgetragen wird. Der internationale Aspekt dieser Konfliktkonstellation liegt vorliegend darin, dass ein Staat einem nichtstaatlichen Akteur gegenübersteht, der Konflikt aber gerade auf dem Staatsgebiet eines anderen Staates ausgetragen wird. Damit ist die rechtliche Problematik dieser Fallkonstellation jedoch mit derjenigen identisch, die sich stellt, wenn der intervenierende Staat auf Seiten des anderen Staates in einem Konflikt interveniert, die Kampfhandlungen mit dem nichtstaatlichen Akteur jedoch getrennt davon verlaufen.

Die „Internationalisierung" im Sinne einer Abweichung vom Normalfall des nichtinternationalen bewaffneten Konflikts als Auseinandersetzung ohne internationale Aspekte resultiert in beiden Fällen nicht, wie in der zweiten Fallgruppe, aus einer Veränderung der Parteienkonstellation. In den beiden angesprochenen Fällen besteht die Internationalisierung in einem vom Normallfall abweichenden geographischen Austragungsort des bewaffneten Konflikts. Dass das gemeinsame Vorgehen zweier Staaten gegen einen nichtstaatlichen Akteur zu der Kategorie der nichtinternationalen bewaffneten Konflikte zu zählen ist, kann folglich nur einen Teil der Argumentation für eine Zuordnung auch der hier fraglichen Konfliktkon-

---

597 Akande, in: Wilmshurst (Hrsg.), International Law and the Classification of Conflicts, S. 73; Ambos, in: Lagodny (Hrsg.), Münchener Kommentar zum Strafgesetzbuch, Bd. 8, Vor §§ 8 ff., Rn. 33.

598 Siehe S. 94 ff.

599 Akande, in: Wilmshurst (Hrsg.), International Law and the Classification of Conflicts, S. 62 f.; Fleck, in: Fleck (Hrsg.), The Handbook of International Humanitarian Law, Rn. 1201.2a; Lubell, Extraterritorial Use of Force against Non-State Actors, S. 101, 439; Paulus/ Vashakmadze, IRRC 2009, 95, 101; Pejic, IRRC 2011, 189, 196; a.A. ohne nähere Begründung: Oeter, AVR 2002, 422.

600 Schondorf, N.Y.U. J. Int'l L. & Pol. 2004–2005, 1, 13.

stellationen zu den nichtinternationalen bewaffneten Konflikten sein.[601] Es stellt aber ein Argument dar, weil es die grundsätzliche Möglichkeit beweist, dass auch Konflikte mit einem internationalen Aspekt dem Recht der nichtinternationalen Konflikte zugeordnet werden können.

Folglich ist entscheidend, ob die Kategorie der nichtinternationalen bewaffneten Konflikte auch solche Konstellationen erfasst, in denen sich ein Staat und ein nichtstaatlicher Akteur auf dem Gebiet eines nichtbeteiligten Staates ohne dessen Einwilligung gegenüberstehen.[602] Für die Erfassung dieser Fallgruppe spricht eine hypothetische Annahme: Wäre der Staat, auf dessen Gebiet der Konflikt stattfindet, selbst in die bewaffnete Auseinandersetzung mit dem nichtstaatlichen Akteur eingetreten, läge ein nichtinternationaler bewaffneter Konflikt vor. Dass sich diese Rechtslage ändert, weil der betroffene Staat nicht demgemäß gehandelt hat und nun ein anderer Staat gegen den nichtstaatlichen Akteur vorgeht, rechtfertigt nicht eine unterschiedliche rechtliche Behandlung.[603]

Dieses Argument ist jedoch nicht zwingend. Denn aus der Zuordnung einer Fallkonstellation kann nicht zwingend auf die Zuordnung einer anderen Fallkonstellation geschlossen werden. Die vorliegende Form des Konflikts kann, wie soeben gezeigt, zwar nicht zu den internationalen bewaffneten Konflikten gezählt werden.[604] Trotzdem ergibt sich daraus nicht notwendig, dass dann eine Zuordnung zu den nichtinternationalen bewaffneten Konflikten erfolgt. Denn die Anwendungsvoraussetzungen der beiden Rechtsregime des humanitären Völkerrechts stehen in keinem direkten Verhältnis zueinander.[605]

---

601 Fleck, in: Fleck (Hrsg.), The Handbook of International Humanitarian Law, Rn. 1201.4; Jinks, Yale J. Int'l L. 2003, 1, 41; Lubell, Extraterritorial Use of Force against Non-State Actors, S. 101.

602 Paulus/ Vashakmadze, IRRC 2009, 95, 112; Pejic, IRRC 2011, 189, 194; Schmitt, Colum. J. Transnat'l L. 2013–2014, 77, 93 f.

603 Kreß, J. Conflict & Sec. L. 2010, 245, 256.

604 *IKRK* (2008), S. 2; Kleffner, in: Fleck (Hrsg.), The Handbook of International Humanitarian Law, Rn. 202.3; Lubell, Extraterritorial Use of Force against Non-State Actors, S. 95. Siehe S. 110 f.

605 Akande, in: Wilmshurst (Hrsg.), International Law and the Classification of Conflicts, S. 34; Kleffner, in: Fleck (Hrsg.), The Handbook of International Humanitarian Law, Rn. 202, 205, 209.

aa) Wortlaut

Der Wortlaut von Art. 1 Abs. 1 ZP II spricht dagegen, die hier fragliche Konfliktkonstellation als nichtinternationalen Konflikt einzuordnen.[606] Denn dort findet sich der gleiche Wortlaut wie in Art. 2 GK:

> [...] *which take place in the territory of a High Contracting Party between its armed forces and dissident armed forces* [...].

Letztlich ist aber allein der Wortlaut von Art. 3 GK ausschlaggebend, da nichtinternationale bewaffnete Konflikte im Sinne des ZP II ein eigenes Rechtsregime bilden.[607] Maßgeblich ist deshalb, wie der relevante Passus von Art. 3 GK, „*occuring in the territory of one of the High Contracting Parties*", zu verstehen ist. In dem vorliegenden Zusammenhang könnte er so zu verstehen sein, dass ein nichtinternationaler bewaffneter Konflikt nur ein solcher Konflikt sein kann, der auch auf dem Gebiet desjenigen Staates ausgetragen wird, der an ihm selbst beteiligt ist.[608] Andererseits lässt sich der Passus auch so verstehen, dass der Konflikt nur auf dem Gebiet irgendeines Unterzeichners der Genfer Konventionen ausgetragen werden muss.[609]

bb) Entstehungsgeschichte

Nach der Entstehungsgeschichte von Art. 3 GK und von ZP II dürften nichtinternationale bewaffnete Konflikte keine internationalen Bezüge aufweisen.[610] Das Hauptziel der Verfasser des Art. 3 GK war es insbesondere, die Vorschriften für nichtinternationale bewaffnete Konflikte vor allem wegen der Implikationen für die eigene Souveränität und wegen Befugnissen im Rahmen der Bekämpfung von Aufständen zu beschränken.[611] Zwar nahmen die Verfasser der Genfer Konventionen im Gegenzug in Kauf, dass Art. 3 GK auf viele Konflikte anwendbar

---

606 Kreß, J. Conflict & Sec. L. 2010, 245, 255; Melzer, Targeted Killing in International Law, S. 258.

607 Fleck, in: Fleck (Hrsg.), The Handbook of International Humanitarian Law, Rn. 1201.6; Marauhn/ Ntoubandi in: Wolfrum (Hrsg.), The Max Planck Encyclopedia of Public International Law, Bd. I, Armed Conflict, Non-International, Rn. 4.

608 Lubell, Extraterritorial Use of Force against Non-State Actors, S. 100; Pejic, IRRC 2011, 189, 203 ff.

609 Lubell, Extraterritorial Use of Force against Non-State Actors, S. 102; Sassòli, Law & Ineq. 2004, 195, 200 f.

610 Jinks, Va. J. Int'l L. 2005–2006, 165, 188; Kreß, J. Conflict & Sec. L. 2010, 245, 255; Lubell, Extraterritorial Use of Force against Non-State Actors, S. 100; Schondorf, N.Y.U. J. Int'l L. & Pol. 2004–2005, 1, 42; Näher dazu S. 101 ff.

611 Vgl.: Final Record of the Diplomatic Conference of Geneva of 1949, Bd. II.B, S. 121.

ist.[612] Aus der Entstehungsgeschichte wird jedoch auch deutlich, dass die Verfasser es nicht für möglich hielten, dass ein Konflikt mit einem nichtstaatlichen Akteur auf einem anderen als dem eigenen Staatsgebiet ausgetragen werden könnte.[613] Die Entwicklungsgeschichte spricht also dagegen, die vorliegende Fallkonstellation als nichtinternationalen bewaffneten Konflikt zu werten.

cc) Sinn und Zweck

Allerdings ist zu beachten, dass der Entstehungsgeschichte im Vergleich zum Sinn und Zweck des humanitären Völkerrechts eine nachrangige Bedeutung zukommt. Würde man über eine nicht vom Wortlaut von Art. 3 GK vorgegebene enge Auslegung nun bestimmte Konflikte überhaupt nicht dem humanitären Völkerrecht unterstellen, entstünden dem Sinn und Zweck der Genfer Konventionen widersprechende Regelungslücken.[614] Denn moderne Konfliktkonstellationen, die bei den Entwürfen noch nicht bekannt waren, würden nur selten unter die bestehenden Verträge gefasst werden können. Dem Sinn und Zweck des humanitären Völkerrechts entspricht es aber gerade, dass in jeder Auseinandersetzung von einer gewissen Intensität eines seiner Rechtsregime einen gewissen Mindestschutz für Unbeteiligte gewährleistet.[615] Dementsprechend entspricht es auch dem Sinn und Zweck des Rechtes der nichtinternationalen bewaffneten Konflikte, diese Konfliktkonstellation zu erfassen.[616]

Zudem steht die Entstehungsgeschichte einer Zuordnung der in Frage stehenden Fallkonstellation zum Rechtsregime der nichtinternationalen bewaffneten Konflikte auch nicht endgültig entgegen.[617] Denn der Hauptgrund für die Schaffung von Art. 3 GK, nichtstaatlichen Akteuren nicht die gleichen Rechte einzuräumen wie Staaten[618], wird nicht tangiert. Bei der Formulierung von Art. 3

612 Final Record of the Diplomatic Conference of Geneva of 1949, Bd. II.B, S. 121.

613 Vgl.: Final Record of the Diplomatic Conference of Geneva of 1949, Bd. II.B, S. 121; Pictet, The Geneva Conventions of 12 August 1949: Commentary 4. Geneva Convention, S. 36.

614 Jinks, Va. J. Int'l L. 2005–2006, 165, 188 f.; Sassòli, Law & Ineq. 2004, 195, 200 f.

615 Jinks, Va. J. Int'l L. 2005–2006, 165, 189; Lubell, Extraterritorial Use of Force against Non-State Actors, S. 102; Sassòli, Law & Ineq. 2004, 195, 200 f.

616 Lubell, Extraterritorial Use of Force against Non-State Actors, S. 102; Pejic, IRRC 2011, 189, 203; Sassòli, Law & Ineq. 2004, 195, 201.

617 Abi-Saab, in: Delissen/ Tanja (Hrsg.), Humanitarian Law of Armed Conflict Challenges Ahead: Essays in Honour of Frits Kalshoven, S. 212 f.; Lubell, Extraterritorial Use of Force against Non-State Actors, S. 101.

618 Vgl.: Final Record of the Diplomatic Conference of Geneva of 1949, Bd. II.B, S. 121 ff.

GK hatten die Urheber darüber hinaus schlichtweg nicht daran gedacht, dass Auseinandersetzungen mit einem nichtstaatlichen Akteur auch andere Formen annehmen könnten als mit einem Staat auf dessen eigenem Territorium.[619]

Für die weite Lesart von Art. 3 GK spricht schließlich, dass das Rechtsregime der nichtinternationalen bewaffneten Konflikte von seinen Vorschriften her besser auf derartig gelagerte Konfliktkonstellationen passt als das Recht der internationalen bewaffneten Konflikte.[620] Die internationalen Menschenrechtsabkommen würden einen für die Intensität der Auseinandersetzung unrealistischen Rechtsrahmen bilden.[621]

Folglich lassen sich auch solche Konflikte den nichtinternationalen bewaffneten Konflikten zuordnen, in denen ein Staat einem nichtstaatlichen Akteur auf dem Gebiet eines anderen Staates gegenübersteht.[622]

3. Konflikt auf dem Gebiet mehrerer Staaten

Wenn ein nichtstaatlicher Akteur auf dem Gebiet mehrerer Staaten agiert, so kann es sich grundsätzlich nicht um einen internationalen bewaffneten Konflikt handeln, wenn der nichtstaatliche Akteur keinem Staat zuzurechnen ist.[623] Denn dann ist auf der einen Seite der Parteienkonstellation ausschließlich ein nichtstaatlicher Akteur beteiligt. Das schließt die Anwendbarkeit dieses Rechtsregimes aus.[624]

---

619 Vgl.: Final Record of the Diplomatic Conference of Geneva of 1949, Bd. II.B, S. 121.

620 Kreß, J. Conflict & Sec. L. 2010, 245, 255; Lubell, Extraterritorial Use of Force against Non-State Actors, S. 102 f.

621 Schondorf, N.Y.U. J. Int'l L. & Pol. 2004–2005, 1, 21.

622 Kreß, J. Conflict & Sec. L. 2010, 245, 255; Lubell, Extraterritorial Use of Force against Non-State Actors, S. 100; Milanovic/ Hadzi-Vidanovic, in: White/ Henderson (Hrsg.), Research Handbook on International Conflict and Security Law, S. 287; Pejic, IRRC 2011, 189, 201; Zimmermann/ Geiß, in: Lagodny (Hrsg.), Münchener Kommentar zum Strafgesetzbuch, Bd. 8, § 8 VStGB, Rn. 117.

623 Fleck, in: Fleck (Hrsg.), The Handbook of International Humanitarian Law, Rn. 1201.3c); Kreß, J. Conflict & Sec. L. 2010, 245, 255; Lubell, Extraterritorial Use of Force against Non-State Actors, S. 98 f.; Milanovic/ Hadzi-Vidanovic, in: White/ Henderson (Hrsg.), Research Handbook on International Conflict and Security Law, S. 289; Paulus/ Vashakmadze, IRRC 2009, 95, 102; Sassòli, Transnational Armed Groups and International Humanitarian Law, S. 4; Schondorf, N.Y.U. J. Int'l L. & Pol. 2004–2005, 1, 37.

624 Milanovic/ Hadzi-Vidanovic, in: White/ Henderson (Hrsg.), Research Handbook on International Conflict and Security Law, S. 289; Paulus/ Vashakmadze, IRRC 2009,

Fraglich ist aber, ob die Konfliktkonstellation dem Recht der nichtinternationalen bewaffneten Konflikte zugeordnet werden kann. Dafür muss die Auseinandersetzung zunächst dessen generelle Anwendungsvoraussetzungen[625] erfüllen. Diese müssen aber nicht in jedem einzelnen Staat erfüllt sein. Denn dann lägen juristisch betrachtet schon jeweils getrennte nichtinternationale bewaffnete Konflikte in den entsprechenden Staaten vor.[626] Problematisch ist im Zusammenhang mit dieser Fallkonstellation, ob Konflikte, die sich über das Gebiet von mehr als einem Staat erstrecken, grundsätzlich als nichtinternationale bewaffnete Konflikte gewertet werden können.[627] Vorliegend sollen nur solche Konfliktkonstellationen betrachtet werden, bei denen sich die Kampfhandlungen auf aneinander angrenzende Staaten erstrecken. Konfliktkonstellationen, bei denen die Kampfhandlungen in nichtzusammenhängenden Staaten stattfinden, bilden unter dem Begriff der transnationalen Auseinandersetzungen ein eigenes Problemfeld.[628]

Die hier zu erörternde Rechtsfrage deckt sich nicht mit der Bestimmung des territorialen Anwendungsbereichs des humanitären Völkerrechts. Im vorliegenden Zusammenhang wird lediglich entschieden, ob die Vorschriften zu den nichtinternationalen bewaffneten Konflikten prinzipiell den Rechtmäßigkeitsmaßstab für im Rahmen solcher Auseinandersetzung vorgenommene Handlungen bilden können. Auf welchem konkreten Gebiet dann das Recht des nichtinternationalen bewaffneten Konflikts anwendbar ist, ist die der Bestimmung des territorialen Anwendungsbereichs nachgelagerte Frage.[629]

Die Beantwortung der vorliegenden Rechtsfrage hat jedoch auch eine unmittelbare Bedeutung für die Bestimmung des territorialen Anwendungsbereichs.

95, 102; Sassòli, Transnational Armed Groups and International Humanitarian Law, S. 4; Schondorf, N.Y.U. J. Int'l L. & Pol. 2004–2005, 1, 37.

625 Zu ihnen näher auf S. 134 ff.

626 So auch: Milanovic/ Hadzi-Vidanovic, in: White/ Henderson (Hrsg.), Research Handbook on International Conflict and Security Law, S. 290.

627 Unentschlossen: Zimmermann/ Geiß, in: Lagodny (Hrsg.), Münchener Kommentar zum Strafgesetzbuch, Bd. 8, § 8 VStGB, Rn. 118.

628 In der Literatur wird der Begriff uneinheitlich verwendet, vgl.: Corn, in: Schmitt (Hrsg.), Naval War College International Law Studies, Bd. 85: The War in Afghanistan: A Legal Analysis, S. 182; Corn/ Jensen, Isr. L. Rev. 2012, 46, 50; Fleck, in: Fleck (Hrsg.), The Handbook of International Humanitarian Law, Rn. 1201.3c); Hoffmann, in: Matheson/ Momtaz (Hrsg.), Les règles et institutions du droit international humanitaire à l'épreuve des conflits armés récents, S. 228 ff.; Kreß, J. Conflict & Sec. L. 2010, 245, 245; Milanovic/ Hadzi-Vidanovic, in: White/ Henderson (Hrsg.), Research Handbook on International Conflict and Security Law, S. 303.

629 So auch: Lubell/ Derejko, J. Int'l Crim. Just. 2013, 65, 67 f.

Kann in juristischer Hinsicht ein nichtinternationaler bewaffneter Konflikt auf dem Gebiet mehrerer Staaten ausgetragen werden, so folgt daraus auch, dass sich auch der territoriale Anwendungsbereich über das Territorium eines Staates hinaus erstrecken kann. Denn andernfalls würde in einer Auseinandersetzung, die sich auch nur sporadisch auf das Territorium eines anderen Staates erstreckt, das Recht der nichtinternationalen bewaffneten Konflikte eben wegen der Grenzüberschreitung nicht anwendbar sein können. Dann erübrigte sich aber auch die Bestimmung des territorialen Anwendungsbereichs.

a) *Nichtinternationaler bewaffneter Konflikt*

Damit eine Auseinandersetzung zwischen einem nichtstaatlichen Akteur und einem Staat auf dem Gebiet mehrerer Staaten als nichtinternationaler bewaffneter Konflikt eingeordnet werden kann, darf zunächst Art. 3 GK einer solchen weiten Auslegung nicht entgegenstehen. Die Internationalisierung eines Konflikts zwischen einem nichtstaatlichen Akteur und einem Staat durch die Beteiligung eines dritten Staates verhindert nicht, dass dieser Konflikt als nichtinternationaler bewaffneter Konflikt eingeordnet werden kann.[630] Ebenso kann ein Konflikt unter die Kategorie der nichtinternationalen bewaffneten Konflikte fallen, der auf dem Gebiet eines nicht am Konflikt beteiligten Staates ausgetragen wird.[631] Die dritte Stufe der Internationalisierung geht über beide Stufen hinaus. Denn der Konflikt zwischen einem nichtstaatlichen Akteur und mindestens einem Staat erstreckt sich in dieser Konfliktkonstellation über das Gebiet mehrerer Staaten und ist unabhängig davon, ob die betroffenen Staaten am Konflikt beteiligt sind.

aa) *Wortlaut*

Möglicherweise verbietet schon der Wortlaut von Art. 3 GK, dass sich ein nichtinternationaler bewaffneter Konflikt auf mehrere Staaten erstreckt. Art. 3 GK formuliert dazu, dass der Konflikt *„in the territory of one of the High Con-*

---

630 Akande, in: Wilmshurst (Hrsg.), International Law and the Classification of Conflicts, S. 62 f.; Fleck, in: Fleck (Hrsg.), The Handbook of International Humanitarian Law, Rn. 1201.2a; Lubell, Extraterritorial Use of Force against Non-State Actors, S. 101; Paulus/ Vashakmadze, IRRC 2009, 95, 101; Pejic, IRRC 2011, 189, 196. Siehe S. 95 f. und S. 101 ff.

631 Kreß, J. Conflict & Sec. L. 2010, 245, 255; Lubell, Extraterritorial Use of Force against Non-State Actors, S. 100; Milanovic/ Hadzi-Vidanovic, in: White/ Henderson (Hrsg.), Research Handbook on International Conflict and Security Law, S. 287; Pejic, IRRC 2011, 189, 201; Zimmermann/ Geiß, in: Lagodny (Hrsg.), Münchener Kommentar zum Strafgesetzbuch, Bd. 8, § 8 VStGB, Rn. 117. Näher siehe S. 11 ff.

tracting Parties" ausgetragen werden muss. Entscheidend ist, ob diese Formulierung so zu verstehen ist, dass ein nichtinternationaler bewaffneter Konflikt nur auf dem Gebiet eines einzigen Staates ausgetragen werden kann.[632] Es ist jedoch wie auch schon in anderem Zusammenhang die Lesart möglich, dass eine Auseinandersetzung nur auf dem Gebiet eines Unterzeichners der Genfer Konventionen stattfinden muss, um den durch diesen Abschnitt vorgegebenen Voraussetzungen zu entsprechen.[633] „*One*" würde dann als unpräzise Formulierung für „*a*" betrachtet.[634] Also wäre die prinzipielle Ausweitung eines nichtinternationalen bewaffneten Konflikts über die Grenze eines Staates hinaus möglich, solange auch die anderen betroffenen Staaten Unterzeichner der Genfer Konventionen sind.

Unter dem Rechtsregime des ZP II ist eine solche Lesart nicht möglich. Der Wortlaut dieses Abkommens legt fest, dass keine seiner Vorschriften unmittelbar auf Auseinandersetzungen zwischen einem nichtstaatlichen Akteur und einem Staat anzuwenden sind, die außerhalb des Territoriums des beteiligten Staates ausgetragen werden.[635] Das ist jedoch für die Auslegung von Art. 3 GK unerheblich,

---

632 So: Dinstein, in: Watkin/ Norris (Hrsg.), Naval War College International Law Studies, Bd. 88: Non-International Armed Conflict in the Twenty-first Centrury, S. 400;; Hess, Die Anwendbarkeit des humanitären Völkerrechts, insbesondere in gemischten Konflikten – Eine Untersuchung der Anwendbarkeit der Genfer und Haager Konventionen anhand der Konflikte in Afghanistan, Angola, Kampuchea, im Libanon und im Tschad, S. 137; Höfer, Gezielte Tötungen. Terrorismusbekämpfung und die neuen Feinde der Menschheit, S. 228; Holland, Suffolk Transnat'l L. Rev. 2011, 145, 178 f.; Moir, The Law of Internal Armed Conflict, S. 31; Paulus/ Vashakmadze, IRRC 2009, 95, 110 bei untergeordneten grenzüberschreitenden Kampfhandlung generell kein Problem sehend: Fleck, in: Fleck (Hrsg.), The Handbook of International Humanitarian Law, Rn. 1201.2b).

633 Akande, in: Wilmshurst (Hrsg.), International Law and the Classification of Conflicts, S. 72; Fleck, in: Fleck (Hrsg.), The Handbook of International Humanitarian Law, Rn. 1201.5a); Geiß, IRRC 2009, 127, 138; Melzer, Targeted Killing in International Law, S. 258; Milanovic/ Hadzi-Vidanovic, in: White/ Henderson (Hrsg.), Research Handbook on International Conflict and Security Law, S. 290; Paulus/ Vashakmadze, IRRC 2009, 95, 118; Pejic, IRRC 2011, 189, 201; in diesem Zusammenhang von evolutiver Auslegung sprechend: Pejic, IRRC 2011, 189, 199; Sassòli, Transnational Armed Groups and International Humanitarian Law, S. 9; Zegveld, Accountability of Armed Opposition Groups in International Law, S. 136.

634 Milanovic/ Hadzi-Vidanovic, in: White/ Henderson (Hrsg.), Research Handbook on International Conflict and Security Law, S. 289; Zegveld, Accountability of Armed Opposition Groups in International Law, S. 136.

635 Melzer, Targeted Killing in International Law, S. 257.

weil Art. 3 GK und ZP II ohnehin kein identisches Rechtregime bilden.[636] Viele Vorschriften des ZP II gelten zudem auch schon gewohnheitsrechtlich, wenn die Voraussetzungen für die Anwendbarkeit von Art. 3 GK erfüllt sind.[637] Entscheidend bleibt also der Wortlaut von Art. 3 GK. Da er keine eindeutige Vorgabe enthält, müssen andere Gesichtspunkte zur Auslegung der Norm herangezogen werden.

bb) Entstehungsgeschichte

Die Entstehungsgeschichte lässt sich auch in diesem Zusammenhang gegen eine weite Auslegung des Wortlauts anführen, da sie gegen jede Erweiterung der unter nichtinternationale bewaffnete Konflikte fallenden Konfliktkonstellationen spricht.[638] Im ersten Kommentar zu den Genfer Konventionen war beispielsweise davon die Rede, dass ein nichtinternationaler bewaffneter Konflikt nur auf dem Gebiet „*of a single country*“[639] stattfinden kann.

Die Entstehungsgeschichte ist aber schon bei den beiden vorherigen Formen der Internationalisierung nichtinternationaler bewaffneter Konflikte in den Hintergrund getreten.[640] Denn die Urheber haben nicht in Betracht gezogen, dass Auseinandersetzungen mit einem nichtstaatlichen Akteur andere Formen annehmen könnten als mit einem Staat auf dessen Territorium.[641] Dadurch haben es die Urheber des Art. 3 GK aber auch versäumt, eine Auseinandersetzung zwischen einem Staat und einem nichtstaatlichen Akteur auf dem Gebiet mehrerer Staaten in ihre Überlegungen miteinzubeziehen.[642] Zudem kann die Entstehungsgeschichte des Art. 3 vorliegend auch wieder so interpretiert werden, dass sie keine Be-

636 Fleck, in: Fleck (Hrsg.), The Handbook of International Humanitarian Law, Rn. 1201.6; Marauhn/ Ntoubandi in: Wolfrum (Hrsg.), The Max Planck Encyclopedia of Public International Law, Bd. I, Armed Conflict, Non-International, Rn. 4. Näher siehe S. 15 f.

637 Doswald-Beck, SZIER 2005, 471, 489; Fleck, in: Fleck (Hrsg.), The Handbook of International Humanitarian Law, Rn. 1209.2; Henckaerts, IRRC 2005, 175, 188; wohl erst für die Zukunft: Zegveld, Accountability of Armed Opposition Groups in International Law, S. 22.

638 Lubell, Extraterritorial Use of Force against Non-State Actors, S. 100; Murphy, Geo. Wash. L. Rev. 2006–2007, 1105, 1115 f.

639 Pictet, The Geneva Conventions of 12 August 1949: Commentary 4. Geneva Convention, S. 36.

640 Siehe S. 101 ff. und S. 114.

641 Vgl.: Final Record of the Diplomatic Conference of Geneva of 1949, Bd. II.B, S. 121.

642 Pejic, IRRC 2011, 189, 199.

schränkung der Anwendungsfälle auf Konflikte innerhalb eines einzelnen Staates bezwecken wollte.[643]

Im Gegensatz zu internationalen bewaffneten Konflikten kann ein nichtinternationaler bewaffneter Konflikt nach Art. 3 GK auch ohne die Beteiligung eines Staates ausgetragen werden.[644] Um eine Bindung der nichtstaatlichen Akteure an die Regeln zu erreichen, muss in anderer Art auf die Staaten als Begründer der Bindung rekurriert werden.[645] Dazu griff man ursprünglich auf die Austragung des bewaffneten Konflikts auf dem Staatsgebiet eines Unterzeichners der Genfer Konventionen zurück.[646] Dies spricht also für die zweite Art der Auslegung des Wortlauts von Art. 3 GK.[647]

cc) Systematik

Für die Möglichkeit, Auseinandersetzungen der Kategorie der nichtinternationalen bewaffneten Konflikte auch dann zuzuordnen, wenn sie auf dem Gebiet von mehr als einem Staat ausgetragen werden, sprechen neuere Übereinkommen der internationalen Staatengemeinschaft.[648] So lesen sich Art. 1 und Art. 7 S. 1 des ICTR-Statuts wie folgt:

> *The International Tribunal for Rwanda shall have the power to prosecute persons responsible for serious violations of international humanitarian law committed in the territory of Rwanda and Rwandan citizens responsible for such violations committed in the territory of neighboring States* […].
>
> *The territorial jurisdiction of the International Tribunal for Rwanda shall extend to the territory of Rwanda including its land surface and airspace as well as to the territory of neighboring States* […].

Da der bewaffnete Konflikt in Ruanda eindeutig als nichtinternationaler bewaffneter Konflikt klassifiziert wurde, ist die Staatengemeinschaft bei der Schaffung des ICTR erkennbar davon ausgegangen, dass sich ein solcher nichtinternationaler bewaffneter Konflikt auf das Gebiet von mehr als einem Staat erstrecken kann.[649] Es sind keine Gründe ersichtlich, warum Staaten dies in einem anderen Zusammenhang wieder abstreiten würden.

---

643 So auch: Melzer, Targeted Killing in International Law, S. 258.

644 Vgl. den Wortlaut von Art. 3 GK.

645 Melzer, Targeted Killing in International Law, S. 258.

646 Melzer, Targeted Killing in International Law, S. 258.

647 Melzer, Targeted Killing in International Law, S. 258.

648 Pejic, IRRC 2011, 189, 201; Zegveld, Accountability of Armed Opposition Groups in International Law, S. 136.

649 Pejic, IRRC 2011, 189, 201; Zegveld, Accountability of Armed Opposition Groups in International Law, S. 136.

dd) Rechtsprechung

Die Rechtsprechung sowohl internationaler als auch nationaler Gerichte für eine Zuordnung der vorliegenden Fallkonstellation zum Rechtsregime der nichtinternationalen bewaffneten Konflikte ist uneinheitlich. Besonders erwähnenswert sind dabei ein Urteil des ICTY und eines des IGH.

Die Rechtsprechung des ICTY spricht, anders als die Statuten des ICTR, auf den ersten Blick gegen die Einordnung von grenzüberschreitenden Kampfhandlungen zu den nichtinternationalen bewaffneten Konflikten. Dort ist nämlich im Zusammenhang von nichtinternationalen bewaffneten Konflikten nur die Rede davon, dass sie innerhalb eines Staates ausgetragen werden:

> [...] *an armed conflict exists whenever there is* [...] *protracted armed violence between governmental authorities and organized armed groups or between such groups within a State.*[650]

Dennoch lässt sich auch mit guten Gründen an der Aussagefähigkeit dieses Passus für die vorliegende Frage zweifeln. Denn der ICTY hat in dem Abschnitt, aus dem das Zitat stammt, den Anwendungsbereich des humanitären Völkerrechts ausgeweitet und gerade nicht begrenzt.[651] Dementsprechend ist nicht davon auszugehen, dass der ICTY hier mittels eines *obiter dictum* eine abschließende Aussage darüber treffen wollte, welche Konfliktkonstellationen den nichtinternationalen bewaffneten Konflikten zugeordnet werden können.

Das Urteil des IGH in der Sache Nicaragua wird teilweise dafür herangezogen, dass sich grenzüberschreitende Konflikte dem NIAC unterstellen lassen.[652] Der Wortlaut an sich ist in dieser Hinsicht jedoch nicht eindeutig:

> *There is no doubt that, in the event of international armed conflicts, these rules* [Art. 3 GK] *also constitute a minimum yardstick, in addition to the more elaborate rules which are also to apply to international conflicts; and they are rules which, in the Court's opinion, reflect what the Court in 1949 called 'elementary considerations of humanity'.*[653]

Der angeführte Passus enthält jedoch lediglich die weithin akzeptierte Feststellung, dass die Vorschriften des Art. 3 GK gewohnheitsrechtliche Geltung erlangt haben.[654] Art. 3 GK macht jedoch nicht den gesamten Regelungsinhalt des Rechts-

---

650 ICTY, *Prosecutor v. Dusko Tadić*, Decision on the Defence Motion for Interlocutory Appeal on Jurisdiction vom 2. Oktober 1995, Case No. IT-94-1, Rn. 70.

651 Chesney, YIHL 2011, 3, 37; Daskal, U. Pa. L. Rev. 2013, 1165, 1189.

652 Melzer, Targeted Killing in International Law, S. 259; Pejic, IRRC 2011, 189, 201.

653 IGH, *Case Concerning Military and Paramilitary Activities in and Against Nicaragua* (Nicaragua v. United States of America), Merits vom 27. Juni 1986, Rn. 218.

654 Holland, Suffolk Transnat'l L. Rev. 2011, 145, 165; Pejic, IRRC 2011, 189, 198.

regimes aus. Deshalb bedeutet die gewohnheitsrechtliche Geltung des Art. 3 GK nicht, dass stets die gesamten Vorschriften des Rechtsregimes anwendbar sind. Sie gelten vielmehr nur, wenn die Voraussetzungen für einen nichtinternationalen bewaffneten Konflikt erfüllt sind.[655] Ungeklärt bleibt damit aber, wann überhaupt die Anwendungsvoraussetzungen des Rechtes der nichtinternationalen bewaffneten Konflikte erfüllt sind.[656]

ee) Telos

Für eine Ausweitung über die Grenzen eines einzelnen Staates hinaus könnten auch praktische Erwägungen sprechen. So kann man argumentieren, dass es eine rein juristische Fiktion wäre, dem Verhalten der Konfliktpartei nicht zu entsprechen und den Konflikt nicht auf das andere betroffene Staatsgebiet zu erweitern.[657] Denn dadurch würde nichtstaatlichen Akteuren die Möglichkeit gegeben, sich auf das Gebiet eines anderen Staates zurückzuziehen, um dort rechtlich vor Angriffen des Staates geschützt zu sein, mit dem er in einen bewaffneten Konflikt verwickelt ist.[658] Letzteres Argument kann in diesem Zusammenhang jedoch nicht ausschlaggebend sein. Schließlich steht hier nur in Frage, ob sich ein nichtinternationaler bewaffneter Konflikt prinzipiell auf das Gebiet mehrerer Staaten erstrecken kann. Selbst wenn man diese Frage verneinte, gälte humanitäres Völkerrecht bei Kampfhandlungen auf dem Gebiet eines angrenzenden Staates, wenn dort die Anwendungsvoraussetzungen für einen nichtinternationalen bewaffneten Konflikt vorliegen.

Dieselbe Kritik gilt für das Argument, dass es keinen Unterschied machen könne, ob ein Konflikt nur auf dem Gebiet eines Staates ausgetragen wird oder auf dem Gebiet mehrerer Staaten.[659] Wenn eine Norm eindeutig anders ausgelegt werden muss, dann kann die juristisch unterschiedliche Behandlung zweier ähnlicher Fälle gerade die Folge sein.

Der Sinn und Zweck des Rechtes der nichtinternationalen bewaffneten Konflikte spricht für ein weites Verständnis des Wortlauts von Art. 3 GK.[660] Denn das

---

655 Gasser/Thürer in: Wolfrum (Hrsg.), The Max Planck Encyclopedia of Public International Law, Bd. V, Humanitarian Law, International, Rn. 29; Meron, in: Clapham/Gaeta (Hrsg.), The Oxford Handbook of International Law in Armed Conflict, S. 49.

656 Dies nicht berücksichtigend: Pejic, IRRC 2011, 189, 201.

657 Vogel, Denv. J. Int'l L. & Pol'y 2010, 101, 131.

658 Daskal, U. Pa. L. Rev. 2013, 1165, 1189 f.

659 So aber: Schondorf, N.Y.U. J. Int'l L. & Pol. 2004–2005, 1, 19 f.

660 Lubell, Extraterritorial Use of Force against Non-State Actors, S. 102; Pejic, IRRC 2011, 189, 203; Sassòli, Law & Ineq. 2004, 195, 201.

humanitäre Völkerrecht soll möglichst jede bewaffnete Auseinandersetzung ab einer gewissen Intensität bestimmten Vorschriften unterwerfen.[661] Wo das Recht der internationalen bewaffneten Konflikte das nicht zu leisten vermag, dient das Recht der nichtinternationalen bewaffneten Konflikte dazu, bestimmte Mindestregeln aufzustellen.[662]

Das Interesse der Staaten, ihre eigene Souveränität so weit wie möglich zu erhalten, begrenzt diesen Willen zur Universalität des Rechtes der nichtinternationalen bewaffneten Konflikte. Ausdruck dieses Interesses der Staaten ist insbesondere, dass Auseinandersetzungen erst ab einer bestimmten Intensität dem humanitären Völkerrecht unterfallen.[663] Staaten sind in ihren Reaktionsmöglichkeiten also erst beschränkt, wenn eine Auseinandersetzung ein gewisses Ausmaß erreicht hat.

Die Souveränität der Staaten wird in ihrem Grundsatz hingegen nicht dadurch weiter angetastet, dass eine Auseinandersetzung auch dann dem humanitären Völkerrecht unterfallen kann, wenn sie sich auf das Gebiet von mehr als einem Staat erstreckt.[664] Denn die Zulässigkeit der Grenzüberschreitung des Konflikts ist alleine eine Frage des *ius ad bellum*.[665] In ihm wird die Souveränität des durch die Grenzüberschreitung betroffenen Staates in einem hinreichenden Maße berücksichtigt. Im Rahmen des *ius in bello* ist die Frage der Auswirkung des grenzüberschreitenden Charakters einer Auseinandersetzung für die rechtliche Einordnung deswegen unabhängig von der Souveränität der betroffenen Staaten zu beantworten.[666] Die Souveränität der beteiligten Staaten wird auch nicht weiter

---

661 Akande, in: Wilmshurst (Hrsg.), International Law and the Classification of Conflicts, S. 71; Pictet, The Geneva Conventions of 12 August 1949: Commentary 1. Geneva Convention, S. 50.

662 Pejic, in: Wilmshurst (Hrsg.), International Law and the Classification of Conflicts, S. 81 f.; Sassòli, Transnational Armed Groups and International Humanitarian Law, S. 9.

663 ICTY, *Prosecutor v. Dusko Tadić*, Trial Judgement vom 7. Mai 1997, Case No. IT-94-1-T, Rn. 562; Cullen, Mil. L. Rev. 2005, 66, 100; *IKRK* (2008), S. 3, 5; *ILA* (2010), S. 15; Lubell, Extraterritorial Use of Force against Non-State Actors, S. 106; Paulus/Vashakmadze, IRRC 2009, 95, 100; Sivakumaran, The Law of Non-International Armed Conflict, S. 165; Zegveld, Accountability of Armed Opposition Groups in International Law, S. 135.

664 Sassòli, Transnational Armed Groups and International Humanitarian Law, S. 9.

665 Lubell, in: Wilmshurst (Hrsg.), International Law and the Classification of Conflicts, S. 433.

666 Lubell, in: Wilmshurst (Hrsg.), International Law and the Classification of Conflicts, S. 433.

eingeschränkt, weil dies durch Art. 3 GK schon im Grundsatz für Auseinandersetzungen ab einer gewissen Intensität geschehen ist. Die Erstreckung nur auf weitere Konfliktkonstellationen ist deswegen keine wesentliche Einschränkung mehr.

In diese Richtung gingen auch schon die ersten wissenschaftlichen Stimmen zu den Genfer Konventionen, um zu begründen, dass jede Form der innerstaatlichen Auseinandersetzung grundsätzlich einen nichtinternationalen bewaffneten Konflikt darstellen kann. Denn die Staatensouveränität könne aus sich heraus eben keinen Grund für die Gewährung eines geringeren Schutzes der eigenen Bevölkerung darstellen als in anderen Situationen.[667]

In diesem Kontext bleibt also allein zu berücksichtigen, dass der Sinn und Zweck des humanitären Völkerrechts dafür streitet, möglichst jede Konfliktkonstellation grundsätzlich zu erfassen.[668] Dementsprechend würden nicht bezweckte Schutzlücken bestehen, wenn staatenübergreifende Konflikte per se nicht der Kategorie der nichtinternationalen bewaffneten Konflikte unterfallen könnten.[669] Von einer Schutzlücke kann in diesem Zusammenhang deswegen gesprochen werden, weil die internationalen Menschenrechtsabkommen nicht zwingend als alternatives Rechtsregime einschlägig sind.[670] Daran hindert sie insbesondere ihr begrenzter territorialer und persönlicher Anwendungsbereich.[671] Somit würde für Handlungen, für die nicht auch die internationalen Menschenrechtsabkommen den Rechtsrahmen darstellen, ohne Einschlägigkeit des humanitären Völkerrechts kein internationales Rechtsregime als Rechtmäßigkeitsmaßstab bereitstehen.[672]

Denn auch das Recht der internationalen bewaffneten Konflikte kann auf diese Konfliktkonstellation nicht anwendbar sein. Dies wird aber von denjenigen übersehen oder gar nicht erst thematisiert, die die Anwendbarkeit des humanitären

---

667 Pictet, The Geneva Conventions of 12 August 1949: Commentary 4. Geneva Convention, S. 36.

668 Melzer, Targeted Killing in International Law, S. 259; Pejic, IRRC 2011, 189, 203; Pictet, The Geneva Conventions of 12 August 1949: Commentary 4. Geneva Convention, S. 36.

669 Sassòli, Transnational Armed Groups and International Humanitarian Law, S. 9.

670 So auch: Daskal, U. Pa. L. Rev. 2013, 1165, 1191.

671 Geiß, in: Heintze/ Ipsen (Hrsg.), Heutige bewaffnete Konflikte als Herausforderungen an das humanitäre Völkerrecht, S. 56 f.; Milanovic/ Hadzi-Vidanovic, in: White/ Henderson (Hrsg.), Research Handbook on International Conflict and Security Law, S. 312.

672 John B. Bellinger III, 77. Lecture by Mr. Bellinger for Oxford Leverhulme Programme on the Changing Character of War vom 10. Dezember 2007; Pejic, IRRC 2011, 189, 203 f.

Völkerrechts im Rahmen nichtinternationaler bewaffneter Konflikte ablehnen.[673] Der Zivilbevölkerung würde dann noch nicht einmal der über die Kollateralschäden begrenzte Schutz zugutekommen. Es bleibt somit festzuhalten, dass auch Auseinandersetzungen zwischen einem nichtstaatlichen Akteur und einem Staat, die sich über das Gebiet von mehr als einem Staat erstrecken, dem Recht der nichtinternationalen bewaffneten Konflikte unterfallen können.[674]

b) „Transnationaler bewaffneter Konflikt"

Die Möglichkeit, das Recht der nichtinternationalen bewaffneten Konflikte auf die vorliegende Konfliktkonstellation anzuwenden, wird verschiedentlich auch abgelehnt und stattdessen für die Schaffung eines eigenständigen Rechtsregimes plädiert.[675] Befürworter dieser Position argumentieren zudem, dass das Recht der nichtinternationalen bewaffneten Konflikte keine angemessenen Regeln für die vorliegende Fallkonstellation bereitstelle.[676] Insbesondere der Schutz der Zivilbevölkerung sei im Recht der nichtinternationalen bewaffneten Konflikte nur unzureichend gewährleistet.[677] Deshalb dürfe die hier in Frage stehende Konfliktkonstellation nicht den nichtinternationalen bewaffneten Konflikten zugeordnet werden.[678] Vor diesem Hintergrund sei es vorzugswürdig, die Existenz einer dritten Art der bewaffneten Konflikte anzuerkennen.[679] Dort seien in Bezug auf den Schutz der Zivilisten überwiegend die Vorschriften zu internationalen bewaffneten Konflikten und für die Kombattanten die Vorschriften zu den nichtinternationalen bewaffneten Konflikten anwendbar.[680]

---

673 So aber: Hess, Die Anwendbarkeit des humanitären Völkerrechts, insbesondere in gemischten Konflikten – Eine Untersuchung der Anwendbarkeit der Genfer und Haager Konventionen anhand der Konflikte in Afghanistan, Angola, Kampuchea, im Libanon und im Tschad, S. 137 f.; Moir, The Law of Internal Armed Conflict, S. 31.

674 Geiß, IRRC 2009, 127, 138; Jinks, Yale J. Int'l L. 2003, 1, 40 f.; Lubell, Extraterritorial Use of Force against Non-State Actors, S. 103 f.; Pejic, IRRC 2011, 189, 194; Sassòli, Transnational Armed Groups and International Humanitarian Law, S. 9; a.A.: Corn/ Jensen, Temp. L. Rev. 2008, 787, 800.

675 Besonders präsent in diesem Zusammenhang: Corn, Vand. J. Transnat'l L. 2007, 295, 347 ff.; Corn/ Jensen, Temp. L. Rev. 2008, 787, 800.

676 Corn/ Jensen, Isr. L. Rev. 2012, 46, 49; Schondorf, N.Y.U. J. Int'l L. & Pol. 2004–2005, 1, 40.

677 Schondorf, N.Y.U. J. Int'l L. & Pol. 2004–2005, 1, 40, 44.

678 Schondorf, N.Y.U. J. Int'l L. & Pol. 2004–2005, 1, 41.

679 Schondorf, N.Y.U. J. Int'l L. & Pol. 2004–2005, 1, 42.

680 Pejic, IRRC 2011, 189, 204; Schondorf, N.Y.U. J. Int'l L. & Pol. 2004–2005, 1, 46 f.

Eine solche Vorgehensweise verkennt zunächst, dass sich die vorliegende Konfliktkonstellation, wie soeben gezeigt[681], doch den nichtinternationalen bewaffneten Konflikten zuordnen lässt.[682] Außerdem wird in der Argumentation außer Acht gelassen, dass über Art. 3 GK hinausgehende Vorschriften für nichtinternationale bewaffnete Konflikte zwischenzeitlich gewohnheitsrechtlich anerkannt sind.[683] Der als unzureichend kritisierte Schutz der Zivilisten im Rahmen nichtinternationaler bewaffneter Konflikte ist durch die Feststellung der gewohnheitsrechtlichen Geltung von Vorschriften des ZP II und der Grundprinzipien des humanitären Völkerrechts in verschiedenen Gerichtsentscheidungen erweitert worden.[684] Dadurch sinkt das Bedürfnis, ein neues Rechtsregime zu schaffen, das ohnehin nur die auch gewohnheitsrechtlich im Rahmen nichtinternationaler bewaffneter Konflikte geltenden Normen übernehmen würde und damit letztlich kein höheres Schutzniveau aufbauen könnte.[685] Zudem bleibt das Recht der nichtinternationalen bewaffneten Konflikte durch die abweichende rechtliche Behandlung nichtstaatlicher Akteure im Vergleich zu einer Person mit Kombattantenstatus in der Lage, die Vorstellungen der Staaten für solche Konfliktkonstellationen zu bewahren.[686] Die Schaffung eines neuen Rechtsregimes wird deswegen auch als überflüssig bezeichnet.[687] Schließlich lässt sich auch keine entsprechende unwidersprochene Staatenpraxis feststellen.[688]

---

681 Siehe insb. S. 123 ff.

682 Geiß, IRRC 2009, 127, 138; Jinks, Yale J. Int'l L. 2003, 1, 40 f.; Lubell, Extraterritorial Use of Force against Non-State Actors, S. 103 f.; Pejic, IRRC 2011, 189, 194; Sassòli, Transnational Armed Groups and International Humanitarian Law, S. 9; a.A.: Corn/Jensen, Temp. L. Rev. 2008, 787, 800.

683 IGH, *Case Concerning Military and Paramilitary Activities in and Against Nicaragua* (Nicaragua v. United States of America), Merits vom 27. Juni 1986, Rn. 218; ICTY, *Prosecutor v. Dusko Tadić*, Decision on the Defence Motion for Interlocutory Appeal on Jurisdiction vom 2. Oktober 1995, Case No. IT-94–1, Rn. 116; ICTR, *Prosecutor v. Jean-Paul Akayesu*, Judgement vom 2. September 1998, Case No. ICTR-96–4, Rn. 608.

684 Vgl.: ICTY, *Prosecutor v. Dario Kordić Mario Cerkez*, Decision on the Joint Defense Motion to Dismiss the amended indictment for Lack of Jurisdiction baded on the limited Jurisdictional Reach of Articles 2 and 3 vom 2. März 1999, Case No.IT-95–14/2, Rn. 31; ICTY, *Prosecutor v. Dusko Tadić*, Decision on the Defence Motion for Interlocutory Appeal on Jurisdiction vom 2. Oktober 1995, Case No. IT-94–1, Rn. 117 ff.; zustimmend: ICTR, *Prosecutor v. Jean-Paul Akayesu*, Judgement vom 2. September 1998, Case No. ICTR-96–4, Rn. 609.

685 Kreß, J. Conflict & Sec. L. 2010, 245, 258.

686 Kreß, J. Conflict & Sec. L. 2010, 245, 258; Lubell, Extraterritorial Use of Force against Non-State Actors, S. 103.

687 Pejic, IRRC 2011, 189, 204.

688 Schondorf, N.Y.U. J. Int'l L. & Pol. 2004–2005, 1, 76.

Letztlich ist somit hier festzuhalten, dass ein Konflikt zwischen einem Staat und einem nichtstaatlichen Akteur auf dem Gebiet eines nicht im Konflikt engagierten anderen Staates der Kategorie der nichtinternationalen bewaffneten Konflikte zuzuordnen ist.[689]

4. Transnationale Auseinandersetzungen

Ernstzunehmender ist die Diskussion um ein Rechtsregime der transnationalen bewaffneten Konflikte im Zusammenhang mit der Konfliktkonstellation der transnationalen Auseinandersetzungen, die im Folgenden untersucht werden. Unter dem Begriff der transnationalen Auseinandersetzung, weniger präzise auch transnationaler bewaffneter Konflikt[690] genannt, sollen hier solche bewaffneten Konflikte zwischen einem nichtstaatlichen Akteur und einem Staat zu verstehen sein, die, was ihren Austragungsort anbetrifft, keinen eindeutigen geographischen Schwerpunkt irgendwo auf der Welt haben. Sie werden also auf dem Territorium verschiedener, nicht aneinander angrenzender Staaten ausgetragen. Wäre die sich über die gesamte Erde erstreckende Auseinandersetzung zwischen den USA und al-Qaida ein bewaffneter Konflikt, so wäre dieser ein Beispiel für diese Konfliktkonstellation. Teilweise wird der Begriff des transnationalen bewaffneten Konflikts aber auch weiter gefasst:

> [...] *transnational armed conflict is* [...] *a* [...] *descriptive term for a phenomenon which may be defined as cross-border armed violence between a State and a (collective) non-State actor.*[691]

Von dieser Definition wären jedoch auch solche Konfliktkonstellationen erfasst, die als Fallkonstellationen schon den internationalen oder nichtinternationalen bewaffneten Konflikten zugeordnet wurden. Beispielsweise kann, wie oben ge-

---

689 Für dieses Ergebnis hat sich auch die International Law Association in ihrer Arbeit über den Begriff des bewaffneten Konflikts ausgesprochen: *ILA* (2010), S. 8.

690 In der Literatur wird der Begriff uneinheitlich verwendet. Vgl.: Corn, in: Schmitt (Hrsg.), Naval War College International Law Studies, Bd. 85: The War in Afghanistan: A Legal Analysis, S. 182; Corn/ Jensen, Isr. L. Rev. 2012, 46, 50; Fleck, in: Fleck (Hrsg.), The Handbook of International Humanitarian Law, Rn. 1201.3c); Hoffmann, in: Matheson/ Momtaz (Hrsg.), Les règles et institutions du droit international humanitaire à l'épreuve des conflits armés récents, S. 228 ff.; Kreß, J. Conflict & Sec. L. 2010, 245, 245; Milanovic/ Hadzi-Vidanovic, in: White/ Henderson (Hrsg.), Research Handbook on International Conflict and Security Law, S. 303.

691 Kreß, J. Conflict & Sec. L. 2010, 245, 245; Schondorf, N.Y.U. J. Int'l L. & Pol. 2004–2005, 1, 3.

zeigt[692], die Internationalisierung eines Konflikts zwischen einem nichtstaatlichen Akteur und einem Staat die Zuordnung zu der Kategorie der nichtinternationalen bewaffneten Konflikte grundsätzlich nicht verhindern.[693] Allerdings gilt diese Aussage in dieser Form nur für das Rechtsregime des *ius in bello*. Die Rechtmäßigkeit einer Grenzüberschreitung durch eine der Konfliktparteien kann sich beispielsweise nach Neutralitätsrecht oder *ius ad bellum* ganz anders darstellen.[694]

Im Unterschied zu den zuvor angesprochenen grenzüberschreitenden nichtinternationalen bewaffneten Konflikten ist der Charakter einer transnationalen Auseinandersetzung ein anderer. Grenzüberschreitende nichtinternationale bewaffnete Konflikte haben einen räumlichen Schwerpunkt der Kampfhandlungen. Nach der hier verwendeten Definition ist das Fehlen eines räumlichen Schwerpunkts einer der zentralen Unterschiede zwischen einem transnationalen und einem internationalisierten nichtinternationalen bewaffneten Konflikt.[695] Der Austragungsort der Auseinandersetzung ist vielmehr weltweit. Es lässt sich bei dieser Konfliktform gerade kein Gebiet feststellen, das als primärer Austragungsort bezeichnet werden könnte. Dementsprechend fallen solche Auseinandersetzungen nicht unter die Kategorie der transnationalen Konflikte, die sich in eine der anderen Fallgruppen moderner Konflikte einordnen lassen.[696]

In transnationalen Auseinandersetzungen verfügt der nichtstaatliche Akteur häufig über eine weltweite Organisationsbasis. Deshalb hat er regelmäßig auch kein bestimmtes Gebiet zumindest rudimentär unter seiner Kontrolle. Er hält sich ebensowenig zumindest überwiegend auf einem bestimmten Gebiet auf. Deshalb befinden sich die Konfliktparteien einer solchen Auseinandersetzung in der Regel

---

692 Siehe insb. S. 119 ff.

693 Fleck, in: Fleck (Hrsg.), The Handbook of International Humanitarian Law, Rn. 1201.2a; Geiß, IRRC 2009, 127, 138; Kreß, J. Conflict & Sec. L. 2010, 245, 255; Lubell, Extraterritorial Use of Force against Non-State Actors, S. 100 ff.; Paulus/ Vashakmadze, IRRC 2009, 95, 101; Pejic, IRRC 2011, 189, 194 ff.; Sassòli, Transnational Armed Groups and International Humanitarian Law, S. 9; Zimmermann/ Geiß, in: Lagodny (Hrsg.), Münchener Kommentar zum Strafgesetzbuch, Bd. 8, § 8 VStGB, Rn. 117.

694 Lubell, in: Wilmshurst (Hrsg.), International Law and the Classification of Conflicts, S. 449 f.; Wilmshurst, in: Wilmshurst (Hrsg.), International Law and the Classification of Conflicts, S. 484.

695 So auch: Pejic, IRRC 2011, 189, 194 f.; Schmitt, in: Wilmshurst (Hrsg.), International Law and the Classification of Conflicts, S. 464 ff.

696 So auch: Pedrozo, in: Pedrozo/ Wollschläger (Hrsg.), Naval War College International Law Studies, Bd. 87: International Law and the Changing Character of War, S. 219.

auch nicht auf einem bestimmten Gebiet in stetigen Kampfhandlungen. Dies alles zeigt ein Blick auf die Auseinandersetzung zwischen al-Qaida und den USA.

Betrachtet man die eben aufgeführten Eigenschaften nichtstaatlicher Akteure im Rahmen transnationaler Konflikte, so wird ein weiterer Unterschied zu den nichtstaatlichen Akteuren deutlich, die in grenzüberschreitenden nichtinternationalen bewaffneten Konflikten agieren. Nichtstaatliche Akteure im Rahmen transnationaler Konflikte können nach den in den letzten 20 Jahren gemachten Erfahrungen weitestgehend mit solchen Gruppierungen gleichgesetzt werden, die umgangssprachlich als weltweit agierende Terror-Netzwerke bezeichnet werden.

Der Begriff des Terrorismus[697] ist zwar wegen seiner Unbestimmtheit im Kontext einer tiefergehenden juristischen Diskussion nicht zielführend.[698] Für die hier vorliegende Arbeit soll der Begriff aber genügen. Spricht man im Rahmen transnationaler Auseinandersetzungen von nichtstaatlichen Akteuren, so fallen darunter also zumindest derzeit hauptsächlich dem Terrorismus zuzuordnende Gruppierungen. Das wiederum lässt klar werden, warum eine so große Diskussion um transnationale Konflikte geführt wird.

Unterstellt man transnationale Konflikte dem humanitären Völkerrecht, so ist es für Staaten möglich, die Auseinandersetzung mit – international agierenden – Terroristen mit dem Rechtmäßigkeitsmaßstab des humanitären Völkerrechts zu führen. Lassen sich transnationale Konflikte nicht dem humanitären Völkerrecht zuordnen, so bleiben als Rechtsregime auf internationaler Ebene nur die Menschenrechtsabkommen und auf nationaler Ebene das staatliche Strafrecht. Ob eine transnationale Auseinandersetzung einen bewaffneten Konflikt im Sinne des humanitären Völkerrechts darstellen kann, ist nicht vollständig geklärt. Argumentativ sind mehrere verschiedene Wege zur Bejahung möglich.

a) Internationaler bewaffneter Konflikt

Fraglich ist zunächst, ob transnationalen Auseinandersetzungen dem Rechtsregime der internationalen bewaffneten Konflikte nach Art. 2 GK zugeordnet werden können.[699] Eben dies war die Position der Regierung der USA unmittelbar nach den Anschlägen vom 11. September 2001, das Verhältnis der USA

697 Zwahr in: Brockhaus (Hrsg.), Enzyklopädie in 30 Bänden, Bd. 27, Terrorismus, S. 233.

698 Vgl.: Bianchi/ Naqci, in: Clapham/ Gaeta (Hrsg.), The Oxford Handbook of International Law in Armed Conflict, S. 578 f.

699 Diese Frage vertieft behandelnd: Otto, Targeted Killings and International Law, S. 456.

zu al-Qaida betreffend.[700] Entscheidend ist jedoch auch hier, dass ein Konflikt grundsätzlich dann nicht zu den internationalen bewaffneten Konflikten gerechnet werden kann, wenn auf der einen Seite kein Staat steht.[701] Da dies jedoch die Grundannahme für transnationale Auseinandersetzungen ist, kann das Recht der internationalen bewaffneten Konflikte grundsätzlich nicht anwendbar sein.[702]

Deshalb kommt auch in der vorliegenden Konfliktkonstellation für eine Zuordnung zu einem der anerkannten Rechtsregime des humanitären Völkerrechts letztlich nur das Recht der nichtinternationalen bewaffneten Konflikte in Betracht. Daneben wird diese Form der Auseinandersetzung jedoch teilweise auch als selbständiger Konflikttyp klassifiziert und neben internationalem und nichtinternationalem bewaffneten Konflikt eingeordnet.[703]

b) „Transnationaler bewaffnter Konflikt"

Schon methodisch bestehen Unterschiede zwischen der Zuordnung transnationaler Auseinandersetzungen zu den nichtinternationalen bewaffneten Konflikten und der Bildung einer eigenen, dritten Konfliktform des humanitären Völkerrechts. Erstere Position geht von einer Erweiterung der von Art. 3 GK erfassten Konfliktkonstellationen aus.[704] Die andere Position findet keine unmittelbare Stütze im geschriebenen Recht und geht deshalb davon aus, dass das Recht der transnationalen bewaffneten Konflikte ein gewohnheitsrechtlich gewachsenes,

---

700 White House, *Memorandumrandum of February 7, 2002*, Appendix C to *Independent Panel to Review DoD Detention Operations, Chairman the Honorable James R. Schlesinger to US Secretary of Defense Donald Rumsfeld, August 24, 2004;* Sassòli, Transnational Armed Groups and International Humanitarian Law, S. 5.

701 Ambos, in: Lagodny (Hrsg.), Münchener Kommentar zum Strafgesetzbuch, Bd. 8, Vor §§ 8 VStGB, Rn. 23; Fleck, in: Fleck (Hrsg.), The Handbook of International Humanitarian Law, Rn. 1201.3c; *IKRK* (2008), S. 5; Kreß, J. Conflict & Sec. L. 2010, 245, 255; Lubell, Extraterritorial Use of Force against Non-State Actors, S. 98 f.; Pejic, IRRC 2011, 189, 196; Sassòli, Transnational Armed Groups and International Humanitarian Law, S. 4; Schondorf, N.Y.U. J. Int'l L. & Pol. 2004–2005, 1, 6.

702 Brooks, U. Pa. L. Rev. 2004–2005, 675, 714; Corn/ Jensen, Isr. L. Rev. 2012, 46, 54; Fleck, in: Fleck (Hrsg.), The Handbook of International Humanitarian Law, Rn. 1201.3c); Otto, Targeted Killings and International Law, S. 462 ff.; Solis, The Law of Armed Conflict - International Humanitarian Law in War, S. 157.

703 Corn/ Jensen, Isr. L. Rev. 2012, 46, 57 ff.; Schondorf, N.Y.U. J. Int'l L. & Pol. 2004–2005, 1, 19 ff.

704 Pejic, IRRC 2011, 189, 204.

selbständiges Rechtsregime bildet.[705] Davon kann aber zum vorliegenden Zeitpunkt nicht die Rede sein.[706]

Gegen die Annahme der Existenz einer eigenen Kategorie der bewaffneten Konflikte sprechen zudem auch systematische Argumente. Zunächst ist zu fragen, welche Ziele mit der Schaffung eines zusätzlichen Rechtsregimes erreicht werden könnten.[707] Wollte man den geringeren Schutz der Zivilbevölkerung durch die Vorschriften der nichtinternationalen gegenüber den internationalen bewaffneten Konflikte ins Feld führen, so steht schon diese Ausgangsposition in Zweifel. Insbesondere im Hinblick auf die inzwischen gewohnheitsrechtliche Erweiterung der im Rahmen nichtinternationaler bewaffneter Konflikte zu beachtenden Regeln[708] sind berechtigte Zweifel angebracht, ob das Schutzniveau so niedrig ist, dass seine Geltung schlechthin unerträglich ist. Nur unter diesen Umständen könnte aber ein tatsächliches Bedürfnis bestehen, ein neues Rechtsregime zu begründen.[709]

Außerdem bestehen die behaupteten Defizite im Schutz auch im Rahmen anderer nichtinternationaler bewaffneter Konflikte. Dort ist es aber ebenfalls unmöglich, die Regeln des geschriebenen Rechtes zu umgehen, indem die Regeln eines anderen Rechtsregimes angewendet werden. Es erscheint in diesem Zusammenhang willkürlich, gerade in der vorliegenden Konfliktkonstellation auf ein neues Rechtsregime zurückgreifen zu wollen.[710]

Ebenso bleibt fraglich, aus welchen Quellen, neben internationalen Menschenrechten und dem humanitären Völkerrecht, die entsprechenden Vorschriften im Wege der Rechtsfortbildung gewonnen werden sollten. Wenn deren Vorschriften die einzige Grundlage darstellen, dann besteht keine Notwendigkeit für die Schaffung eines dritten Rechtsregimes. Denn dann würde sich das Recht der transnationalen bewaffneten Konflikte demjenigen der nichtinternationalen

---

705 Corn, Vand. J. Transnat'l L. 2007, 295, 330 f.; einschränkend allerdings: Corn/ Jensen, Isr. L. Rev. 2012, 46, 50.

706 Milanovic/ Hadzi-Vidanovic, in: White/ Henderson (Hrsg.), Research Handbook on International Conflict and Security Law, S. 303 f.; als Vertreter der Befürworter dieses Problem auch sehend: Schondorf, N.Y.U. J. Int'l L. & Pol. 2004–2005, 1, 76; implizit: Kreß, J. Conflict & Sec. L. 2010, 245, 258 ff.

707 Kreß, J. Conflict & Sec. L. 2010, 245, 257 f.

708 IGH, *Case Concerning Military and Paramilitary Activities in and Against Nicaragua* (Nicaragua v. United States of America), Merits vom 27. Juni 1986, Rn. 218; ICTY, *Prosecutor v. Dusko Tadić*, Decision on the Defence Motion for Interlocutory Appeal on Jurisdiction vom 2. Oktober 1995, Case No. IT-94-1, Rn. 116; ICTR, *Prosecutor v. Jean-Paul Akayesu*, Judgement vom 2. September 1998, Case No. ICTR-96-4, Rn. 608.

709 Kreß, J. Conflict & Sec. L. 2010, 245, 258.

710 Kreß, J. Conflict & Sec. L. 2010, 245, 258.

bewaffneten Konflikte sehr ähneln.[711] Ein drittes Rechtsregime über die Deduktion der bisherigen Rechtsregime zu schaffen würde dann aber mangels neuer, passender Vorschriften keinen Mehrwert bedeuten.[712]

c) Grundsätze des Rechtes auf Selbstverteidigung

Als alternative Vorgehensweise werden teilweise die Regeln des die Selbstverteidigung ermöglichenden *ius ad bellum* analog auf das *ius in bellum* übertragen.[713] Im Falle der Selbstverteidigung gegen einen nichtstaatlichen Akteur auf dem Gebiet eines anderen Staates würden dann die Kriterien zur Beurteilung der Rechtmäßigkeit gemäß dem *ius in bellum* auch die Grundlage für die Beurteilung der Rechtmäßigkeit der konkreten Gewaltanwendung sein können.[714] Vorteil dieser Ansicht wäre, dass ab dem Vorliegen der Voraussetzungen für eine Selbstverteidigung jede in diesem Zusammenhang ausgeübte Gewaltanwendung einer eigenen Kategorie des humanitären Völkerrechts unterfiele. Damit wäre das Erfüllen besonderer Anwendungsvoraussetzungen für Vorschriften des *ius in bellum*, wie sie sowohl für nichtinternationale als auch für internationale Konflikte bestehen, nicht notwendig.[715] Die Vorschriften zur Selbstverteidigung auch im *ius in bello* heranzuziehen wäre inzwischen gewohnheitsrechtlich anerkannt.[716] Diese Ansicht ist aber schon deshalb abzulehnen, weil sie außerhalb jeder kriegsrechtlichen Dogmatik steht und keine Grundlage im geschriebenen Recht oder in dessen Systematik findet.

d) Nichtinternationaler bewaffneter Konflikt

Damit transnationale Auseinandersetzungen dem humanitären Völkerrecht unterfielen, müsste, da die Existenz eines eigenen Rechtsregimes ausgeschlossen ist, in der vorliegenden Konfliktkonstellation das Rechtsregime der nichtinternationalen bewaffneten Konflikte anwendbar sein.

Insbesondere in der europäischen Literatur wird jedoch eine Zuordnung transnationaler Konflikte zum Recht der nichtinternationalen bewaffneten Konflikte

---

711 Lubell, Extraterritorial Use of Force against Non-State Actors, S. 134.

712 Sassòli, Transnational Armed Groups and International Humanitarian Law, S. 25.

713 Anderson, WaCLRP 2011, 1, S. 8 f.

714 Anderson, WaCLRP 2011, 1, S. 8; Schondorf, N.Y.U. J. Int'l L. & Pol. 2004–2005, 1, 29 f.

715 Anderson, WaCLRP 2011, 1, S. 9.

716 Anderson, WaCLRP 2011, 1, S. 9.

abgelehnt.[717] Dafür sprechen auch die bisherigen Urteile des ICTY. Danach müssen bewaffnete Konflikte von Akten des Terrorismus abgegrenzt werden.[718] Bei einer Betrachtung der bisher international agierenden nichtstaatlichen Akteure liegt auch eher ein Vergleich zur organisierten Kriminalität nahe.[719] Dafür spricht nicht nur das Verhalten aller Staaten mit Ausnahme der USA, die von Anschlägen al-Qaidas betroffen waren. Im Zusammenhang mit der ersten Intifada 1970 sind die Verantwortlichen auch nie auf Grundlage des humanitären Völkerrechts verfolgt worden.[720] Dementsprechend lässt sich vertreten, dass die internationalen Menschenrechte als Rechtsregime für solche Auseinandersetzungen angemessener sind.[721]

Für die Anwendbarkeit humanitären Völkerrechts in der Auseinandersetzung mit weltweit agierenden Terrorgruppen wird als Argument häufig die Notwendigkeit der Anwendung angeführt.[722] Die Notwendigkeit, Normen des humanitären Völkerrechts als Rechtmäßigkeitsmaßstab insbesondere zur Tötung und Gefangennahme eines nichtstaatlichen Akteurs heranzuziehen, ergäbe sich insbesondere daraus, dass die reguläre Strafverfolgung von Terroristen nicht effektiv genug sei, um zukünftige Anschläge zu vermeiden.[723]

Verschiedentlich wird auch eine Entscheidung des SCUC als Begründung dafür herangezogen, dass die vorliegende Konfliktkonstellation dem Rechtsregime der nichtinternationalen bewaffneten Konflikte zuzuordnen ist.[724] Fraglich ist aber, ob diese Entscheidung wirklich in dem Sinne verstanden werden kann, dass die global ausgetragene Auseinandersetzung mit einzelnen, al-Qaida zugerechneten Zellen insgesamt als nichtinternationaler bewaffneter Konflikt betrachtet wird. Besieht man sich den maßgeblichen Wortlaut der Entscheidung eingehender, so wird deutlich, dass der SCUS nur Art. 3 GK als Mindestvorschrift in jedem Fall auf

---

717 Pejic, IRRC 2011, 189, 195.

718 ICTY, *Prosecutor v. Dusko Tadić*, Trial Judgement vom 7. Mai 1997, Case No. IT-94-1-T, Rn. 562; ICTY, *Prosecutor v. Fatmir Limaj, Haradin Bala & Isak Musliu*, Judgement vom 30. November 2005, Case No. IT-03-66-T, Rn. 84.

719 Brooks, 153 UPennLR 2004, 675, 717.

720 Brooks, 153 UPennLR 2004, 675, 716.

721 So: Paulus/ Vashakmadze, IRRC 2009, 95, 103; Pejic, IRRC 2011, 189, 197.

722 Corn, in: Deeks (Hrsg.), Naval War College International Law Studies, Bd. 89: The Geography of Cyber Conflict: Through a Glass Darkly, S. 80.

723 Brooks, U. Pa. L. Rev. 2004–2005, 675, 718; Shanor, Emory Int'l L. Rev. 2010, 589, 592.

724 So: Corn/ Jensen, Isr. L. Rev. 2012, 46, 54; Dehn/ Heller, U. Pa. L. Rev. PENNumbra 2011, 175, 190.

die Auseinandersetzung angewendet wissen wollte.[725] Er hat sich aber gerade einer Aussage darüber enthalten, ob ein Rechtsregime des humanitären Völkerrechts generell auf die weltweite Auseinandersetzung zwischen den USA und al-Qaida anwendbar ist.[726] Selbst wenn der SCUS sich in dieser Weise festgelegt hätte, so ginge damit noch keine endgültige Klärung der Rechtsfrage einher. Denn der SCUS hat keine Befugnisse, eine Norm des internationalen Rechtes verbindlich auszulegen.[727]

Letztlich kann für die grundsätzliche Möglichkeit der Zuordnung transnationaler Auseinandersetzungen zu den nichtinternationalen bewaffneten Konflikten nichts anderes gelten als für andere bewaffnete Konflikte, die auf dem Gebiet mehrerer Staaten ausgetragen werden. Denn es kann in juristischer Hinsicht keinen Unterschied machen, ob eine Auseinandersetzung auf dem Gebiet verschiedener aneinandergrenzender oder auf dem Gebiet räumlich unzusammenhängender Staaten ausgetragen wird.[728]

Das Recht der nichtinternationalen bewaffneten Konflikte wäre deshalb nur dann nicht in der vorliegenden Konfliktkonstellation anwendbar, wenn sie nie die generellen Anwendungsvoraussetzungen des Rechtsregimes erfüllen könnte. Dies erscheint bei näherer Betrachtung der Anforderungen an die notwendige Organisation des nichtstaatlichen Akteurs und an die Intensität der Auseinandersetzung mit dem Staat zumindest möglich. Grundlage einer näheren Betrachtung muss eine Vergegenwärtigung der grundsätzlichen Anwendungsvoraussetzungen des Rechtes der nichtinternationalen bewaffneten Konflikte im Sinne des Art. 3 GK sein.

aa) Grundsätzliche Anwendungsvoraussetzungen

Der Wortlaut von Art. 3 GK ist als Maßstab der Anwendungsvoraussetzungen wenig hilfreich. Aus ihm wird nur deutlich, dass ein nichtinternationaler bewaffneter Konflikt dann nie bestehen kann, wenn die Voraussetzungen für einen internationalen bewaffneten Konflikt erfüllt sind.[729] Das ZP II konkretisiert mittelbar auch für Art. 3 GK, wann Auseinandersetzungen in keinem Fall

---

725 Vgl.: SCUS, *Hamdan v. Rumsfeld, Secretary of Defense et al*, No. 05-184, Judgement vom 29. Juni 2009, S. 66 ff. Siehe dazu auch S. 108 ff.

726 So auch: Milanovic, IRRC 2007, 373, 377.

727 Dehn/ Heller, U. Pa. L. Rev. PENNumbra 2011, 175, 196.

728 So ähnlich: Lubell, in: Wilmshurst (Hrsg.), International Law and the Classification of Conflicts, S. 434 f.; Pejic, IRRC 2011, 189, 205.

729 Schondorf, N.Y.U. J. Int'l L. & Pol. 2004-2005, 1, 6.

einen nichtinternationalen bewaffneten Konflikt konstituieren. In Literatur[730] und Rechtsprechung[731] anerkannt und durch das IStGH-Statut und die internationale Staatengemeinschaft bestätigt[732] ist nämlich inzwischen, dass die von Art. 1 Abs. 2 ZP II geforderte Mindestintensität einer Auseinandersetzung auch für nichtinternationale bewaffnete Konflikte im Sinne des Art. 3 GK gilt. Deshalb kann ein nichtinternationaler bewaffneter Konflikt immer nur dann vorliegen, wenn das in Art. 1 Abs. 2 ZP II beschriebene Niveau überschritten ist. Grundsätzlich liegt ein nichtinternationaler bewaffneter Konflikt im Sinne des Art. 3 GK aber schon ab einer geringen Konfliktintensität vor.[733]

Die weitere Bestimmung des Begriffs und damit der Anwendungsvoraussetzungen für einen nichtinternationalen bewaffneten Konflikt ist den internationalen Gerichtshöfen anheimgestellt. Die sich dabei letztlich durchsetzende Definition[734] wurde vom ICTY formuliert. Sie konkretisiert den Begriff des bewaffneten Konflikts im Sinne des Art. 3 GK dahingehend, dass ein bewaffneter Konflikt immer dann vorliegt, „*whenever there is* [...] *protracted armed violence between governmental authorities and organized armed groups or between such groups within a State*".[735] Die Staatengemeinschaft hat diese Definition inzwischen auch akzeptiert, wie ihre Aufnahme in Art. 8 Abs. 2 e) des IStGH-Statuts zeigt.[736]

Doch auch diese Definition bedarf weiterer Präzision. Entscheidend ist dabei, wann „*armed violence*" als „*protracted*" gilt. Eine bewaffnete Auseinandersetzung

730 Cullen, Mil. L. Rev. 2005, 66, 94; Duffy, The "War on Terror" and the Framework of International Law, S. 221; Fleck, in: Fleck (Hrsg.), The Handbook of International Humanitarian Law, Rn. 1205; Holland, Suffolk Transnat'l L. Rev. 2011, 145, 156; *IKRK* (2008), S. 3; *ILA* (2010), S. 28; Lubell, Extraterritorial Use of Force against Non-State Actors, S. 105.

731 ICTY, *Prosecutor v. Dusko Tadić*, Trial Judgement vom 7. Mai 1997, Case No. IT-94-1-T, Rn. 562.

732 Siehe Art. 8 Abs. 2 d) und f) IStGH-Statut.

733 Cullen, Mil. L. Rev. 2005, 66, 79.

734 Fleck, in: Fleck (Hrsg.), The Handbook of International Humanitarian Law, Rn. 1201.5c); Paulus/ Vashakmadze, IRRC 2009, 95, 99; Sivakumaran, The Law of Non-International Armed Conflict, S. 164; zweifelnd: Daskal, U. Pa. L. Rev. 2013, 1165, 1188.

735 ICTY, *Prosecutor v. Dusko Tadić*, Decision on the Defence Motion for Interlocutory Appeal on Jurisdiction vom 2. Oktober 1995, Case No. IT-94-1, Rn. 70.

736 Fleck, in: Fleck (Hrsg.), The Handbook of International Humanitarian Law, Rn. 1201.5c); mit Hinweise auf weiterere Staatenpraxis: Sivakumaran, The Law of Non-International Armed Conflict, S. 166, 193.

ist jedenfalls dann *protracted*, wenn sie eine bestimmte Zeit[737] andauert und ein bestimmtes Maß an Intensität[738] aufweist. Da die Rechtsprechung ein Fortdauern der Gewaltanwendung über 30 Stunden hinweg bereits als ausreichend angesehen hat,[739] kommt dem Erfordernis der Intensität in der Beurteilung des Vorliegens eines bewaffneten Konflikts eine größere Bedeutung zu. Teilweise wird das zeitliche Element auch deswegen als Aspekt der Intensität der Gewaltanwendungen insgesamt angesehen.[740] Jedenfalls kann ein geringes Maß an Intensität durch die Länge der Kampfhandlungen ausgeglichen werden und umgekehrt.[741] Demnach ist es auch möglich, dass Kämpfe auch mit Unterbrechungen ausgetragen werden.[742]

Aus der Systematik der bewaffneten Konflikte wird eine weitere Voraussetzung abgeleitet. Sie geht von der Prämisse aus, dass ein Konflikt zwischen mindestens zwei Parteien ausgetragen werden kann. Um als Partei zu gelten, müssen jedoch verschiedene Erfordernisse an den Grad der Organisation erfüllt sein.[743] So muss eine Partei über eine bestimmte Kommandostruktur verfügen und die Fähigkeit zur Durchführung andauernder militärischer Operationen besitzen.[744]

Ausschlaggebend für die Bejahung der Existenz eines nichtinternationalen bewaffneten Konflikts sind deshalb regelmäßig der Grad der Organisation der Parteien und die Intensität der Gewaltanwendung zwischen ihnen.[745] Diese beiden

---

737 Lubell, Extraterritorial Use of Force against Non-State Actors, S. 105.

738 ICTR, *Prosecutor v. Jean-Paul Akayesu*, Judgement vom 2. September 1998, Case No. ICTR-96–4, Rn. 620; ICTY, *Prosecutor v. Ramush Haradinaj, Idriz Balaj & Lahi Brahimaj*, Judgement vom 3. April 2008, Case No. IT-04–84-T, Rn. 49; Rogers, YIHL 2007, 3, 8 f.; Sivakumaran, The Law of Non-International Armed Conflict, S. 167; a.A.: Moir, The Law of Internal Armed Conflict, S. 43.

739 IAKMR, Case 11.137, Report 55/97 vom 13. April 1998, Rn. 154 ff.; Lubell, Extraterritorial Use of Force against Non-State Actors, S. 105; Sassòli, Transnational Armed Groups and International Humanitarian Law, S. 7.

740 IAKMR, Case 11.137, Report 55/97 vom 13. April 1998, Rn. 155 f.; Sivakumaran, The Law of Non-International Armed Conflict, S. 168.

741 IAKMR, Case 11.137, Report 55/97 vom 13. April 1998, Rn. 156; *ILA* (2010), S. 30; dies nur als Vorschlag formulierend: Paulus/ Vashakmadze, IRRC 2009, 95, 118.

742 Cullen, Mil. L. Rev. 2005, 66, 100; Paulus/ Vashakmadze, IRRC 2009, 95, 118; Zimmermann in: Triffterer (Hrsg.), Commentary on the Rome Statute of the International Criminal Court, War Crimes committed in an Armed Conflict not of an International Character, S. 285.

743 *ILA* (2010), S. 28 f.

744 *IKRK* (2008), S. 3; Lubell, Extraterritorial Use of Force against Non-State Actors, S. 109.

745 ICTY, *Prosecutor v. Dusko Tadić*, Trial Judgement vom 7. Mai 1997, Case No. IT-94–1-T, Rn. 562; Cullen, Mil. L. Rev. 2005, 66, 100; *IKRK* (2008), S. 3, 5; *ILA* (2010),

Voraussetzungen entsprechen denen des Art. 1 Abs. 1 ZP II, sodass insoweit eine Parallelität zwischen den Voraussetzungen von Art. 3 GK und ZP II gegeben ist. Ein wesentlicher Unterschied zwischen den Anwendungsvoraussetzungen besteht jedoch darin, dass für einen nichtinternationalen bewaffneten Konflikt im Sinne des Art. 3 GK keine Kontrolle einer bestimmten Fläche durch den nichtstaatlichen Akteur gefordert wird.[746]

Die mindestens notwendige Intensität der Gewaltanwendung wird, wie oben gezeigt, durch Art. 1 Abs. 2 ZP II definiert. Sind dessen Voraussetzungen erfüllt, so kann das Rechtsregime des nichtinternationalen bewaffneten Konflikts nie einschlägig sein. Darüber hinaus existiert keine Konkretisierung der notwendigen Intensität durch völkerrechtliche Abkommen. Insbesondere zu der Frage der maßgeblichen Kriterien zur Bestimmung der Intensität finden sich dort keine Anhaltspunkte. Entsprechende Grundsätze sind wiederum durch die Literatur mit Blick auf die Staatenpraxis und die Rechtsprechung entwickelt worden.

Es werden verschiedene objektive[747] Kriterien[748] herangezogen, deren Gesamtbild entscheidend ist.[749] Dadurch wird es unerheblich, ob jedes einzelne Kriterium erfüllt ist, da das Fehlen eines Kriteriums durch das Vorliegen anderer ausgeglichen werden kann.[750] In diesem Zusammenhang ist allerdings noch eine weitere Konkretisierung durch die Rechtsprechung notwendig. Insbesondere steht noch eine Klärung darüber aus, ob eine einzelne einseitige Kampfhandlung für sich genommen die Voraussetzungen des Art. 3 GK erfüllen kann und dadurch das Recht der nichtinternationalen bewaffneten Konflikte in einer Auseinandersetzung anwendbar werden lässt. Dies ist schon wegen der Gefahr der dann dro-

---

S. 15; Lubell, Extraterritorial Use of Force against Non-State Actors, S. 106; Paulus/ Vashakmadze, IRRC 2009, 95, 100; Sivakumaran, The Law of Non-International Armed Conflict, S. 165; Zegveld, Accountability of Armed Opposition Groups in International Law, S. 135.

746 Boelaert-Suominen, LJIL 2000, 619, 634; Paulus/ Vashakmadze, IRRC 2009, 95, 104; Tahzib-Lie/ Swaak-Goldman, in: Lijnzaad, u. a. (Hrsg.), Making the Voice of Humanity Heard – Essays in Honour of HRH Princess Margriet of the Netherlands, S. 246; a.A.: Herdegen, Völkerrecht, § 56, Rn. 17.

747 *ILA* (2010), S. 15.

748 *ILA* (2010), S. 30; Für eine beispielhafte Aufstellung der Kriterien mit Nachweis der entsprechenden gerichtlichen Praxis siehe: Sivakumaran, The Law of Non-International Armed Conflict, S. 168.

749 *ILA* (2010), S. 30; Sivakumaran, The Law of Non-International Armed Conflict, S. 168.

750 Sivakumaran, The Law of Non-International Armed Conflict, S. 168.

henden, potentiell unbegrenzten Anwendbarkeit des humanitären Völkerrechts abzulehnen.[751] Deshalb unterfallen jedenfalls einzelne Handlungen nicht dem humanitären Völkerrecht, die ohne nahen zeitlichen Zusammenhang zu anderen Gewaltanwendungen zwischen den Parteien stehen.

Das Erfordernis eines bestimmten Grades an Organisiertheit ist grundsätzlich bei derjenigen Partei erfüllt, die die Regierung eines Staates bildet. Diese wird zumindest auf Teile des regulären Militärs zurückgreifen können, das regelmäßig die für Art. 3 GK erforderliche Struktur aufweist. Das Erfordernis der Organisation ist infolgedessen grundsätzlich nur bei der Einordnung von nichtstaatlichen Akteuren relevant. Es dient der Sicherstellung, dass die jeweilige Partei Kampfhandlungen potentiell über einen längeren Zeitraum durchführen kann, die Gewaltausübung von einer Gruppe und nicht von nur lose verbundenen Individuen ausgeht und die Partei in der Lage ist, die Regeln des humanitären Völkerrechts zu befolgen.[752] Von der Rechtsprechung werden dafür jedoch keine hohen Anforderungen an die Organisiertheit der jeweiligen Partei gestellt.[753] Sie liegen insbesondere unter den Voraussetzungen, die das ZP II aufstellt.[754] Der Grad der Organisiertheit wird, wie auch die Intensität des Konflikts, mittels verschiedener, potentiell kumulativer Indizien bestimmt.[755]

---

751 Mit Zweifeln auch: *ILA* (2010), S. 31; Lubell, Extraterritorial Use of Force against Non-State Actors, S. 106 f.

752 *IKRK* (2008), S. 3; *ILA* (2010), S. 29; Kreß, J. Conflict & Sec. L. 2010, 245, 261; Pejic, Brit. Y.B. Int'l L. 2004, 71, 86; für eine Aufstellung mit Nachweis der entsprechenden gerichtlichen Praxis siehe: Sivakumaran, The Law of Non-International Armed Conflict, S. 170 f.

753 ICTY, *Prosecutor v. Fatmir Limaj, Haradin Bala & Isak Musliu*, Judgement vom 30. November 2005, Case No. IT-03-66-T, Rn. 89; Paulus/ Vashakmadze, IRRC 2009, 95, 99; Sivakumaran, The Law of Non-International Armed Conflict, S. 170; mit Nachweis einer entsprechenden Staatenpraxis aber im Grundsatz kritisch demgegenüber: Zegveld, Accountability of Armed Opposition Groups in International Law, S. 138 f.; a.A.: Ambos/ Alkatout, JZ 2011, 758, 759; vertiefend: Margulies, in: Deeks (Hrsg.), Naval War College International Law Studies, Bd. 89: The Geography of Cyber Conflict: Through a Glass Darkly, 54 ff.

754 ICTY, Prosecutor v. *Ljube Boskoski & Johan Tarculovski*, Judgement vom 10. Juli 2008, Case No. IT-04-82-T, Rn. 197.

755 ICTY, *Prosecutor v. Fatmir Limaj, Haradin Bala & Isak Musliu*, Judgement vom 30. November 2005, Case No. IT-03-66-T, Rn. 60; Ambos/ Alkatout, JZ 2011, 758, 759; *ILA* (2010), S. 29; für eine Aufstellung mit Nachweis der entsprechenden gerichtlichen Praxis siehe: Sivakumaran, The Law of Non-International Armed Conflict, S. 170 f.

bb) Konkrete Anwendbarkeit

Unter der hier verwendeten Definition des transnationalen bewaffneten Konflikts können von den bisherigen historischen Auseinandersetzungen nur die Fälle des internationalen Terrorismus und insbesondere unter Beteiligung von al-Qaida gefasst werden. Sie sollen deswegen als Subsumptionsgrundlage für die hier zu erörternden Fragen dienen. Nimmt man diese Definition jedoch als Maßstab, so ist sehr fraglich, ob jene die erforderliche Schwelle an Intensität für das Vorliegen eines nichtinternationalen bewaffneten Konflikts erreichen. Für die Bejahung der Erfordernisse an die Intensität ist es in diesem Zusammenhang aber gerade nicht ausreichend, darauf zu verweisen, dass die Anzahl der Anschläge und der Opfer höher gewesen wäre, wären einzelne Anschläge nicht verhindert worden.[756] Denn die Voraussetzungen für das Vorliegen eines nichtinternationalen bewaffneten Konflikts ändern sich nicht dadurch, dass die Voraussetzungen im Rahmen eines transnationalen Konflikts geprüft werden.[757]

Um die notwendige Schwelle an Intensität zu erreichen, ist es grundsätzlich notwendig, dass sich die gegnerische Partei auch mit militärischen Mitteln wehrt.[758] Unter den durch Anschläge al-Qaidas betroffenen Staaten haben sich aber nur die USA so verhalten. Lässt man dabei die jedenfalls als bewaffneter Konflikt zu kategorisierende Auseinandersetzung in Afghanistan beiseite, so stellt sich in Bezug auf die Reaktion der USA auch ein zweites Problem. Denn wenn ein von derartigen nichtstaatlichen Akteuren betroffener Staat überhaupt mittels militärischer Gewalt reagiert, dann dauert dies in der Regel nicht über einen längeren Zeitraum an. Nimmt man konkret al-Qaida als Maßstab, so finden selbst die über Jahre hinweg von ihnen verübten Anschläge nicht kontinuierlich statt. Im Rahmen nichtinternationaler bewaffneter Konflikte ist es immerhin nicht erforderlich, dass Kampfhandlungen über einen bestimmten Zeitraum hinweg andauern müssen.[759] Trotzdem müssen die Anschläge in einem gewissen zeitlichen und sachlichen Zusammenhang stehen.[760] Zugleich muss die vom nichtstaatlichen Akteur ausgeübte Gewalt im Hinblick auf das Erfordernis der Intensität getrennt

756 So aber: Pedrozo, in: Pedrozo/ Wollschläger (Hrsg.), Naval War College International Law Studies, Bd. 87: International Law and the Changing Character of War, S. 219.

757 Sassòli, Transnational Armed Groups and International Humanitarian Law, S. 8.

758 Blank, in: N.A. (Hrsg.), Boundaries of the Battlefield, S. 31; Lewis u. a., The War on Terror and the Laws of War – A Military Perspective, S. 17; Lubell/ Derejko, J. Int'l Crim. Just. 2013, 65, 78.

759 Blank, in: N.A. (Hrsg.), Boundaries of the Battlefield, S. 12; Cullen, Mil. L. Rev. 2005, 66, 100.

760 Brooks, U. Pa. L. Rev. 2004–2005, 675, 718.

danach bewertet werden, gegen welchen Staat sich jede einzelne Handlung gerichtet hat.[761] Für die Anschläge al-Qaidas ist das Erreichen der geforderten Intensität deswegen aber abzulehnen. Die Anschläge können nicht einmal in ihrer Gesamtheit betrachtet werden, weil sich die Anschläge jeweils gegen verschiedene Staaten richteten.

Ob aber bereits unregelmäßige Gewalt und Gegengewalt eine ausreichende Intensität bilden, muss bezweifelt werden. Zwar können kürzere Kampfhandlungen dem humanitären Völkerrecht unterfallen, aber selbst diese müssen kontinuierlich über einen gewissen Zeitraum andauern.[762] Sowohl Drohneneinsätze als auch Terroranschläge sind jedoch grundsätzlich einmalige Ereignisse, die temporär nicht über den Zeitraum ihrer unmittelbaren Wirkung hinausreichen. Die geringe Dauer der Kampfhandlungen kann zwar grundsätzlich durch eine höhere Intensität ausgeglichen werden, allerdings kann schon vom Wortlaut her nicht mehr von Kampfhandlungen gesprochen werden, wenn Handlungen der Parteien auch nur im Wochenrhythmus stattfinden.[763] Dafür spricht auch, dass die jeweils betroffenen Staaten andere Serien von Anschlägen durch eine Terrorgruppe in der Vergangenheit auch immer nur als sporadische „*internal disturbance*" bewertet haben.[764]

Bei der im Rahmen von transnationalen Auseinandersetzungen vorliegenden sporadischen Gewalt dauert nur die Gefahr an, dass Gewalt ausgeübt werden könnte.[765] Deshalb ist es auch problematisch, die Anschläge in den USA am 11. September 2001 als für das Entstehen eines bewaffneten Konflikts ausreichend intensive Gewaltanwendung zu betrachten.[766] Das gleiche gilt für alle anderen Anschläge al-Qaidas[767], wobei die Anschläge am 26. November 2008 in Mumbai eine Ausnahme darstellen dürften.[768]

Gleichzeitig sind selbst die USA in ihrem Verhalten nicht konsequent, gegen dem Spektrum al-Qaidas zuzurechnende Personen immer das humanitäre Völ-

---

761 Sivakumaran, The Law of Non-International Armed Conflict, S. 224 f.

762 Lubell, in: Wilmshurst (Hrsg.), International Law and the Classification of Conflicts, S. 436.

763 Brooks, U. Pa. L. Rev. 2004–2005, 675, 718.

764 Otto, Targeted Killings and International Law, S. 478.

765 Lubell, Extraterritorial Use of Force against Non-State Actors, S. 117.

766 So aber: Pedrozo, in: Pedrozo/ Wollschläger (Hrsg.), Naval War College International Law Studies, Bd. 87: International Law and the Changing Character of War, S. 220.

767 Greenwood, CLP 2003, 505, 529; *ILA* (2010), S. 25 f.; Pejic, IRRC 2011, 189, 196; Sassòli, Transnational Armed Groups and International Humanitarian Law, S. 10; Thynne, Austl. Int'l L.J. 2009, 161, 166; Turns, N.Y. City L. Rev. 2006–2007, 435, 465; implizit auch: Brooks, U. Pa. L. Rev. 2004–2005, 675, 756.

768 Vgl.: Gulati, ISIL Y.B. Int'l Human. & Ref. L. 2012, 91, 93 ff.

kerrecht anzuwenden. So haben sie nach den Anschlägen von Boston zumindest bisher nicht das humanitäre Völkerrecht zur Grundlage der Bestrafung der Verantwortlichen gemacht.[769]

Betrachtet man Beispiele des regionalen Terrorismus wie den von ETA, RAF oder IRA, so haben es die westlichen Staaten auch dort immer vermieden, auf das humanitäre Völkerrecht zu rekurrieren. Warum bei gleicher Vorgehensweise, vergleichbarer Struktur nur anderer geographischer Vorgehensweise ein anderes Rechtsregime als Rechtmäßigkeitsmaßstab für die Auseinandersetzung mit einem nichtstaatlichen Akteur bestehen sollte, ist weder systematisch zwingend noch logisch.[770] Hinzu kommt, dass sich auch in der Vergangenheit Beispiele für staatenübergreifend agierende Terroristen finden lassen. Diese wurden jedoch ebenfalls nicht als Gegner in einem nichtinternationalen bewaffneten Konflikt anerkannt.[771]

Ein weiteres Problem bei der Einordnung transnationaler Auseinandersetzungen unter die nichtinternationalen bewaffneten Konflikte wird in der Regel in der Parteifähigkeit des nichtstaatlichen Akteurs liegen. Nimmt man die derzeitigen „Terrororganisationen" generell und al-Qaida exemplarisch als Maßstab für die im Rahmen transnationaler Auseinandersetzungen beteiligten nichtstaatlichen Akteure, so ist fraglich, ob diese den Grad an Organisiertheit erreichen, der notwendig ist, um als ein nichtstaatlicher Akteur als Partei gewertet werden zu können.

Al-Qaida verfügt über lose Zellen ohne eine verbindliche Befehlsstruktur, die, selbst wenn sie wollte, die Einhaltung des humanitären Völkerrechts nicht sicherstellen könnte.[772] Wenn die einzelnen Zellen jedoch lose und damit unabhängig voneinander operieren, kann die Handlung der einen Zelle nicht sicher auch einer anderen Zelle zugerechnet werden. Damit steht aber in Frage, ob die Handlung einer Teilgruppierung dem nichtstaatlichen Akteur an sich zugerechnet werden könnte.[773] Nicht ausreichend wäre es auch, hier auf die weite Verbreitung von al-Qaida abzustellen.[774] Denn sie kann keine Aussage darüber erlauben, wie stark die Koordinierung ist. Allein mit der Notwendigkeit einer „effektiven" Bekämpfung in-

---

769 United States District Court for the District of Massachusetts, Case 1:13-mj-02106-MBB, Document 3 vom 21. April 2013.

770 Blank, Ga. L. Rev. 2011–2012, 719, 734; O'Connell, J. Nat'l Sec. L. & Pol'y 2010, 343, 356; Sassòli, Transnational Armed Groups and International Humanitarian Law, S. 8.

771 Lubell, Extraterritorial Use of Force against Non-State Actors, S. 122 f.

772 Höfer, Gezielte Tötungen. Terrorismusbekämpfung und die neuen Feinde der Menschheit, S. 228.

773 Lubell, Extraterritorial Use of Force against Non-State Actors, S. 120.

774 So aber: Pedrozo, in: Pedrozo/ Wollschläger (Hrsg.), Naval War College International Law Studies, Bd. 87: International Law and the Changing Character of War, S. 220.

ternationaler Terrororganisationen zu argumentieren[775] kann aber für eine Anwendbarkeit des humanitären Völkerrechts in diesem Zusammenhang nicht ausreichen.

Ob die Auseinandersetzung mit den momentanen Formen des Terrorismus auf der rechtlichen Grundlage des humanitären Völkerrechts geführt werden kann, bestimmt sich nach den Anwendungsvoraussetzungen des Rechtes der nichtinternationalen bewaffneten Konflikte. Da das diesbezügliche Subsumptionsergebnis unter der derzeitigen Auslegung der Voraussetzungen jedoch eindeutig ausfällt, wird man transnationale Auseinandersetzungen in ihrer momentan vorkommenden Form dem Recht der nichtinternationalen bewaffneten Konflikte nur selten zuordnen können. Etwas anderes ergäbe sich nur, wenn man die vorstehende Auslegung der Voraussetzungen für das Vorliegen des Rechtsregimes in Frage stellte.

5. Mehrere Konflikte auf einem Staatsgebiet

Da ein Konflikt zwischen mehr als zwei Parteien juristisch betrachtet grundsätzlich in Zweiparteienkonstellationen aufgeteilt werden muss[776], müssen auch unterschiedliche Rechtregime des humanitären Völkerrechts auf demselben Gebiet anwendbar sein können.[777] Dementsprechend kann es vorkommen, dass die Parteien auf ein und demselben Gebiet in verschiedenen Situationen zwischen dem Recht der internationalen und dem der nichtinternationalen bewaffneten Konflikte differenzieren müssen.[778] Das war beispielsweise während der militärischen Bemühungen zum Sturz des Taliban-Regimes in Afghanistan der Fall.[779] Die Staaten der NATO befanden sich jeweils in einem internationalen bewaffneten Konflikt. Die Nationale Islamische Vereinte Front zur Rettung Afghanistans als Unterstützer der NATO befand sich jedoch als nichtstaatlicher Akteur in einem nichtinternationalen bewaffneten Konflikt mit den Taliban bis zu deren Sturz

---

775 So aber: Pedrozo, in: Pedrozo/ Wollschläger (Hrsg.), Naval War College International Law Studies, Bd. 87: International Law and the Changing Character of War, S. 235.

776 Sivakumaran, The Law of Non-International Armed Conflict, S. 224 f. Siehe näher S. 93 f.

777 IGH, *Case Concerning Military and Paramilitary Activities in and Against Nicaragua* (Nicaragua v. United States of America), Merits vom 27. Juni 1986, Rn. 219; Holland, Suffolk Transnat'l L. Rev. 2011, 145, 179 f.; Milanovic/ Hadzi-Vidanovic, in: White/ Henderson (Hrsg.), Research Handbook on International Conflict and Security Law, S. 302; Moir, The Law of Internal Armed Conflict, S. 47.

778 Wilmshurst, in: Wilmshurst (Hrsg.), International Law and the Classification of Conflicts, S. 489.

779 Solis, in: Schmitt (Hrsg.), Naval War College International Law Studies, Bd. 85: The War in Afghanistan: A Legal Analysis, S. 222.

als Regierung Afghanistans. Sind die bewaffneten Konflikte von derselben Konfliktart, ergeben sich in der praktischen Umsetzung von Seiten des Völkerrechts jedoch keine unterschiedlichen Handlungsmaßstäbe.

III. Ergebnis

Wie gezeigt unterfallen nahezu sämtliche bei der Entstehung des humanitären Völkerrechts nicht bedachten Konfliktkonstellationen dem Rechtsregime der nichtinternationalen bewaffneten Konflikte. Der Bestimmung des territorialen Anwendungsbereichs des Rechtes der nichtinternationalen bewaffneten Konflikte kommt vor diesem Hintergrund eine besondere Bedeutung zu.

Gleichzeitig ist auch deutlich geworden, dass dem Willen der Verfasser bei der Beurteilung, wie der territoriale Anwendungsbereich bestimmt werden muss, keine gesteigerte Bedeutung beigemessen werden kann. Sie gingen zwar davon aus, dass das Rechtsregime auf dem gesamten Gebiet des Staates, auf dem der jeweilige Konflikt ausgetragen wird, anwendbar sein kann.[780] Diese Aussage trafen sie jedoch nur vor dem Hintergrund der, wie in diesem Abschnitt bewiesen, falschen Annahme, dass nur Auseinandersetzungen zwischen einem nichtstaatlichen Akteur und einem Staat auf dessen Territorium dem Recht der nichtinternationalen bewaffneten Konflikte unterfallen könnten.

Nicht berücksichtigt wurden damit aber Fragestellungen, die sich im Zusammenhang mit modernen Konfliktkonstellationen stellen. Dazu gehört beispielsweise der Problemkomplex, ob und wie sich der territoriale Anwendungsbereich außerhalb des Staates darstellt, auf dessen Gebiet ein bewaffneter Konflikt primär ausgetragen wird. Vor dem Hintergrund der modernen Konfliktkonstellationen ist die historische Bestimmung des territorialen Anwendungsbereichs im Rahmen nichtinternationaler bewaffneter Konflikte nicht mehr ohne weiteres tragfähig.

Demnach ist es bisher ungeklärt, wie der territoriale Anwendungsbereich des humanitären Völkerrechts zu bestimmen ist. Erwägenswert erscheint es zumindest im Grundsatz, die historische Bestimmung des territorialen Anwendungsbereich auf das Rechtsregime unter Berücksichtigung der ihm unterfallenden modernen Fallkonstellationen zu übertragen. Vor dem Hintergrund der historischen Bestimmung liegt der Schluss nahe, dass das humanitäre Völkerrecht der nichtinternationalen bewaffneten Konflikte auf dem gesamten Gebiet eines Staates territorial anwendbar sein sollte, wenn auf diesem Kampfhandlungen stattfinden und der Staat an dem Konflikt selbst beteiligt ist.

---

780 Pictet, The Geneva Conventions of 12 August 1949: Commentary 4. Geneva Convention, S. 36.

E. Bestimmung des territorialen Anwendungsbereichs

Die Vorschriften des humanitären Völkerrechts enthalten wie im vorigen Abschnitt keine expliziten Vorgaben, die den Modus der Bestimmung des territorialen Anwendungsbereichs im Rahmen nichtinternationaler bewaffneter Konflikte von vornherein vorgeben würden. Zudem ist die historische Bestimmung vor dem Hintergrund unter dieses Rechtsregime fallender moderner Konfliktkonstellationen obsolet.

Der territoriale Anwendungsbereich des Rechtes der nichtinternationalen bewaffneten Konflikte ist nicht endgültig bestimmt. Einigkeit in Rechtsprechung[781] und Literatur[782] herrscht nur darüber, dass der territoriale Anwendungsbereich jedenfalls über das Gebiet der jeweiligen momentanen Kampfhandlungen hinausgeht. Innerhalb des Rechtsregimes existieren nämlich einzelne Normen, die ihren Anwendungsbereich explizit über das jeweilige momentane Operationsgebiet hinaus ausstrecken.[783] Andere Vorschriften müssen von ihrem Telos her auch außerhalb von Kampfhandlungen anwendbar sein.[784] Vergleichbare Vorgaben finden sich ebenfalls in den gewohnheitsrechtlich auch im Rahmen nichtinternationaler bewaffneter Konflikte anwendbaren Vorschriften zu den internationalen bewaffneten Konflikten.[785] Mit welchem Modus der territoriale Anwendungsbereich aber genau zu bestimmen ist, darüber herrscht keine Einigkeit. Der Wortlaut von Art. 3 GK und von Art. 2 Abs. 1 ZP II ist in diesem Zusammenhang, wie gezeigt, in jeder Hinsicht offen.[786]

Die Bestimmung des territorialen Anwendungsbereichs des Rechtes der nichtinternationalen bewaffneten Konflikte unter Berücksichtigung moder-

---

781 So erstmals: ICTY, *Prosecutor v. Dusko Tadić*, Decision on the Defence Motion for Interlocutory Appeal on Jurisdiction vom 2. Oktober 1995, Case No. IT-94-1, Rn. 70; näher siehe S. 157 ff.

782 AmbosAmbos, in: Lagodny (Hrsg.), Münchener Kommentar zum Strafgesetzbuch, Bd. 8, Vor §§ 8 ff. VStGB, Rn. 26; Arimatsu, YIHL 2009, 157, 179; Duffy, The "War on Terror" and the Framework of International Law, S. 223; Lubell/ Derejko, J. Int'l Crim. Just. 2013, 65, 74 f. ; ohne nähere Begründung so auch: Lewis, Tex. Int'l L.J. 2012, 293, 301 f.; O'Connell, J. Nat'l Sec. L. & Pol'y 2010, 343, 355.

783 Art. 4 Abs. 1 ZP II: "*prohibted* […] *in any place whatsoever*".

784 Art. 13 Abs. 2, 14–17 ZP II.

785 Art. 6 Abs. 2 GK IV; Art. 3 (b) ZP I.

786 Siehe S. 84 f.

ner Konfliktkonstellationen folgt häufig dem „juristischen Bauchgefühl". Bei allen Auseinandersetzungen zwischen einem Staat und einem nichtstaatlichen Akteur gewinnt man eher den Eindruck, dass insbesondere Staaten das humanitäre Völkerrecht nicht zu jeder Zeit, nicht an jedem Ort und vor allem nicht nach eigenem Belieben als Rechtmäßigkeitsmaßstab ihrer Handlungen heranziehen können oder können sollten.[787] Dieser Eindruck ist dann am stärksten, wenn der in Afghanistan eingesetzte Talibankämpfer bei seinen Eltern in Saudi-Arabien Urlaub macht und dort getötet wird. Er ist auch noch immer vorhanden, wenn ein Mitglied der *Fuerzas Armadas Revolucionarias de Colombia* (Revolutionäre Streitkräfte Kolumbiens) in Bogotá beim Einkaufen getötet wird, obwohl der Konflikt zwischen FARC und kolumbianischer Armee viele Kilometer entfernt ausgetragen wird. Nicht mehr sicher ist man sich hingegen, wenn man die Tötung eines Mitglieds der Taliban bewerten soll, das sich zum fraglichen Zeitpunkt in den unter Stammesverwaltung stehenden Gebieten Pakistans aufhielt.

In letzterem Fall spricht vieles eher dafür, dass diese Person unter dem Rechtsregime des humanitären Völkerrechts noch getötet werden durfte. Diesem Gefühl entsprechend werden im Rahmen des Konflikts der NATO mit den Taliban, der primär in Afghanistan ausgetragenen wird, häufig auch die unter Stammesverwaltung stehenden Gebiete Pakistans zu den Gebieten gezählt, in denen das humanitäre Völkerrecht anwendbar ist.[788] Meist wird jedoch in diesem Zusammenhang auch betont, dass daraus kein Rückschluss auf eine Anwendbarkeit auf das gesamte pakistanische Staatsgebiet gezogen werden könne.[789]

Anhand der Beispiele wird deutlich, dass der „territoriale Anwendungsbereich" abstrakt in zwei verschiedenen Konstellationen relevant wird: zum einen entscheidet er darüber, auf welchem Gebiet innerhalb eines Staates sich der territoriale Anwendungsbereich ausdehnt.[790] Das ist dann entscheidend, wenn ein bewaffneter Konflikt nicht auf dem Gebiet des gesamten Staates ausgetragen wird, wie beispielsweise in Kolumbien oder in Russland im Tschetschenien-Konflikt. Zum anderen entscheidet er darüber, ob das humanitäre Völkerrecht auch außerhalb der Staaten anwendbar ist, in denen der bewaffnete Konflikt hauptsächlich aus-

787 Luther, Zeit Online vom 26.02.2013; Prantl, Sueddeutsche Zeitung vom 2.06.2013, 4.

788 Ambos/ Alkatout, JZ 2011, 758, 760; Dinstein, in: Schmitt (Hrsg.), Naval War College International Law Studies, Bd. 85: The War in Afghanistan: A Legal Analysis, S. 52.

789 Ambos/ Alkatout, JZ 2011, 758, 760; Dinstein, in: Schmitt (Hrsg.), Naval War College International Law Studies, Bd. 85: The War in Afghanistan: A Legal Analysis, S. 52.

790 So bspw. auch: Geiß, in: Heintze/ Ipsen (Hrsg.), Heutige bewaffnete Konflikte als Herausforderungen an das humanitäre Völkerrecht, S. 53.

getragen wird.[791] Das war beim Einsatz der kolumbianischen Armee gegen die FARC in Gebieten Ecuadors der Fall. Daneben wird dieser Aspekt bei jeglichen Einsätzen der USA in Pakistan, Somalia und im Jemen relevant. In diesem Zusammenhang spielt der territoriale Anwendungsbereich eine Rolle dabei, ob sich die USA auch in rechtlicher Hinsicht in einem weltweiten Konflikt mit al-Qaida befinden, wie sie behaupten.[792]

Bei der Untersuchung, wie der territoriale Anwendungsbereich im Rahmen nichtinternationaler bewaffneter Konflikte zu bestimmen ist, ist zunächst fraglich, ob es dafür außerhalb des Wortlauts und der Entstehungsgeschichte Anhaltspunkte gibt. In Betracht kommt dabei zunächst die Bestimmung des territorialen Anwendungsbereichs im Rahmen internationaler bewaffneter Konflikte. Weiter kommt auch die bisherige Rechtsprechung als Erkenntnisquelle in Betracht. Schließlich soll auch das Verhalten von Staaten in relevanten Konfliktkonstellationen exemplarisch betrachtet werden.

I. Recht der internationalen bewaffneten Konflikte

Im Folgenden soll zunächst ein kurzer Überblick über die Bestimmung des territorialen Anwendungsbereichs im Rahmen internationaler bewaffneter Konflikte gegeben werden. Daran schließt sich die Untersuchung an, ob und gegebenenfalls welche Rückschlüsse betreffs der Bestimmung des territorialen Anwendungsbereichs des Rechtes der nichtinternationalen bewaffneten Konflikte gezogen werden können.

1. Einflüsse des *ius ad bellum*

Aussagen unmittelbar zum territorialen Anwendungsbereich finden sich im Rahmen des Rechtsregimes der internationalen bewaffneten Konflikte nur selten. Überwiegend konzentriert sich die Literatur in diesem Zusammenhang auf das Kriegsgebiet als die Fläche, auf der eine Auseinandersetzung ausgetragen werden darf.[793] Betrachtet man die neuere Literatur, so finden sich unter dem Begriff der Grenzen eines Kriegsgebietes Hinweise auf das geltende Neutralitätsrecht und das

791 So bspw. auch: Geiß, in: Heintze/ Ipsen (Hrsg.), Heutige bewaffnete Konflikte als Herausforderungen an das humanitäre Völkerrecht, S. 54.

792 US-Präsident Obama: Remarks by the President at the National Defense University vom 23. Mai 2013.

793 Zurückgehend auf: Oppenheim/ Lauterpacht, Oppenheims International Law, Bd. 2: Disputes, War and Neutrality, § 70.

durch das *ius ad bellum* vorgegebene Gewaltverbot.[794] Diese Vorschriften dienen aber gerade nicht der Bestimmung des territorialen Anwendungsbereichs.[795] Sie verdienen es aber trotzdem, hier berücksichtigt zu werden, weil sie eine zentrale Rolle bei den Erwägungen zum territorialen Anwendungsbereich in internationalen bewaffneten Konflikten spielen.

a) Regelungen des ius ad bellum

Das Neutralitätsrecht ergibt sich aus der Haager Konvention betreffend die Rechte und Pflichten der neutralen Mächte und Personen im Falle eines Landkrieges[796] und der Haager Konvention betreffend die Rechte und Pflichten der Neutralen im Falle eines Seekrieges[797]. Die beiden von 1907 stammenden Abkommen beinhalten sämtliche geschriebenen Vorschriften zu den Neutralitätspflichten und rechten. Die Voraussetzungen ihrer Anwendbarkeit sind jedoch seit 1945 wegen den seither stattgehabten Entwicklungen in Staatenpraxis sowie *ius ad bellum* und *ius in bello* umstritten.[798] Gleichzeitig gilt das Neutralitätsrecht seit Inkrafttreten des Gewaltverbots und des Selbstverteidigungsrechts der Nationen[799] nicht mehr in der durch HK V und HK XIII vorgesehenen strikten Form. Sie werden nämlich durch die daneben anwendbaren Vorschriften der VN-Charta modifiziert.[800]

Ein internationaler bewaffneter Konflikt darf sich nach Neutralitätsrecht und *ius ad bellum* nur auf das Gebiet der am Konflikt beteiligten Staaten, die

---

794 Dinstein, War, Aggression, and Self-Defence, S. 19 ff.; Kleffner, in: Fleck (Hrsg.), The Handbook of International Humanitarian Law, Rn. 216 ff.; Schmitt, in: (Hrsg.), Naval War College International Law Studies, Bd. 90, S. 5.

795 Geiß, in: Heintze/ Ipsen (Hrsg.), Heutige bewaffnete Konflikte als Herausforderungen an das humanitäre Völkerrecht, S. 53 f.; Kleffner, in: Fleck (Hrsg.), The Handbook of International Humanitarian Law, Rn. 220 ; Lubell/ Derejko, J. Int'l Crim. Just. 2013, 65, 68. Siehe näher S. 21 ff.

796 RGBl. 1910 I, S. 151 ff.

797 RGBl. 1910 I, S. 343 ff.

798 Heintschel von Heinegg, in: Fischer/ Fleck (Hrsg.), Krisensicherung und Humanitärer Schutz. Festschrift für Dieter Fleck, S. 223 ff.; Schindler, in: Delissen/ Kalshoven (Hrsg.), Humanitarian Law of Armed Conflict Challenges Ahead. Essays in Honour of Frits Kalshoven, S. 375 f.

799 Vgl. Art. 2 Abs. 4 und Art. 51 VN-Charter.

800 Heintschel von Heinegg, in: Fischer/ Fleck (Hrsg.), Krisensicherung und Humanitärer Schutz. Festschrift für Dieter Fleck, 237 ff.; Schindler, in: Delissen/ Kalshoven (Hrsg.), Humanitarian Law of Armed Conflict Challenges Ahead. Essays in Honour of Frits Kalshoven, 377 ff.

hohe See und ausschließliche Wirtschaftszonen erstrecken.[801] Zum Staatsgebiet zählt das gesamte Hoheitsgebiet in seiner Erstreckung auf Luft, Wasser und Boden.[802] Auf das Gebiet neutraler Staaten darf sich der Konflikt grundsätzlich nicht erstrecken.[803] Dies statuiert einerseits das in Art. 2 Abs. 4 VN-Charter enthaltene grundsätzliche Verbot, einen anderen Staat anzugreifen. Andererseits ergibt sich selbiges auch aus dem Neutralitätsrecht.[804] Ausgenommen vom Schutz der Gebiete Neutraler sind bis zu einem gewissen Grade die ausschließlichen Wirtschaftszonen.[805] Nach der in Art. 51 VN-Charter zu findenden Ausnahme ist ein Angriff auf bisher unbeteiligte Staaten dann erlaubt, wenn deren Unterstützung der anderen Konfliktpartei selbst einen Angriff im Sinne der VN-Charter bildet.[806] Diese Vorschrift überlagert auch entgegenstehendes Neutralitätsrecht. Das humanitäre Völkerrecht sieht zudem selbst vor, dass Teile des Hoheitsgebiets der Konfliktparteien vom Kriegsgebiet ausgenommen sein können. Solche Vorschriften sind in GK und ZP I enthalten. Demnach sind Sanitäts- und Sicherheitszonen nach Art. 23 GK I und Art. 14 GK IV, neu-

801 Duffy, The "War on Terror" and the Framework of International Law, S. 223; Greenwood, in: Dinstein/ Rosenne (Hrsg.), International Law at a Time of Perplexity – Essays in Honour of Shabtai Rosenne, S. 277; Kleffner, in: Fleck (Hrsg.), The Handbook of International Humanitarian Law, Rn. 216; Oppenheim/ Lauterpacht, Oppenheims International Law, Bd. 2: Disputes, War and Neutrality, §§ 70 ff.

802 Kunig in: Bernhardt (Hrsg.), Encyclopedia of Public International Law, Bd. 4, War, Theatre of, S. 1392.

803 Vlg. Art. 1 HK V; Dinstein, War, Aggression, and Self-Defence, S. 19.

804 Blank, Wm. Mitchell L. Rev. 2011–2012, 1655, 1679; Duffy, The "War on Terror" and the Framework of International Law, S. 223; Green, The Contemporary Law of Armed Conflict, S. 297. Zu den Ausnahmen: Kunig in: Bernhardt (Hrsg.), Encyclopedia of Public International Law, Bd. 4, War, Theatre of, S. 1391 ff.; Oppenheim/ Lauterpacht, Oppenheims International Law, Bd. 2: Disputes, War and Neutrality, § 71 (2). Die Regeln des Neutralitätsrechts können jedoch seit Inkrafttreten der VN-Charter nicht mehr in ihrer ursprünglichen Form ohne weiteres angewendet werden: Greenwood, in: Dinstein/ Rosenne (Hrsg.), International Law at a Time of Perplexity – Essays in Honour of Shabtai Rosenne, S. 277; Schindler, in: Delissen/ Kalshoven (Hrsg.), Humanitarian Law of Armed Conflict Challenges Ahead. Essays in Honour of Frits Kalshoven, S. 373 f.

805 Dinstein, War, Aggression, and Self-Defence, S. 23; Kleffner, in: Fleck (Hrsg.), The Handbook of International Humanitarian Law, Rn. 216.

806 Greenwood, in: Dinstein/ Rosenne (Hrsg.), International Law at a Time of Perplexity – Essays in Honour of Shabtai Rosenne, S. 277.

tralisierte Zonen nach Art. 15 GK IV und entmilitarisierte Zonen nach Art. 60 ZP I nicht Teile des Kriegsgebiets.[807]

Teilweise wird vertreten, dass sich das Kriegsgebiet unter bestimmten Voraussetzungen auf eine kleinere Fläche als das oben bestimmte Gebiet erstrecke. Zu diesem Ergebnis kann man gelangen, wenn man die Anforderungen an die Notwendigkeit und Verhältnismäßigkeit einer Selbstverteidigungshandlung im Sinne der VN-Charta auch auf die geographische Ausdehnung der Kampfhandlungen überträgt.[808] Notwendigkeit und Verhältnismäßigkeit einer Selbstverteidigungshandlung könnten demnach im Einzelfall vorgeben, dass die Kampfhandlungen auf ein kleineres Gebiet beschränkt bleiben müssen.[809]

Betrachtet man die gängige Literatur zum Selbstverteidigungsrecht nach Art. 51 VN-Charta, so finden sich dort im Hinblick auf Erforderlichkeit und Notwendigkeit jedoch nur Beschränkungen für Zeitraum und Intensität der Selbstverteidigungshandlung.[810] Ebensowenig bietet die Rechtsprechung Anhaltspunkte dafür, dass die Selbstverteidigungshandlung in ihrem geographischen Umfang eingeschränkt sein könnte. Außerdem bietet die bisherige Staatenpraxis keine Anhaltspunkte für eine solche Beschränkung der territorialen Ausdehnung des Konflikts.[811] Im Rahmen internationaler bewaffneter Konflikte erscheint es schließlich auch als eher unwahrscheinlich, dass Staaten eine solche Begrenzung ihrer militärischen Handlungsoptionen in naher Zukunft hinnehmen werden.[812]

b) Bedeutung für den territorialen Anwendungsbereich

Neutralitätsrecht und *ius ad bellum* sind zwei vom humanitären Völkerrecht unabhängige Rechtsregime.[813] Im Verhältnis von *ius ad bellum* und *ius in bello* wird dies schon dadurch deutlich, dass ein Verstoß gegen das *ius ad bellum* keine

---

807 Dinstein, War, Aggression, and Self-Defence, S. 20; Kleffner, in: Fleck (Hrsg.), The Handbook of International Humanitarian Law, Rn. 219.

808 Greenwood, in: Dinstein/ Rosenne (Hrsg.), International Law at a Time of Perplexity – Essays in Honour of Shabtai Rosenne, S. 277; O'Connell, J. Nat'l Sec. L. & Pol'y 2010, 343, 355.

809 O'Connell, J. Nat'l Sec. L. & Pol'y 2010, 343, 355.

810 Dinstein, War, Aggression, and Self-Defence, S. 262 ff.; Randelzhofer/ Nolte in: Simma u. a. (Hrsg.), The Charter of the United Nations – A Commentary, Bd. II, Art. 51, Rn. 57–62.

811 Lewis, Tex. Int'l L.J. 2012, 293, 303 f.

812 Lewis, Tex. Int'l L.J. 2012, 293, 303.

813 Bothe, in: Fleck (Hrsg.), The Handbook of International Humanitarian Law, Rn. 1107.6.

Konsequenzen für das *ius in bello* hat.[814] Das Neutralitätsrecht trifft hingegen ausschließlich eine Aussage darüber, welche Rechte und Pflichten in der Beziehung zwischen an den Kampfhandlungen Beteiligten und neutralen Staaten bestehen.[815] Mittelbar trifft es dadurch auch eine Aussage darüber, welche Gebiete nicht in die Kampfhandlungen einbezogen werden dürfen. Genauso wie die dem humanitären Völkerrecht inhärenten Vorschriften der GK I, GK IV und ZP I sprechen Neutralitätsrecht und *ius ad bellum* aber nur ein Verbot der Erstreckung des Konflikts auf bestimmte Gebiete aus. Für den Fall der Verletzung eines Verbots sind wie beispielsweise in Art. 17 HK V Konsequenzen in den Vorschriften enthalten. Zu den Konsequenzen gehört jedoch nicht, dass das humanitäre Völkerrecht auf den entsprechenden Gebieten nicht anwendbar wäre.

Es fällt auf, dass die überwiegende Literatur die maximale räumliche Erstreckung der Konflikthandlungen nur davon abhängig macht, auf welchem Gebiet der Einsatz von Streitkräften im Rahmen zwischenstaatlicher Konflikte verboten ist.[816] Das Verbot, einen Konflikt nicht auf ein bestimmtes Gebiet auszuweiten, sagt jedoch noch nichts über die Frage aus, auf welchem Gebiet das humanitäre Völkerrecht im Rahmen eines Konflikts anwendbar ist. Denn über ein solches Verbot können sich die Parteien hinwegsetzen. Die Konsequenzen des Verstoßes gegen ein solches Verbot können, genauso wie jede andere Verletzung des *ius ad bellum* oder des Neutralitätsrechts, vielfältig sein. Solange aber, beispielsweise als Sanktion, nicht die Geltung des humanitären Völkerrechts als Folge der Verletzung ausgeschlossen ist, kommt das Recht der internationalen bewaffneten Konflikte überall auf der Welt als Rechtmäßigkeitsmaßstab für im Rahmen eines Konfliktes ausgeübte Handlungen weiterhin in Betracht.

Vorschriften, die die Ausweitung eines Konflikts auf bestimmte Gebiete untersagen, legen somit nicht auch fest, dass auf diesen Gebieten das humanitäre Völkerrecht im Zusammenhang mit dem entsprechenden Konflikt keine Anwendung fände. Grundlage der Untersuchung des territorialen Anwendungsbereichs der Vorschriften zu internationalen bewaffneten Konflikten sind Neutralitätsrecht

---

814 Gasser/ Thürer in: Wolfrum (Hrsg.), The Max Planck Encyclopedia of Public International Law, Bd. V, Humanitarian Law, International, Rn. 2; Kreß, J. Conflict & Sec. L. 2010, 245, 264; O'Connell, in: Fleck (Hrsg.), The Handbook of International Humanitarian Law, Rn. 131.2.

815 Bothe, in: Fleck (Hrsg.), The Handbook of International Humanitarian Law, Rn. 1101.1; Doehring, Völkerrecht, S. 193.

816 So bspw. Brooks, U. Pa. L. Rev. 2004–2005, 675, 720 f.; Schmitt, in: (Hrsg.), Naval War College International Law Studies, Bd. 90, S. 5.

und *ius ad bellum* somit nicht. Diese Erkenntnis findet sich auch bereits in der frühen völkerrechtlichen Literatur:

> *Daher ist auch [die] Schlussfolgerung unzutreffend, okkupiertes Gebiet dritter, neutraler Staaten falle nicht unter den Begriff des völkerrechtlichen Kriegsschauplatzes. Es würde also auf solchem Gebiet [die] kriegsrechtliche Behandlung ausgeschlossen sein* [...].[817]

2. Territorialer Anwendungsbereich

Das *ius in bello* selbst gibt keine eindeutigen Anhaltspunkte bezüglich eines Modus zur Bestimmung des territorialen Anwendungsbereichs. Denn die einzelnen Vorschriften des humanitären Völkerrechts in internationalen bewaffneten Konflikten bleiben in dieser Hinsicht ohne klare Aussage.[818] Zwei Möglichkeiten zur Bestimmung des territorialen Anwendungsbereichs in internationalen bewaffneten Konflikten kommen in Betracht.

Zum einen könnte der territoriale Anwendungsbereich des humanitären Völkerrechts mit den sich aus Neutralitätsrecht und Gewaltverbot ergebenden Verboten der Ausweitung des Konflikts auf bestimmte Gebiete kongruent sein.[819] Eine solche Position hätte die Auswirkung, dass jede den Verboten aus Neutralitätsrecht und *ius ad bellum* zuwiderlaufende Handlung nicht dem Recht der internationalen bewaffneten Konflikte unterfallen kann. Das *ius in bellum* würde somit eine eigene Sanktion für den Fall enthalten, dass sich ein Staat über die Grenzen des territorialen Anwendungsbereichs und damit über die Regel des *ius ad bellum* und das Neutralitätsrecht hinwegsetzt.

Andererseits ließe sich auch vertreten, dass der Anwendungsbereich des humanitären Völkerrechts in internationalen bewaffneten Konflikten keinen territorialen Beschränkungen unterliegt.[820] Danach wäre das humanitäre Völkerrecht

817 Boeckner, Der Kriegsschauplatz, S. 41; so aber: Lueder in: Holtzendorff (Hrsg.), Handbuch des Völkerrechts – Die Staatsstreitigkeiten und ihre Entscheidung, Bd. 4, Das Kriegsfeld, Rn. 362 f.

818 Arimatsu, YIHL 2009, 157, 178 f.

819 Ohne weitere Angabe von Gründen: Guggenheim, Lehrbuch des Völkerrechts, Bd. I-2, S. 811 f.; obwohl mit seinen Aussagen auf S. 15 ff. nicht ganz kohärent, implizit auch: Kolb, Das Kriegsgebiet im Völkerrecht, S. 72 ff.; Lewis, Tex. Int'l L.J. 2012, 293, 306; vor den Genfer Konventionen in dem Sinne:Lueder in: Holtzendorff (Hrsg.), Handbuch des Völkerrechts – Die Staatsstreitigkeiten und ihre Entscheidung, Bd. 4, Das Kriegsfeld, Rn. 362.

820 Schmitt, Colum. J. Transnat'l L. 2013–2014, 77, 97; nur implizit soweit: Berber, Lehrbuch des Völkerrechts, Bd. 2: Kriegsrecht, S. 118; vor den Genfer Konventionen in dem Sinne auch: Boeckner, Der Kriegsschauplatz, S. 41.

überall auf der Welt das den Rechtmäßigkeitsmaßstab der im Rahmen der Konflikte ausgeübten Handlungen darstellende Rechtsregime.[821]

a) Systematik

Für letztgenannte Lösung spricht die Systematik des humanitären Völkerrechts. Denn das *ius in bello* selbst enthält in GK I, GK IV und ZP I Vorschriften, die die Austragung von Kampfhandlungen auf einem bestimmten Gebiet untersagen.[822] Nach dem oben aufgestellten Grundsatz müsste das humanitäre Völkerrecht in solchen Gebieten nicht anwendbar sein, die außerhalb des durch das *ius ad bellum* beziehungsweise das Neutralitätsrecht festgelegten Kriegsgebietes liegen. Läge dieser Grundsatz dem Recht der internationalen bewaffneten Konflikte aber tatsächlich zugrunde, wäre unverständlich, warum die entsprechenden Normen des Rechtes der internationalen bewaffneten Konflikte neben dem vorhandenen Verbot nicht auch die Rechtsfolge statuiert haben, dass das humanitäre Völkerrecht an diesen Orten nicht anwendbar ist.

Dafür, dass der Anwendungsbereich des humanitären Völkerrechts in internationalen bewaffneten Konflikten keinen territorialen Beschränkungen unterliegt, kann man die Unabhängigkeit des *ius in bello* von den Vorschriften des *ius ad bellum* beziehungsweise des Neutralitätsrechts anführen. Wegen der Unabhängigkeit der Rechtsregime muss ein Verstoß gegen das Gewaltverbot und das Neutralitätsrecht nämlich nicht zwingend dazu führen, dass die Vorschriften des *ius in bello* bei der dem Verstoß zugrunde liegenden Handlung nicht anwendbar sind.[823] Denn es ist für die grundsätzliche Anwendbarkeit des humanitären Völkerrechts irrelevant, ob eine Handlung unter Verletzung eines anderen internationalen Rechtsregimes erfolgt ist. Dies zeigt der Umstand, dass humanitäres Völkerrecht alle Staaten unabhängig davon bindet, wer das *ius ad bellum*, insbesondere das Gewaltverbot, verletzt hat.[824]

Allerdings kann aus dem fehlenden Zusammenhang von *ius ad bellum* und *ius in bello* auch nicht unmittelbar gefolgert werden, dass sich der territoriale Anwendungsbereich auf die gesamte Welt erstrecken muss. Das Argument lässt sich

---

821 In diesem Sinne: Chesney, YIHL 2011, 3, 34.

822 Art. 23 GK I, Art. 14 GK IV, Art. 15 GK IV und Art. 60 ZP I.

823 Chesney, YIHL 2011, 3, 34.

824 Gasser/ Thürer in: Wolfrum (Hrsg.), The Max Planck Encyclopedia of Public International Law, Bd. V, Humanitarian Law, International, Rn. 2; Kreß, J. Conflict & Sec. L. 2010, 245, 264; O'Connell, in: Fleck (Hrsg.), The Handbook of International Humanitarian Law, Rn. 131.2.

lediglich gegen eine Kongruenz der beiden Rechtsregime heranziehen. Für einen weltweiten territorialen Anwendungsbereich spricht aber, dass die Anwendbarkeit des humanitären Völkerrechts auf eine konkrete Situation neben dem Stattfinden innerhalb des territorialen Anwendungsbereichs noch eine weitere Voraussetzung hat. Jede Situation muss nämlich in einem funktionalen Zusammenhang mit einem internationalen bewaffneten Konflikt stehen.[825] Darauf aufbauend könnte man eine Begrenzung des Anwendungsbereichs in territorialer Hinsicht bestreiten, weil dazu bereits das Erfordernis des funktionalen Zusammenhangs in ausreichender Art und Weise dient.

Die Argumentation wird aber häufig nur für die Begründung verwendet, warum sich der territoriale Anwendungsbereich auf das gesamte Gebiet der beteiligten Staaten erstreckt.[826] Dies ist aber für internationale bewaffnete Konflikte ohnehin unbestritten.[827] Zurückgeführt wird dieser Schluss auf die Tatsache, dass schon einzelne Vorschriften der Genfer Konventionen ihren Geltungsbereich über das Gebiet der eigentlichen Kampfhandlungen hinaus auf das gesamte Gebiet der beteiligten Staaten erstrecken.[828] Dadurch, dass der innere Zusammenhang ein vom humanitären Völkerrecht zur Einschränkung der Anwendbarkeit des humanitären Völkerrechts dienendes Kriterium darstellt, ist aber noch keine Aussage darüber getroffen, ob gleichzeitig noch andere einschränkende Kriterien existieren. Die bloße Existenz des Erfordernisses eines funktionalen Zusammenhangs schließt nämlich nicht aus, dass auch andere Kriterien wie der territoriale Anwendungsbereich die Anwendbarkeit des humanitären Völkerrechts begrenzen.[829]

b) Telos

Ebensowenig hilft ein Verweis auf den schon von *Pictet*[830] beschworenen möglichst weiten Geltungsbereich des humanitären Völkerrechts.[831] Er streitet nur

825 ICTY Tadić, Decision on Jurisdiction, Rn. 69; Arimatsu, YIHL 2009, 157, 180 f.

826 Vgl.: Arimatsu, YIHL 2009, 157, 180 f.

827 ICTY Tadić, Decision on Jurisdiction, Rn. 68 f.; Arimatsu, YIHL 2009, 157, 180; Blank, in: N.A. (Hrsg.), Boundaries of the Battlefield, S. 13; Schmitt, in: (Hrsg.), Naval War College International Law Studies, Bd. 90, S. 5.

828 Vgl. bspw.: Art. 19 GK III, Art. 13 GK IV.

829 Zum Verhältnis zwischen territorialem Anwendungsbereich und funktionalem Zusammenhang weitergehend im Rahmen nichtinternationaler bewaffneter Konflikte siehe S. 23 ff.

830 Pictet, The Geneva Conventions of 12 August 1949: Commentary 1. Geneva Convention, S. 32.

831 So aber: Arimatsu, YIHL 2009, 157, 181 f.

dafür, möglichst jede Konstellation des Konflikts ab einer gewissen Intensität dem humanitären Völkerrecht zu unterstellen. Vor allem seit dem Inkrafttreten der internationalen Menschenrechtsabkommen kann insbesondere in zwischenstaatlichen Konflikten gegen Beschränkungen des Anwendungsbereichs nicht mehr angeführt werden, dass andernfalls keine internationalen Vorschriften die Gewaltanwendungen regulieren würden.

c) Ergebnis

Für internationale bewaffnete Konflikte ist also bislang ungeklärt, auf welchem Gebiet das humanitäre Völkerrecht außerhalb der beteiligten Staaten grundsätzlich anwendbar ist. Der Punkt war jedoch auch schon vor Schaffung der Genfer Konventionen umstritten.[832] An diesem Zustand hat sich bis heute nichts geändert. Im Rahmen internationaler bewaffneter Konflikte hat die Bestimmung des territorialen Anwendungsbereichs aber auch nur eine geringe praktische Relevanz.

3. Praktische Relevanz

Die Bestimmung des territorialen Anwendungsbereichs wird im Rahmen internationaler bewaffneter Konflikte nur in den Fällen der Verletzung des Neutralitätsrechts und des *ius ad bellum* notwendig. Denn außerhalb der durch die beiden Rechtsregime geschützten Gebiete ist das humanitäre Völkerrecht ohnehin anwendbar. Zu den geschützten Gebieten zählen aber überwiegend nur die Territorien unbeteiligter Staaten.[833] Der territoriale Anwendungsbereich ist hier somit nur dann fraglich, wenn ein Staat den Konflikt auf das Gebiet eines unbeteiligten Staates ausweitet. Im Rahmen zwischenstaatlicher Konflikte sind Neutralitätsrecht und *ius ad bellum* jedoch noch in der Lage, ihrer Aufgabe[834] gerecht zu werden, eine Ausweitung von Konflikten zu verhindern.

Der Grund dafür liegt, wie im Völkerrecht üblich, nicht in den Regeln an sich, sondern an ihrer Durchsetzung durch die Staaten. Im Falle des Neutralitätsrechts und des *ius ad bellum* haben sie daran ein hohes Interesse, weil die Vorschriften auch die Souveränität der einzelnen Staaten schützen. Diese wiederum wird ins-

832 Implizit im Sinne der zuerst genannten Position:Lueder in: Holtzendorff (Hrsg.), Handbuch des Völkerrechts – Die Staatsstreitigkeiten und ihre Entscheidung, Bd. 4, Das Kriegsfeld, S. 362; dagegen: Boeckner, Der Kriegsschauplatz, S. 40 f..

833 Bothe, in: Fleck (Hrsg.), The Handbook of International Humanitarian Law, Rn. 1108; Kalshoven, in: Kalshoven (Hrsg.), Reflections on the Law of War, S. 962 f.

834 Blank, Wm. Mitchell L. Rev. 2011–2012, 1655, 1678.

besondere gegenüber anderen Staaten verteidigt. Deswegen hat jede Verletzung des Neutralitätsrechts beziehungsweise des *ius ad bellum* für den handelnden Staat potentiell schwere außenpolitische Konsequenzen. Solche versucht ein Staat in einem zwischenstaatlichen Konflikt aber in der Regel zu vermeiden, wenn nicht entgegenstehende strategische Überlegungen überwiegen, wie das im Ersten Weltkrieg seitens Deutschlands in Bezug auf Belgien der Fall war.[835] Denn ein Eintritt der betroffenen Partei in den Konflikt wird das Kräfteverhältnis zu Ungunsten des das *ius ad bellum* verletzenden Staates verschieben.

Dementsprechend hat sich die Frage der Anwendbarkeit des humanitären Völkerrechts in diesen Gebieten nie in einer für die Praxis relevanten Weise gestellt. Mangels Fällen in der Vergangenheit und durch das effektive Verhindern des neuerlichen Aufkommens von Fällen durch *ius ad bellum* und das Neutralitätsrecht konnte sich die Wissenschaft zur Erfüllung der Aufgaben des territorialen Anwendungsbereichs im Rahmen internationaler bewaffneter Konflikte auf das *ius ad bellum* und das Neutralitätsrecht beschränken und konzentrieren. Dementsprechend erübrigt sich auch eine eindeutige Stellungnahme zum territorialen Anwendungsbereich des humanitären Völkerrechts im Rahmen internationaler bewaffneter Konflikte.

4. Übertragbarkeit

Die Bestimmung des territorialen Anwendungsbereichs im Rahmen internationaler bewaffneter Konflikte lässt sich nicht unmittelbar auf nichtinternationale bewaffnete Konflikte übertragen.[836] Denn das Recht der internationalen und das der nichtinternationalen bewaffneten Konflikte sind zwei verschiedene Rechtsregime.[837] Die Bestimmung des territorialen Anwendungsbereichs im Rahmen internationaler bewaffneter Konflikte kann deshalb lediglich Anhaltspunkte und Hinweise auf die Art und Weise der Bestimmung des territorialen Anwendungsbereichs im Rahmen nichtinternationaler bewaffneter Konflikte liefern.[838]

Wie im Rahmen internationaler bewaffneter Konflikte könnte jedoch ein Rückschluss von den Verboten auf den Anwendungsbereich zulässig sein. Im

835 Jones, in: Cabanes/ Duménil (Hrsg.), Der Erste Weltkrieg, S. 41; van Ypersele, in: Hirschfeld u. a. (Hrsg.), Enzyklopädie Erster Weltkrieg, Paderborn [u. a.], S. 44.

836 Blank, in: N.A. (Hrsg.), Boundaries of the Battlefield, S. 6.

837 Gasser/ Thürer in: Wolfrum (Hrsg.), The Max Planck Encyclopedia of Public International Law, Bd. V, Humanitarian Law, International, Rn. 5; Kleffner, in: Fleck (Hrsg.), The Handbook of International Humanitarian Law, Rn. 201.3; Lubell, Extraterritorial Use of Force against Non-State Actors, S. 92.

838 Sogar das abstreitend: Blank, in: N.A. (Hrsg.), Boundaries of the Battlefield, S. 6.

Rahmen nichtinternationaler Konflikte sind, wie auch im Rahmen internationaler bewaffneter Konflikte, die beiden Fragestellungen zu unterscheiden, auf welches Gebiet sich ein Konflikt erstrecken darf und auf welchem Gebiet das humanitäre Völkerrecht territorial anwendbar ist.[839] Obwohl in der Vergangenheit teilweise argumentiert wurde, dass bei nichtinternationalen bewaffneten Konflikten grundsätzlich überhaupt kein Kriegsgebiet bestehe[840], gibt insbesondere das *ius ad bellum* den Rahmen vor, bis zu dem es völkerrechtlich erlaubt ist, den Konflikt auszuweiten.[841] Wegen der Unabhängigkeit des *ius in bello* vom *ius ad bellum* haben eventuelle Verstöße gegen Vorschriften des letzteren keine Auswirkungen auf ersteres Rechtsregime.[842] Dann kann die Souveränität eines unbeteiligten Staates auch kein Grund dafür oder dagegen sein, den territorialen Anwendungsbereich auf dessen Gebiet zu erstrecken.[843]

Anders als im Recht der internationalen Konflikte kann im Recht der nichtinternationalen bewaffneten Konflikte eine möglichst genaue Bestimmung des territorialen Anwendungsbereichs aber nicht offengelassen werden. Hier sind Neutralitätsrecht und *ius ad bellum* weniger in der Lage, die Ausweitung von Auseinandersetzungen auf Gebiete unbeteiligter Staaten zu unterbinden. Dies liegt auch daran, dass die Anwendbarkeit des Neutralitätsrechts als eines originär nur für zwischenstaatliche Konflikte entwickelten Rechtsregimes in nichtinternationalen bewaffneten Konflikten nicht eindeutig geklärt ist.[844] Besonders nichtstaatliche Akteure sind zudem rein faktisch nicht an ein bestimmtes Gebiet gebunden und können sich so unabhängig von Grenzen allein gemäß strategischer Überlegungen bewegen. Die von ihnen teilweise angewandten Guerillataktikten favorisieren zudem den Rückzug in Gebiete, in denen sie dem Zugriff

839 Geiß, in: Heintze/ Ipsen (Hrsg.), Heutige bewaffnete Konflikte als Herausforderungen an das humanitäre Völkerrecht, S. 53 f.; Kleffner, in: Fleck (Hrsg.), The Handbook of International Humanitarian Law, Rn. 220 ; Lubell/ Derejko, J. Int'l Crim. Just. 2013, 65, 68. Siehe dazu S. 21 ff.

840 Kolb, Das Kriegsgebiet im Völkerrecht, S. 66 (anders nur durch die völkerrechtliche Anerkennung des nichtstaatlichen Akteurs: S. 69).

841 Hierzu im Zusammenhang mit nichtinternationalen bewaffneten Konflikten: *ILA* (2010), S. 32.

842 Gasser/ Thürer in: Wolfrum (Hrsg.), The Max Planck Encyclopedia of Public International Law, Bd. V, Humanitarian Law, International, Rn. 2; Kreß, J. Conflict & Sec. L. 2010, 245, 264; O'Connell, in: Fleck (Hrsg.), The Handbook of International Humanitarian Law, Rn. 131.2.

843 So aber: Bennett, Notre Dame J.L. Ethics & Pub. Pol'y 2012, 549, 561.

844 Okimoto, The Distinction and Relationship between Jus ad Bellum and Jus in Bello, S. 258 ff.

der gegnerischen Partei entzogen sind.[845] Das beinhaltet auch einen Rückzug auf das Gebiet eines anderen Staates, damit dessen Souveränität dem Zugriff des gegnerischen Staates entgegensteht, wie die Durchlässigkeit der Grenze zwischen Afghanistan und Pakistan zeigt.[846]

II. Bisherige Rechtsprechung

Ebenso wie ein Vergleich mit dem territorialen Anwendungsbereich im Rahmen internationaler bewaffneter Konflikte bietet auch die Rechtsprechung keine eindeutigen Anhaltspunkte zur Bestimmung des territorialen Anwendungsbereichs im Rahmen nichtinternationaler bewaffneter Konflikte. Der territoriale Anwendungsbereich des Rechtes nichtinternationaler bewaffneter Konflikte ist bis jetzt in der Rechtsprechung nur vereinzelt thematisiert worden. Die älteste Entscheidung hierzu stammt aus dem Jahre 1995.[847] Die lange Zeit zwischen Inkrafttreten des humanitären Völkerrechts und einer ersten Befassung mit dieser Rechtsfrage ist für sich genommen schon sehr aussagekräftig. Sie gibt einerseits einen Hinweis darauf, dass insbesondere nichtinternationale bewaffnete Konflikte bisher selten Thema der Rechtsprechung geworden sind. Dies hat sich erst mit den Sondertribunalen für Jugoslawien und Ruanda und der Schaffung des IStGH geändert. Gleichfalls lässt es den Schluss zu, dass Sachverhalte, die die Bestimmung des territorialen Anwendungsbereichs relevant werden lassen, bisher nicht so häufig waren, als dass sich diese Problematik im Rahmen einer Gerichtsentscheidung gestellt hätte.

1. ICTY

Der erste Gerichtshof, der den territorialen Anwendungsbereich explizit thematisierte, war der ICTY.[848] Der territoriale Anwendungsbereich erstreckt sich nach Ansicht des Gerichts auf sämtliche Gebiete, die unter der Kontrolle der beteiligten

---

845 Mit einem Grundaufriss zur Assymetrie: Münkler, in: Hankel (Hrsg.), Die Macht und das Recht. Beiträge zum Völkerrecht und Völkerstrafrecht am Beginn des 21. Jahrhunderts, S. 300 ff.

846 Bundesanwaltschaft der Bundesrepublik Deutschland, Drohneneinsatz vom 4. Oktober 2010 in Mir Ali/Pakistan (AZ: 3 BJs 7/12–4), offene Einstellungsverfügung vom 23. Juli 2013, S. 3.

847 ICTY, *Prosecutor v. Dusko Tadić*, Decision on the Defence Motion for Interlocutory Appeal on Jurisdiction vom 2. Oktober 1995, Case No. IT-94-1.

848 ICTY, *Prosecutor v. Dusko Tadić*, Decision on the Defence Motion for Interlocutory Appeal on Jurisdiction vom 2. Oktober 1995, Case No. IT-94-1.

Parteien stehen. Der ICTY bezog dabei auch ausdrücklich diejenigen Gebiete mit ein, die außerhalb des jeweils derzeitigen Operationsgebiets und Kriegsschauplatzes liegen:

> [...] *international humanitarian law continues to apply* [...] *in the case of internal conflicts, [on] the whole territory under the control of a party, whether or not actual combat takes place there.*[849]

Als Argument für diese Annahme zog der Gerichtshof Art. 3 Abs. 1 GK und Art. 2 Abs. 1 und 2 ZP I heran:

> [...] *the fact that beneficiaries of common Article 3 of the Geneva Conventions are those taking no active part (or no longer taking active part) in the hostilities* [...] *indicates that the rules contained in Article 3 also apply outside the narrow geographical context of the actual theatre of combat operations.*[850]
> *Similarly, certain language in Protocol II to the Geneva Conventions* [...] *also suggests a broad scope. First, like common Article 3, it explicitly protects '[a]ll persons who do not take a direct part or who have ceased to take part in hostilities.'* [...] *Moreover, the relatively loose nature of the language 'for reasons related to such conflict'* [Art. 2, Abs. 2 ZP II], *suggests a broad geographical scope as well.*[851]

Für das Gericht war somit entscheidend, dass einzelne Vorschriften des Rechtes der nichtinternationalen bewaffneten Konflikte ihre Schutzwirkung auch in Situationen entfalten, die nicht unmittelbar im Zusammenhang mit Kampfhandlungen stehen. Davon ausgehend verallgemeinerte das Gericht, dass der territoriale Anwendungsbereich auch grundsätzlich über das Gebiet der eigentlichen Kampfhandlungen hinausreiche.[852]

Als maßgebliches Kriterium zur genauen Bestimmung des territorialen Anwendungsbereichs stellte der ICTY auf die Kontrolle des Gebiets durch eine der Parteien ab. Dadurch wäre das humanitäre Völkerrecht gerade auch auf solchen Gebieten anwendbar, die nicht unter der Kontrolle eines Staates, sondern eines

---

849 ICTY, *Prosecutor v. Dusko Tadić*, Decision on the Defence Motion for Interlocutory Appeal on Jurisdiction vom 2. Oktober 1995, Case No. IT-94–1, Rn. 70.

850 ICTY, *Prosecutor v. Dusko Tadić*, Decision on the Defence Motion for Interlocutory Appeal on Jurisdiction vom 2. Oktober 1995, Case No. IT-94–1, Rn. 69.

851 ICTY, *Prosecutor v. Dusko Tadić*, Decision on the Defence Motion for Interlocutory Appeal on Jurisdiction vom 2. Oktober 1995, Case No. IT-94–1, Rn. 69.

852 Dies bestätigend: ICTY, Pro*secutor v. Zejnil Delalić, Zdravko Mucić, Hazim Delić & Esad Landzo*, Judgement vom 16. November 1998, Case No. IT-96–21-T, Rn. 185; ICTY, *Prosecutor v. Thimomir Blaskic*, Judgement vom 3. März. 2000, Case No. IT-95–14-T, Rn. 64.

nichtstaatlichen Akteurs stehen.[853] Der Wortlaut des Beschlusses spricht auch nicht dagegen, dass sich das vom nichtstaatlichen Akteur kontrollierte Gebiet in einem anderen als dem mit ihm im Konflikt befindlichen Staat befindet.[854] Ebenso muss man beim eindeutigen Wortlaut davon ausgehen, dass der ICTY humanitäres Völkerrecht auch auf dem Gebiet der Staaten für territorial anwendbar hielt, die an dem Konflikt beteiligt sind, auf deren Gebiet aber keine Kampfhandlungen ausgetragen wurden. Hintergrund für diese eher weite Bestimmung des territorialen Anwendungsbereichs war die Absicht, möglichst jeder in einem Konflikt schutzbedürftigen Person den Schutz des humanitären Völkerrechts zukommen zu lassen.[855]

Keine Anhaltspunkte enthält der Beschluss jedoch darüber, wie das Gericht zu dem Schluss gekommen ist, dass sich der territoriale Anwendungsbereich auf das Gebiet erstreckt, das unter der Kontrolle der am Konflikt beteiligten Parteien steht. Ebenso blieb das Gericht die Antwort auf die Frage schuldig, von welcher Qualität die Kontrolle über ein Gebiet sein muss.[856] Letzteres ist aber von zentraler Bedeutung, wenn ein nichtstaatlicher Akteur auf dem Gebiet eines am Konflikt nicht beteiligten Staates anwesend ist.

Weiter ist unklar, ob der ICTY diese Position in jeder Konfliktsituation vertreten hätte. Der Konflikt, im dessen Rahmen das Gericht ausgeführte Handlungen zu beurteilen hatte, fand ausschließlich auf dem Gebiet des späteren Bosnien-Herzegowina statt. Es war dadurch auf das Gebiet eines einzigen Staates begrenzt. Damit musste sich das Gericht nicht dahingehend äußern, ob es einen Unterschied gemacht hätte, wenn eine Partei Gebiete außerhalb Bosnien-Herzegowinas kontrolliert hätte. Ein nichtinternationaler bewaffneter Konflikt kann sich allerdings grundsätzlich über mehrere Staaten erstrecken.[857] Die Frage, ob ein solches Gebiet ohne weiteres im territorialen Anwendungsbereich des humanitären Völkerrechts gelegen hätte, musste das Gericht nicht beantworten. Ebenso waren keine weiter

---

853 So auch: Kreß, J. Conflict & Sec. L. 2010, 245, 266; Lubell/ Derejko, J. Int'l Crim. Just. 2013, 65, 69.

854 So auch: Kreß, J. Conflict & Sec. L. 2010, 245, 266; Milanovic/ Hadzi-Vidanovic, in: White/ Henderson (Hrsg.), Research Handbook on International Conflict and Security Law, S. 291.

855 Blank, in: N.A. (Hrsg.), Boundaries of the Battlefield, 13.

856 So auch: Arimatsu, YIHL 2009, 157, 188.

857 Geiß, IRRC 2009, 127, 138; Jinks, Yale J. Int'l L. 2003, 1, 40 f.; Lubell, Extraterritorial Use of Force against Non-State Actors, S. 103 f.; Pejic, IRRC 2011, 189, 194; Sassòli, Transnational Armed Groups and International Humanitarian Law, S. 9; a.A.: Corn/ Jensen, Temp. L. Rev. 2008, 787, 800. Näher dazu siehe insb. S. 122 ff.

entfernt liegenden Staaten an dem Konflikt beteiligt. Das Gericht musste in diesem Zusammenhang also auch nicht erklären, ob es das humanitäre Völkerrecht auch in diesen Staaten für anwendbar gehalten hätte. Somit bleibt die unmittelbare Aussagekraft des Urteils auf solche Konflikte beschränkt, in denen sich die von den Parteien kontrollierten Gebiete innerhalb eines Staates befinden.

2. ICTR

Der territoriale Anwendungsbereich des humanitären Völkerrechts wird zudem in drei Urteilen des Sondergerichtshofes für Ruanda thematisiert.[858] Sie enthalten jedoch keine eindeutige Festlegung auf eine Art der Bestimmung des territorialen Anwendungsbereichs. Zudem widersprechen sie sich zum Teil.

a) *Urteil in der Sache* Prosecutor v. Jean-Paul Akayesu

Das Urteil in der Sache *Prosecutor v. Jean-Paul Akayesu* bezieht sich bei der Bestimmung des territorialen Anwendungsbereichs explizit auf den oben genannten Beschluss des ICTY[859], weicht allerdings in der Formulierung in entscheidender Weise von diesem ab:

> *Article 3 [...] must be applied in the whole territory of the State engaged in the conflict. This approach was followed by the Appeals Chamber in its decision on jurisdiction in Tadić.*[860]

Die Begründung des Ergebnisses fußt, ähnlich wie die Position des ICTY, auf dem Argument, dass humanitäres Völkerrecht wegen der weiten Formulierung in Art. 2 Abs. 1 ZP II in seinem territorialen Anwendungsbereich nicht auf das Gebiet beschränkt bleiben kann, auf dem die Kampfhandlungen selbst stattfinden.[861]

Betrachtet man allein den Wortlaut, ist davon auszugehen, dass der ICTR eine andere Position als der ICTY vertrat. Anders als der ICTY ging der ICTR nach dem Zitat nämlich davon aus, dass sich der territoriale Anwendungsbereich auf das gesamte Gebiet aller Staaten erstreckte, die an dem Konflikt beteiligt waren. Darauf

---

858 ICTR, *Prosecutor v. Jean-Paul Akayesu*, Judgement vom 2. September 1998, Case No. ICTR-96-4; ICTR, *Prosecutor v. Georges Anderson Nderubumwe Rutaganda*, Judgement vom 6. Dezember 1999, Case No. ICTR-96-3-T; ICTR, *Prosecutor v. Alfred Musema*, Judgement vom 27. Januar 2000, Case No. ICTR-96-13-A.

859 ICTR, Prosecutor v. *Jean-Paul Akayesu*, Judgement vom 2. September 1998, Case No. ICTR-96-4, Fn. 174.

860 ICTR, *Prosecutor v. Jean-Paul Akayesu*, Judgement vom 2. September 1998, Case No. ICTR-96-4, Rn. 635.

861 ICTR, *Prosecutor v. Jean-Paul Akayesu*, Judgement vom 2. September 1998, Case No. ICTR-96-4, Rn. 635.

deutet hin, dass der ICTR den Begriff *„engaged“* verwendet hat.[862] Allerdings könnte es sich auch „nur“ um eine ungenaue Formulierung gehandelt haben. Denkbar wäre auch, dass der ICTR den territorialen Anwendungsbereich auf das Staatsgebiet derjenigen Staaten beschränken wollte, auf deren Gebiet der Konflikt ausgetragen wurde. Darauf deutet die Verwendung des Singulars bei *„state“* hin.

Jedenfalls weicht das Urteil des ICTR von dem des ICTY insofern ab, als dass es zur Bestimmung des territorialen Anwendungsbereichs ausschließlich auf Staaten abstellt. Anders als nach Ansicht des ICTY kann sich der territoriale Anwendungsbereich nach diesem Modus der Bestimmung nicht auf Gebiete erstrecken, die sich innerhalb des Territoriums eines unbeteiligten Staates befinden, aber unter der Kontrolle eines am Konflikt beteiligten nichtstaatlichen Akteurs stehen.

Auf welche Bestimmungsart des territorialen Anwendungsbereichs der ICTR genau rekurrieren wollte, wird mithin nicht deutlich. Durch die Bezugnahme auf den Beschluss des ICTY lässt sich vermuten, dass der ICTR davon ausging, dass sich seine eigene Position dort auch wiederfände. Dies ist aber schon deshalb nicht der Fall, weil der ICTR, anders als der ICTY, auf Staatsgrenzen und nicht auf die Kontrolle durch eine der Parteien abstellte. Der Entscheidung des ICTY lässt sich aber auch nicht eine unmissverständliche Position dazu entnehmen, ob sich der territoriale Anwendungsbereich auf das Gebiet nur der Staaten erstreckte, in denen Kampfhandlungen ausgetragen wurden oder die an dem Konflikt insgesamt beteiligt waren. Durch den Wortlaut und die Bezugnahme auf die Kontrolle liegt dort eher nahe, dass auf dem Gebiet aller beteiligten Staaten das humanitäre Völkerrecht anwendbar ist. Letztlich bleibt es eine Sache der Spekulation, ob die Position des ICTR im vorliegenden Urteil faktisch eine Fortentwicklung oder eine Abweichung von der des ICTY darstellt oder ob beide übereinstimmen.

Die Ursache der Unterschiede in den Formulierungen lassen sich jedenfalls partiell auf Unterschiede im Sachverhalt der beiden Entscheidungen zurückführen. Der Jurisdiktion des ICTY liegt ein Konflikt zu Grunde, der sich auf das Gebiet nur eines Staates erstreckte. Der ICTR war hingegen zur Aufklärung von Handlungen berufen, die sich in einem Konflikt ereigneten, der sich über verschiedene Staatsgrenzen erstreckte. Dies wird schon an dem Statut des ICTR in Art. 7 S. 1 deutlich:

> *The territorial jurisdiction of the International Tribunal for Rwanda shall extend to the territory of Rwanda including its land surface and airspace as well as to the territory of neighboring States in respect of serious violations of international humanitarian law committed by Rwandan citizens.*

862 Lubell/ Derejko, J. Int'l Crim. Just. 2013, 65, 70.

Auffallend ist in diesem Zusammenhang, dass beide Entscheidungen zu den ersten des jeweiligen Sondertribunals gehörten. Ebenso erklärten beide das humanitäre Völkerrecht für territorial auf all denjenigen Gebieten für anwendbar, auf denen per Statut auch ihre Jurisdiktion für dort geschehene Handlungen im Zusammenhang mit dem Konflikt bestand. Einen Anreiz, einen solch weiten territorialen Anwendungsbereich anzuerkennen, gab es für die Gerichte dadurch, dass ihre Jurisdiktion in sachlicher Hinsicht auf Verstöße gegen das humanitäre Völkerrecht begrenzt ist.[863] Dies hatte aber auch zur Folge, dass sich die Gerichte gerade nicht damit auseinandersetzen mussten, ob sich der territoriale Anwendungsbereich gegebenenfalls auch auf darüber hinausgehende Gebiete erstreckte.

b) Urteil in der Sache Prosecutor v. Rutaganda / Prosecutor v. Musema

Bemerkenswert in der Reihe der Entscheidungen der Sondertribunale sind die Entscheidungen des ICTR in der Sache *Prosecutor v. Rutaganda*[864] und in der Sache *Prosecutor v. Musema*[865], die jeweils von der gleichen Kammer wie die Sache *Prosecutor v. Akayesu* entschieden wurden. In beiden Urteilen berief sich der Gerichtshof auf den Beschluss des ICTY in der Sache *Prosecutor v. Tadić* und auf seinen eigenen Beschluss in der Sache *Prosecutor v. Akayesu.*[866] Abweichend von der Formulierung in *Prosecutor v. Akayesu* und von seiner Auslegung der Entscheidung *Prosecutor v. Tadić* hielt der Gerichtshof den territorialen Anwendungsbereich hier aber für auf die Gebiete der Staaten begrenzt, auf denen die Kampfhandlungen ausgetragen wurden:

> *The protection afforded to individuals under the Geneva Conventions and the Additional Protocols, extends throughout the territory of the State where the hostilities are occurring, once the objective material conditions for applicability of the said instruments have been satisfied.*[867]

---

863 Vgl. Art. 4 ICTR-Statut.

864 ICTR, *Prosecutor v. Georges Anderson Nderubumwe Rutaganda*, Judgement vom 6. Dezember 1999, Case No. ICTR-96-3-T.

865 ICTR, *Prosecutor v. Alfred Musema*, Judgement vom 27. Januar 2000, Case No. ICTR-96-13-A.

866 ICTR, *Prosecutor v. Georges Anderson Nderubumwe Rutaganda*, Judgement vom 6. Dezember 1999, Case No. ICTR-96-3-T, Rn. 102; ICTR, *Prosecutor v. Alfred Musema*, Judgement vom 27. Januar 2000, Case No. ICTR-96-13-A, Rn. 284.

867 ICTR, *Prosecutor v. Georges Anderson Nderubumwe Rutaganda*, Judgement vom 6. Dezember 1999, Case No. ICTR-96-3-T, Rn. 101.

The protection afforded to individuals by these instruments applies throughout the territory of the State where the hostilities are occurring.[868]

Fraglich ist jedoch, ob das Gericht diese Ansicht wirklich so vertreten wollte. Eine fast wörtliche Wiedergabe der Entscheidung des ICTR in der Sache *Prosecutor v. Akayesu* enthält das Urteil des ICTR in der Sache *Prosecutor v. Musema*:

[…] *once the objective material conditions for applicability of the said instruments have been satisfied* […] *persons affected by the conflict are covered by the Protocol wherever they are in the territory of the State engaged in conflict.*[869]

Hält man sich streng an den Wortlaut der jeweiligen Auszüge, so widerspricht sich der ICTR innerhalb des Urteils, da er einmal auf „*where the hostilities are ocurring*" und das andere Mal auf „*engaged*" abstellt. Den Eindruck, dass der ICTR den territorialen Anwendungsbereich in der Sache *Prosecutor v. Musema* ausschließlich auf dem Gebiet der Staaten für territorial anwendbar hielt, auf dem die Kampfhandlungen ausgetragen wurden, verstärkt der den Abschnitt des Urteils abschließende Absatz:

Common Article 3 and Additional Protocol II apply in the whole territory where the conflict is occurring and are not limited to the 'war front' or to the 'narrow geographical context of the actual theater of combat operations'.[870]

Durch die Bezugnahme der Urteile des ICTR in der Sache *Prosecutor v. Rutaganda* und in der Sache *Prosecutor v. Musema* auf die Urteile des ICTY in der Sache *Prosecutor v. Tadić* bzw. des ICTR in der Sache *Prosecutor v. Akayesu* stellen sich beide in eine Linie mit diesen Entscheidungen. Sie legen die Urteile so aus, dass sich der territoriale Anwendungsbereich auf das gesamte Staatsgebiet der Staaten erstreckt, auf denen Kampfhandlungen stattfinden. Eine solche Auslegung ist jedoch, wie gezeigt, nicht zwingend.

Zu beachten ist ferner, dass die Entscheidungen selbst nur von einem „*state*" sprechen. Man könnte in diesem Zusammenhang die Entscheidung somit in ihrer Aussagekraft auf Konflikte auf dem Gebiet eines Staates beschränken. So ließe sich die Entscheidung nämlich auch verstehen. Aus den Urteilen des ICTR lassen sich jedenfalls keine Aussagen zu Fällen ableiten, bei denen eine Auseinandersetzung

868 ICTR, *Prosecutor v. Alfred Musema*, Judgement vom 27. Januar 2000, Case No. ICTR-96-13-A, Rn. 283.

869 ICTR, *Prosecutor v. Alfred Musema*, Judgement vom 27. Januar 2000, Case No. ICTR-96-13-A, Rn. 283.

870 ICTR, *Prosecutor v. Alfred Musema*, Judgement vom 27. Januar 2000, Case No. ICTR-96-13-A, Rn. 284.

erst nachträglich die Grenzen eines Staates überschreiten.[871] Dementsprechend haben die Urteile nur eine begrenzte Aussagekraft insgesamt und insbesondere für Konflikte, die sich auf das Territorium verschiedener Staaten erstrecken.

3. Nationale Gerichtsentscheidungen

Entscheidungen durch nationale Gerichte, die dezidiert humanitäres Völkerrecht zum Gegenstand haben, sind bislang nur selten ergangen. Noch seltener finden sich Urteile, die einen Aussagegehalt hinsichtlich der Bestimmung des territorialen Anwendungsbereichs enthalten. Hervorzuheben in diesem Zusammenhang ist eine Entscheidung des schweizerischen Militärtribunals. Ebenso von Belang könnten Entscheidungen der Asylgerichte sein, die über das Vorliegen eines bewaffneten Konflikts in einzelnen Gebieten entscheiden müssen. Dazu sollen exemplarisch Entscheidungen aus Deutschland und Großbritannien herangezogen werden. Schließlich sollen auch Urteile von US-Gerichten über „Kriegsgefangene" einen Aufschluss darüber geben, wie die Justiz der USA den territorialen Anwendungsbereich des humanitären Völkerrechts bestimmt.

a) Schweizerisches Militärtribunal

Weitergehend ist die Entscheidung eines schweizerischen Militärtribunals im Strafverfahren gegen *Fulgence Niyonteze*[872], die im Rahmen eines NIAC explizit das gesamte betreffende Staatsgebiet als dem *ius in bello* unterfallend ansieht:

> [...] *while common Article 3 and Art. 4(2) of Protocol II do prohibit the acts they describe 'in any place', that prohibition is clearly limited to the territory of a High Contracting Party* [...]. *This territory extends beyond the front or the immediate area in which hostilities are occurring, to include the whole territory of the State in which hostilities are taking place.*[873]

Das Gericht beruft sich dabei sowohl auf den ersten Kommentar zum ZP II[874] als auch auf die oben genannten Entscheidungen des ICTR.[875] Zumindest in Bezug auf den Kommentar zum ZP II und die Entscheidung des ICTR in der Sache

---

871 Arimatsu, YIHL 2009, 157, 187.

872 Armee Suisse, Tribunal Militare D'Appel 1A, Jugement vom 26. Mai 2000.

873 Übersetzung des im Original französischsprachigen Dokuments entnommen aus: Arimatsu, YIHL 2009, 157, 188.

874 Junod in: Pilloud/ Sandoz (Hrsg.), Commentary on the Additional Protocols of 8 June 1977 to the Geneva Conventions of 12 August 1949, Protocol II - Article 2, Rn. 4490.

875 Armee Suisse, Tribunal Militare D'Appel 1A, Jugement vom 26. Mai 2000, Abschnitt III, 3, B.

Prosecutor v. Akayesu handelt es sich dabei um eine Interpretation, die keinesfalls zwingend ist.[876]

b) Deutsche Asylrechtsprechung

Hinweise auf den territorialen Anwendungsbereich können auch innerstaatliche Gerichtsentscheidungen geben. Ein Beispiel hierfür sind die Urteile zum Asylrecht. Dort besteht ein absolutes Abschiebungsverbot in die Gebiete, in denen bewaffnete Konflikte vorliegen. In Deutschland werden dazu jedoch nur diejenigen Gebiete herangezogen, in denen der bewaffnete Konflikt faktisch ausgetragen wird.[877] Letztlich beziehen sich die deutschen Gerichte deshalb nicht auf den territorialen Anwendungsbereich des humanitären Völkerrechts und damit nicht auf die Gesamtausbreitung des bewaffneten Konflikts. Sie beziehen sich stattdessen ausschließlich auf das jeweilige momentane Operationsgebiet. Dieses ist jedoch gerade nicht gleichbedeutend mit dem territorialen Anwendungsbereich des humanitären Völkerrechts.[878]

c) Britische Asylrechtsprechung

Das Asylgericht des Vereinigten Königreichs ist ein weiteres Beispiel dafür, dass die europäischen Asylgerichte letztlich auf die tatsächliche und nicht auf die rechtliche Ausdehnung eines bewaffneten Konflikts zur Beurteilung von Abschiebeverboten zurückgreifen. Zwar finden sich in den Urteilen des AIT Bewertungen des territorialen Anwendungsbereichs des humanitären Völkerrechts auch im Rahmen nichtinternationaler bewaffneter Konflikte.[879] Dabei stellt es wie der ICTY in der Sache *Prosecutor v. Tadić* auf die Kontrolle eines Gebiets durch die Konfliktparteien ab.[880] Allerdings besteht nach dem AIT ein Auslieferungsverbot wie bei den deutschen Gerichten letztlich nur bei denjenigen Gebieten, die Teil

876 Vgl. die entsprechende Behandlung der beiden Quellen in diesem und dem vorherigen Abschnitt.

877 VGH Kassel, Urteil vom 25.08.2011–8 A 1659/10.A, BeckRS 2012, 45775.

878 Vgl.: Geiß, in: Heintze/ Ipsen (Hrsg.), Heutige bewaffnete Konflikte als Herausforderungen an das humanitäre Völkerrecht, S. 53 f.; Kleffner, in: Fleck (Hrsg.), The Handbook of International Humanitarian Law, Rn. 220 ; Lubell/ Derejko, J. Int'l Crim. Just. 2013, 65, 68. Näher siehe S. 21 ff.

879 AIT, HH&Others, Decision vom 22. November 2007, Doc.Nr.: CG [2004] UKIAT 000222, Rn. 329.

880 AIT, HH&Others, Decision vom 22. November 2007, Doc.Nr.: CG [2004] UKIAT 000222, Rn. 329.

des entsprechenden Operationsgebiets sind.[881] Diese Betrachtungsweise wird in anderen Entscheidungen gehalten[882] und schließt somit aus, dass die Entscheidungen des AIT selbst als Beispiele dafür herangezogen werden, wie der territoriale Anwendungsbereich bestimmt wird.

d) US-Rechtsprechung

US-Gerichtshöfe haben die USA selbst *„outside a zone of combat“*[883], „distant from a zone of combat“[884] bzw. als nicht innerhalb eines *„active* [or formal] *theater of war“*[885] liegend bezeichnet.[886] Das könnte ein Hinweis darauf sein, dass die Gerichte auch davon ausgehen, dass das humanitäre Völkerrecht im Zusammenhang mit den nichtinternationalen bewaffneten Konflikten auf dem Territorium der USA territorial nicht anwendbar ist. Allerdings enthalten die Urteile keine eindeutigen Aussagen zur Anwendbarkeit des humanitären Völkerrechts.

Die Entscheidung des SCUS in der Sache *Rumsfeld v. Hamdan* wird teilweise dahingehend interpretiert, dass sie einen weltweiten territorialen Anwendungsbereich propagiert.[887] Der SCUS hätte demnach in dem Urteil festgelegt, dass jedem Gefangenen, unabhängig vom Ort seiner Festnahme, die Rechte des Art. 3 GK gewährt werden müssen, solange sie im Zusammenhang mit dem bewaffneten Konflikt zwischen den USA und al-Qaida steht. Das Urteil des SCUS kann – wenn überhaupt – aber nur dahingehend verstanden werden, dass sich die USA und al-Qaida grundsätzlich in einem nichtinternationalen bewaffneten Konflikt befinden.[888] Das an sich enthält jedoch noch keine Aussage darüber, auf welchen Gebieten der Welt das humanitäre Völkerrecht anwendbar ist. Denn die Frage, ob ein nichtinternationaler bewaffneter Konflikt vorliegt, ist von dem territorialen Anwendungsbereich des Konflikts unabhängig. Denn die Frage, welche Konflikt-

881 AIT, HH&Others, Decision vom 22. November 2007, Doc.Nr.: CG [2004] UKIAT 000222, Rn. 330.

882 AIT, KH, Decision vom 1. Feburar 2008, Doc.Nr.: CG [2008] UKIAT 00023, Rn. 76.

883 Padilla v. Rumsfeld, 352 F.3d 695, 698 (2d Cir. 2003).

884 Padilla v. Hanft, 547 U.S. 1062, 1064 (2006).

885 Boumediene v. Bush, 553 U.S. 723, 770 (2008).

886 Blank, in: N.A. (Hrsg.), Boundaries of the Battlefield, S. 5.

887 So bisher aber nur:Corn/ Jensen, Isr. L. Rev. 2012, 46, 48.

888 So die Position der US-Regierung: US Department of Justice, Lawfulness of a Lethal Operation Directed Against a U.S. Citizen Who Is a Senior Operational Leader of Al-Qa’ida or An associated Force, White Paper vom 2. April 2013.

konstellationen dem Recht der nichtinternationalen bewaffneten Konflikte unterfallen, ist der Bestimmung des territorialen Anwendungsbereichs vorgelagert.[889]

4. Aussagekraft der bisherigen Rechtsprechung

Die internationale und die nationale Rechtsprechung weisen keine einheitliche Linie in der Bestimmung des territorialen Anwendungsbereichs des humanitären Völkerrechts im Rahmen nichtinternationaler bewaffneter Konflikte auf. Wie das Beispiel des ICTR zeigt, kann sich auch dieselbe Kammer in unterschiedlichen Entscheidungen unterschiedlich zu diesem Thema äußern. Festzuhalten bleibt jedoch, dass die Gerichte allesamt nicht von einem weltweiten territorialen Anwendungsbereich ausgehen. Sie begrenzen den Anwendungsbereich immer in irgendeiner Hinsicht. Dabei stellen sie entweder auf die Kontrolle eines Gebiets durch die Parteien oder aber auf die Grenzen der beteiligten Staaten ab. Verwenden sie letzteres Kriterium, so ist jedoch meistens unklar, ob dabei alle beteiligten Staaten eingeschlossen sind oder nur diejenigen, auf deren Territorium sich das Operationsgebiet befindet. Allerdings bleiben Zweifel an der Verallgemeinerbarkeit der Entscheidungen, da die Urteile jeweils nur im Rahmen dessen entschieden haben, in dem sie entscheiden mussten. In einem anderen Sachverhalt, also insbesondere in einer anderen Konfliktkonstellation, hätten die Gerichte auch anders entscheiden können.

Es fragt sich, ob aus der bisherigen Staatenpraxis eindeutigere Hinweise auf die Art und Weise gewonnen werden können, wie der territoriale Anwendungsbereich im Rahmen nichtinternationaler bewaffneter Konflikte zu bestimmen ist.

III. Staatenpraxis

Dehnen sich Auseinandersetzungen sporadisch auf Gebiete in bisher nicht betroffenen Staaten aus, so sind zwei Fallkonstellationen zu unterscheiden. Von „sporadisch" kann dabei nur solange die Rede sein, wie die Kampfhandlungen in dem angrenzenden Staat für sich genommen nicht die Voraussetzungen für einen nichtinternationalen bewaffneten Konflikt erfüllen. In der ersten Konstellation dehnt sich ein Konflikt sporadisch auf das Gebiet eines Staates aus, der an den Staat angrenzt, in dem die Kampfhandlungen zum Entstehen eines nichtinternationalen bewaffneten Konflikts geführt haben. In diesem Fall lässt das Verhalten der Konfliktparteien nämlich jedenfalls Rückschlüsse darauf zu, welche Bedeu-

889 So implizit auch: Sivakumaran, The Law of Non-International Armed Conflict, S. 251. Näher dazu siehe S. 18.

tung den Staatsgrenzen beigemessen wird. Denn dies entscheidet darüber, ob die dort stattfindenden Kampfhandlungen dem humanitären Völkerrecht unterliegen können, weil sie im territorialen Anwendungsbereich des primär in dem anderen Staat ausgetragenen Konflikts liegen. Zudem könnten Stellungnahmen Hinweise darauf enthalten, unter welchen Voraussetzungen ein Staat davon ausgeht, dass sich der territoriale Anwendungsbereich auf das Gebiet benachbarter Staaten erstreckt, und welche Fläche davon erfasst wird.

Im zweiten Fall werden die sporadischen Kampfhandlungen auf dem Gebiet eines Staates ausgetragen, der nicht unmittelbar an den Staat angrenzt, in dem sich das eigentliche Konfliktgebiet befindet. Das „Ob" und das „Wie" der dort stattfindenden Kampfhandlungen kann Aufschluss darüber geben, ob auch weit vom eigentlichen Konfliktgebiet entfernt stattfindende Kampfhandlungen am Rechtmäßigkeitsmaßstab des humanitären Völkerrechts zu messen sein können, weil das humanitäre Völkerrecht auch dort noch territorial anwendbar ist. Stellungnahmen können auch in diesem Zusammenhang Aufschluss darüber geben, unter welchen Voraussetzungen sich der territoriale Anwendungsbereich auf solche Gebiete erstreckt.

Im Folgenden sollen überwiegend solche Konflikte betrachtet werden, in deren Kontext sich Stellungnahmen finden, die Rückschlüsse auf den territorialen Anwendungsbereich des humanitären Völkerrechts zulassen. Hier sollen aber nicht nur solche Konflikte berücksichtigt werden, die eindeutig als nichtinternationale bewaffnete Konflikte klassifiziert werden können. Denn selten ist eine solche Klassifizierung durch die Staatengemeinschaft allgemein anerkannt. Deswegen werden alle diejenigen Auseinandersetzungen betrachtet, die nach ihrer Parteienkonstellation den nichtinternationalen bewaffneten Konflikten unterfallen könnten. Nicht zwingend beachtet wird jedoch die Frage, ob die Erfordernisse an die Intensität der Feindseligkeiten und an die Organisiertheit des nichtstaatlichen Akteurs erfüllt sind. Allerdings stößt der Versuch, ausschließlich aus dem Verhalten der Staaten Rückschlüsse auf eine Staatenpraxis zu ziehen, auf einige Probleme. Deshalb lassen nur wenige der bisherigen Konflikte eindeutige Rückschlüsse zu.

1. Probleme bei der Betrachtung der Staatenpraxis

Die Hindernisse beim Versuch, aus den bisherigen Auseinandersetzungen Rückschlüsse auf die Bestimmung des territorialen Anwendungsbereichs zu ziehen, beginnen damit, dass die Staatenpraxis ohne entsprechende Erklärungen nur selten einen eindeutigen Aufschluss über die dahinterstehende rechtliche Bewertung der Fragestellung gibt. So kann beispielsweise die Tötung einer Person auf dem eigenen Staatsgebiet rechtlich sowohl als Selbstverteidigung nach den internationalen Menschenrechtsabkommen als auch als Tötung eines feindlichen Kämpfers auf der Basis des humanitären Völkerrechts zu bewerten sein. Ohne eine entsprechende Aussage des handelnden Staates wird aber nicht klar, auf Grundlage welchen Rechtsregimes gehandelt wurde. Dementsprechend lässt sich die entsprechende Handlung aber auch nicht für die Bewertung eines der Rechtsregime durch die Staatenpraxis heranziehen.

Maßgeblich für nur in einem Staat ausgetragene Konflikte ist beispielsweise, ob Kampfhandlungen auf dem gesamten Staatsgebiet ausgetragen werden und ob zumindest der Staat[890] teilweise auch auf Grundlage der internationalen Menschenrechte handelt. Dem bloßen Verhalten lässt sich aber selbst dann nicht zweifelsfrei entnehmen, auf welchem Gebiet der Staat das humanitäre Völkerrecht für territorial anwendbar betrachtet. Denn selbst wenn ein Staat im Rahmen der Auseinandersetzung ersichtlich auch auf ausschließlicher Grundlage der internationalen Menschenrechtsabkommen handelt[891], muss dies nicht unbedingt die Folge der Auffassung sein, dass das humanitäre Völkerrecht auf dem entsprechenden Gebiet nicht anwendbar ist. Vielmehr kann dies auch die Folge einer innerstaatlichen Richtlinie oder einer einzelfallbezogenen Entscheidung sein. In diesen Fällen verbietet es sich aber, von einer andauernden Praxis der jeweiligen Partei zu sprechen.[892] Die zugrunde liegenden Rechtsauffassungen können deshalb in der überwiegenden Mehrzahl der Fälle somit nur aufgrund von Erklärungen der betreffenden Parteien erlangt werden.

Die Konfliktparteien erklären aber nur selten, auf welchen rechtlichen Grundlagen ihr Handeln beruht. In weiter zurückliegenden Auseinandersetzungen lag dies insbesondere an den beteiligten Staaten. Noch lange nach 1954 vermieden sie es, die Existenz eines nichtinternationalen bewaffneten Konflikts auf ihrem Staatsgebiet anzuerkennen.[893] Solange ein Staat aber nicht das Vorliegen eines bewaff-

---

890 Weil nur diese an die Menschenrechtsabkommen gebunden sind, vgl.: VN Doc E/CN.4/1998/87, 5. Januar 1998, Rn. 59 ff.; Zegveld, Accountability of Armed Opposition Groups in International Law, S. 39 ff.; Moir, The Law of Internal Armed Conflict, S. 194; Pejic, IRRC 2011, 189, 190; Zegveld, Accountability of Armed Opposition Groups in International Law, S. 39.

891 Nach Ansicht des EGMR beispielsweise Russland bei der Beendigung der Geseilnahme in einem Moskauer Theater 2002: EGMR, Case of Finogenov and others v. Russia, Judgement, 04.06.2010, (§ 218).

892 Treves in: Wolfrum (Hrsg.), The Max Planck Encyclopedia of Public International Law, Bd. II, Customary International Law, Rn. 7.

893 Geiß, in: Heintze/ Ipsen (Hrsg.), Heutige bewaffnete Konflikte als Herausforderungen an das humanitäre Völkerrecht, S. 51.

neten Konflikts akzeptiert hat, besteht für ihn kein Anlass, sich zu tiefergehenden Fragen des humanitären Völkerrechts zu äußern. Denn wenn die Auseinandersetzung nach seiner Auffassung keinen bewaffneten Konflikt darstellt, wäre das humanitäre Völkerrecht demzufolge auch nicht der Rechtmäßigkeitsmaßstab der im Rahmen der Auseinandersetzung ausgeübten Handlungen.

Noch seltener lassen sich Stellungnahmen beteiligter nichtstaatlicher Akteure mit einem eindeutigen Bezug zu Fragen des humanitären Völkerrechts finden. Dem Verhalten eines nichtstaatlichen Akteurs kann nur dann überhaupt eine Bedeutung beigemessen werden, wenn er die Regeln des humanitären Völkerrechts beachtet. Verstößt der nichtstaatliche Akteur gegen die zugrunde liegenden Regeln des Völkerrechts, so fehlt die Glaubwürdigkeit, dass die Praxis in Bezug auf den territorialen Anwendungsbereich an den Regeln des humanitären Völkerrechts ausgerichtet ist. Letzteres ist jedoch eine Voraussetzung für die Entstehung von Staatenpraxis.[894] Daneben bleibt jedoch fraglich, ob das Verhalten nichtstaatlicher Akteure überhaupt in der Lage ist, Staatenpraxis zu begründen.[895]

Unbeteiligte Staaten geben schon aus Prinzip[896] nur selten Stellungnahmen zu Auseinandersetzungen ab, an denen sie nicht beteiligt sind. Es bestehen in nichtinternationalen bewaffneten Konflikten außerdem nur geringe Anreize, auf diese Gepflogenheit aus Eigeninteresse zu verzichten. Denn in der Auseinandersetzung mit einem nichtstaatlichen Akteur sind nur selten die Belange nichtbeteiligter Staaten berührt. Finden sich doch Stellungnahmen, so sind diese selten so ausführlich, dass sie Anhaltspunkte für Rückschlüsse auf Einschätzungen des territorialen Anwendungsbereichs des humanitären Völkerrechts enthalten.[897]

Stellungnahmen unbeteiligter Staaten finden sich häufiger, wenn sie in irgendeiner Art durch einen Konflikt betroffen sind. Anlass kann beispielsweise sein, dass Kampfhandlungen auf dem Staatsgebiet des unbeteiligten Staates ausgetragen werden, wie es im Rahmen der Auseinandersetzung zwischen Kolumbien und der FARC auf ecuadorianischem Territorium der Fall war.[898] Wird, wie in diesem Fall, in der Stellungnahme nur die Ausweitung an sich kritisiert, so lässt sich dem allerdings kein zwingender Rückschluss auf die Einschätzung des territorialen An-

---

894 Treves in: Wolfrum (Hrsg.), The Max Planck Encyclopedia of Public International Law, Bd. II, Customary International Law, Rn. 7.

895 Treves in: Wolfrum (Hrsg.), The Max Planck Encyclopedia of Public International Law, Bd. II, Customary International Law, Rn. 33.

896 Art. 2 Abs. 7 VN-Charta.

897 Vgl. bspw. die Stellungnahmen zum Libanon Konflikt 2006: Keesing's Record of World Events, Bd. 52, Juli 2006, S. 47389 ff.

898 Keesing's Record of World Events, Bd. 54, März 2008, S. 48457.

wendungsbereichs entnehmen. Denn eine nur allgemein geäußerte Kritik macht nicht deutlich, ob sie sich auf die Rechtmäßigkeit der Ausweitung nach *ius ad bellum* oder auf die Nichtbeachtung der Grenzen des territorialen Anwendungsbereichs nach *ius in bello* bezieht. Eine Bezugnahme auf das *ius ad bellum* liegt in der Regel sogar näher, weil die Staaten eher ein Interesse an der Wahrung ihrer eigenen Souveränität haben. Ohne den expliziten Vorwurf, dass bestimmte Handlungen nicht dem humanitären Völkerrecht unterfallen, kann der bloßen Kritik der Ausweitung des Konflikts somit nicht der Inhalt beigemessen werden, dass der kritisierende Staat den territorialen Anwendungsbereich nicht auf das entsprechende Gebiet erstreckt. Selbst wenn sich einer Erklärung die Annahme entnehmen lässt, dass sich das humanitäre Völkerrecht auf das Gebiet eines anderen Staates erstreckt, lässt sich auch hieraus keine Position zum territorialen Anwendungsbereich entnehmen. Erforderlich ist auch hier, dass die Erklärung Hinweise darauf enthält, auf welches Gebiet im anderen Staat sich der territoriale Anwendungsbereich erstreckt.

Das gleiche Problem stellt sich bei der Überprüfung von Erklärungen der beteiligten Staaten. Stellungnahmen zu wegen Souveränitätsverletzungen geäußerter Kritik anderer Staaten erfordern nur, dass der Staat auf Fragen des *ius ad bellum* eingeht.[899] Ohne dass explizit durch andere Staaten Kritik geäußert werden müsste erfordert auch der öffentliche Druck, dass Vorwürfe der Verletzung der Souveränität anderer Staaten entkräftet werden. Denn solche Verletzungen werden von der Staatengemeinschaft eher beachtet und sanktioniert als Verletzungen der Menschenrechtsabkommen oder des *ius in bello*. Bestes Beispiel dafür war der zweite Golfkrieg und die damit zusammenhängenden VN-Sanktionen[900], die nicht etwa wegen der zuvor begangenen Menschenrechtsverletzungen[901], sondern der Besetzung Kuweits erfolgten.[902] Jedenfalls die westliche Weltöffentlichkeit toleriert die Verletzung von Vorschriften dieser beiden Rechtsregime zunehmend weniger. Bestes deutsches Beispiel dafür ist die Reaktion der Öffentlichkeit auf den von deutschen Truppen angeordneten Luftangriff auf zwei Tanklaster im September 2009, der von *Keesing's Record of World Events* als „political scandal" bezeichnet wurde.[903]

---

899 Vgl. bspw. die Rechtfertigung der USA zu den Drohnen-Einsätzen auf pakistanischem Territorium: John Brennan, The Ethics and Efficacy of the President's Counterterrorism Strategy, Remarks at the Woodrow Wilson International Center for Scholars vom 30. April 2012.

900 VNSR, Resolutionen 660–678 (1990).

901 Keesing's Record of World Events, Bd. 36, November 1990, S. 37888.

902 Keesing's Record of World Events, Bd. 37, Februar 1991, S. 38072.

903 Keesing's Record of World Events, Bd. 55, November 2009, S. 49516.

Doch selbst wenn eine Partei eindeutig unter Berufung auf das humanitäre Völkerrecht als Rechtsregime handelt, können dem nicht in jedem Fall Hinweise auf die vom Staat vorgenommene Bestimmung des territorialen Anwendungsbereichs entnommen werden. Entscheidend bleiben die Gesamtumstände der Auseinandersetzung. Denn je nachdem, wie ein Konflikt gelagert ist, können die verschiedenen Methoden zur Bestimmung des territorialen Anwendungsbereichs zum gleichen Ergebnis kommen. Dann kann dem Verhalten der Konfliktparteien aber keine Aussage im Hinblick auf den von ihnen zugrunde gelegten Modus der Bestimmung entnommen werden. So können die nur unter dem Rechtsregime des humanitären Völkerrechts rechtmäßigen[904] Einsätze der USA auf dem Gebiet Pakistans[905] begründen, dass das Rechtsregime weltweit territorial anwendbar ist. Ebenso könnte man sich jedoch auch auf den Standpunkt stellen, dass diese Praxis für die Korrelation zwischen Gebietskontrolle und territorialer Anwendbarkeit spricht.

Schließlich besteht das Problem, dass Unterschiede in der Rechtsauffassung der Staaten zur Bestimmung des territorialen Anwendungsbereichs nur deutlich werden können, wenn eine Auseinandersetzung eines von drei Merkmalen besitzt. Weist eine Auseinandersetzung keines der drei Merkmale auf, so besitzt die Bestimmung des territorialen Anwendungsbereichs keine praktische Relevanz für die Auseinandersetzung. Sie entsprechen den Fällen, in denen die Art und Weise der Bestimmung des territorialen Anwendungsbereichs bisher auch in der Literatur kontrovers diskutiert worden ist.

Konflikte, deren eigentliches Konfliktgebiet nicht das gesamte Territorium des beteiligten Staates oder der beteiligten Staaten erfasst, bilden einen Fall. Dort ist der territoriale Anwendungsbereich für die Bestimmung des Gebiets von Bedeutung, auf dem die Rechtmäßigkeit einer Kampfhandlung am humanitären Völkerrecht zu messen ist. Hier kann darauf abgestellt werden, ob wenigstens der beteiligte Staat nicht überall auf Grundlage des humanitären Völkerrechts handelt.

---

904 Bundesanwaltschaft der Bundesrepublik Deutschland, Drohneneinsatz vom 4. Oktober 2010 in Mir Ali/Pakistan (AZ: 3 BJs 7/12–4), offene Einstellungsverfügung vom 23. Juli 2013, S. 20; Schmitt, in: Schmitt (Hrsg.), Naval War College International Law Studies, Bd. 85: The War in Afghanistan: A Legal Analysis, S. 360.

905 Erstmals zugegeben wurden sie im Januar 2012: Keesing's Record of World Events, Bd. 58, Januar 2012, S. 50873.

2. Territorialer Anwendungsbereich innerhalb eines Staates

Die Bewertung des territorialen Anwendungsbereichs innerhalb eines Staates wird von den Staaten unterschiedlich beurteilt. Insbesondere zum Afghanistan-Konflikt bestanden divergierende Einschätzungen, auf welchem Gebiet innerhalb des Landes das humanitäre Völkerrecht anwendbar ist.[906] Der Konflikt dort wird zwischen der afghanischen Regierung mit seinen Verbündeten, wozu auch die Bundesrepublik Deutschland zählt, und den Taliban und al-Qaida ausgetragen.[907]

a) Auseinandersetzung in Afghanistan

Einheiten insbesondere der USA haben schon unmittelbar nach der Bildung einer neuen afghanischen Regierung unter Einsatzregeln gekämpft, die auf humanitärem Völkerrecht beruhen.[908] Der Beschluss des höchsten britischen Asylgerichts von 2009 enthielt folgende Stellungnahme der britischen Regierung:

> *The Secretary of State concedes that as at 7 January 2009 for the purpose of International Humanitarian Law there is an internal armed conflict in Afghanistan extending to the whole of the territory of Afghanistan.*[909]

Demnach ist das humanitäre Völkerrecht nach Ansicht der britischen und der US-Regierung territorial auf dem gesamten Gebiet Afghanistans anwendbar.[910] Demgegenüber hat Deutschland erst 2010 anerkannt, dass die eigenen Operationen im Gebiet des Regionalkommandos Nord auch im Rahmen eines dort existierenden nichtinternationalen bewaffneten Konflikts stattfinden:

---

906 Mit einer Zusammenfassung und einem Vergleich der verschiedenen Positionen: Hampson, in: Wilmshurst (Hrsg.), International Law and the Classification of Conflicts, S. 255.

907 Bundesanwaltschaft der Bundesrepublik Deutschland, Verfahren gg. Oberst Klein, offene Einstellungsverfügung vom 16. April 2010, S. 7; Hampson, in: Wilmshurst (Hrsg.), International Law and the Classification of Conflicts, S. 252.

908 Schmitt, in: Schmitt (Hrsg.), Naval War College International Law Studies, Bd. 85: The War in Afghanistan: A Legal Analysis, S. 310.

909 AIT, Afghanistan, Directions vom 24. Februar 2009, Doc.Nr.: CG [2009] UKIAT 00010; Hampson, in: Wilmshurst (Hrsg.), International Law and the Classification of Conflicts, S. 255.

910 Weder NATO noch USA noch andere Staaten haben im Kampf gegen die de facto Regierung der Taliban in Afghanistan jemals anerkannt, dass sie sich in einem bewaffneten Konflikt irgendeiner Art befinden: Green, The Contemporary Law of Armed Conflict, S. 344.

Die Intensität der mit Waffengewalt ausgetragenen Auseinandersetzung mit Aufständischen und deren militärischer Organisation führen uns zu der Bewertung, die Einsatzsituation von ISAF auch im Norden Afghanistans als bewaffneten Konflikt im Sinne des humanitären Völkerrechts zu qualifizieren.[911]

Aus dem „*auch*" lässt sich schließen, dass die deutsche Bundesregierung[912] davon ausging, dass in Teilen Afghanistans die Auseinandersetzung die Voraussetzungen für einen nichtinternationalen bewaffneten Konflikt erfüllt. Gleichzeitig bewertete sie die Lage in der Nordprovinz nicht dahingehend, dass auch dort die Voraussetzungen für einen nichtinternationalen bewaffneten Konflikt vorliegen.[913] Eine solche Einschätzung ist aber nur möglich, wenn sich der territoriale Anwendungsbereich des humanitären Völkerrechts auch innerhalb eines Landes nicht auf das gesamte Territorium erstrecken muss.

Diese Position ist jedoch auch innerhalb der deutschen Staatsorgane nicht unumstritten. Die Bundesanwaltschaft ließ die Frage nach der Ausdehnung des territorialen Anwendungsbereichs innerhalb eines Staates explizit unbeantwortet, äußerte an der Einschätzung der Bundesregierung jedoch indirekt Zweifel.[914]

Damit steht die deutsche Regierung aber nicht alleine. Die dänische Regierung vertritt im Zusammenhang mit dem Einsatz der eigenen Truppen, auch im Konflikt in Afghanistan, dieselbe Position.[915]

b) *Auseinandersetzung in Kolumbien*

Die Vorgehensweise Deutschlands und Dänemarks entspricht der Vorgehensweise, wie sie derzeit von der kolumbianischen Regierung in der Auseinandersetzung mit der FARC und anderen nichtstaatlichen Akteuren praktiziert wird. Die kolumbianische Regierung ist inzwischen auch der Auffassung, dass die Auseinandersetzung mit der FARC einen nichtinternationalen bewaffneten

---

911 Rede vom deutschen Außenminister Westerwelle vor dem Deutschen Bundestag zum Afghanistan-Einsatz der Bundeswehr, vom 10. Februar 2010.

912 Diese hat sich spätestens in der Beantwortung einer kleinen Anfrage des Bundestags die Aussagen des Außenministers zu Eigen gemacht: BT-DS 17/3916, S. 4.

913 So auch BT-DS 17/1338, S. 2.

914 Bundesanwaltschaft der Bundesrepublik Deutschland, Verfahren gg. Oberst Klein (AZ: 3 BJs 6/10–4), offene Einstellungsverfügung vom 16. April 2010, S. 44.

915 Introduction by Ambassador Peter Taksøe-Jensen, Under-Secretary for Legal Affairs, Danish Ministry of Foreign Affairs anlässlich der Konferenz "The International Legal Framework for the Fight against Terrorism" am 03.12.2007; Corn, J. Int'l Human. Legal Stud. 2010, 52, 74; Stigall u. a., U. Pa. J. Int'l L. 2009, 1367, 1379.

Konflikt darstellt.[916] Die gleiche Auffassung vertritt der oberste kolumbianische Gerichtshof.[917] Ebenso gehen die FARC und andere Rebellengruppen davon aus, dass das humanitäre Völkerrecht im Rahmen ihrer Auseinandersetzung mit der kolumbianischen Regierung anwendbar ist.[918] Beide Seiten haben jedoch keine klaren Aussagen dazu gemacht, ob das humanitäre Völkerrecht überall oder nur in Teilen des kolumbianischen Territoriums anwendbar ist.

In der Auseinandersetzung zwischen der kolumbianischen Regierung und der FARC handelt die Regierung auf der Rechtsgrundlage verschiedener Rechtsregime. Übt die FARC in einem Gebiet keine Kontrolle mehr aus, so unterliegen die Einsätze, auch wenn sie durch das Militär durchgeführt werden, den internationalen Menschenrechtsabkommen.[919] In den Gebieten, in denen die FARC noch eine *„viable military capability"*[920] besitzt, werden die Einsätze der kolumbianischen Armee auf der rechtlichen Basis des humanitären Völkerrechts unternommen.[921] Nach Angaben der kolumbianischen Streitkräfte werden die Regeln des humanitären Völkerrechts allerdings in den Gebieten weiter eingeschränkt, in denen die Zivilbevölkerung leichter betroffen ist.[922] Die Entscheidung, welches Rechtsregime wo anwendbar ist, wird von einem eigens geschaffenen Gremium getroffen.[923] Im Einzelfall kann auch der Rechtsberater der eingesetzten Einheit, entgegen der Feststellung des Gremiums, für die alleinige Anwendbarkeit der Menschenrechtsabkommen und des nationalen Strafrechts bestimmen.[924]

Es bleibt bei dieser Schilderung allerdings unklar, ob die Bestimmung des zugrunde zulegenden internationalen Rechtmäßigkeitsmaßstabs als durch das in-

---

916 Keesing's Record of World Events, Bd. 57, Juni 2011, S. 50500.

917 Corte Suprema de Justicia, Sentencia Gian Carlo Gutirrez, Radicado No. 32.022, vom 21. September 2009, S. 59; Szesnat/ Bird, in: Wilmshurst (Hrsg.), International Law and the Classification of Conflicts, S. 215.

918 Szesnat/ Bird, in: Wilmshurst (Hrsg.), International Law and the Classification of Conflicts, S. 215 f.

919 Von der Groeben, J. Conflict & Sec. L. 2011, 141, 154; Gomez, in: Watkin/ Norris (Hrsg.), Naval War College International Law Studies, Bd. 88: Non-International Armed Conflict in the Twenty-first Centrury, S. 284.

920 Gomez, in: Watkin/ Norris (Hrsg.), Naval War College International Law Studies, Bd. 88: Non-International Armed Conflict in the Twenty-first Centrury, S. 284.

921 Gomez, in: Watkin/ Norris (Hrsg.), Naval War College International Law Studies, Bd. 88: Non-International Armed Conflict in the Twenty-first Centrury, S. 284 f.

922 Gomez, in: Watkin/ Norris (Hrsg.), Naval War College International Law Studies, Bd. 88: Non-International Armed Conflict in the Twenty-first Centrury, S. 285.

923 Von der Groeben, J. Conflict & Sec. L. 2011, 141, 156.

924 Von der Groeben, J. Conflict & Sec. L. 2011, 141, 157.

ternationale Recht vorgegeben betrachtet wird. Alternativ könnte es auch eine auf eigenen nationalen Richtlinien basierende Entscheidung darstellen, in einzelnen Gebieten und Situationen die Handlungsoptionen der eigenen Kämpfer durch das rigidere Rechtsregime der internationalen Menschenrechtsabkommen zu beschränken. Davon unabhängig steht aber fest, dass das humanitäre Völkerrecht nur in solchen Gebieten den Rechtmäßigkeitsmaßstab der kolumbianischen Streitkräfte darstellt, in denen die feindlichen nichtstaatlichen Akteure über eine *„viable military capability"* verfügen.[925]

c) Auseinandersetzung in Nordirland

Viele andere Konflikte bieten keine hinreichenden Anhaltspunkte zur Betrachtung der dort gewählten Praxis. Ein Beispiel hierfür ist die Auseinandersetzung in Nordirland zwischen der *Provisional Irish Republican Army* und der britischen Regierung sowie anderen paramilitärischen Einheiten. Es finden sich keine Anzeichen, dass Großbritannien in dem Konflikt die Anwendbarkeit des humanitären Völkerrechts für ihre Handlungen zu irgendeinem Zeitpunkt behauptet hätte.[926] Kein anderer Staat widersprach dem oder kam zu der Einschätzung, dass die Auseinandersetzung dem Rechtsregime der nichtinternationalen bewaffneten Konflikte unterfiele.[927] Wenn ein Staat das humanitäre Völkerrecht nicht für anwendbar hält, braucht er erst recht keine Aussagen zum territorialen Anwendungsbereich des humanitären Völkerrechts zu machen.

d) Auseinandersetzung in Russland

Ähnlich war der Tschetschenien-Konflikt gelagert. Sieht man von einzelnen Anschlägen ab, fanden die bis 2009 andauernden Kampfhandlungen[928], genauso wie in Nordirland, nur auf einem Teilgebiet Russlands – in Tschetschenien und den daran angrenzenden Gebieten – statt.[929] Russland konnte die Auseinandersetzung ohne Verstöße gegen internationales Recht nur auf Grundlage des humanitären Völkerrechts austragen. Denn die internationalen Menschenrechtsabkommen hätten für die von russischen Einheiten vorgenommenen Handlungen keine aus-

---

925 In der Interpretation der für die Entscheidung zwischen IHL und IHRL maßgeblichen Kriterien anderer Ansicht: von der Groeben, J. Conflict & Sec. L. 2011, 141, 155.

926 EGMR, McKerr v. The United Kingdom, Judgement vom 4. August 2001 (§34).

927 Haines, in: Wilmshurst (Hrsg.), International Law and the Classification of Conflicts, S. 130 ff.

928 Keesing's Record of World Events, Bd. 55, April 2009, S. 49158.

929 Keesing's Record of World Events, Bd. 48, September 2002, S. 45000.

reichende Rechtsgrundlage gebildet. Insbesondere die Verletzungen der Zivilbevölkerung wären in dem Ausmaß, in dem sie stattfanden, andernfalls unter keinen Umständen zulässig gewesen.[930]

Der Europarat bezeichnete die Auseinandersetzung folgerichtig als dem humanitären Völkerrecht unterfallend und verurteilte Verstöße gegen dieses Rechtsregime durch beide Seiten.[931] Ebenso äußerte sich ein britisches Gericht[932], wofür es jedoch von Russland kritisiert wurde.[933] Russland bezeichnete die Auseinandersetzung bis zu seinem offiziellen Ende als „Anti-Terror-Operation".[934]

Russland hat aber nicht überall auf seinem Staatsgebiet nach humanitärem Völkerrecht gehandelt. Ein gutes Beispiel dafür ist die Geiselnahme in der Moskauer Oper durch tschetschenische Separatisten vom 23. bis zum 26. Oktober 2002. Russland setzte vor der Erstürmung der Oper Giftgas ein.[935] Das wäre aber unzulässig gewesen, hätte die russische Regierung humanitäres Völkerrecht als Rechtsgrundlage betrachtet.[936] Darauf weist auch der Umstand hin, dass Russland in dem die Geiselbefreiung untersuchenden Verfahren vor dem EGMR, soweit ersichtlich, nicht auf die Anwendbarkeit des IHL verwiesen hat.[937] In den Reaktionen anderer Staaten auf die Geiselnahme und die Befreiung wurde der Gaseinsatz als solcher ebensowenig grundsätzlich kritisiert, wie Russland ein Verstoß gegen humanitäres Völkerrecht vorgeworfen wurde.[938] Andere Staaten gingen also auch nicht davon aus, dass humanitäres Völkerrecht den Rechtmäßigkeitsmaßstab der Befreiung gebildet hätte.

Damit steht aber fest, dass die russische Regierung auf dem eigenen Staatsgebiet gegen den gleichen nichtstaatlichen Akteur, abhängig vom konkreten Ort, einmal auf Grundlage des humanitären Völkerrechts und einmal auf Grundlage der internationalen Menschenrechtsabkommen gehandelt haben muss. Allerdings bleibt hierbei zu beachten, dass Russland, wie oben dargestellt, nie zugegeben hat, dass es das

930 Das macht ein Blick auf die Vorgehensweise bei der Belagerung Grosnys deutlich: Keesing's Record of World Events, Bd. 45, Dezember 1999, S. 43321.

931 Parlamentarische Versammlung des Europarats, Resolutionen 1323 (2003) und 1403 (2004).

932 The Bow Street Magistrates' Court, The Government of the Russian Federation v. Akhmed Zakaev, Urteil vom 13. November 2003.

933 Keesing's Record of World Events, Bd. 49, November 2003, S. 45706.

934 Keesing's Record of World Events, Bd. 55, April 2009, S. 49158.

935 Keesing's Record of World Events, Bd. 48, Oktober 2002, S. 45047.

936 Vgl.: Art. 1 Abs. 5 CWK.

937 EGMR, Case of Finogenov and Others v. Russia, Judgement vom 20. Dezember 2011.

938 VN Doc. S/RES/1440, 24. Oktober 2002; EU – Russia Summit in Brüssel am 11. November 2002, Doc.: 13970/02 (Presse 347), S. 6.

humanitäre Völkerrecht als anwendbar betrachtet hätte. Ebenso muss die Wahl des internationalen Rechtsregimes auch nicht zwingend die Folge einer Rechtsauffassung sein. Ebenso können politische Überlegungen ausschlaggebend gewesen sein.

e) Auseinandersetzung im Libanon

Anders als Russland ist die israelische Regierung im zweiten Libanon-Konflikt 2006 vorgegangen. Sie hat in ihren Reden offiziell immer nur von „Krieg" gesprochen.[939] Doch finden sich in den Unterlagen des Verteidigungsministeriums Hinweise darauf, dass die israelische Regierung auch das humanitäre Völkerrecht für anwendbar hielt.[940] Auf Grundlage dieser rechtlichen Einschätzung muss Israel auch überall bei den Angriffen im Libanon[941] gehandelt haben.[942] Denn unter einem anderen Rechtsregime hätten die Einsätze in dieser Form nicht stattfinden dürfen.[943] Die Herangehensweise Israels unterscheidet sich von der anderer Staaten dadurch, dass sie auch außerhalb des Kontrollbereichs der Hisbollah gegen diese vorgegangen ist. Der Machtbereich der Hisbollah erstreckte sich nämlich primär auf den Süden des Libanon.[944]

f) Ergebnis

Letztlich lässt sich nach den obenstehenden Untersuchungen feststellen, dass Staaten überwiegend nicht unterschiedslos auf dem gesamten Territorium des

---

939 Rede von Ehud Olmert vor dem Knesset, v. 14. August 2006 (Abgerufen am 25.09.2013 von: http://www.jewishvirtuallibrary.org/jsource/Peace/olmert081406.html).

940 Israelisches Verteidigungsministerium, Behind the Headlines: Legal and operational aspects of the use of cluster bombs, v. 5. September 2006 (Abgerufen am 25.09 von: http://www.mfa.gov.il/mfa/foreignpolicy/issues/pages/legal%20and%20operational%20aspects%20of%20the%20use%20of%20cluster%20bombs%205-sep-2006.aspx.

941 Keesing's Record of World Events, Bd. 52, August 2006, S. 47432 f.

942 Darauf weisen schon Aussagen von Vertretern des Militärs kurz nach den den Konflikt auslösenden Entführungen: ob der Konflikt nichtinternationaler oder internationaler Art war, ist umstritten. Vgl. dazu: Akande, in: Wilmshurst (Hrsg.), International Law and the Classification of Conflicts, S. 73; a.A.:Green, The Contemporary Law of Armed Conflict, S. 345; Hoffmann, in: Matheson/ Momtaz (Hrsg.), Les règles et institutions du droit international humanitaire à l'épreuve des conflits armés récents, S. 257; o.V., CNN.com vom 16.07.2006.

943 Davon geht auch aus: Europäische Kommission – EU Response to the Conflict in Lebanon, MEMORANDUM/06/306 v. 8. Oktober 2006.

944 Keesing's Record of World Events, Bd. 52, Juli 2006, S. 47391; Makovsky/ White, Lessons and Implications of the Israel-Hezbollah War, S. 10.

betroffenen Staates nach humanitärem Völkerrecht gegen nichtstaatliche Akteure vorgehen. Dabei ist insbesondere zu beobachten, dass das humanitäre Völkerrecht überwiegend in solchen Regionen als Rechtsgrundlage des eigenen Handelns betrachtet wird, in denen der nichtstaatliche Akteur eine starke Präsenz besitzt und in der Lage ist, den gegnerischen Staat militärisch unter Druck zu setzen. Nach dieser Maxime haben sich Deutschland und Dänemark im Afghanistan-Konflikt verhalten.[945] Diese Praxis zeigt sich aber insbesondere im Rahmen von Konflikten, bei denen der beteiligte Staat überwiegend auf dem eigenen Territorium in dem Konflikt steht. Denn sowohl Russland als auch Kolumbien haben sich ohne rechtliche Stellungnahme jedenfalls faktisch so verhalten.[946]

Steht ein Staat auf dem Territorium eines anderen Staates in einem Konflikt mit einem nichtstaatlichen Akteur, so ändert sich das Bild. Deutschland und Dänemark haben die Existenz eines nichtinternationalen bewaffneten Konflikts und damit die Anwendbarkeit des humanitären Völkerrechts im Afghanistan-Konflikt für die Region separat beurteilt, in der ihre eigenen Truppen eingesetzt sind beziehungsweise waren.[947] Damit haben sie implizit die Situation in den anderen Regionen außer Acht gelassen. Anders sind die USA und das Vereinigte Königreich verfahren, die nach der Lageänderung in einzelnen Regionen die rechtliche Einschätzung hin zu einem nichtinternationalen bewaffneten Konflikt in ganz Afghanistan geändert haben.[948] Damit stehen sie aber im direkten Widerspruch zu Deutschland und Dänemark, die das humanitäre Völkerrecht in Teilen Afghanistans zu diesem Zeitpunkt nicht für anwendbar hielten.[949] Das Verhalten Israels im Konflikt mit der Hisbollah im Libanon entsprach dem Verhalten der USA und Großbritanniens in Afghanistan, wenn man davon ausgeht, dass letztere wie Israel[950] überall dort auf Grundlage des humanitären Völkerrechts gegen den nichtstaatlichen Akteur vorgingen, wo sie ihn antrafen. Dann hätte nicht nur Israel, unabhängig von der Kontrolle eines Gebiets durch den nichtstaatlichen Akteur, überall in dem entsprechenden Staat das humanitäre Völkerrecht den eigenen Handlungen zugrunde gelegt.

945 Siehe S. 174.
946 Siehe S. 175 ff.
947 Siehe S. 174.
948 Siehe S. 173 f.
949 Siehe S. 174.
950 Siehe S. 78.

3. Territorialer Anwendungsbereich in angrenzenden Staaten

Geht man von der Praxis der Staaten in Konflikten in den gerade dargestellten Fällen aus, dann müssten diese Staaten in Konflikten, die sich auch auf benachbarte Staaten ausweiten, auf dem gesamten Territorium der angrenzenden Staaten auf Grundlage des humanitären Völkerrechts handeln. Denn beim Staatsgebiet benachbarter Staaten handelt es sich um für den am Konflikt teilnehmenden Staat fremdes Territorium.

Die hier relevanten Konflikte stellen sich häufig so dar, dass ein Konflikt hauptsächlich auf dem Gebiet eines Staates ausgetragen wird, sich aber sporadisch auf das eines angrenzenden Staates verlagert. Damit die Frage nach der Bestimmung des territorialen Anwendungsbereichs in einem solchen Fall relevant wird, dürfen die Kampfhandlungen im anderen Staat nicht selbst die Voraussetzungen für einen nichtinternationalen bewaffneten Konflikt erfüllen. Denn andernfalls ist es unerheblich, ob sich auch der territoriale Anwendungsbereich des humanitären Völkerrechts vom Konflikt im eigentlichen Austragungsort auf den benachbarten Staat erstreckt. Durch die Existenz eines „eigenen" nichtinternationalen bewaffneten Konflikts im benachbarten Staat ist das humanitäre Völkerrecht nämlich dort nach jeder Art und Weise der Bestimmung des territorialen Anwendungsbereichs anwendbar. Als Konflikte, in denen die hier erforderliche Konstellation gegeben ist, kommen der Algerien-Konflikt, der Vietnam-Konflikt und auch der nichtinternationale bewaffnete Konflikt in Afghanistan in Betracht.

a) Algerienkrieg

In diesem nichtinternationalen bewaffneten Konflikt standen sich zwischen 1954 und 1962 überwiegend französische Truppen und der damals nichtstaatliche Akteur FLN in Algerien gegenüber.[951] Der Konflikt wurde durch den Rückzug von Einheiten der FLN auf tunesisches Territorium jedoch auch auf dem Staatsgebiet Tunesiens ausgetragen.[952] Betrachtet man den Schriftverkehr mit dem VN-Sicherheitsrat durch Tunesien und Frankreich, so beziehen sich beide Seiten bei der Frage nach der Rechtmäßigkeit der auf tunesischem Gebiet ausgetragenen Kampfhandlungen ausschließlich auf Verletzungen der Souveränität, also auf Fragen des *ius ad bellum*.[953]

---

951 Keesing's Record of World Events, Bd. I2, 28. November – 5. Dezember, S. 17128 f.

952 Fraleigh, in: Falk (Hrsg.), The International Law of Civil War, S. 205 ff.

953 Briefe des tunesischen Botschafters bei der VN an den Präsidenten des Sicherheitsrats v. 13. Feb 1958 (S/3952), 16. Feb. 1959 (S/4163), 28. Apr. 1960 (S/4307) und 24. Nov.

Man kann hierin ein Indiz dafür sehen, dass beide Staaten das Recht der nichtinternationalen bewaffneten Konflikte auch auf tunesischem Gebiet für anwendbar hielten. Allerdings sind an dieser Interpretation Zweifel angebracht. Zum einen ist der VN-Sicherheitsrat das falsche Organ, um Verletzungen des humanitären Völkerrechts zu rügen.[954] Zum anderen war die extraterritoriale Anwendbarkeit der schon existierenden EMRK noch nicht anerkannt.[955] Eine Institution wie der VN-Menschenrechtsausschuss war mangels IpbürgR auch noch nicht geschaffen, bei dem unter Umständen Protest hätte eingelegt werden können.[956] Die Tötung von Soldaten und Zivilisten in Tunesien hätte also auch dann nicht gegen damals geltendes internationales Recht verstoßen, wenn Tunesien vom territorialen Anwendungsbereich des humanitären Völkerrechts nicht erfasst gewesen wäre.

Dem Umstand, dass nur die Souveränitätsverletzungen gerügt wurden, kann somit kein darüber hinausgehender Inhalt in Bezug auf die Bestimmung des territorialen Anwendungsbereichs beigemessen werden. Insbesondere enthält sie nicht die implizite Annahme der Staaten, dass die Tötungen gemäß *ius in bello* rechtmäßig gewesen wären. Deshalb kann aber auch nicht festgestellt werden, dass beide Staaten implizit davon ausgingen, dass sich der territoriale Anwendungsbereich des Algerienkriegs auf tunesisches Gebiet erstreckt hätte. Etwas anderes gilt nur dann, wenn Verstöße gegen geltendes humanitäres Völkerrecht geltend gemacht wurden. Denn dann wäre der betreffende Staat davon ausgegangen, dass das humanitäre Völkerrecht auch auf dem Gebiet des benachbarten Staates territorial anwendbar war.

Das gleiche Problem stellt sich aber auch bei allen Souveränitätsverletzungen im Rahmen von Konflikten selbst nach Inkrafttreten des IPbpR. Denn die extraterritoriale Anwendbarkeit seiner und der Vorschriften anderer Menschenrechtsabkommen sind noch nicht so lange anerkannt.[957] Kampfhandlungen auf dem

---

1961 (S/5000); Brief des französischen Botschafters bei der VN an den Präsidenten des Sicherheitsrats v. 02 Mai 1960 (S/4309).

954 Vgl. insb. Art. 24 ff. VN-Charta.

955 Moreno-Lax/ Costello, in: Peers u. a. (Hrsg.), The EU Charter of Fundamental Rights, Rn. 59.38; Wenzel in: Wolfrum (Hrsg.), The Max Planck Encyclopedia of Public International Law, Bd. IV, Human Rights, Treaties, Extraterritorial Application and Effects, Rn. 6.

956 Das IPbürgR trat erst 1796 in Kraft.

957 Ausschlaggebend war die entsprechende, inzwischen stetige Rspr. des IGH: IGH, *Legal Consequences of a Wall in the Occupied Palestinian Territory*, Advisory Opinion vom 9. Juli 2004, Rn. 108, 111; IGH, *Armed Activities on the Territory of the Congo*

Gebiet eines an den Austragungsort des Konfliktes angrenzenden Staates aufzunehmen lag deshalb auch dann nicht zwingend die Überzeugung des betreffenden Staates zugrunde, dass das humanitäre Völkerrecht in dem entsprechenden Gebiet territorial anwendbar gewesen sei. Denn der Staat unterläge auch dann keiner Beschränkung des Modus der Kampfhandlungen, wenn das humanitäre Völkerrecht nicht anwendbar gewesen wäre. Sonst hätte nämlich kein internationales Rechtsregime den Rechtsrahmen gebildet. Zum Nachweis der Auffassung eines Staates, dass humanitäres Völkerrecht auch in einem angrenzenden Staat anwendbar ist, ist somit eine Stellungnahme vonnöten, die die Verletzung einer Vorschrift des Rechtsregimes auf diesem Gebiet rügt.

b) Vietnamkrieg

Der Konflikt mit dem größten medialen Echo, der sich in diese Kategorie einordnen lässt, ist der Vietnam-Konflikt. In ihm kämpften die USA auch auf kambodschanischem Territorium gegen den Vietcong.[958] Zentral waren dabei insbesondere die Luftangriffe aus dem kambodschanischen Luftraum auf die Versorgungswege der Einheiten Nordvietnams.[959] Die auch auf dem Boden außerhalb Vietnams eingesetzten US- und südvietnamesischen Streitkräfte[960] hatten die gleichen Einsatzregeln wie Einheiten, die in Vietnam selbst operierten.[961] Sie unterlagen dadurch Vorschriften, die ihrerseits auf den Regeln des humanitären Völkerrechts beruhten und diese beachteten. Somit haben die USA, jedenfalls als interne Richtlinie, die eigenen Einheiten auch außerhalb vietnamesischen Territoriums an das humanitäre Völkerrecht gebunden. Ebenso wurden militärische Disziplinarmaßnahmen auch gegen diejenigen Soldaten ausgesprochen, die in Kambodscha Zivilisten unmittelbar angegriffen und getötet haben.[962] Das Gesamtverhalten der USA im Rahmen dieses Konflikts spricht somit auch für Ansätze einer Staatenpraxis, bei kurzen aber, wie im vorliegenden Fall, andauernden

(Democratic Republic of the Congo v. Uganda), Judgement vom 19. Dezember 2005, Rn. 216; IGH, *Case concerning Application of the International Convention on the Elimination of all forms of racial Discrimination* (Georgia v. Russian Federation), Request for the Indication of Provisional Measures vom 15. Oktober 2008, Rn. 109. Siehe näher S. 66 ff.

958 Keesing's Record of World Events, Bd. 17, 15.- 22. August 1970, S. 24131 ff.

959 Schlight, A War Too Long – The USAF in Southeast Asia 1961–1975, S. 72.

960 Dinh Tho, The Cambodia Incursion, S. 39, 51; Shaw, The Cambodian Campaign – The 1970 Offensive and America's Vietnam War, S. 49.

961 Vgl. nur die Darstellungen in: Dinh Tho, The Cambodia Incursion, S. 51 ff.

962 Turse u. a., Los Angeles Times Online vom 06.08.2006.

Operationen auf dem Gebiet angrenzender Staaten das humanitäre Völkerrecht für territorial anwendbar zu halten. Allerdings ist dieser Schluss nicht zwingend. Aus dem Verhalten lässt sich nämlich nicht entnehmen, ob Anlass dafür eine Auslegung des internationalen Rechtes war. Alternativ können der Vorgehensweise auch ausschließlich die eigenen militärischen Richtlinien zugrunde gelegen haben.

Die Praxis der USA im Vietnamkrieg weist in ihrer Übertragbarkeit auf nichtinternationale bewaffnete Konflikte zwei weitere Schwachpunkte auf. So haben die USA und andere Staaten vertreten, dass es sich beim Vietnamkrieg um einen internationalen bewaffneten Konflikt handele, da sich die Staaten Nordvietnam und Südvietnam jeweils mit ihren Verbündeten gegenüberstanden.[963] Zudem ließe sich bei den andauernden Luftschlägen und über Stunden hinausgehenden Militäreinsätzen der USA und Südvietnams auch die Position vertreten, dass auf dem Territorium Kambodschas selbst die Voraussetzungen für einen bewaffneten Konflikt erfüllt waren.

Betrachtet man Konflikte, die sich über einen noch kürzeren Zeitraum auf das Gebiet eines benachbarten Staates ausgedehnt haben, ist auch dort aber nicht ersichtlich, dass die Konfliktparteien erkennbar unter alleiniger Berücksichtigung der internationalen Menschenrechtsabkommen gehandelt hätten. Unter den noch andauernden Konflikten weisen insbesondere jene in Afghanistan und in Kolumbien die Eigenschaft auf, sich sporadisch auf benachbarte Staaten zu erstrecken.

c) Auseinandersetzung mit der FARC

Die schon seit 1966 andauernde Auseinandersetzung zwischen der kolumbianischen Regierung und der FARC stellt einen nichtinternationalen bewaffneten Konflikt dar.[964] Die Auseinandersetzung erstreckt sich jedoch sporadisch auch auf die angrenzenden Staaten. Nach mehrfachen Behauptungen Kolumbiens zieht sich die FARC teilweise nach Angriffen in Kolumbien auf venezolanisches Territorium zurück und unterhält dort auch dauerhafte Camps.[965] Bestätigt ist diese Vorgehensweise auf ecuadorianischem Staatsgebiet, wobei die dortige Regierung gegen solche Camps vorgeht.[966] Allerdings sind Angehörigen der ecuadoriani-

963 Vgl.: Keesing's Record of World Events, Bd. 18, 23.- 30. Oktober 1971, S. 24893.

964 Szesnat/ Bird, in: Wilmshurst (Hrsg.), International Law and the Classification of Conflicts, S. 205.

965 Keesing's Record of World Events, Bd. 54, Mai 2008, S. 48574.

966 Keesing's Record of World Events, Bd. 54, März 2008, S. 48456; Szesnat/ Bird, in: Wilmshurst (Hrsg.), International Law and the Classification of Conflicts, S. 217.

schen Regierung Verbindungen zur FARC nachgewiesen worden.[967] Im Gegenzug sind Einheiten der kolumbianischen Regierung teilweise auch auf ecuadorianischem[968] und venezolanischem[969] Territorium gegen die FARC vorgegangen.

Ein Fall ist dabei von besonderem Interesse. In einer am 1. März 2008 durch das kolumbianische Militär ausgeführten Operation wurde ein Camp der FARC auf ecuadorianischem Territorium angegriffen.[970] Dabei wurden mehrere Personen getötet. Darunter befanden sich ein hochrangiger Offizier der FARC und ein ecuadorianischer Staatsangehöriger.[971] Die rechtliche Bewertung dieser Operation fiel insgesamt unterschiedlich aus. Die kolumbianische Regierung ging von deren Rechtmäßigkeit aus. Insbesondere die venezolanische und die ecuadorianische Regierung bewerteten die Operation als gegen internationales Recht verstoßend.[972] Andere Staaten hielten sich mit der Bewertung der Rechtmäßigkeit eher zurück.[973]

Ausschließlich rechtliche Analysen der Operation durch die beteiligten Staaten sind allerdings nicht verfügbar. Die existierenden Stellungnahmen der Regierungen aus Ecuador, Kolumbien und Venezuela lassen aber den Schluss zu, dass sie darin übereinstimmen, welches internationale Rechtsregime der Rechtmäßigkeitsprüfung zugrunde zulegen ist. Alle drei Staaten rekurrieren nämlich auf das humanitäre Völkerrecht.

Der damalige venezolanische Präsident hat den Einsatz als Kriegsverbrechen bezeichnet.[974] Dies legt zumindest nahe, dass er von der Anwendbarkeit des humanitären Völkerrechts in der Operation ausging. Allerdings bleibt eine Möglichkeit bestehen, dass es sich bei der Aussage um keine juristische Bewertung, sondern um politische Rhetorik gehandelt hat. Die kolumbianische Regierung hat die Operation hingegen explizit als dem humanitären Völkerrecht unterfallend bewertet.[975]

---

967 Szesnat/ Bird, in: Wilmshurst (Hrsg.), International Law and the Classification of Conflicts, S. 217.

968 Keesing's Record of World Events, Bd. 54, März 2008, S. 48456.

969 US Botschaft Bogota – Bericht über Beziehungen KEL-VEN, v. 22. April 2005 (Wikileaks Dokument: 05bogota3863.pdf).

970 Keesing's Record of World Events, Bd. 54, März 2008, S. 48456 f.

971 Keesing's Record of World Events, Bd. 54, März 2008, S. 48456 f.

972 Keesing's Record of World Events, Bd. 54, März 2008, S. 48457.

973 Szesnat/ Bird, in: Wilmshurst (Hrsg.), International Law and the Classification of Conflicts, S. 235.

974 Walker, The Guardian Online vom 06.03.2008.

975 *DPA*: Colombia confirms one Ecuadorian among Dead in Cross-Border Raid (24.03.2008), IAKMR, Ecuador-Colombia, Report 112/10, Inter-State Petition IP-02, Admissability vom 21. Oktober 2010, Doc. OEA_Ser.L_V_II.140, Rn. 114.

Die ecuadorianische Regierung rügte vor der Interamerikanischen Kommission für Menschenrechte eine Verletzung der Menschenrechte durch Kolumbien.[976] Im Weiteren blieb aber unklar, ob sie eine Verletzung der Menschenrechte nur deswegen behauptete, weil die kolumbianischen Einheiten die Regeln des auch anwendbaren humanitären Völkerrechts missachtet hätten. Darauf deutet zumindest die Aussage hin, dass die kolumbianischen Einheiten wehrlose Personen aus nächster Nähe getötet hätten.[977] Denn die Wehrlosigkeit einer Person führt nur nach humanitärem Völkerrecht zu einer anderen Bewertung der Rechtmäßigkeit der Tötung einer Person[978], nicht aber nach den internationalen Menschenrechtsabkommen. Denn dort ist das Recht auf Leben grundsätzlich geschützt.[979] Allerdings wurden der damalige kolumbianische Verteidigungsminister und weitere Offiziere der kolumbianischen Streitkräfte von einem ecuadorianischen Gericht für die Operation wegen Mordes verurteilt.[980] Eine Bewertung, ob dies die Anwendbarkeit des humanitären Völkerrechts auf die Operation ausschließt, kann hier jedoch nicht vorgenommen werden. Denn an dieser Stelle kann nicht weiter eruiert werden, wie das Verhältnis zwischen venezolanischem Strafrecht und humanitärem Völkerrecht ausgestaltet ist.

Festzuhalten bleibt, dass alle drei von den Bewegungen der FARC betroffenen Staaten die Operationen Kolumbiens gegen die FARC auch außerhalb kolumbianischen Territoriums für dem humanitären Völkerrecht unterfallend ansehen. Die Auseinandersetzung zwischen FARC und der kolumbianischen Regierung haben außerhalb Kolumbiens nicht die Voraussetzungen eines nichtinternationalen bewaffneten Konflikts erfüllt und das auch in der Vergangenheit nicht getan. Deshalb muss sich der territoriale Anwendungsbereich des humanitären Völkerrechts, das wegen des zumindest in Teilen Kolumbiens[981] bestehenden nichtinternationalen bewaffneten Konflikts anwendbar ist, jedenfalls auch auf die entsprechenden Gebiete in Venezuela und Ecuador erstrecken.

---

976 IAKMR, Ecuador-Colombia, Report 112/10, Inter-State Petition IP-02, Admissability vom 21. Oktober 2010, Doc. OEA_Ser.L_V_II.140, Rn. 21.

977 IAKMR, Ecuador-Colombia, Report 112/10, Inter-State Petition IP-02, Admissability vom 21. Oktober 2010, Doc. OEA_Ser.L_V_II.140, Rn. 40.

978 Vgl. Art. 3 Abs. 1 GK.

979 Vgl. bspw. Art. 6 IpbürgR.

980 Keesing's Record of World Events, Bd. 55, Oktober 2009, S. 49453; Keesing's Record of World Events, Bd. 56, September 2010, S. 50022.

981 Von der Groeben, J. Conflict & Sec. L. 2011, 141, 156; Gomez, in: Watkin/ Norris (Hrsg.), Naval War College International Law Studies, Bd. 88: Non-International Armed Conflict in the Twenty-first Centrury, S. 284 f.

d) *Ausweitung der Auseinandersetzung in Afghanistan auf Pakistan*

Das in der jüngeren Vergangenheit präsenteste Beispiel eines bewaffneten Konflikts unter aktiver Beteiligung westlicher Staaten, dessen Kampfhandlungen beide Seiten auf dem Territorium eines angrenzenden Staates austragen, ist der Konflikt in Afghanistan. Er breitet sich sporadisch nach Pakistan aus.[982] Neben der allgemeinen Betrachtung ist jedoch auch die Tötung Osama bin Ladens in Pakistan durch Streitkräfte der USA von Interesse.[983] Denn sie fand in einem Gebiet statt, das, jedenfalls zum betreffenden Zeitpunkt, nicht unmittelbar von der Auseinandersetzung mit den Taliban oder al-Qaida betroffen war.[984]

aa) *Grundsätzlich*

Der nichtinternationale bewaffnete Konflikt der NATO in Afghanistan zwischen der NATO und Afghanistan auf der einen mit den Taliban und al-Qaida auf der anderen Seite ist mit der Situation in Kolumbien nicht vollständig identisch, wohl aber vergleichbar. Die Taliban unterhalten ebenfalls Lager auf pakistanischem Territorium, insbesondere im Grenzgebiet zu Afghanistan.[985] Von dort aus führen sie Angriffe gegen Einheiten der afghanischen Regierung oder ihre Verbündeten durch.[986] Insbesondere die USA, als einer der Verbündeten der afghanischen Regierung, setzen im Gegenzug im Grenzgebiet auch auf pakistanischem Territorium eigene Bodentruppen ein.[987] Zudem greifen sie insbesondere mittels bewaffneter Drohnen Orte an, die sie für Lager der Taliban oder al-Qaida halten.[988] Die Einsätze finden überwiegend in den Stammesgebieten und in der

---

982 Bundesanwaltschaft der Bundesrepublik Deutschland, Drohneneinsatz vom 4. Oktober 2010 in Mir Ali/Pakistan (AZ: 3 BJs 7/12-4), offene Einstellungsverfügung vom 23. Juli 2013, S. 3 ff.

983 Keesing's Record of World Events, Bd. 57, Mai 2011, S. 50441 ff.

984 Keesing's Record of World Events, Bd. 57, Mai 2011, S. 50441.

985 Bundesanwaltschaft der Bundesrepublik Deutschland, Drohneneinsatz vom 4. Oktober 2010 in Mir Ali/Pakistan (AZ: 3 BJs 7/12-4), offene Einstellungsverfügung vom 23. Juli 2013, S. 6 ff.

986 Bundesanwaltschaft der Bundesrepublik Deutschland, Drohneneinsatz vom 4. Oktober 2010 in Mir Ali/Pakistan (AZ: 3 BJs 7/12-4), offene Einstellungsverfügung vom 23. Juli 2013, S. 5 f.

987 Keesing's Record of World Events, Bd. 54, September 2008, S. 48774.

988 Bundesanwaltschaft der Bundesrepublik Deutschland, Drohneneinsatz vom 4. Oktober 2010 in Mir Ali/Pakistan (AZ: 3 BJs 7/12-4), offene Einstellungsverfügung vom 23. Juli 2013, S. 5 f.

Bundesverwaltung FATA statt.[989] Das ist auch jenes Gebiet, über das die pakistanische Regierung teilweise nur wenig bis keine Kontrolle ausübt.[990] Die Angriffe der USA werden auch dann durchgeführt, wenn die feindlichen Kämpfer nicht kurz zuvor selbst in Kampfhandlungen mit der afghanischen Regierung oder deren Verbündeten standen.[991] Der erste Angriff mittels einer Drohne fand sehr wahrscheinlich 2004 statt.[992]

Die pakistanische Regierung ist inzwischen dazu übergangen, zumindest offiziell jede Form des Einsatzes fremder Streitkräfte auf dem eigenen Territorium zu verurteilen.[993] Die Kritik der pakistanischen Regierung richtet sich aber überwiegend auf die angebliche Souveränitätsverletzung[994] und teilweise auf die zu hohe Zahl an Toten, die nicht den Taliban zuzuordnen sind[995]. Für die Frage der Erstreckung des territorialen Anwendungsbereichs ist es aber grundsätzlich irrelevant, ob die pakistanische Regierung ihr Einverständnis zu den Einsätzen der USA auf ihrem Territorium gegeben hat. Denn die Frage nach dem Einverständnis ist eine des *ius ad bellum*, die nach dem territorialen Anwendungsbereich eine des *ius in bello*. *Ius in bello* und *ius ad bellum* haben jedoch keinen Einfluss aufeinander.[996]

Fraglich ist in diesem Kontext allein, ob die USA auf pakistanischem Territorium nach Maßgabe des humanitären Völkerrechts handeln, und ob die Staatengemeinschaft dies akzeptiert. Von hoher Relevanz ist hier die Annahme, dass der Konflikt zwischen den USA und den Taliban auf pakistanischem Boden nicht selbst die Schwelle zu einem nichtinternationalen bewaffneten Konflikt über-

989 Bundesanwaltschaft der Bundesrepublik Deutschland, Drohneneinsatz vom 4. Oktober 2010 in Mir Ali/Pakistan (AZ: 3 BJs 7/12–4), offene Einstellungsverfügung vom 23. Juli 2013, S. 5 f.

990 Barnidge, B.U. Int'l L.J. 2012, 409, 418; Fair/ Jones, Survival 2009, 161, 162.

991 Bundesanwaltschaft der Bundesrepublik Deutschland, Drohneneinsatz vom 4. Oktober 2010 in Mir Ali/Pakistan (AZ: 3 BJs 7/12–4), offene Einstellungsverfügung vom 23. Juli 2013, S. 5 f.

992 Blank/ Farley, Fordham Int'l L.J. 2010, 151, 157.

993 Pakistanisches Außenministerium, Pakistan protests drone strike - US CdA summoned, Press Release vom 8. Juni 2013.

994 Pakistanisches Außenministerium, Pakistan protests drone strike - US CdA summoned, Press Release vom 8. Juni 2013.

995 Keesing's Record of World Events, Bd. 58, Juni 2012, S. 52055.

996 Gasser/ Thürer in: Wolfrum (Hrsg.), The Max Planck Encyclopedia of Public International Law, Bd. V, Humanitarian Law, International, Rn. 2; Kreß, J. Conflict & Sec. L. 2010, 245, 264; O'Connell, in: Fleck (Hrsg.), The Handbook of International Humanitarian Law, Rn. 131.2.

schreitet.[997] Das liegt daran, dass in Pakistan zwischen diesen Parteien bis auf wenige Ausnahmen keine gegenseitigen Kampfhandlungen stattfinden.[998] Die Gewaltanwendungen fanden bisher zumeist einseitig statt. Denn sie wurden von den USA zumeist mittels Drohnenangriffen und von den Taliban mittels Angriffen auf die Nachschubwege der NATO ausgeübt.[999] Hinzu kommt, dass die gegenseitigen Angriffe nicht in einem ausreichend nahen zeitlichen Kontext geschehen. Die Angriffe erfolgen jeweils mit Abständen von Wochen, was von der temporären Intensität her nicht für die Existenz eines eigenen nichtinternationalen bewaffneten Konflikts in Pakistan genügt.[1000]

Laut den offiziell verfügbaren Dokumenten hat die pakistanische Regierung den USA jeglichen Einsatz auf dem eigenen Boden untersagt.[1001] Die USA nehmen deshalb auch nicht als Verbündeter der pakistanischen Regierung an deren nichtinternationalem bewaffneten Konflikt mit den Taliban[1002] teil.[1003] Läge ein Einverständnis von Seiten Pakistans vor, wäre fraglich, ob die USA damit Beteiligte am bewaffneten Konflikt zwischen den Taliban und Pakistan würden.[1004]

---

997 A.A.: Blank/ Farley, Fordham Int'l L.J. 2010, 151, 178.

998 Bpsw.: Keesing's Record of World Events, Bd. 54, September 2008, S. 48774; Bd. 56, September 2010, S. 50027.

999 Vgl.: Bundesanwaltschaft der Bundesrepublik Deutschland, Drohneneinsatz vom 4. Oktober 2010 in Mir Ali/Pakistan (AZ: 3 BJs 7/12–4), offene Einstellungsverfügung vom 23. Juli 2013, S. 4 ff.

1000 Vgl.: IAKMR, Case 11.137, Report 55/97 vom 13. April 1998, Rn. 154 ff.; Lubell, Extraterritorial Use of Force against Non-State Actors, S. 105; Sassòli, Transnational Armed Groups and International Humanitarian Law, S. 7. Siehe auch S. 138 ff.

1001 Pakistanisches Außenministerium, Pakistan protests drone strike – US CdA summoned, Press Release vom 8. Juni 2013; so auch: International Human Rights and Conflict Resolution Clinic (Stanford Law School) and Global Justice Clinic (NYU School of Law), Living under Drones: Death, Injury and Trauma to Civilians from US Drone Practices in Pakistan (September, 2012) („**Living under Drones**"), S. 106; solange keine Angehörigen der pakistanischen Sicherheitskräfte zu den Opfern gehören kommt die Bundesanwaltschaft zu einer anderen Einschätzung: Bundesanwaltschaft der Bundesrepublik Deutschland, Drohneneinsatz vom 4. Oktober 2010 in Mir Ali/ Pakistan (AZ: 3 BJs 7/12–4), offene Verfügung vom 23. Juli 2013, S. 11.

1002 Bundesanwaltschaft der Bundesrepublik Deutschland, Drohneneinsatz vom 4. Oktober 2010 in Mir Ali/Pakistan (AZ: 3 BJs 7/12–4), offene Verfügung vom 23. Juli 2013, S. 19 ff.; Blank/ Farley, Fordham Int'l L.J. 2010, 151, 176.

1003 A.A. Blank/ Farley, Fordham Int'l L.J. 2010, 151, 184.

1004 Lubell, in: Wilmshurst (Hrsg.), International Law and the Classification of Conflicts, S. 438. Näher dazu siehe S. 98.

Es ist aber jedenfalls noch nicht eindeutig festgestellt, ob ein Einverständnis der pakistanischen Regierung überhaupt vorliegt.[1005] Da auch die USA dazu nicht öffentlich Stellung beziehen, verbietet es sich, davon auszugehen, dass ein solches Einverständnis beziehungsweise eine Beteiligung der USA an dem nichtinternationalen bewaffneten Konflikt innerhalb Pakistans besteht. Somit bleibt zur Begründung der Anwendbarkeit des humanitären Völkerrechts im Rahmen der Einsätze der USA auf pakistanischem Territorium nur, dass sich der territoriale Anwendungsbereich des Konflikts in Afghanistan zumindest partiell auf pakistanisches Gebiet erstreckt.

Auf pakistanischem Gebiet werden selbst die Drohneneinsätze durch die US-Streitkräfte und nicht durch die Geheimdienste durchgeführt.[1006] Dadurch kann angenommen werden, dass sowohl der Einsatz von Bodentruppen als auch die Luftangriffe unter den Regeln durchgeführt werden, die auch für die entsprechenden Einsätze in Afghanistan gelten. Diese Einsatzregeln müssen auf humanitärem Völkerrecht basieren, weil die USA die Existenz eines nichtinternationalen bewaffneten Konflikts in Afghanistan annehmen.[1007]

Dass die USA auf pakistanischem Territorium auf Grundlage des humanitären Völkerrechts kämpfen, steht aber auch deshalb außer Frage, weil sie sich für weltweit in einem bewaffneten Konflikt mit al-Qaida befindlich erachten.[1008] Die Kritik der Weltöffentlichkeit an den Drohneneinsätzen hält sich dabei in Grenzen. Insbesondere andere Staaten nehmen dazu fast überhaupt nicht Stellung. Es lässt sich nur eine Stellungnahme der pakistanischen Regierung finden, die festhielt, dass die Drohneneinsätze zu „*issues regarding respect for human rights and humanitarian law*“[1009] führen.

bb) Tötung Osama bin Ladens

Eindeutige Reaktionen der Staatengemeinschaft zu Einsätzen der USA auf pakistanischem Gebiet gab es nur bei einem Einsatz. Das war die Tötung Osama bin

---

1005 Auch die Bundesanwaltschaft spekuliert letztlich nur: Bundesanwaltschaft der Bundesrepublik Deutschland, Drohneneinsatz vom 4. Oktober 2010 in Mir Ali/Pakistan (AZ: 3 BJs 7/12–4), offene Einstellungsverfügung vom 23. Juli 2013, S. 11 ff.

1006 Shane u. a., The New York Times Online vom 14.08.2010.

1007 Corn, in: Lewis (Hrsg.), The War on Terror and the Laws of War – A Military Perspective, S. 31 ff.

1008 US-Präsident Obama: Remarks by the President at the National Defense University vom 23. Mai 2013; Harald Koh: The Obama Administration and International Law, Rede beim jährlichen Treffen der American Society of International Law v. 25. März 2010.

1009 Barnidge, B.U. Int'l L.J. 2012, 409, 439; o.V., DAWN.com vom 13.03.2011.

Ladens durch Angehörige von US-Spezialkräften im Mai 2011.[1010] Dieser Fall ist mit den regelmäßig auf pakistanischem Territorium durchgeführten Drohnenangriffen allerdings nicht vollständig vergleichbar. Dies liegt schon daran, dass sich der Einsatzort außerhalb des afghanisch-pakistanischen Grenzgebiets befand.[1011] Er lag somit außerhalb des gewöhnlichen Einsatzgebiets der US-Streitkräfte auf pakistanischem Boden.[1012]

Geht man davon aus, dass die USA nicht vorsätzlich internationales Recht brechen, müssen sie davon ausgegangen sein, dass die Tötung von Osama bin Laden unter dem Rechtsrahmen des humanitären Völkerrechts zu beurteilen ist. Denn er wurde getötet, ohne dass für die US-Spezialkräfte ein Fall von Selbstverteidigung vorlag oder sie eine Gefangennahme versucht hätten.[1013]

Die Tötung Osama bin Ladens ist somit ein Beispiel dafür, dass Einsätze unter dem Rechtsregime des humanitären Völkerrechts auch in solchen Gebieten angrenzender Staaten durchgeführt werden, die nicht unter der Kontrolle des nichtstaatlichen Akteurs liegen. Allerdings stehen die USA mit dieser Praxis, soweit ersichtlich, alleine da. Angriffe anderer Staaten beschränken sich grundsätzlich gerade auf das Grenzgebiet, in dem sich der nichtstaatliche Akteur verstärkt aufhält. Das ergibt sich beispielsweise aus den Auseinandersetzungen in Kolumbien[1014] und Vietnam[1015].

In eine Reihe mit den Auseinandersetzungen in Kolumbien und in Vietnam ließe sich die Tötung Osama bin Ladens nur dann einordnen, wenn man annähme, dass alleine sein Anwesen dafür genügt hätte, als unter der Kontrolle des feindlichen nichtstaatlichen Akteurs befindliches Gebiet zu gelten. Denn das Anwesen befand sich in einer Stadt und einer Provinz, die unter Kontrolle der pakistanischen Regierung standen.[1016]

Von Seiten der internationalen Staatengemeinschaft wurde weit überwiegend keine Kritik an dem Einsatz geäußert.[1017] Vielmehr wurde die Tötung von den

---

1010 Keesing's Record of World Events, Bd. 57, Mai 2011, S. 50441 ff.

1011 Keesing's Record of World Events, Bd. 57, Mai 2011, S. 50441.

1012 Bundesanwaltschaft der Bundesrepublik Deutschland, Drohneneinsatz vom 4. Oktober 2010 in Mir Ali/Pakistan (AZ: 3 BJs 7/12-4), offene Einstellungsverfügung vom 23. Juli 2013, S. 19.

1013 Keesing's Record of World Events, Bd. 57, Mai 2011, S. 50442.

1014 Siehe S. 183 ff.

1015 Siehe S. 182 f.

1016 Keesing's Record of World Events, Bd. 57, Mai 2011, S. 50442 f.

1017 Keesing's Record of World Events, Bd. 57, Mai 2011, S. 50443.

meisten Staaten begrüßt.[1018] Es spricht jedoch einiges dafür, dass die fehlende Verurteilung der Tötung Osama bin Ladens nicht auf einer Zustimmung der Staatengemeinschaft zu der Rechtsposition der USA beruhte. Denn gezielte Tötungen von Mitgliedern eines nichtstaatlichen Akteurs wurden von der Staatengemeinschaft bisher verurteilt. So kritisierten die USA und die EU noch 2001 eine solche Praxis Israels in Bezug auf Angehörige der Hamas.[1019] Im Unterschied zur Tötung Osama bin Ladens fanden die gezielten Tötungen durch Israel jedoch innerhalb des Gaza-Streifens oder des Westjordanlands statt.[1020] Sie lagen damit sogar innerhalb des eigentlichen Konfliktgebiets zwischen Israel und der Hamas.

Die positiven Stellungnahmen der Staatengemeinschaft zur gezielten Tötung Osama bin Ladens werden deshalb letztlich auf dessen Ausnahmestellung zurückgeführt werden können. Somit sind erhebliche Zweifel daran angebracht, dass die gezielte Tötung von Mitgliedern eines feindlichen nichtstaatlichen Akteurs außerhalb des eigentlichen Konfliktgebiets von der Staatengemeinschaft als grundsätzlich zulässig erachtet wird.

e) Ergebnis

Die Staaten betrachten weit überwiegend das humanitäre Völkerrecht als Rechtsgrundlage von Kampfhandlungen, die sich auf das angrenzende Gebiet benachbarter Staaten ausweiten.[1021] Wenn sich ein Konflikt grundsätzlich auf das Gebiet eines Staates beschränkt, sich die Kampfhandlungen aber sporadisch auf das Territorium eines anderen Staates ausweiten, ist nach der Staatenpraxis also jedenfalls auf dem Teil des anderen Staatsgebiets das humanitäre Völkerrecht noch territorial anwendbar, auf dem die sporadischen Kampfhandlungen ausgetragen werden. Die soweit ersichtlich unwidersprochene Staatenpraxis wendet humanitäres Völkerrecht also auf dem Gebiet angrenzender Staaten auch an, wenn die Kampfhandlungen nur sporadisch deren Grenze überschreiten. Sie betrachten das Rechtsregime folglich auch unabhängig davon als anwendbar, ob es qua Gesetz auf dem Gebiet anwendbar ist.

Fraglich bleibt jedoch, auf welchem Gebiet benachbarter Staaten das humanitäre Völkerrecht bei einer verallgemeinernden Betrachtung anwendbar ist. Der Begriff des „Grenzgebiets" ist nicht in der Lage, eine präzise Abgrenzung vorzu-

1018 Keesing's Record of World Events, Bd. 57, Mai 2011, S. 50442.
1019 Keesing's Record of World Events, Bd. 47, Februar 2001, S. 44026.
1020 Keesing's Record of World Events, Bd. 47, Februar 2001, S. 44026.
1021 Auseinandersetzungen in Algerien (S. 180 ff.), Vietnam (S. 182 f.), Kolumbien (S. 183 ff.) und Afghanistan (S. 186 ff.).

nehmen. In den betrachteten Fällen liegt der Schluss nahe, dass auf Grundlage des humanitären Völkerrechts überall dort gehandelt wurde, wo der nichtstaatliche Akteur mit einer für den Staat beachtenswerten Stärke präsent war. Dass die Einsätze des am Konflikt beteiligten Staates nur in der Grenzregion stattfanden, kann aber auch andere Ursachen als solche haben, die mit der Auffassung zum territorialen Anwendungsbereich in Zusammenhang stehen.

Zum einen sind Einsätze weiter innerhalb der angrenzenden Staaten gerade bei fehlendem Einverständnis des betroffenen Staates schwieriger, weil letzterem eine längere Zeit zur Mobilisierung eigener Truppen verbleibt. Außerdem ist es für den nichtstaatlichen Akteur selbst mit einem erhöhten Aufwand verbunden, wenn er weitere Strecken bis zur Durchführung von Kampfhandlungen gegen den feindlichen Staat zurücklegen muss. Von daher bestehen auch für ihn nur geringe Anreize, außerhalb des Grenzgebiets Lager zu unterhalten. Es bleiben deshalb Zweifel, ob Staaten in anders gelagerten Fällen auch außerhalb der Grenzregionen benachbarter Staaten gegen einen nichtstaatlichen Akteur vorgehen. Einen ersten Hinweis darauf bieten die Handlungen auf Grundlage des humanitären Völkerrechts, die in vom eigentlichen Konflikt entfernt liegenden Staaten vorgenommen werden.

4. Territorialer Anwendungsbereich in entfernten Staaten

Das einzige Beispiel von Kampfhandlungen im Zusammenhang mit einem nichtinternationalen bewaffneten Konflikt, die nicht in an den Konflikt angrenzenden Staaten stattfinden und bei denen trotzdem das humanitäre Völkerrecht zugrunde gelegt wird, sind von den USA durchgeführte gezielte Tötungen in Somalia und im Jemen.

a) Drohneneinsätze der USA in Somalia und im Jemen

Die USA töten in beiden Ländern nach eigenen Aussagen gezielt Mitglieder al-Qaidas, insbesondere mittels UAVs.[1022] Als Austragungsort einer Auseinandersetzung zwischen den USA und al-Qaida konnte bis 2011 noch der Irak gezählt werden[1023] und zählt noch heute Afghanistan.[1024] Inwieweit insbesondere noch heute zumindest faktisch das Grenzgebiet zu Pakistan hinzugezählt werden muss, ist unklar. Denn dort fanden, jedenfalls offiziell, seit Ende 2013 weniger als fünf

---

1022 US-Präsident Obama: Remarks by the President at the National Defense University vom 23. Mai 2013.

1023 Keesing's Record of World Events, Bd. 57, Dezember 2011, S. 50839.

1024 Keesing's Record of World Events, Bd. 60, Mai 2014, S. 53350.

Drohneneinsätze statt.[1025] Derzeit erfüllen dementsprechend nur noch in Afghanistan die gegenseitigen Kampfhandlungen die Voraussetzungen, die für die Existenz eines nichtinternationalen bewaffneten Konflikts erforderlich sind.[1026]

Ob zumindest in Teilen Pakistans auch das humanitäre Völkerrecht territorial durch den Konflikt in Afghanistan anwendbar ist, ist für die vorliegende Untersuchung unerheblich. Die USA handeln auf pakistanischem Gebiet zwar auf Grundlage des humanitären Völkerrechts, doch kann dessen Anwendbarkeit nicht durch die Staaten gewillkürt werden. Sie wird vielmehr ausschließlich anhand objektiver Kriterien durch die Rechtsordnung selbst vorgegeben.[1027] Die sporadischen Kampfhandlungen zwischen beiden Parteien auf pakistanischem Territorium reichen jedenfalls nicht für sich genommen aus, um die Voraussetzungen eines nichtinternationalen bewaffneten Konflikts zu erfüllen.[1028]

Außerhalb Afghanistans, Pakistans und des Irak wurde die erste offiziell anerkannte Tötung einer Person über das Waffensystem einer UAV durch die USA 2002 im Jemen vorgenommen.[1029] Mittlerweile ist erwiesen und auch von offizieller Seite bestätigt, dass die USA mittels von UAVs abgeschossenen Raketen in multiplen Einsätzen Personen in Somalia[1030] und im Jemen[1031] getötet haben. Noch 2014 im Jemen beziehungsweise 2013 in Somalia wurden UAVs eingesetzt.[1032] Zudem sind Einsätze in Nordafrika bekannt. Doch nachgewiesene

---

1025 Keesing's Record of World Events, Bd. 59, Oktober 2013, S. 52955; Bd. 60, Mai 2014, S. 53349.

1026 Zur Schwierigkeit die Auseinandersetzung mit der internationalen Organisation von al-Qaida weltweit als nichtinternationalen bewaffneten Konflikt zu kategorisieren siehe S. 138 ff.

1027 Cullen, The Concept of Non-International Armed Conflict in International Humanitarian Law, S. 27; Ipsen, in: Ipsen (Hrsg.), Völkerrecht, § 65, Rn. 6.

1028 Str.; vgl.: Bundesanwaltschaft der Bundesrepublik Deutschland, Drohneneinsatz vom 4. Oktober 2010 in Mir Ali/Pakistan (AZ: 3 BJs 7/12–4), offene Einstellungsverfügung vom 23. Juli 2013, S. 19.

1029 VN Doc A/HRC/14/24/Add.6, 28. Mai 2010, Rn. 37.

1030 US-Präsident Obama Administration, Presidential Letter vom 15. Juni 2012, War Powers Resolution 6-Month Report; Keesing's Record of World Events, Oktober 2013, S. 52939; Crowley, Time Magazine vom 01.04.2013, 40, 41.

1031 US-Präsident Obama Administration, Presidential Letter vom 15. Juni 2012, War Powers Resolution 6-Month Report; VN Doc A/HRC/14/24/Add.6, 28. Mai 2010, Rn. 37 f.; Keesing's Record of World Events, Bd. 59, Mai 2013, S. 52703; Grossmann, Time Magazine vom 11.02.2013, 20, 20.

1032 Keesing's Record of World Events, Bd. 60, April 2014, Rn. 53324; Bd. 59, Oktober 2013, S. 52939.

Einsätze fanden nur im Zusammenhang mit dem Konflikt Frankreichs in Mali und dem VN-Mandat für eine Flugverbotszone in Libyen[1033] statt.

Anders als in Libyen und Mali erreichen die verschiedenen Auseinandersetzungen der USA in Somalia und im Jemen für sich genommen nicht die Schwelle für das Vorliegen eines „eigenen" nichtinternationalen bewaffneten Konflikts. Die Drohneneinsätze dort erreichen nicht die notwendige Intensität.[1034] Allerdings kann darüber spekuliert werden, ob die USA als Verbündete der jeweiligen Regierung gegen den entsprechenden nichtstaatlichen Akteur vorgehen. Im Jemen besteht zumindest deswegen Anlass zu dieser Vermutung, weil die jemenitische Regierung den Drohneneinsätzen laut amerikanischen Regierungskreisen zugestimmt hat.[1035] Dann würden die USA das humanitäre Völkerrecht in den Drohneneinsätzen im Jemen schon deswegen als Rechtsgrundlage heranziehen, weil sie am nichtinternationalen bewaffneten Konflikt der jemenitischen Regierung mit al-Qaida vor Ort beteiligt sind.

Die Beteiligung der USA am innerjemenitischen Konflikt ist aber von der konkreten Ausgestaltung der Kooperation abhängig. Es ist zweifelhaft, ob das Einverständnis der jemenitischen Regierung, nach eigenem Ermessen Angriffe durchzuführen, schon dafür genügt, dass sich die USA dauerhaft dort in einem bewaffneten Konflikt befinden.[1036] Weil die konkreten Angriffe mittels UAVs auch keine gemeinsame Operation mit der jeweiligen Regierung darstellen, sind sie auch im Einzelnen nicht im Gesamtkontext des innerjemenitischen Konflikts zu bewerten. Nimmt man zudem an, dass sich die USA nicht in einem nichtinternationalen bewaffneten Konflikt mit der international operierenden Gesamtorganisation al-Qaida befinden[1037], so kann die gezielte Tötung einer Person in Somalia oder im Jemen deshalb nur dann dem humanitären Völkerrecht unterliegen, wenn sich der territoriale Anwendungsbereich eines bestehenden nichtinternationalen bewaffneten Konflikts auf das Gebiet des entsprechenden Staates erstreckt.

Dass auch die USA einen Drohneneinsatz außerhalb Afghanistans einschließlich Pakistans nicht mit einem entsprechenden Einsatz in einem dieser beiden Staaten gleichsetzen, wird aus den verschiedenen Richtlinien für gezielte Tötungen mittels UAVs deutlich.[1038] Der rechtlichen Einschätzung der USA, warum

---

1033 VN Doc S/Res/1973, 17. März 2011.

1034 Siehe dazu S 138 ff.

1035 Keesing's Record of World Events, Bd. 56, Dezember 2010, S. 50209.

1036 Siehe S. 98.

1037 Lubell, in: Wilmshurst (Hrsg.), International Law and the Classification of Conflicts, S. 436 f. m.w.N.

1038 Mit dem entspr. Nachweis: Daskal, U. Pa. L. Rev. 2013, 1165, 1201.

humanitäres Völkerrecht bei diesen Einsätzen anwendbar ist, kommt deshalb eine besondere Bedeutung zu. Nur aus ihr ergibt sich, ob sie diese Bewertung teilen, oder ob sie aus solchen Gründen zur Anwendbarkeit des humanitären Völkerrechts gelangt, die nicht im Zusammenhang mit der Bestimmung des territorialen Anwendungsbereichs stehen.

aa) Argumentation unter Präsident G. W. Bush

Ursprünglich ging die US-Regierung davon aus, dass die Drohneneinsätze nicht den Vorschriften des humanitären Völkerrechts unterfallen.[1039] Ausgangspunkt war die unter der Bush-Administration entwickelte Doktrin des „*global war on terror*", wonach sich die USA auch rechtlich gesehen in einem die gesamte Welt umspannenden Krieg mit dem Terrorismus befänden.[1040] Dieser Krieg würde gegen einen nichtstaatlichen Akteur und somit nicht zwischen Staaten geführt, weswegen – soweit weitestgehend unbestritten – darin kein internationaler bewaffneter Konflikt zu sehen wäre.[1041] Der Krieg bildete allerdings auch keinen nichtinternationalen bewaffneten Konflikt, weil dieser nur innerhalb eines Staates geführt werden könne.[1042] Da die internationalen Menschenrechtsabkommen auch nicht extraterritorial anwendbar seien, seien die Drohneneinsätze schon deswegen rechtmäßig, weil sie gegen keine entgegenstehenden Regeln verstießen.

bb) Argumentation unter Präsident Obama

Jedenfalls in der Formulierung änderte sich die Position der USA mit dem Wechsel der Person des US-Präsidenten von G. W. Bush zu Obama. Letzterer vertrat nicht mehr die These, sich in einer globalen Auseinandersetzung mit dem Terrorismus insgesamt zu befinden, sondern nur mit al-Qaida.[1043] Die rechtliche

---

1039 US-Präsident G.W. Bush Administration, Humane Treatment of Taliban and al Qaeda Detainees, Memorandum vom 7. Februar 2002, Doc.Nr.: CBG_AP&CNN-2004.06.22.

1040 US Präsident G.W. Bush, Address to a joint session of Congress vom 20. September 2001; O'Connell, ILSA J. Int'l & Comp. L. 2005, 535, 536 f.

1041 US-Präsident G.W. Bush Administration, Humane Treatment of Taliban and al Qaeda Detainees, Memorandum vom 7. Februar 2002, Doc.Nr.: CBG_AP&CNN-2004.06.22.

1042 US-Präsident G.W. Bush Administration, Humane Treatment of Taliban and al Qaeda Detainees, Memorandum vom 7. Februar 2002, Doc.Nr.: CBG_AP&CNN-2004.06.22; für Gegenargumente siehe S. 117 ff.

1043 John Brennan, A New Approach to Safeguarding Americans, Remarks at the Center for Strategic and International Studies vom 6. August 2009.

Einschätzung der USA zu dieser Auseinandersetzung hat sich spätestens mit dem Urteil des SCUS in der Sache *Rumsfeld v. Hamdan* verfestigt.[1044] Darin hat der SCUS festgestellt, dass jedenfalls die Vorschriften von Art. 3 GK im Rahmen jedweden Vorgehens gegen al-Qaida beachtet werden müssen.[1045] Die US-Regierung vertritt auf Grundlage dessen und unabhängig davon, ob der SCUS wirklich dahingehend verstanden werden kann, die Auffassung, dass die weltweite Auseinandersetzung mit al-Qaida einen bewaffneten Konflikt darstellt.[1046] Eine Stellungnahme der USA bei den Vereinten Nationen kann allerdings dahingehend verstanden werden, dass die USA davon ausgehen, dass sie sich in einem nicht-internationalen bewaffneten Konflikt mit al-Qaida befinden.[1047] Mit der Einordnung der Auseinandersetzung als Konflikt im Sinne des humanitären Völkerrechts geht einher, dass die Drohneneinsätze außerhalb Afghanistans und Pakistans nun auch am Rechtmäßigkeitsmaßstab des humanitären Völkerrechts gemessen werden können und müssen.[1048]

cc) „White Paper" des US-Justizministeriums

Nähere Hinweise auf die zugrunde liegende juristische Bewertung der US-Regierung gibt ein als geheim eingestuftes Memorandum des US-Justizministeriums, das an die Presse gelangt ist.[1049] Die Aussagen dieses Memorandums müssen jedoch

1044 SCUS, *Hamdan v. Rumsfeld, Secretary of Defense et al*, No. 05–184, Judgement vom 29. Juni 2009.

1045 Milanovic, IRRC 2007, 373, 379.

1046 US-Präsident Obama: Remarks by the President at the National Defense University vom 23. Mai 2013; John Brennan, Strengthening our Security by Adhering to our Values and Laws, Remarks at the Program on Law and Security vom 16. September 2011; John Brennen, The Ethics and Efficacy of the President's Counterterrorism Strategy, Remarks at the Woodrow Wilson International Center for Scholars vom 30. April 2012.

1047 VN Doc A/HRC/WG.6/9/USA/1, 23. August 2010, Rn. 84.

1048 US-Präsident Obama: Remarks by the President at the National Defense University vom 23. Mai 2013; John Brennen, The Ethics and Efficacy of the President's Counterterrorism Strategy, Remarks at the Woodrow Wilson International Center for Scholars vom 30. April 2012; beachtenswert ist, dass die Position in dieser Form ein Jahr vorher noch nicht bestand: John Brennan, Strengthening our Security by Adhering to our Values and Laws, Remarks at the Program on Law and Security vom 16. September 2011;

1049 US Department of Justice, Lawfulness of a Lethal Operation Directed Against a U.S. Citizen Who Is a Senior Operational Leader of Al-Qa'ida or An associated Force, White Paper vom 2. April 2013.

unter einem Aspekt mit Vorsicht behandelt werden. Unklar ist nämlich, ob diese Stellungnahme der juristischen Einschätzung der gesamten US-Regierung entspricht. Die Presse scheint davon jedoch auszugehen.[1050] Das Memorandum ist überdies auch das einzige verfügbare Dokument der Regierung der USA, das eine rein juristische Bewertung der Drohneneinsätze außerhalb derjenigen Konfliktgebiete vornimmt, in denen auch US-Bodentruppen eingesetzt werden. Trotzdem ist zu beachten, dass diese Stellungnahme nicht in allen Nuancen der offiziellen Rechtsansicht der Obama-Administration entsprechen muss. Das Memorandum beginnt zudem mit dem Satz:

> *The paper does not attempt to determine the minimum requirements necessary to render such an operation lawful.*[1051]

Das Memorandum hat also ersichtlich nicht zum Ziel, die Mindestvoraussetzungen des humanitären Völkerrechts für die gezielte Tötung einer Person außerhalb Afghanistans und – mit Abstrichen – auch Pakistans bestimmen. Damit ist die Argumentation im Memorandum jedenfalls auf der Ebene des internationalen Rechtes ausschließlich darauf ausgelegt, die Konformität der derzeitigen Praxis der US-Regierung mit dem humanitären Völkerrecht zu belegen. Im Rahmen dessen bezieht das Memorandum aber eine grundsätzliche Stellung dazu, wie der territoriale Anwendungsbereich des humanitären Völkerrechts im Rahmen nichtinternationaler bewaffneter Konflikte zu bestimmen ist. Dies geschieht im Rahmen der Fragestellung, unter welchen Voraussetzungen die gezielte Tötung eines Menschen am Maßstab des humanitären Völkerrechts zu messen ist. Nach dem Memorandum ist dies auch bei Mitgliedern al-Qaidas der Fall, die sich in großer geographischer Entfernung zum ständig umkämpften Konfliktgebiet – Afghanistan – befinden:

> *Any U.S. operation would be part of this non-international armed conflict, even if it were to take place away from the zone of active hostilities.*[1052]

In dem Memorandum wird also die Position vertreten, dass sich der territoriale Anwendungsbereich nichtinternationaler bewaffneter Konflikte grundsätzlich auf die gesamte Welt erstreckt. Ausgangspunkt dieser Argumentation ist die Annahme, dass sich die USA weltweit und nicht nur in Afghanistan in einem

---

1050 Luban, Boston Review Online vom 06.06.2012.

1051 US Department of Justice, Lawfulness of a Lethal Operation Directed Against a U.S. Citizen Who Is a Senior Operational Leader of Al-Qa'ida or An associated Force, White Paper vom 2. April 2013, S. 1

1052 US Department of Justice, Lawfulness of a Lethal Operation Directed Against a U.S. Citizen Who Is a Senior Operational Leader of Al-Qa'ida or An associated Force, White Paper vom 2. April 2013, S. 3.

nichtinternationalen bewaffneten Konflikt mit ganz al-Qaida befinden. Rekurriert wird dazu auf das Urteil des SCUS:

> *The United States is currently in a non-international armed conflict with al-Qaida and its associated forces. See Hamdan v. Rumsfeld, 548 U.S. 557, 628–31 (2006)* [...].[1053]

Das Memorandum präzisiert an dieser Stelle die Einschätzungen der oben aufgeführten Reden von Angehörigen der US-Regierung, die nur von einem „bewaffneten Konflikt" sprachen. Wie auch dort schon gezeigt, ist diese Position abzulehnen. Die internationale Auseinandersetzung zwischen al-Qaida und den USA stellt insbesondere mangels Intensität, jedenfalls als Ganzes, keine Form eines bewaffneten Konflikts dar.[1054] Unabhängig davon lässt sich die daran anschließende Argumentation des Memorandums für einen weltweiten territorialen Anwendungsbereich des humanitären Völkerrechts jedoch auf nichtinternationale bewaffnete Konflikte generell übertragen. Der dem Memorandum zugrunde liegende Konflikt ist zwar keine überwiegend regionale Auseinandersetzung, sondern eine, die in verschiedenen auseinanderliegenden Staaten ausgetragen wird. Dass eine solche Auseinandersetzung grundsätzlich einen nichtinternationalen bewaffneten Konflikt darstellen kann, ist aber zumindest denkbar. Die Position der US-Regierung ist in dieser Hinsicht folglich nur in Bezug auf die rechtliche Bewertung der zugrunde liegenden Tatsachen unzutreffend. Die grundsätzlichen rechtlichen Überlegungen zu nichtinternationalen bewaffneten Konflikten insgesamt bleiben davon aber unbeeinflusst. Dementsprechend kann die Bestimmung des territorialen Anwendungsbereichs des humanitären Völkerrechts durch das Memorandum in dieser Konstellation auf alle Fälle der nichtinternationalen bewaffneten Konflikte übertragen werden. Der maßgebliche Abschnitt zu der Fragestellung liest sich wie folgt:

> *There is little geographic or other authoritative precedent that speaks directly to the question of the geographic scope of a non-international armed conflict in which one of the parties is a transnational, non-state actor and where the principal theater of operations is not within the territory of the nation that is party to the conflict. Thus, in considering this potential issue, the Department looks to principles and statements from analogous contexts.* [...] *The Department has not found any authority for the proposition that when one of the parties to an armed conflict plans and executes operations from a base in a new*

1053 US Department of Justice, Lawfulness of a Lethal Operation Directed Against a U.S. Citizen Who Is a Senior Operational Leader of Al-Qa'ida or An associated Force, White Paper vom 2. April 2013, S. 3.

1054 Lubell, in: Wilmshurst (Hrsg.), International Law and the Classification of Conflicts, S. 436 f., 441; Näher dazu siehe S 138 ff.

nation, an operation to engage the enemy in that location cannot be part of the original armed conflict, and thus subject to the laws of war governing that conflict, unless the hostilities become sufficiently intense and protracted in the new location That does not appear to be the rule of the historical practice, for instance, even in a traditional international conflict. [...] *Particularly in a non-international armed conflict, where terrorist organizations may move their base of operations from one country to another, the determination of whether a particular operation would be part of an ongoing armed conflict would require consideration of the particular facts and circumstances in each case, including the fact that transnational non-state organizations such as al-Qaida may have no single site serving as their base of operations* [...]. *If an operation of the kind discussed in this paper were to occur in a location where al-Qaida or an associated force has a significant and organized presence and from which al-Qaida or an associated force, including its senior operational leaders, plan attacks against U.S. persons and interests, the operation would be part of the non-international armed conflict between the United States and al-Qaida that the Supreme Court recognized in Hamdan.*[1055]

Nach dem Memorandum unterliegt die gezielte Tötung von Mitgliedern von al-Qaida also in jedem Land der Erde dem humanitären Völkerrecht. Soweit muss sich somit auch der territoriale Anwendungsbereich im Rahmen nichtinternationaler bewaffneter Konflikte erstrecken. Das Memorandum stellt für die Ausweitung des humanitären Völkerrechts auf ein bestimmtes Gebiet jedoch eine Voraussetzung auf. Der nichtstaatliche Akteur muss auf dem Territorium eine „*significant and organized presence*" besitzen.[1056]

Wie eine *significant and organized presence* selbst definiert wird und wie groß die zur Bestimmung heranzuziehende Fläche sein darf beziehungsweise muss, darüber gibt das Memorandum keine Auskunft. Aus der bisherigen Praxis der USA lässt sich jedoch der Schluss ziehen, dass diese Voraussetzungen, sollten sie die offizielle Position der USA darstellen, nicht allzu streng sind. Denn jedenfalls im Jemen hat al-Qaida keine feste Kontrolle über ein bestimmtes Gebiet, aus dem es die Regierung dauerhaft verdrängt hätte. Gleichzeitig bestehen in Teilen des jemenitischen Territoriums bürgerkriegsähnliche Zustände, die eine vollständige Kontrolle durch die Regierung ausschließen.[1057] Gleiches gilt für die Größe der Fläche, wie die Tötung Osama bin Ladens zeigt.[1058]

1055 US Department of Justice, Lawfulness of a Lethal Operation Directed Against a U.S. Citizen Who Is a Senior Operational Leader of Al-Qa'ida or An associated Force, White Paper vom 2. April 2013, S. 4 f.

1056 Darin auch nur die Festlegung einer Richtlinie und somit keine Auslegung des humanitären Völkerrechts sehend: Daskal, U. Pa. L. Rev. 2013, 1165, 1186.

1057 Keesing's Record of World Events, Bd. 60, May 2014, S. 53389.

1058 Dazu siehe S. 189 ff.

Die USA legen also im Zusammenhang mit den gezielten Tötungen auch in solchen Staaten das humanitäre Völkerrecht ihren Handlungen zugrunde, die nicht an den Staat angrenzen, in denen die Auseinandersetzung mit al-Qaida und ihren Verbündeten einen nichtinternationalen bewaffneten Konflikt bildet. Die USA begründen die Anwendbarkeit des humanitären Völkerrechts in den entsprechenden Situationen in den entfernten Staaten damit, dass sich der territoriale Anwendungsbereich auf alle die Staaten erstreckt, in denen der gegnerische nichtstaatliche Akteur eine *significant and organized presence* besitzt.[1059]

dd) Stellungnahmen anderer Staaten

Die Anwendbarkeit des humanitären Völkerrechts in nicht an das Staatsgebiet des eigentlichen Konflikts angrenzenden Staaten wird von einzelnen Staaten jedoch bestritten. Am prominentesten war die Reaktion der schwedischen Außenministerin auf die erste gezielte Tötung einer Person durch die USA im Jemen:

> *If the USA is behind this with Yemen's consent, it is nevertheless a summary execution that violates human rights.*[1060]

Aus dieser Stellungnahme wird deutlich, dass die schwedische Außenministerin die Rechtmäßigkeit einer gezielten Tötung außerhalb der Umgebung des eigentlichen Konfliktgebiets allein nach den Menschenrechtsabkommen beurteilt. Darüber hinaus lassen sich jedoch keine Stellungnahmen weiterer Staaten finden.

Gezielte Tötungen durch Israel sind zwar zuvor stark kritisiert worden.[1061] Allerdings wurden diese insbesondere deswegen verurteilt, weil sie nach Ansicht der Staaten einen Verstoß gegen das humanitäre Völkerrecht darstellten.[1062] Die Staaten rügten diesen Punkt, weil die Auseinandersetzung Israels mit der Hamas und anderen nichtstaatlichen Akteuren unbestritten einen bewaffneten Konflikt darstellt.[1063] Deswegen gingen alle Staaten in den entsprechenden Stellungnahmen von der Anwendbarkeit des humanitären Völkerrechts aus. Somit lassen sich die Stellungnahmen aber nur auf die gezielten Tötungen in Afghanistan und in Pakistan übertragen. Denn jedenfalls in Pakistan ist das humanitäre Völkerrecht fraglos anwendbar. Die Stellungnahmen enthalten aber keine Anhaltspunkte darüber, ob

---

1059 Davon ausgehend, dass die USA die Auffassung eines weltweiten territorialen Anwendungsbereich ohne Einschränkungen vertreten: Blum/ Heymann, Harv. Nat'l Sec. J. 2010, 145, 168; Chesney, Mich. L. Rev. 2013, 163, 15.

1060 Whitaker/ Burkemann, Guardian Online vom 06.11.2002.

1061 VN Doc. S/PV/4945, 19. April 2004.

1062 VN Doc. S/PV/4945, 19. April 2004.

1063 VN Doc. S/PV/4945, 19. April 2004.

der US-Standpunkt geteilt wird, dass auch im Jemen und in Somalia humanitäres Völkerrecht anwendbar ist.

b) *Behandlung von Gefangenen durch die USA im Rahmen der „Terrorismus-Bekämpfung"*

Keine Aussagekraft bei der Bestimmung des territorialen Anwendungsbereichs im Rahmen nichtinternationaler bewaffneter Konflikte hat die Behandlung von Gefangenen durch die USA. Denn Mitgliedern eines nichtstaatlichen Akteurs wird dieser Status im Rahmen nichtinternationaler bewaffneter Konflikte nicht gewährt. Ob und wie im Rahmen eines nichtinternationalen bewaffneten Konflikts ein Mitglied der anderen Partei auch für völkerrechtskonforme militärische Handlungen strafrechtlich zur Verantwortung gezogen wird, ist auch nach humanitärem Völkerrecht ins Ermessen der jeweiligen Partei gestellt.[1064] Wie die USA mit gefangengenommenen Mitgliedern der Taliban oder al-Qaidas umgehen, richtet sich somit allein nach den internen Richtlinien der USA. Sie ist unabhängig von der Beantwortung der Frage, ob am Ort der Gefangennahme das humanitäre Völkerrecht für territorial anwendbar gehalten wurde oder nicht. Somit besitzt die Gefangennahme von Mitgliedern al-Qaidas durch die USA keine Aussagekraft für die Praxis zum territorialen Anwendungsbereich.

c) *Verhalten anderer Staaten im Zusammenhang mit dem internationalen Terrorismus*

Betrachtet man die Vorgehensweise anderer Staaten gegen al-Qaida, stehen die USA mit der Anwendung des humanitären Völkerrechts außerhalb der eigentlichen Konfliktgebiete allein. Dies wird deutlich, wenn man andere Staaten betrachtet, in denen al-Qaida oder verbündete Gruppen Anschläge verübt haben und die sich auch im Irak beziehungsweise in Afghanistan engagiert haben. Jeder dieser Staaten hat außerhalb Iraks und Afghanistans bei der Verfolgung von Mitgliedern al-Qaidas bisher ausschließlich sein lokales Strafrecht angewendet. So verhielt es sich beispielsweise in Großbritannien[1065] und in Spanien[1066]. Auf der Ebene der internationalen Rechtsregime haben sie ihren Handlungen deshalb die Menschenrechtsabkommen zugrunde gelegt.

Auch im Zusammenhang mit anderen nichtinternationalen bewaffneten Konflikten sind bis jetzt keine gezielten Tötungen außerhalb des eigentlichen Konflikt-

---

1064 Art. 6 Abs. 5 ZP II.

1065 Keesing's Record of World Events, Bd. 53, November 2007, S. 48270.

1066 Keesing's Record of World Events, Bd. 50, März 2004, S. 45910.

gebiets bekannt geworden. Die anerkannten gezielten Tötungen Israels wurden international kritisiert, erfolgten jedoch auf von ihnen besetztem Gebiet, und damit jedenfalls unter der Geltung der Vorschriften zu den internationalen bewaffneten Konflikten.[1067] Ein katarisches Gericht hielt es zwar für erwiesen, dass die russische Regierung in Katar die Tötung eines Führers der tschetschenischen Rebellen veranlasst hatte.[1068] Die russische Regierung hat jedoch jede Beteiligung an der Tötung abgestritten.[1069] Wenn die Tötung wirklich der russischen Regierung zuzurechnen ist, liegt der Schluss nahe, dass diese nicht davon ausgeht, dass die Handlung mit internationalem Recht konform ist. Denn andernfalls hätte sie, wie die US-Regierung im Rahmen der Drohnenangriffe, die Urheberschaft eingestanden und die Rechtmäßigkeit der Handlung zumindest behauptet.

In Auseinandersetzungen anderer Staaten mit Gruppen von Terroristen wurde, soweit ersichtlich, bislang außerhalb des jeweiligen Konfliktgebiets nie auf humanitäres Völkerrecht zurückgegriffen. Sollten gezielte Tötungen vorgenommen worden sein, wurden diese von der durchführenden Regierung jedenfalls nie eingestanden. Dementsprechend können auch sie nicht als Beispiele einer Staatenpraxis im Hinblick auf den territorialen Anwendungsbereich herangezogen werden. Hinzu kommt, dass Auseinandersetzungen mit Terrorgruppen in der Vergangenheit nur selten die Voraussetzungen für einen nichtinternationalen bewaffneten Konflikt erfüllt haben.[1070]

d) Ergebnis

Die USA sind somit bisher der einzige Staat, der nach humanitärem Völkerrecht in vom Kriegsschauplatz entfernt liegenden Staaten gegen nichtstaatliche Akteure vorgeht. Dabei geben die USA an, in angrenzenden Staaten auch nur dann auf Grundlage des humanitären Völkerrechts zu handeln, wenn der nichtstaatliche Akteur einen gewissen Grad an Kontrolle über das entsprechende Gebiet besitzt.[1071] Allerdings ist das schon bei den Einsätzen im Jemen teilweise fraglich. Außerdem folgen jedenfalls die Gerichte der USA dieser Ansicht nicht, denn sie betrachten das Territorium der USA als außerhalb des territorialen Anwendungs-

1067 Keesing's Record of World Events, Bd. 47, Februar 2001, S. 44026.
1068 Keesing's Record of World Events, Bd. 50, Februar 2004, S. 46092.
1069 Keesing's Record of World Events, Bd. 50, Februar 2004, S. 45872.
1070 Sivakumaran, The Law of Non-International Armed Conflict, S. 233 f. Vgl. auch S. 138 ff.
1071 Siehe S. 196 ff.

bereichs liegend.[1072] Stellte man aber wie die US-Regierung auf die Kontrolle eines Gebiets durch eine der Parteien ab, so wäre auch in den USA das humanitäre Völkerrecht anwendbar.

5. Bewertung der Staatenpraxis

Eine ähnliche Praxis zeigt sich, wenn man die Konflikte analysiert, bei denen Staaten nur sporadisch Kampfhandlungen mit einem nichtstaatlichen Akteur auf dem Territorium eines anderen Staates aufnehmen. Das Verhalten der Staaten ist dabei überwiegend davon unabhängig, ob der andere Staat an den eigentlichen Austragungsort des Konflikts unmittelbar angrenzt. In beiden Fällen gehen die Staaten überwiegend zumindest dann nach humanitärem Völkerrecht vor, wenn der nichtstaatliche Akteur auf dem Gebiet eine gewisse Präsenz und damit verbunden auch ein gewisses Maß an Kontrolle besitzt. Das zeigen die Beispiele der Konflikte in Algerien[1073], Vietnam[1074], Kolumbien[1075] und Afghanistan[1076] in Bezug auf die angrenzenden Staaten. Für das Verhalten der USA auf dem Gebiet Somalias und dem des Jemen lässt sich eine solche Herangehensweise zumindest vertreten.[1077]

Weniger eindeutig in eine Richtung weisend ist das Verhalten der Staaten in Bezug auf den territorialen Anwendungsbereich innerhalb eines Staates. Hier finden sich schon unterschiedliche Rechtsauffassungen zu einem Konflikt.[1078] Teilweise wird das humanitäre Völkerrecht jedenfalls nicht dort angewendet, wo der feindliche nichtstaatliche Akteur keine nennenswerte Präsenz besitzt.[1079] Vereinzelt wird das humanitäre Völkerrecht jedoch auch auf dem gesamten Staatsgebiet für anwendbar gehalten.[1080] Hier scheint der gemeinsame Nenner mit den eingangs erwähnten Konfliktkonstellationen darin zu liegen, dass bewusst auf humanitäres Völkerrecht in den Gebieten rekurriert wird, in denen der nichtstaatliche Akteur über eine gewisse Präsenz verfügt. So ließen sich auch die divergierenden Meinungen zum Afghanistan-Konflikt erklären. Die unterschiedliche Bestimmung des territorialen Anwendungsbereichs wäre dann auf eine unter-

1072 Vgl.: Padilla v. Rumsfeld, 352 F.3d 695, 698 (2d Cir. 2003); Padilla v. Hanft, 547 U.S. 1062, 1064 (2006); Boumediene v. Bush, 553 U.S. 723, 770 (2008).
1073 Siehe S 180 ff.
1074 Siehe S 182 f.
1075 Siehe S 183 ff.
1076 Siehe S 186 ff.
1077 Siehe S 196 ff.
1078 Siehe Afganistan-Konflikt (S. 173 f.).
1079 Auseinandersetzungen innerhalb Russlands (S. 176 ff.) und Kolumbiens (S. 175 f.).
1080 Vgl. den Konflikt im Libanon (S. 178).

schiedliche Einschätzung zur Präsenz der Taliban beziehungsweise al-Qaidas auf dem Territorium Afghanistans zurückzuführen.

Letztlich enthält das Verhalten der Staaten und dessen Erklärung jedoch viel Spielraum für Interpretationen durch die Literatur. Ihr kommt im momentanen Stadium des Fehlens eindeutiger Staatenpraxis oder Rechtsprechung eine entscheidende Bedeutung bei der Beurteilung zu, auf welchem Gebiet im Rahmen eines nichtinternationalen bewaffneten Konflikts das humanitäre Völkerrecht noch territorial anwendbar ist und wo nicht mehr.

IV. Abzulehnende Positionen

Die Bewertung der vorhandenen Ansätze einer Staatenpraxis und die bisher ergangene Rechtsprechung kann zu unterschiedlichen Ergebnissen führen, wie der territoriale Anwendungsbereich im Rahmen nichtinternationaler bewaffneter Konflikte letztlich zu bestimmen ist. Es lassen sich dabei drei verschiedene Strömungen ausmachen. Einerseits wird auf die Staatsgrenzen als Kriterium zur Feststellung des territorialen Anwendungsbereichs zurückgegriffen.[1081] Andererseits finden sich, insbesondere in neuerer Zeit, Stimmen, die jegliche Begrenzung des Anwendungsbereichs in territorialer Hinsicht ablehnen.[1082]

Obwohl die ersten beiden Arten der Bestimmung in der Größe der dem humanitären Völkerrecht dann unterliegenden Fläche weit auseinanderliegen, weisen sie eine zentrale Gemeinsamkeit auf. Da beide Kriterien den territorialen Anwendungsbereich unabhängig vom Operationsgebiet und dem Kriegsschauplatz bestimmen, sprechen sie dem Erfordernis des funktionalen Zusammenhangs und anderen einzelfallbezogenen Voraussetzungen eine gehobene Bedeutung zu.[1083] Eine dritte Strömung versucht die Bedeutung dieser Voraussetzungen gering zu

---

1081 Zimmermann/ Kashgar, Schriftliche Stellungnahme für die Öffentliche Anhörung des Bundestagsausschusses für Menschenrechte und Humanitäre Hilfe, v. 27. Februar 2013; Junod in: Pilloud/ Sandoz (Hrsg.), Commentary on the Additional Protocols of 8 June 1977 to the Geneva Conventions of 12 August 1949, Protocol II – Article 2, Rn. 4990; implizit auch: Blank, in: N.A. (Hrsg.), Boundaries of the Battlefield, S. 15.

1082 Studie für den Menschenrechtsausschuss des Europäischen Parlaments: Human Rights Implications of the Usage of Drones and Unmanned Robots in Warfare, Doc.: EXPO/B/DROI/2012/12, S. 21; Lubell/ Derejko, J. Int'l Crim. Just. 2013, 65, 86 f.; Sivakumaran, The Law of Non-International Armed Conflict, S. 251 f.; implizit auch: Thynne, Austl. Int'l L.J. 2009, 161, 183.

1083 Vgl.: Chesney, YIHL 2011, 3, 37; Lubell/ Derejko, J. Int'l Crim. Just. 2013, 65, 76; Sivakumaran, The Law of Non-International Armed Conflict, S. 251 f.; Thynne, Austl. Int'l L.J. 2009, 161, 174.

halten. Sie stimmt dementsprechend mit der zweiten Sichtweise insofern nicht überein, als dass sie das humanitäre Völkerrecht nicht unbegrenzt für territorial anwendbar hält.[1084] Anders als die erste Ansicht zieht sie aber nicht die Staatsgrenzen zur Begrenzung des territorialen Anwendungsbereichs heran. Welches Kriterium stattdessen heranzuziehen ist, steht innerhalb dieser Ansicht jedoch noch zur Diskussion.[1085]

1. Staatsgrenzen als Kriterium

Bestimmt man den territorialen Anwendungsbereich anhand von Staatsgrenzen, so ist das humanitäre Völkerrecht zwischen den Parteien auf dem Gebiet eines gesamten Staates jedenfalls dann anwendbar, wenn die Auseinandersetzung in ihm irgendwo die Voraussetzungen für einen nichtinternationalen bewaffneten Konflikt erfüllt.[1086] Nach alter Auffassung konnte ein nichtinternationaler bewaffneter Konflikt denklogisch nur auf dem Gebiet eines Staates ausgetragen werden.[1087] Die neuen Konfliktkonstellationen lassen diesen Grundsatz jedoch obsolet werden.[1088] Wie die Staatsgrenzen unter Berücksichtigung der neuerdings unter das Recht der nichtinternationalen bewaffneten Konflikte fallenden Konfliktkonstellationen als Kriterium zur Bestimmung des territorialen Anwendungsbereichs herangezogen werden können, lässt sich nicht aus den hergebrachten Grundsätzen ableiten.[1089]

a) Denkbare Voraussetzungen für die Erstreckung

Es ließe sich vertreten, dass das humanitäre Völkerrecht nur auf dem Gebiet der Staaten anwendbar ist, in denen die Auseinandersetzung selbständig die Voraussetzungen

---

1084 Kreß, Brit. Y.B. Int'l L. 2012, 145, 154 f.

1085 Daskal, U. Pa. L. Rev. 2013, 1165, ; Duffy, The "War on Terror" and the Framework of International Law, S. 223; Kreß, Brit. Y.B. Int'l L. 2012, 145 153;; O'Connell, U. Rich. L. Rev. 2009, 845, 853.

1086 Geiß, in: Heintze/ Ipsen (Hrsg.), Heutige bewaffnete Konflikte als Herausforderungen an das humanitäre Völkerrecht, S. 53.

1087 Vgl. bspw.: Junod in: Pilloud/ Sandoz (Hrsg.), Commentary on the Additional Protocols of 8 June 1977 to the Geneva Conventions of 12 August 1949, Protocol II – Article 2, Rn. 4490; Pictet, The Geneva Conventions of 12 August 1949: Commentary 3. Geneva Convention, S. 27 ff.

1088 Daskal, U. Pa. L. Rev. 2013, 1165, 1089.Siehe oben insb. S. 143.

1089 Geiß, in: Heintze/ Ipsen (Hrsg.), Heutige bewaffnete Konflikte als Herausforderungen an das humanitäre Völkerrecht, S. 54; Kleffner, in: Fleck (Hrsg.), The Handbook of International Humanitarian Law, Rn. 220.

zungen für einen nichtinternationalen bewaffneten Konflikt erfüllt.[1090] Man könnte es demgegenüber für die Erstreckung des territorialen Anwendungsbereichs auf das Territorium eines Staates auch für ausreichend halten, dass sich der Staat am Konflikt beteiligt.[1091] Weiterhin könnte man es als Voraussetzung für die Erstreckung auf einen Staat genügen lassen, dass sich zumindest Teile des Operationsgebiets im Territorium des Staates befinden.[1092] Dann genügte es für eine territoriale Anwendbarkeit des humanitären Völkerrechts auf dem gesamten Gebiet aller von Kampfhandlungen betroffenen Staaten, dass die Auseinandersetzung in irgendeinem Staat die Voraussetzungen für einen nichtinternationalen bewaffneten Konflikt erfüllt.

Ebenso könnte man verlangen, dass beide Kriterien - Beteiligung am Konflikt und Kampfhandlungen auf dem eigenen Staatsgebiet - kumulativ vorliegen müssen. Gleichzeitig ist es aber auch denkbar, von einer Dichotomie beider Voraussetzungen auszugehen. Dann genügte es für die territoriale Anwendbarkeit, dass eines der beiden Kriterien erfüllt ist.

b) Aussagegehalt der bisherigen Rechtsprechung

Für die Position, Kampfhandlungen auf dem Staatsgebiet als Voraussetzungen für die territoriale Anwendbarkeit auf dem Staatsgebiet zu verwenden, lässt sich das oben bereits erwähnte Urteil des schweizerischen Bundesgerichts[1093] anführen.[1094] Denn dort findet sich die Aussage:

> [...] *while common Article 3 and Art. 4(2) of Protocol II do prohibit the acts they describe 'in any place', that prohibition is clearly limited to the territory of a High Contracting Party* [...]. *This territory extends beyond the front or the immediate area in which hostilities are occurring, to include the whole territory of the State in which hostilities are taking place.*[1095]

1090 In diesem Sinne: Junod in: Pilloud/ Sandoz (Hrsg.), Commentary on the Additional Protocols of 8 June 1977 to the Geneva Conventions of 12 August 1949, Protocol II – Article 2, Rn. 4490. Mit einer entsprechenden Tendenz: Zimmermann/ Kashgar, Schriftliche Stellungnahme für die Öffentliche Anhörung des Bundestagsausschusses für Menschenrechte und Humanitäre Hilfe, v. 27. Februar 2013.

1091 Ohne dieser Ansicht zu sein: Sivakumaran, The Law of Non-International Armed Conflict, S. 250.

1092 Implizit für letzteren Modus: Blank, in: N.A. (Hrsg.), Boundaries of the Battlefield, S. 15.

1093 Armee Suisse, Tribunal Militare D'Appel 1A, Jugement vom 26. Mai 2000.

1094 Lubell/ Derejko, J. Int'l Crim. Just. 2013, 65, 70.

1095 Übersetzung des im Original französischsprachigen Dokuments entnommen aus: Arimatsu, YIHL 2009, 157, 188.

Zur Begründung der eigenen Ansicht verweist das Gericht auf den ICTR[1096] und den ersten Kommentar[1097] zum ZP II.[1098] Die Gerichtsentscheidungen des ICTR sind jedoch schon untereinander nicht einheitlich und teilweise in sich nicht konsequent.[1099] Im Übrigen stehen sie jedenfalls vom Wortlaut her im Gegensatz zur Rechtsprechung des ICTY.[1100] Zudem mussten die Richter des ICTR, auch zur Begründung der eigenen Zuständigkeit, den territorialen Anwendungsbereich mindestens auf das Gebiet des gesamten Staates erstrecken.[1101] Die Richter hatten aber keine Notwendigkeit, sich mit der Frage eines darüber hinausgehenden territorialen Anwendungsbereichs zu beschäftigen.

Hinzu kommt, dass sich der ICTR bisher ausschließlich mit innerhalb eines Staates ausgetragenen Konflikten beschäftigt hat.[1102] Er musste sich deshalb noch nicht mit dem Problem des territorialen Anwendungsbereichs von Konflikten auseinandersetzen, die sich über mehrere Staaten erstrecken.[1103] Deshalb sind Zweifel daran angebracht, ob selbst der ICTR in Zukunft in jedem Fall den territorialen Anwendungsbereich mittels der Staatsgrenzen bestimmt.

c) *Entstehungsgeschichte*

Gegner dieses Modus belegen ihre Position mit entsprechenden Aussagen der Entstehungsgeschichte zum ZP II.[1104] Die Verfasser des ZP II gingen jedoch davon

---

1096 ICTR, *Prosecutor v. Jean-Paul Akayesu*, Judgement vom 2. September 1998, Case No. ICTR-96-4; ICTR, *Prosecutor v. Alfred Musema*, Judgement vom 27. Januar 2000, Case No. ICTR-96-13-A.

1097 Junod in: Pilloud/ Sandoz (Hrsg.), Commentary on the Additional Protocols of 8 June 1977 to the Geneva Conventions of 12 August 1949, Protocol II – Article 2, Rn. 4490.

1098 Armee Suisse, Tribunal Militare D'Appel 1A, Jugement vom 26. Mai 2000, Abschnitt III, 3, B.

1099 Vgl. bspw.: ICTR, *Prosecutor v. Jean-Paul Akayesu*, Judgement vom 2. September 1998, Case No. ICTR-96-4, Rn. 635 mit ICTR, *Prosecutor v. Georges Anderson Nderubumwe Rutaganda*, Judgement vom 6. Dezember 1999, Case No. ICTR-96-3-T, Rn. 101. Näher dazu siehe S. 160 ff.

1100 Vgl.: ICTY, *Prosecutor v. Dusko Tadić*, Decision on the Defence Motion for Interlocutory Appeal on Jurisdiction vom 2. Oktober 1995, Case No. IT-94-1, Rn. 70 mit ICTR, *Prosecutor v. Jean-Paul Akayesu*, Judgement vom 2. September 1998, Case No. ICTR-96-4, Rn. 635. Näher dazu siehe S. 160 ff.

1101 Vgl.: Art. 7 S. 1 ICTR-Statut. Siehe auch S. 160 ff.

1102 Daskal, U. Pa. L. Rev. 2013, 1165, 1189.

1103 Daskal, U. Pa. L. Rev. 2013, 1165, 1189.

1104 Bspw.: Junod in: Pilloud/ Sandoz (Hrsg.), Commentary on the Additional Protocols of 8 June 1977 to the Geneva Conventions of 12 August 1949, Protocol II – Article 2, Rn. 4490.

aus, dass sich ein nichtinternationaler bewaffneter Konflikt nur auf das Gebiet eines Staates erstrecken kann.[1105] Die Anwendbarkeit des Rechtes der nichtinternationalen bewaffneten Konflikte auf Auseinandersetzungen mit internationalen Aspekten besteht erst seit ungefähr 10 Jahren und lässt sich in seiner Entwicklung auf die letzten 20 Jahre zurückführen.[1106] Davor konnten nur die klassischen Konfliktkonstellationen der Auseinandersetzung innerhalb eines einzigen Staates zwischen der jeweiligen Regierung und einem nichtstaatlichen Akteur oder zwischen zwei nichtstaatlichen Akteuren einen nichtinternationalen bewaffneten Konflikt darstellen.[1107] Deswegen bestand aber keine Notwendigkeit, sich mit der Frage auseinanderzusetzen, wie der territoriale Anwendungsbereich in Auseinandersetzungen zu bestimmen ist, die internationale Aspekte aufweisen.[1108]

Fraglich ist, ob insbesondere die Urheber des ZP II auf die Grenzen des Staates, in dem der Konflikt ausgetragen wird, auch dann abgestellt hätten, wenn als zulässige Konfliktkonstellationen für nichtinternationale bewaffnete Konflikte schon damals die heute anerkannten bekannt gewesen wären.

d) Wertungswidersprüche

Die Skepsis, Staatsgrenzen als das maßgebliche Kriterium zur Bestimmung des territorialen Anwendungsbereichs anzusehen, begründet sich auf die Auswirkungen, die dies insbesondere auf staatenübergreifende Konflikte hätte.[1109] Sie variieren teilweise danach, welche Voraussetzungen man dazu heranzieht, um den territorialen Anwendungsbereich auf das Gebiet eines Staates zu erstrecken.

1105 Official Records of the Diplomatic Conference on the Reaffirmation and Development of International Humanitarian Law applicable in Armed Conflicts, Bd. 8, S. 211, Rn. 47 f.

1106 So auch: Arimatsu, YIHL 2009, 157, 189.

1107 Vgl. die Protokolle, in welchen nie von einem Staatenübergreifenden nichtinternationalen bewaffneten Konflikt die Rede war: Final Record of the Diplomatic Conference of Geneva of 1949, Bd. II.B, S. 10 ff.

1108 Arimatsu, YIHL 2009, 157, 189; Daskal, U. Pa. L. Rev. 2013, 1165, 1189. Näher dazu siehe insbesondere S. 85 ff.

1109 Blank, in: N.A. (Hrsg.), Boundaries of the Battlefield, S. 23; Daskal, U. Pa. L. Rev. 2013, 1165, 1189 f.; Lewis, Tex. Int'l L.J. 2012, 293, 312; Sivakumaran, The Law of Non-International Armed Conflict, S. 250.

aa) Innerhalb eines Staates

Kritik an den Staatengrenzen als Kriterium zur Bestimmung des territorialen Anwendungsbereichs lässt sich zunächst schon ganz grundsätzlich üben. Man kann nämlich daran zweifeln, ob das Kriterium generell zu sachgerechten Ergebnissen bei der Anwendbarkeit des humanitären Völkerrechts führt. Die pauschale Erstreckung des territorialen Anwendungsbereichs auf das gesamte Staatsgebiet eines Staates berücksichtigt nicht die konkreten Eigenschaften des jeweiligen Konflikts und kann deshalb zu unbilligen Ergebnissen führen.[1110] Weil das humanitäre Völkerrecht die Vorschriften der internationalen Menschenrechtsabkommen verdrängt, kann nämlich die pauschale staatenweite Geltung des humanitären Völkerrechts zu einem nicht notwendigen Verlust an Menschenleben und zum missbräuchlichen Entzug der persönlichen Freiheitsrechte führen.[1111]

Insbesondere in Staaten mit einer größeren Fläche wäre auch an solchen Orten die Verfolgung nichtstaatlicher Akteure nach humanitärem Völkerrecht möglich, die weit entfernt vom Operationsgebiet oder vom Kriegsschauplatz liegen.[1112] Wäre das Recht der nichtinternationalen bewaffneten Konflikte unanwendbar, bildeten in dieser Konfliktkonstellation hingegen ausschließlich die internationalen Menschenrechte den Rechtmäßigkeitsmaßstab, zumindest für den Staat.[1113] Im Vergleich zu den internationalen Menschenrechten ist der vom humanitären Völkerrecht ausgehende Schutz der Zivilbevölkerung eingeschränkt.[1114] Unter ersterem Rechtsregime käme zudem den Kämpfern der Konfliktparteien ein höheres Schutzniveau zugute.[1115]

Allerdings bleibt zu berücksichtigen, dass die Verfasser des ZP II diese Folge gesehen und explizit gewollt haben.[1116] Sie hatten jedoch nicht die Folgen für Konflikte bedacht, deren Austragungsort sich verändert.

1110 Lewis, Tex. Int'l L.J. 2012, 293, 302; Sivakumaran, The Law of Non-International Armed Conflict, S. 250.

1111 Lewis, Tex. Int'l L.J. 2012, 293, 302.

1112 Geiß, in: Heintze/ Ipsen (Hrsg.), Heutige bewaffnete Konflikte als Herausforderungen an das humanitäre Völkerrecht, S. 55; Sivakumaran, The Law of Non-International Armed Conflict, S. 250.

1113 Kreß, Brit. Y.B. Int'l L. 2012, 145, 154.

1114 Geiß, in: Heintze/ Ipsen (Hrsg.), Heutige bewaffnete Konflikte als Herausforderungen an das humanitäre Völkerrecht, S. 55.

1115 Lewis, Tex. Int'l L.J. 2012, 293, 302.

1116 Official Records of the Diplomatic Conference on the Reaffirmation and Development of International Humanitarian Law applicable in Armed Conflicts, Bd. 8, S. 211, Rn. 47 f.

Erweiterungen, Verringerungen oder Verlagerungen des Ortes des Kampfgeschehens würden bei einer Bestimmung des territorialen Anwendungsbereichs anhand von Staatsgrenzen jedenfalls solange keine Probleme bereiten, wie sie innerhalb des Staates stattfinden, in dem die Auseinandersetzung die Voraussetzungen für die Anwendbarkeit des humanitären Völkerrechts erfüllt. Denn solange Kampfhandlungen auf dem Gebiet der schon in das Kampfgeschehen involvierten Staaten stattfinden, wäre das humanitäre Völkerrecht auf diesem Gebiet ohnehin anwendbar.[1117] Die Bestimmung des territorialen Anwendungsbereichs steht jedoch bei staatsübergreifenden Konflikten vor größeren Problemen.

bb) Staatsübergreifende Konflikte

Keine Probleme bereiteten noch die Konstellationen, in denen sich ein Konflikt auf das Gebiet eines anderen Staates ausdehnt, dort aber selbst die Voraussetzungen für das Vorliegen eines bewaffneten Konflikts erreicht sind. Denn in diesem Fall wäre auf dem Staatsgebiet in jedem Fall das für die Parteienkonstellation entsprechende Rechtsregime anwendbar. Unerheblich ist dabei, ob nach der Grenzüberschreitung ein einheitlicher Konflikt im rechtlichen Sinne besteht. Durch das Erreichen der Voraussetzungen für einen bewaffneten Konflikt auf dem Gebiet des hinzukommenden Staates selbst läge dort jedenfalls ein eigener bewaffneter Konflikt vor. Ob es sich beim Konflikt auf beiden Seiten der Staatsgrenzen rein rechtlich gesehen um einen einheitlichen Konflikt oder um zwei verschiedene Konflikte handelt, hat dann keine praktische Relevanz.

Sollte auf dem Gebiet des hinzukommenden Staates jedoch nicht die Schwelle für das Vorliegen eines nichtinternationalen bewaffneten Konflikts überschritten werden, wird die Frage nach dem territorialen Anwendungsbereich relevant. Hier stellte sich das Problem, ob auch nicht selbst die Anwendungsvoraussetzungen von Art. 3 GK erfüllende Handlungen auf dem Gebiet eines vorher nicht betroffenen Staates dem humanitären Völkerrecht unterfallen.[1118] Dies wäre aber nur dann der Fall, wenn sie im territorialen Anwendungsbereich des ursprünglichen nichtinternationalen bewaffneten Konflikts lägen.

Im territorialen Anwendungsbereich befände sich eine Handlung dann nicht, wenn man die Anwendbarkeit des humanitären Völkerrechts innerhalb jedes

---

1117 Geiß, IRRC 2009, 127, 138.

1118 So ähnlich: Zimmermann/ Geiß, in: Lagodny (Hrsg.), Münchener Kommentar zum Strafgesetzbuch, Bd. 8, § 8 VStGB, Rn. 118.

Staates selbst bestimmte.[1119] Das kann jedoch nicht im Sinn und Zweck des Rechtsregimes liegen. Denn dieses möchte alle Kampfhandlungen ab einer gewissen Intensität bestimmten Mindestregeln unterwerfen.[1120] Sobald diese Voraussetzung erfüllt ist, müssen zugehörige Gewaltanwendungen grundsätzlich dem humanitären Völkerrecht unterfallen. Es kann dabei gerade nicht entscheidend sein, auf dem Gebiet welchen Staates sie stattfinden.[1121]

Würde man nicht in jedem Fall den territorialen Anwendungsbereich auf den Staat erstrecken, auf den der Spill-Over stattgefunden hat, so würde dies in der Praxis zu unbilligen strategischen Vorteilen für die nichtstaatlichen Akteure führen.[1122] Denn dann könnten sich nichtstaatliche Akteure auf das Gebiet eines unbeteiligten Staates zurückziehen, um Angriffe auf Grundlage des humanitären Völkerrechts zu vermeiden.[1123] Der nichtstaatliche Akteur besäße die alleinige Initiative für Beginn und Ende der Kampfhandlungen nach humanitärem Völkerrecht, indem er erst wieder das Gebiet im territorialen Anwendungsbereich betreten könnte, wenn er daran Interesse hat.[1124] Eine solche Privilegierung ist aber mit dem Sinn und Zweck des humanitären Völkerrechts unvereinbar.[1125] Denn es behandelt die Konfliktparteien rechtlich grundsätzlich gleich.[1126]

Verzichtete man im Falle eines Spill-Over auf eine eigenständige Prüfung der Anwendungsvoraussetzungen des humanitären Völkerrechts innerhalb jedes Staates, müsste entschieden werden, unter welchen Voraussetzungen dann das Recht der nichtinternationalen bewaffneten Konflikte territorial auf dem Gebiet des unbeteiligten Staates anwendbar ist. Klärungsbedürftig wäre zudem, auf welchem Gebiet des betroffenen Staates als Rechtsfolge des Vorliegens der Voraussetzungen das Rechtsregime territorial anwendbar ist. Hier müsste folgerichtig auf die Staatsgrenzen abgestellt werden.[1127] Allerdings würde auch dies zum Ergebnis führen, dass auf dem gesamten Staatsgebiet das humanitäre Völ-

---

1119 Geiß, IRRC 2009, 127, 138; Geiß, in: Heintze/ Ipsen (Hrsg.), Heutige bewaffnete Konflikte als Herausforderungen an das humanitäre Völkerrecht, S. 54.

1120 Gasser/ Thürer in: Wolfrum (Hrsg.), The Max Planck Encyclopedia of Public International Law, Bd. V, Humanitarian Law, International, Rn. 2–4.

1121 Sivakumaran, The Law of Non-International Armed Conflict, S. 251.

1122 Lewis, Tex. Int'l L.J. 2012, 293, 313.

1123 Chesney, YIHL 2011, 3, 37; Lewis, Tex. Int'l L.J. 2012, 293, 313; Schmitt, Colum. J. Transnat'l L. 2013–2014, 77, 99.

1124 Daskal, U. Pa. L. Rev. 2013, 1165, 1189; Lewis, Tex. Int'l L.J. 2012, 293, 313.

1125 Lewis, Wm. Mitchell L. Rev. 2010–2011, 5021, 5029.

1126 Eine Ausnahme bildet Art. 3 Abs. 2 UAbs. 3 GK, der jedoch über Art. 6 Abs. 5 ZP II relativiert wird.

1127 So implizit: Sivakumaran, The Law of Non-International Armed Conflict, S. 251.

kerrecht den Rechtmäßigkeitsmaßstab darstellt, obwohl nur auf einer wesentlich geringeren Fläche tatsächlich Kampfhandlungen oberhalb des Niveaus für einen eigenständigen nichtinternationalen bewaffneten Konflikt auf dem Staatsgebiet ausgetragen werden.[1128]

Am nächsten läge es in diesem Zusammenhang, die Erstreckung des territorialen Anwendungsbereichs auf das Territorium der im Operationsgebiet befindlichen Staaten zu beschränken. Denn im Unterschied zum Abstellen auf eine Beteiligung am Konflikt erfasste diese Voraussetzung das Gebiet sämtlicher Staaten, in denen tatsächlich Kampfhandlungen ausgetragen werden. Stellte man nur auf eine Beteiligung ab, wäre das humanitäre Völkerrecht nicht dort anwendbar, wo sich das Operationsgebiet auf das Territorium eines unbeteiligten Staates erstreckt.[1129] Im Unterschied zum Kriterium der Beteiligung eines Staates am Konflikt wäre danach immer eine eindeutige Bestimmung des territorialen Anwendungsbereichs möglich. Die Beteiligung eines Staates lässt sich nämlich nicht immer zweifelsfrei feststellen. Das zeigt beispielsweise der Konflikt in Syrien und im Irak, bei dem beispielsweise eine unmittelbare Beteiligung des Irans und der Türkei diskutiert wurde.[1130] Ebenso stößt ein Abstellen auf die Beteiligung eines Staates dort auf Probleme, wo ein nichtinternationaler bewaffneter Konflikt ausschließlich zwischen nichtstaatlichen Akteuren ausgetragen wird.[1131]

Stellt man nur auf die Staaten ab, in denen sich das Operationsgebiet befindet, erstreckt sich der territoriale Anwendungsbereich aber nicht auf das Gebiet aller Staaten, die an einem Konflikt beteiligt sind. Dies würde zu dem Ergebnis führen, dass ein in seinem vom Konflikt nicht unmittelbar betroffenen Heimatland befindlicher Pilot einer Drohne nicht als feindlicher Kämpfer getötet werden dürfte, weil er sich außerhalb des Anwendungsbereichs des humanitären Völkerrechts befände.[1132]

Zieht man das Staatsgebiet der Staaten im Operationsgebiet heran, so wären unbillige Ergebnisse zudem immer dann möglich, wenn die Kampfhandlungen nicht auf dem gesamten Gebiet des entsprechenden Staates ausgetragen werden. Insbesondere in Staaten mit einer großen Fläche bestünde eine erhebliche Gefahr, dass die territoriale Anwendbarkeit des humanitären Völkerrechts missbraucht

---

1128 Sivakumaran, The Law of Non-International Armed Conflict, S. 251.

1129 Lubell/ Derejko, J. Int'l Crim. Just. 2013, 65, 70.

1130 Keesing's Record of World Events, Bd. 59, October 2013, S. 52974; Iran flog im Dezember 2014 Luftangriffe gegen IS auf Irakischem Staatsgebiet.

1131 Lubell/ Derejko, J. Int'l Crim. Just. 2013, 65, 69.

1132 Kreß, JZ 2014, 365, 369; Sivakumaran, The Law of Non-International Armed Conflict, S. 251.

wird.[1133] Eine noch größere Wahrscheinlichkeit für das Entstehen von Unbilligkeiten bestünde aber erst recht dann, wenn man den territorialen Anwendungsbereich auf das Gebiet aller am Konflikt beteiligten Staaten erstreckt. Die Gefahr des Missbrauchs ginge besonders von der Partei aus, die jeweils die momentane Regierung darstellt. Sie könnte das Rechtsregime insbesondere zur Bekämpfung von Aufständen heranziehen, die in keinem Zusammenhang zu dem in einer anderen Region des Landes stattfindenden Konflikt stehen.[1134]

Ein weiteres wesentliches Problem stellt sich, wenn man das Betroffensein von dem Konflikt als Voraussetzung für die Erstreckung des territorialen Anwendungsbereichs ansieht. Würde man jeden Fall der gegenseitigen Kampfhandlungen ausreichen lassen, wäre das humanitäre Völkerrecht im Endeffekt auch weltweit anwendbar. Denn wo immer eine Kampfhandlung stattfindet, wäre die Voraussetzung für die territoriale Anwendbarkeit erfüllt und das humanitäre Völkerrecht anwendbar. Eine ausufernde territoriale Anwendbarkeit wäre die Folge, die durch ein Abstellen auf Staatsgrenzen gerade vermieden werden soll.[1135]

e) Zusammenfassung

Die Bestimmung des territorialen Anwendungsbereichs mittels Staatsgrenzen ist im Ergebnis abzulehnen. Ebensowenig wie die Entstehungsgeschichte oder der Wortlaut überhaupt eine definitive Aussage über den territorialen Anwendungsbereich treffen, sprechen sie für Staatsgrenzen als Kriterium für die Bestimmung des territorialen Anwendungsbereichs unter Berücksichtigung aller dem Rechtsregime unterfallenden Konfliktkonstellationen[1136]. Ebenso lässt sich, wie gezeigt, auch die bisherige Rechtsprechung nicht in einem Sinne verstehen, der zwingend für Staatsgrenzen als Kriterium zur Bestimmung des territorialen Anwendungsbereichs spräche.[1137]

Gegen das Abstellen auf Staatsgrenzen spricht zudem, dass dies dem Grundkonzept der nichtinternationalen bewaffneten Konflikte nicht gerecht wird. Es fokussiert sich zu stark auf die Staaten, während eine Seite des Konflikts not-

---

1133 Lubell/ Derejko, J. Int'l Crim. Just. 2013, 65, 71.

1134 Lubell/ Derejko, J. Int'l Crim. Just. 2013, 65, 71.

1135 Vgl. bspw.: Zimmermann/ Kashgar, Schriftliche Stellungnahme für die Öffentliche Anhörung des Bundestagsausschusses für Menschenrechte und Humanitäre Hilfe, v. 27. Februar 2013.

1136 Dazu siehe S. 88 ff.

1137 Siehe S. 167.

wendig allein aus nichtstaatlichen Akteuren bestehen muss. Nicht nur in der Neuzeit haben diese jedoch wenig Rücksicht auf Staatsgrenzen genommen. Die Parteienkonstellation *nichtstaatlicher Akteur – Staat* fordert eine Berücksichtigung dieses Umstands insbesondere beim territorialen Anwendungsbereich. Denn das Abstellen auf Staatsgrenzen würde auch für das humanitäre Völkerrecht Grenzen schaffen, die so nicht für den nichtstaatlichen Akteur bestehen. Dies führt, wie dargelegt, zu Unstimmigkeiten.[1138] Das gilt insbesondere in denjenigen Staaten, die selbst nicht an einem nichtinternationalen Konflikt teilnehmen, jedoch von sporadischen Kampfhandlungen betroffen sind.[1139] Deshalb ist auch abzulehnen, die Beteiligung am Konflikt oder alternativ das Betroffensein durch die Kampfhandlungen ausreichen zu lassen, wodurch noch am ehesten systemwidrige Ergebnisse vermieden werden könnten.

Aus diesen Überlegungen heraus mag auch der Gewinn an Rechtssicherheit für die Mitglieder der beteiligten Parteien durch das Abstellen auf die Staatsgrenzen nicht überzeugen. In diesem Falle könnte jeder Kämpfer zwar auf der Karte klar erkennen, bis zu welcher Grenze seine Handlungen am Maßstab des humanitären Völkerrechts gemessen werden. Allerdings gelangte er in manchen Situationen zu dem Ergebnis, dass das humanitäre Völkerrecht jenseits einer Staatsgrenze nicht mehr anwendbar ist, obwohl dort die tatsächliche Situation des Konflikts dieselbe ist.

2. Andere Kriterien

Lehnt man es sowohl ab, mittels der Staatsgrenzen den territorialen Anwendungsbereich zu bestimmen, als auch, einen weltweiten territorialen Anwendungsberiech anzunehmen, müssen andere Kriterien zur Bestimmung des territorialen Anwendungsbereichs herangezogen werden. Gegen jegliche Begrenzung des territorialen Anwendungsbereichs findet sich das Argument, dass sie stets zu willkürlichen Grenzen und damit willkürlichen Ergebnissen führe.[1140] Ob das den Tatsachen entspricht, hängt jedoch vom jeweiligen Modus ab, der willkürliche Ergebnisse natürlich ausschließen muss. Allerdings hat sich noch keine einheitliche Position herausgebildet, wie der territoriale Anwendungsbereich zu beschränken ist. Die unterschiedlichen denkbaren Kriterien weichen teilweise stark voneinander ab.

1138 Siehe S. 209 f.

1139 Siehe S. 210 ff.

1140 Sivakumaran, The Law of Non-International Armed Conflict, S. 251.

a) Differenzierung innerhalb eines Staates

Mit Blick insbesondere auf die Verdrängung der internationalen Menschenrechtsabkommen durch das humanitäre Völkerrecht lässt sich dafür argumentieren, innerhalb eines Landes die territoriale Anwendbarkeit differenziert zu betrachten.[1141] Demnach könnte in manchen Gebieten eines Staates das humanitäre Völkerrecht anwendbar und in manchen Gebieten gleichzeitig unanwendbar sein. Das würde der zwischenzeitlich vertretenen Position Deutschlands und Dänemarks zum Konflikt in Afghanistan entsprechen.[1142]

Eine solche Auffassung sieht sich jedoch einer breiten Kritik ausgesetzt.[1143] Demnach würde sich der territoriale Anwendungsbereich des humanitären Völkerrechts jedenfalls und mindestens auf das gesamte Staatsgebiet desjenigen Landes erstreckt, in dem der nichtinternationale bewaffnete Konflikt primär ausgetragen wird. Begründet wird dies mit dem Hinweis auf den ambivalenten Wortlaut der Vorschriften des Rechtes der nichtinternationalen bewaffneten Konflikte:

> *Die Auffassung, dass in Afghanistan ein nicht-internationaler bewaffneter Konflikt zwar im Süden, nicht aber im Norden existiere, findet im geltenden Recht keine Grundlage.*[1144]

An juristischen Argumenten wird die alleinige Völkerrechtssubjektivität der betroffenen Staaten angeführt. Sie würde die Einzelbetrachtung von innerstaatlichen Grenzen wie Verwaltungseinheiten auch in Bezug auf den territorialen Anwen-

---

1141 So bspw.: Zimmermann/ Kashgar, Schriftliche Stellungnahme für die Öffentliche Anhörung des Bundestagsausschusses für Menschenrechte und Humanitäre Hilfe, v. 27. Februar 2013, S. 10.

1142 Vgl.: BT-DS 17/3916, S. 4; Introduction by Ambassador Peter Taksøe-Jensen, Under-Secretary for Legal Affairs, Danish Ministry of Foreign Affairs anlässlich der Konferenz "The International Legal Framework for the Fight against Terrorism" am 03.12.2007; Rede abrufbar unter: http://um.dk/da/~/media/UM/Danish-site/Documents/Politik-og-diplomati/Fred-sikkerhed-og-retsorden/Den%20Humanitaere%20folkeret/The%20International%20Legal%20Framework%20for%20the%20Fight%20against%20Terrorism.doc: Näher dazu siehe S. 174.

1143 Ambos, in: Lagodny (Hrsg.), Münchener Kommentar zum Strafgesetzbuch, Bd. 8, Vor §§ 8 ff. VStGB, Rn. 26; Geiß, in: Heintze/ Ipsen (Hrsg.), Heutige bewaffnete Konflikte als Herausforderungen an das humanitäre Völkerrecht, S. 53; Tahzib-Lie/ Swaak-Goldman, in: Lijnzaad, u. a. (Hrsg.), Making the Voice of Humanity Heard – Essays in Honour of HRH Princess Margriet of the Netherlands, S. 245.

1144 Geiß, in: Heintze/ Ipsen (Hrsg.), Heutige bewaffnete Konflikte als Herausforderungen an das humanitäre Völkerrecht, S. 53.

dungsbereich verbieten.[1145] Auch unter Gesichtspunkten der praktischen Umsetzung innerstaatlicher Grenzen spräche angesichts der Abgrenzungsprobleme alles dagegen, solche anzunehmen.[1146] Denn

> *[die] Konfliktsverläufen immanente Dynamik, die durch das An- und Abschwellen der Intensität der Auseinandersetzungen und das Erreichen verschiedener Eskalationsstufen gekennzeichnet ist, sowie die damit zusammenhängenden geografischen Verschiebungen und Verlagerungen von Kampfzonen, Angriffszielen, Aufmarsch-, Rückzugs- und Logistikgebieten geben Versuchen, innerhalb eines Staatsgebietes zwangsläufig tagesaktuell rechtlich in Konflikts- und Friedensgebiete unterscheiden zu wollen, ein eher theoretisches und interessengeleitetes Gepräge.*[1147]

Für das Bestehen von Grenzen des territorialen Anwendungsbereichs, die sich nicht notwendig an den Staatsgrenzen orientieren und sich auch durch Staaten ziehen können, werden jedoch auch Gründe vorgebracht. So wird insbesondere eine Parallele zur Derogation einzelner Menschenrechte gezogen, die durch die internationalen Menschenrechtsabkommen statuiert wurden. Die Derogation einzelne Menschenrechtsverpflichtungen sei nur in vorher anzugebenden geographischen und temporären Grenzen möglich.[1148] Der territoriale Anwendungsbereich könne im Umkehrschluss auch innerhalb eines Staates eine Grenze besitzen.[1149]

Die Frage, ob sich das humanitäre Völkerrecht jedenfalls auf das gesamte Gebiet eines Staates erstrecken muss und es nicht Gebiete geben könne, in denen das humanitäre Völkerrecht gleichzeitig nicht anwendbar sei, kann jedoch nicht verallgemeinert beantwortet werden. Zieht man die Staatsgrenzen zur Bestimmung des territorialen Anwendungsbereichs heran, ist das zwingend der Fall. Andere, nicht auf die Staatsgrenzen abstellende Kriterien müssen dies aber nicht zur Folge haben.

1145 Bundesanwaltschaft der Bundesrepublik Deutschland, Verfahren gg. Oberst Klein (AZ: 3 BJs 6/10–4), offene Einstellungsverfügung vom 16. April 2010, S. 44; Ambos, in: Lagodny (Hrsg.), Münchener Kommentar zum Strafgesetzbuch, Bd. 8, Vor §§ 8 ff. VStGB, Rn. 26.

1146 Bundesanwaltschaft der Bundesrepublik Deutschland, Verfahren gg. Oberst Klein (AZ: 3 BJs 6/10–4), offene Einstellungsverfügung vom 16. April 2010, S. 44.

1147 Bundesanwaltschaft der Bundesrepublik Deutschland, Verfahren gg. Oberst Klein (AZ: 3 BJs 6/10–4), offene Einstellungsverfügung vom 16. April 2010, S. 44.

1148 Lubell/ Derejko, J. Int'l Crim. Just. 2013, 65, 72; Sivakumaran, The Law of Non-International Armed Conflict, S. 250.

1149 Lubell/ Derejko, J. Int'l Crim. Just. 2013, 65, 72.

Die Dynamik eines Konflikts spricht letztlich nur dafür, dass das humanitäre Völkerrecht nicht nur im Operationsgebiet anwendbar ist. Denn nur dann muss der territoriale Anwendungsbereich nicht bei jeder Verlagerung der Kampfhandlungen neu bestimmt werden. Verlagerungen sind wegen ebenjener Dynamik der Kampfhandlungen diesen aber inhärent. Würde der Modus zur Bestimmung des territorialen Anwendungsbereichs das nicht berücksichtigen, müsste der territoriale Anwendungsbereich regelmäßig neu bestimmt werden. Das wäre aber unpraktikabel für die Staaten und würde zu Rechtsunsicherheit über das anwendbare Rechtsregime führen.

Dass der territoriale Anwendungsbereich über das Operationsgebiet hinausgehen muss, ist allerdings auch schon durch den Telos vorgegeben, der aus der Entstehungsgeschichte des Rechtes der nichtinternationalen bewaffneten Konflikte und insbesondere von ZP II deutlich wird. Denn das humanitäre Völkerrecht soll gerade nicht nur auf dem Gebiet anwendbar sein, auf dem zum jeweiligen Moment unmittelbar Kampfhandlungen ausgetragen werden.[1150]

Schließlich ist auch die alleinige Völkerrechtssubjektivität eines Staates kein Kriterium dafür, auf welchem Gebiet ein bestimmtes Rechtsregime anwendbar ist. Es besteht schlichtweg kein Zusammenhang zwischen dem territorialen Anwendungsbereich eines Rechtsregimes und der Völkerrechtssubjektivität einzelner Gebietseinheiten.

Die Aussagen des IKRK im Zusammenhang mit dem Konflikt in Syrien zwischen der derzeitigen Regierung unter Präsident Assad und verschiedenen nichtstaatlichen Akteuren sprechen dafür, dass das IKRK davon ausgeht, dass sich das humanitäre Völkerrecht in einem Staat auf einzelnen Gebieten anwendbar sein kann und auf anderen nicht[1151]:

> *„There is a non-international armed conflict in Syria. Not every place is affected, but it is not only limited to those three areas, it has spread to several other areas", ICRC spokesman Hicham Hassan told Reuters in response to a query. „That does not mean that all areas throughout the country are affected by hostilities," he said.[…] In areas of Syria which are outside of the hostilities but also hit by violence linked to civilian demonstrations, international human rights law – which bans extrajudicial executions, torture and arbitrary arrests – continues to apply, according to the agency. „In particular, measures taken against*

1150 Junod in: Pilloud/ Sandoz (Hrsg.), Commentary on the Additional Protocols of 8 June 1977 to the Geneva Conventions of 12 August 1949, Protocol II – Article 2, Rn. 4490.

1151 So auch:Lubell/ Derejko, J. Int'l Crim. Just. 2013, 65, 72.

such demonstrations with the purpose of restoring order must respect international law and standards governing the use of force in law enforcement operations", Hassan said.[1152]
„It can be a situation of internal armed conflict in certain areas: an example was the fighting in Baba Amr in Homs in February", Kellenberger told Reuters, making clear that the criteria were not met in the entire country.[1153]
„Hostilities have spread to other areas of the country", Hassan said. „International humanitarian law applies to all areas where hostilities are taking place".[1154]

Allerdings wird diese Interpretation nicht von allen geteilt. Teilweise wird auch angenommen, dass das IKRK die Position vertritt, dass sich der territoriale Anwendungsbereich auf das gesamte Gebiet erstreckt, das sich unter der Kontrolle einer der Parteien befindet.[1155]

b) Verhältnismäßigkeit und Notwendigkeit als Parameter

Ein weiterer Ansatz zur Beschränkung des territorialen Anwendungsbereichs liegt darin, die Grundsätze der Verhältnismäßigkeit heranzuziehen, die im *ius ad bellum* die Notwehrhandlung begrenzen.[1156] Sie sollen diejenigen Gebiete bestimmen, die außerhalb des Operationsgebiets liegen.[1157] In allen anderen Gebieten wären Handlungen auf Grundlage des humanitären Völkerrechts möglich.[1158]

Zieht man Kriterien des *ius ad bellum* heran, übersieht man aber, dass sich *ius ad bellum* und *ius in bello* nicht gegenseitig beeinflussen. Gibt das *ius ad bellum* vor, dass ein Konflikt auf ein bestimmtes Gebiet nicht ausgeweitet werden darf, so bedeutet dies nicht zwingend, dass auf dem entsprechenden Gebiet das hu-

---

1152 Nebehay, Reuters vom 14.07.2012.

1153 Nebehay, Reuters vom 08.05.2012.

1154 o.V., Al-Jazeera Online vom 16.07.2012.

1155 Gabor Rona, http://www.lawfareblog.com/2012/07/rona-responds-to-my-post-on-syria-and-loac/ (zuletzt abgerufen am 14.10.2014).

1156 Bothe, in: Graf Vitzthum (Hrsg.), Völkerrecht, 8. Abschnitt, Rn. 19; Greenwood in: Wolfrum (Hrsg.), The Max Planck Encyclopedia of Public International Law, Bd. IX, Self-Defence, Rn. 25; Randelzhofer/ Nolte in: Simma, u. a. (Hrsg.), The Charter of the United Nations – A Commentary, Bd. II, Art. 51, Rn. 57.

1157 Bennett, Notre Dame J.L. Ethics & Pub. Pol'y 2012, 549, 561; Greenwood, in: Dinstein/ Rosenne (Hrsg.), International Law at a Time of Perplexity – Essays in Honour of Shabtai Rosenne, S. 277.

1158 Greenwood, in: Dinstein/ Rosenne (Hrsg.), International Law at a Time of Perplexity – Essays in Honour of Shabtai Rosenne, S. 277.

manitäre Völkerrecht nicht anwendbar wäre. Denn *ius ad bellum* und *ius in bello* haben keinen Einfluss aufeinander.[1159]

Fraglich ist zudem, ob man überhaupt die Notwendigkeit und Verhältnismäßigkeit dem humanitären Völkerrecht verallgemeinert entnehmen kann. Denn sie begrenzen die Handlungsbefugnisse eines Staates grundsätzlich nur in Auseinandersetzungen mit einem anderen Staat.[1160] Darüber hinaus kann sich innerhalb eines Konflikts schnell die Beurteilung ändern, auf welchem Gebiet Kampfhandlungen verhältnismäßig und notwendig sind. Dadurch wäre der territoriale Anwendungsbereich nie für eine bestimmbare Zeit festgelegt. Das wiederum würde darauf hinauslaufen, dass der territoriale Anwendungsbereich für jede einzelne Handlung jeweils im Kontext des gesamten Konflikts einzeln bestimmt werden müsste. Demzufolge würde im Vorhinein aber nicht feststehen, auf welcher Fläche das humanitäre Völkerrecht anwendbar wäre. Somit wäre es potentiell auf der gesamten Welt anwendbar. Damit läuft diese Art der Bestimmung des territorialen Anwendungsbereichs aber auch auf einen weltweiten Anwendungsbereich hinaus.

Ebenso würde ein Rekurrieren auf Grundsätze des *ius ad bellum* wieder die Frage aufwerfen, wie sehr das *ius ad bellum* davon abhängig gemacht werden darf. Beide Rechtsregime haben grundsätzlich gerade keinen Einfluss aufeinander.[1161] Deshalb darf die Unzulässigkeit einer Handlung nach *ius ad bellum* nicht dazu führen, dass das humanitäre Völkerrecht nicht anwendbar ist.[1162]

c) Entfernung zum Operationsgebiet

Ohne dass sich ein Vertreter einer solchen Position bis jetzt hätte finden können, wird gegen das Abstellen auf die Entfernung zum Operationsgebiet angeführt,

1159 Gasser/ Thürer in: Wolfrum (Hrsg.), The Max Planck Encyclopedia of Public International Law, Bd. V, Humanitarian Law, International, Rn. 2; Kreß, J. Conflict & Sec. L. 2010, 245, 264; O'Connell, in: Fleck (Hrsg.), The Handbook of International Humanitarian Law, Rn. 131.2.

1160 Franck, Am. J. Int'l L. 2008, 715, 715; Peters, in: Simma u. a. (Hrsg.), The Charter of the United Nations – A Commentary, Bd. I, Art. 25, Rn. 106.

1161 O'Connell, in: Fleck (Hrsg.), The Handbook of International Humanitarian Law, Rn. 101.7.

1162 Gasser/ Thürer in: Wolfrum (Hrsg.), The Max Planck Encyclopedia of Public International Law, Bd. V, Humanitarian Law, International, Rn. 2; Kreß, J. Conflict & Sec. L. 2010, 245, 264; O'Connell, in: Fleck (Hrsg.), The Handbook of International Humanitarian Law, Rn. 101.7.

dass dessen Ergebnisse immer willkürlich seien.[1163] So sei nicht ersichtlich, warum außerhalb einer ohne weitere Anhaltspunkte festgelegten 50-Meilen-Grenze ein Sachverhalt anders zu beurteilen sein solle als innerhalb.[1164] Außerdem würde dieses Kriterium zu Widersprüchen führen, wenn man gleichzeitig davon ausgeht, dass Staatsgrenzen unerheblich sind, aber innerhalb eines Staates per se humanitäres Völkerrecht überall anwendbar ist.[1165]

d) Gebiete mit sachlichem Zusammenhang zum Konflikt

In einer abweichenden Stellungnahme zu einem Urteil des IGH wird der territoriale Anwendungsbereich auf alle Gebiete erstreckt, die in einem sachlichen Zusammenhang zu dem Konflikt stehen.[1166] Es wird also, anders als beim funktionalen Zusammenhang, nicht das Verhältnis zwischen Konflikt und Handlung, sondern zwischen dem Ort und dem Konflikt betrachtet. Allerdings hält die Stellungnahme diese Differenzierung selbst nicht vollständig durch, da sie teilweise auf Erwägungen zum funktionalen Zusammenhang zwischen Handlung und Konflikt zurückgreift.

e) Fehlen öffentlicher Ordnung

Eine konzeptionell sehr stark von den übrigen Kriterien abweichende Position spricht sich dafür aus, dass sich die jeweils anwendbaren Vorschriften des humanitären Völkerrechts danach differenzieren müssten, ob eine Handlung in einem Gebiet vorgenommen wird, in dem andauernde Kampfhandlungen stattfinden („*Zone of active hostilities*"), das keine funktionierende öffentliche Ordnung aufweist („*lawless area*") oder das über eine ebensolche öffentliche Ordnung verfügt.[1167]

> *Overt and sustained fighting are key factors in identifying a zone of active hostilities. Specifically, the fighting must be of sufficient duration and intensity to create the exigent circumstances that justify application of extraordinary war authorities, to put civilians on notice, and to justify permissive evidentiary presumptions regarding the identification of the enemy.*[1168]

1163 Lubell/ Derejko, J. Int'l Crim. Just. 2013, 65, 81.

1164 Lubell/ Derejko, J. Int'l Crim. Just. 2013, 65, 81.

1165 Lubell/ Derejko, J. Int'l Crim. Just. 2013, 65, 82.

1166 IGH, *Armed Activities on the Territory of the Congo* (Democratic Republic of the Congo v. Uganda), Seperate Opinion of Judge Simma, Rn. 21.

1167 Daskal, U. Pa. L. Rev. 2013, 1165, 1174.

1168 Daskal, U. Pa. L. Rev. 2013, 1165, 1206.

Die genauen territorialen Grenzen der *zone of active hostilities* wären somit anhand der in dem Land existenten Verwaltungsgrenzen zu bestimmen.[1169] Das zöge jedoch auch solche Gebiete zu der *zone of active hostilites* hinzu, in denen eigentlich keine Kampfhandlungen stattfinden.[1170] Dies sei aber deshalb gerechtfertigt, weil diese auch geographisch eher kleineren Bereiche in der Abwägung keinen so großen Nachteil bedeuten würde wie unklare Grenzen der *zone of active hostilities.*[1171]

Außerhalb der *zone of active hostilities* wäre das humanitäre Völkerrecht nicht kategorisch unanwendbar. Denn in einer *lawless area* wäre das humanitäre Völkerrecht auch anwendbar, stünde jedoch unter einem stärkeren Einfluss der internationalen Menschenrechtsabkommen.[1172] Da ein solches Gebiet potentiell überall auf der Welt bestehen kann, ist auch nach dieser Herangehensweise das humanitäre Völkerrecht potentiell weltweit anwendbar. Im Unterschied zu den Vertretern eines unbeschränkten territorialen Anwendungsbereichs wären aber nur bestimmte Normen des humanitären Völkerrechts in der *lawless area* anwendbar. Insbesondere die Regeln zur Tötung und Gefangennahme feindlicher Kämpfer wären nur eingeschränkt anwendbar.[1173] Denn für jeden außerhalb der *zone of active hostilities* angetroffenen Kämpfer wäre eine individuelle Bewertung von dessen Gefahrenpotential vorzunehmen.[1174]

Diese Art der Bestimmung des territorialen Anwendungsbereichs ist im Ergebnis jedoch abzulehnen. Es ist *de lege lata* jedenfalls ungeklärt, auf welcher Grundlage das humanitäre Völkerrecht in einer Region geringen und in einer anderen Region großen Einflüssen der internationalen Menschenrechtsabkommen ausgesetzt sein soll.

f) Maßgeblichkeit von Verwaltungsprovinzen

Als maßgebliches Kriterium könnte man auch auf die Verwaltungsprovinzen abstellen, in denen jeweils die Voraussetzungen für einen nichtinternationalen bewaffneten Konflikt vorliegen. Die Vorteile lägen darin, dass der Anwendungsbereich sich näher an die Gebiete hält, in denen die Parteien einander tatsächlich bekämpfen und Gefahr für die Zivilbevölkerung besteht. Gleichzeitig entspräche

---

1169 Daskal, U. Pa. L. Rev. 2013, 1165, 1208.
1170 Daskal, U. Pa. L. Rev. 2013, 1165, 1208.
1171 Daskal, U. Pa. L. Rev. 2013, 1165, 1208.
1172 So jedenfalls implizit: Daskal, U. Pa. L. Rev. 2013, 1165, 1210 ff.
1173 Daskal, U. Pa. L. Rev. 2013, 1165, 1210 ff.
1174 Daskal, U. Pa. L. Rev. 2013, 1165, 1210.

das auch den Richtlinien der Rechtsprechung, nach der sich der territoriale Anwendungsbereich jedenfalls über das Operationsgebiet hinaus erstreckt.[1175]

Stellte man auf die Verwaltungsgrenzen ab, sind regelmäßig ausreichend große Gebiete in den territorialen Anwendungsbereich miteinbezogen, damit nicht nur das Operationsgebiet erfasst ist. Allerdings besteht wieder das Problem der Spill-Over in andere Verwaltungsprovinzen. Erreichen diese nicht selbst das Niveau eines nichtinternationalen bewaffneten Konflikts, hätte dies die gegen den Telos verstoßende Folge, dass dort stattfindende Handlungen nicht nach humanitärem Völkerrecht zu bewerten sind.

3. Weltweiter territorialer Anwendungsbereich

Gegen alle vorgenannten Positionen wendet sich eine in den aktuellen Diskussionsbeiträgen verstärkt anzutreffende Position. Nach ihr unterläge der Anwendungsbereich in territorialer Hinsicht keinen Beschränkungen.[1176] Das humanitäre Völkerrecht im Rahmen nichtinternationaler bewaffneter Konflikte wäre demnach zwischen den Konfliktparteien überall auf der Welt anwendbar.[1177] Sobald eine Auseinandersetzung die grundsätzlichen Voraussetzungen eines nichtinternationalen bewaffneten Konflikts erfüllt, wäre eine Handlung demnach unabhängig von ihrem Ort nach humanitärem Völkerrecht zu beurteilen, sofern ein innerer Zusammenhang zu einem nichtinternationalen bewaffneten Konflikt besteht.

Dass die Anwendbarkeit des humanitären Völkerrechts im Einzelfall mangels eines funktionalen Zusammenhangs zu einem Konflikt abgelehnt werden kann, steht außer Frage.[1178] Ebenso unbestritten ist, dass über die regulären Voraussetzungen des humanitären Völkerrechts der Handlungsspielraum der Konfliktpar-

---

1175 So erstmals: ICTY, *Prosecutor v. Dusko Tadić*, Decision on the Defence Motion for Interlocutory Appeal on Jurisdiction vom 2. Oktober 1995, Case No. IT-94-1, Rn. 70. Näher dazu siehe S. 142.

1176 implizit auch: O'Connell, J. Nat'l Sec. L. & Pol'y 2010, 343, 355; Sivakumaran, The Law of Non-International Armed Conflict, S. 251 f.; Thynne, Austl. Int'l L.J. 2009, 161, 183.

1177 Bennett, Notre Dame J.L. Ethics & Pub. Pol'y 2012, 549, 560; Pejic, IRRC 2011, 189, 205.

1178 ICTY, *Prosecutor v. Dusko Tadić*, Decision on the Defence Motion for Interlocutory Appeal on Jurisdiction vom 2. Oktober 1995, Case No. IT-94-1, Rn. 69; ICTR, *Prosecutor v. Jean-Paul Akayesu*, Judgement vom 2. September 1998, Case No. ICTR-96-4, Rn. 641; Statt vieler: Ambos, in: Lagodny (Hrsg.), Münchener Kommentar zum Strafgesetzbuch, Bd. 8, Vor §§ 8 ff. VStGB, Rn. 26.

teien im Rahmen von Konflikten bereits eingeschränkt wird. Beispielsweise im Zusammenhang mit der Beurteilung der Rechtmäßigkeit der Tötung einer Person sind dies insbesondere die Grundsätze der Notwendigkeit und der Erforderlichkeit.[1179] Allerdings stellt sich die Frage, ob aus der Existenz des Erfordernisses des funktionalen Zusammenhangs und sonstiger Beschränkungen der durch das humanitäre Völkerrecht gewährten Befugnisse notwendig geschlossen werden muss, dass es keine Begrenzung des territorialen Anwendungsbereichs gibt. Das lässt sich jedenfalls nicht ausschließlich aus der bloßen Existenz anderer Vorschriften schließen, die die Anwendung von Gewalt im Rahmen bewaffneter Konflikte begrenzen.

a) Auswirkungen

Ein weltweiter würde im Unterschied zu einem territorial begrenzten Anwendungsbereich Wertungsprobleme von Vorherein vermeiden. Im Gegenzug birgt er aber auch erhöhte Risiken, dass das Rechtsregime missbraucht wird.

aa) Wertungswidersprüche

Für einen weiten territorialen Anwendungsbereich spricht zunächst die technische Entwicklung. Durch sie ist es möglich, die tödliche Wirkung von Waffen auch außerhalb des Operationsgebiets zu kontrollieren. Diesem Umstand würde ein territorialer Anwendungsbereich nicht gerecht, der sich auf das Operationsgebiet und die angrenzenden Gebiete beschränkt.[1180] Denn Teile der am Konflikt unmittelbar teilnehmenden Kämpfer, beispielsweise die Kommandeure der Parteien, könnten sich sonst außerhalb des territorialen Anwendungsbereichs befinden.[1181] Dies gilt ebenso für die Piloten der UAVs wie für die Person, die aus der Ferne eine Bombe zündet.[1182] Zudem dürfen Kämpfer insbesondere eines nichtstaatlichen Akteurs sich nicht dadurch der Anwendbarkeit des humanitären Völkerrechts entziehen können, indem sie in ein am Konflikt unbeteiligtes Land eindringen.[1183]

1179 Melzer, Targeted Killing in International Law, S. 361 ff.; Schmitz-Elvenich, Targeted Killing. Die völkerrechtliche Zulässigkeit der gezielten Tötung von Terroristen im Ausland, S. 231.

1180 Vgl. dazu schon S. 209 f.

1181 Sivakumaran, The Law of Non-International Armed Conflict, S. 251.

1182 So: Lubell/ Derejko, J. Int'l Crim. Just. 2013, 65, 85 f.

1183 Anderson, WaCLRP 2011, 1, S. 11; Thynne, Austl. Int'l L.J. 2009, 161, 183.

Das Argument zwingt allerdings nicht zu einem weltweiten territorialen Anwendungsbereich. Die technischen Innovationen machen es nur notwendig, dass auch sie bei der Bestimmung des territorialen Anwendungsbereichs berücksichtigt werden. Das kann aber nicht nur durch einen weltweiten territorialen Anwendungsbereich erfolgen.

Gegen eine geographische Beschränkung des Anwendungsbereichs lässt sich auch vorbringen, dass sie den Staaten einen Anreiz gäbe, in vormals nicht am Konflikt beteiligten Staaten die Intensitätsschwelle für das Vorliegen eines eigenen Konflikts zu überschreiten.[1184] Denn nur so wären Staaten in der Lage, außerhalb des territorialen Anwendungsbereichs nach humanitärem Völkerrecht gegen einen nichtstaatlichen Akteur vorzugehen.[1185] Das ist aber eine reine Behauptung. Es ist empirisch nicht nachgewiesen, dass dies jemals der Fall war. Daran sind im Übrigen auch Zweifel angebracht, weil die Intensivierung der militärischen Auseinandersetzung vielschichtige außen- und innenpolitische Konsequenzen haben kann. Sie werden jeweils bei den Überlegungen zum „Ob" der Intensivierung eine ebenso große Berücksichtigung finden wie die „Vorteile", die die Anwendbarkeit des humanitären Völkerrechts mit sich bringt.

bb) Risiken

Gegen eine derart große Ausweitung des territorialen Anwendungsbereichs spricht, dass sie zu einer erhöhten Missbrauchsgefahr führen würde.[1186] Denn ein feindlicher Kämpfer befände sich nach diesem Kriterium immer im Anwendungsbereich des humanitären Völkerrechts und könnte deshalb zu jedem Zeitpunkt ohne weiteres getötet werden, sofern er zumindest noch als unmittelbar an Kampfhandlungen beteiligt gilt.[1187] Ebenso wäre es dann möglich, Menschen überall nach Maßgabe des humanitären Völkerrechts festzunehmen, festzuhalten und dementsprechend zu behandeln.[1188] Dadurch entstünde die Gefahr, dass die Anwendbarkeit des humanitären Völkerrechts insbesondere durch die die momentane Regierung stellende Partei dazu instrumentalisiert wird, die internationalen Menschenrechtsabkommen oder das innerstaatliche Recht zurücktreten zu lassen.[1189] Das humanitäre Völkerrecht könnte beispielsweise zur Bekämpfung

---

1184 Chesney, YIHL 2011, 3, 37.
1185 Chesney, YIHL 2011, 3, 37.
1186 Blank, in: N.A. (Hrsg.), Boundaries of the Battlefield, S. 37; Chesney, YIHL 2011, 3, 37; Lubell/ Derejko, J. Int'l Crim. Just. 2013, 65, 71.
1187 Lubell, Extraterritorial Use of Force against Non-State Actors, S. 252.
1188 Blank, Ga. L. Rev. 2011–2012, 719, 728.
1189 Lubell/ Derejko, J. Int'l Crim. Just. 2013, 65, 71.

von Personengruppen herangezogen werden, die in keinem unmittelbaren Zusammenhang mit dem Konflikt stehen.[1190]

Diese Risiken können jedoch insbesondere durch das Erfordernis des funktionalen Zusammenhangs zumindest minimiert werden.[1191] Denn der Begriff des funktionalen Zusammenhangs kann auch ohne einen beschränkten territorialen Anwendungsbereich in jedem Fall bestimmen, ob eine außerhalb des unmittelbaren Austragungsorts der Kampfhandlungen stattfindende Handlung am Maßstab des Rechtes der nichtinternationalen bewaffneten Konflikte bewertet werden muss.[1192] Nach Argumentation der Befürworter würde das Erfordernis des funktionalen Zusammenhangs diese Aufgabe auch mit einer höheren Einzelfallgerechtigkeit bewältigen können als eine Beschränkung des territorialen Anwendungsbereichs.[1193]

Den einzelnen Instituten des humanitären Völkerrechts käme durch die fehlende territoriale Begrenzung jedoch eine noch größere Bedeutung zu. Denn von ihnen hinge die Rechtmäßigkeit von Handlungen auch in weiter Entfernung zum eigentlichen Operationsgebiet ab. Sie alleine wären dafür entscheidend, dass das humanitäre Völkerrecht nicht in unzulässiger Weise nur zur Legitimierung von Tötungen und Gefangennahme von Menschen herangezogen wird. Ebenso wären sie im Einzelfall dafür zuständig, dass die Anwendbarkeit des humanitären Völkerrechts noch seinen eigentlichen Sinn und Zweck, nämlich dem Schutz von Konflikten betroffener Menschen, dient.

b) Systematik des humanitären Völkerrechts

Die Existenz des Erfordernisses eines funktionalen Zusammenhangs in der Systematik des Rechtes der nichtinternationalen bewaffneten Konflikte ergibt auch nicht unter Berücksichtigung anderer Aspekte, dass der Anwendungsbereich keinen territorialen Beschränkungen unterliegt. Zwar beschränkt der innere Zusammenhang – wie möglicherweise der territoriale Anwendungsbereich auch – die Sachverhalte, die vom humanitären Völkerrecht erfasst werden. Eine solche Funktion haben aber beispielsweise auch der persönliche und der temporäre Anwendungsbereich. Nur weil durch sie schon die erfassten Sachverhalte beschränkt werden, ist damit aber noch nicht ausgeschlossen, dass eine weitere Beschränkung der Anwendbarkeit auch durch den territorialen Anwendungsbereich vorgenommen werden könnte.

1190 Lubell/ Derejko, J. Int'l Crim. Just. 2013, 65, 71.

1191 Implizit so auch: Lubell/ Derejko, J. Int'l Crim. Just. 2013, 65, 78.

1192 Lubell/ Derejko, J. Int'l Crim. Just. 2013, 65, 76.

1193 Lubell/ Derejko, J. Int'l Crim. Just. 2013, 65, 76.

aa) Entstehungsgeschichte

Seine Schlagkraft erhält das Argument erst mit Blick auf die Entstehungsgeschichte. Die Verfasser des ZP II verzichteten in der Tradition des Art. 3 GK[1194] bewusst darauf, einen territorialen Anwendungsbereich festzulegen.[1195] Stattdessen bezogen sie sich auf das Erfordernis des funktionalen Zusammenhangs, um festzustellen, ob eine Handlung, die durch eine der Parteien auf dem Gebiet des Staates vorgenommen wurde, in dem der Konflikt ausgetragen wird, dem humanitären Völkerrecht unterfällt.[1196] Ziel war es, jede Person, die der bewaffnete Konflikt irgendwie berührt, dem Schutz des humanitären Völkerrechts zu unterstellen.[1197] Unter Berücksichtigung moderner Konfliktkonstellationen könnte man den Anwendungsbereich deshalb so festlegen, dass er in territorialer Hinsicht keinen Beschränkungen unterliegt.[1198]

Das sind aber keine zwingenden Argumente dafür, dass es unter keinen Umständen auch eine Beschränkung des Anwendungsbereichs mittels territorialer Grenzen gäbe. Dafür spricht schon, dass der territoriale Anwendungsbereich sowohl in der Entstehungsgeschichte des ZP II[1199] als auch in der Rechtsprechung[1200] thematisiert wurde.

Hintergrund der fehlenden Beschränkung des territorialen Anwendungsbereichs im Rahmen seiner historischen Bestimmung war der Umstand, dass

---

1194 Vgl.: Final Record of the Diplomatic Conference of Geneva of 1949, Bd. I, S. 47.

1195 Vgl.: Official Records of the Diplomatic Conference on the Reaffirmation and Development of International Humanitarian Law applicable in Armed Conflicts, Bd. 8, S. 211, Rn. 47 f.

1196 Vgl.: Official Records of the Diplomatic Conference on the Reaffirmation and Development of International Humanitarian Law applicable in Armed Conflicts, Bd. 8, S. 211, Rn. 47 f.

1197 Junod in: Pilloud/ Sandoz (Hrsg.), Commentary on the Additional Protocols of 8 June 1977 to the Geneva Conventions of 12 August 1949, Protocol II - Article 2, Rn. 4490.

1198 Lubell/ Derejko, J. Int'l Crim. Just. 2013, 65, 76; Milanovic/ Hadzi-Vidanovic, in: White/ Henderson (Hrsg.), Research Handbook on International Conflict and Security Law, S. 291.

1199 Vgl.: Official Records of the Diplomatic Conference on the Reaffirmation and Development of International Humanitarian Law applicable in Armed Conflicts, Bd. 8, S. 211, Rn. 47 f.

1200 ICTY, *Prosecutor v. Dusko Tadić*, Decision on the Defence Motion for Interlocutory Appeal on Jurisdiction vom 2. Oktober 1995, Case No. IT-94-1, Rn. 70; ICTR, *Prosecutor v. Jean-Paul Akayesu*, Judgement vom 2. September 1998, Case No. ICTR-96-4, Rn. 635. Dazu näher siehe S. 157 ff.

ein bewaffneter Konflikt nach der damaligen Vorstellung nur auf dem Gebiet eines Staates ausgetragen wurde.[1201] Das verhinderte schon von sich aus, dass das humanitäre Völkerrecht uferlos zur Grundlage der Handlungen einer Partei genommen wurde. Eine Beschränkung des territorialen Anwendungsbereichs war wegen dieser Grundannahme nicht notwendig.

Nur weil innerhalb eines Staates aber das humanitäre Völkerrecht anwendbar sein sollte, kann das für das Recht der nichtinternationalen bewaffneten Konflikte unter Berücksichtigung moderner Konfliktkonstellationen jedoch noch nicht bedeuten, dass es auch weltweit unbegrenzt anwendbar ist. Solange sichergestellt ist, dass alle schutzbedürftigen Personen seinem Rechtsregime unterfallen, kann der Anwendungsbereich nämlich auch in territorialer Hinsicht Beschränkungen unterliegen, ohne gegen dessen Telos zu verstoßen.

bb) Status von Personen

Zum Beweis der Systemimmanenz eines weltweiten territorialen Anwendungsbereichs lässt sich auch auf die Normen zur Tötung feindlicher Kämpfer verweisen.[1202] Ausgangspunkt ist dabei der Grundsatz, dass sich eine Person, die sich unmittelbar an Kampfhandlungen beteiligt, unabhängig von ihrem Aufenthaltsort nicht außerhalb des territorialen Anwendungsbereichs befinden könne.[1203] Aus diesem schon im Rahmen der zu berücksichtigenden Wertungen des humanitären Völkerrechts angesprochenen Grundsatz ließe sich das Argument herleiten, dass sich der territoriale Anwendungsbereich auf die gesamte Welt erstrecken müsse. Denn sonst könnte sich ein nichtstaatlicher Akteur in ein Land begeben, wo er nicht ohne weiteres getötet werden kann.[1204]

Eine solche Argumentationsstruktur übersieht jedoch, dass sich die Frage nach der unmittelbaren Beteiligung einer Person an einem bewaffneten Konflikt überhaupt erst unter zwei Voraussetzungen stellt. Auf die entsprechende Auseinandersetzung muss zunächst das Recht der nichtinternationalen bewaffneten Konflikte in grundsätzlicher Hinsicht anwendbar sein. Dann muss der betreffenden Sachverhalt im Anwendungsbereich des Rechtsregimes liegen. Erst wenn diese beiden nacheinander ansetzenden Schritte bejaht werden, stellt sich die Frage nach der

---

1201 So auch: Arimatsu, YIHL 2009, 157, 189. Näher dazu siehe S. 85 ff.

1202 Dehn/ Heller, U. Pa. L. Rev. PENNumbra 2011, 175, 190 f., 196; Lewis, Wm. Mitchell L. Rev. 2010–2011, 5021, 5028; Lubell/ Derejko, J. Int'l Crim. Just. 2013, 65, 76; im Ergebnis auch: Arimatsu, YIHL 2009, 157, 189.

1203 So: Lubell/ Derejko, J. Int'l Crim. Just. 2013, 65, 85 f.; Thynne, Austl. Int'l L.J. 2009, 161, 183.

1204 Anderson, WaCLRP 2011, 1, S. 11; Thynne, Austl. Int'l L.J. 2009, 161, 183.

Rechtmäßigkeit der Handlung im Einzelfall.[1205] Befindet sich das Mitglied der Partei eines nichtinternationalen bewaffneten Konflikts (mit einer sog. „*continuous combat function*") außerhalb des territorialen Anwendungsbereichs, ist er also schon deshalb kein Kämpfer, weil das Rechtsregime an seinem Aufenthaltsort nicht anwendbar ist. Der Umstand, dass die Person an einem anderen Ort dem humanitären Völkerrecht unterfiele, kann aber keinen territorial unbegrenzten Anwendungsbereich indizieren, solange es nicht dem Sinn und Zweck des humanitären Völkerrechts widerspricht.

c) Systematik des Völkerrechts

An der Notwendigkeit einer geographischen Beschränkung des Anwendungsbereichs des humanitären Völkerrechts kann man auch aus systematischen Gründen zweifeln.[1206] Die geographische Beschränkung von Auseinandersetzungen könnte man nämlich als ausschließliche Aufgabe des *ius ad bellum* ansehen.[1207] Denn diese Vorschriften dienten originär dazu, die Ausweitung eines Konflikts zu verhindern.[1208] Eine geographische Beschränkung einer Auseinandersetzung über die Beschränkung des territorialen Anwendungsbereichs des humanitären Völkerrechts wäre danach sogar systemwidrig.

aa) Grundsätzlich

Dazu ist zunächst ein Blick auf die Aufgaben notwendig, die dem Neutralitätsrecht und dem Gewaltverbot der VN-Charta zukommen. Beide sollen die Souveränität jedes einzelnen Staates schützen.[1209] Mittelbar führen sie jedoch auch dazu, dass sich die Gewaltanwendungen zwischen zwei Parteien nicht auf unbeteiligte Staaten ausweiten.[1210] Die Folge dessen ist aber auch, dass die Ausweitung einer Auseinandersetzung nicht nur von den Parteien her, sondern auch in territorialer Hinsicht verhindert wird. Das *ius in bello* reguliert demgegenüber traditionell nur,

---

1205 Ausführlicher dazu auf Seite 18.

1206 Chesney, YIHL 2011, 3, 37.

1207 Chesney, YIHL 2011, 3, 37.

1208 Chesney, YIHL 2011, 3, 37.

1209 Bothe in: Wolfrum (Hrsg.), The Max Planck Encyclopedia of Public International Law, Bd. VII, Neutrality, Concept and General Rules, Rn. 1; O'Connell, in: Fleck (Hrsg.), The Handbook of International Humanitarian Law, Rn. 101.2.

1210 Bothe in: Wolfrum (Hrsg.), The Max Planck Encyclopedia of Public International Law, Bd. VII, Neutrality, Concept and General Rules, Rn. 2; Randelzhofer/ Dörr in: Simma u. a. (Hrsg.), The Charter of the United Nations – A Commentary, Bd. I, Art. 2 Absatz 4, Rn. 37.

mit welchen Mitteln ein Konflikt ausgetragen werden darf.[1211] Die generelle Zulässigkeit von Kampfhandlungen wird deshalb ausschließlich durch Art. 2 Abs. 4 VN-Charta geregelt.

Diese Aufgabenteilung zwischen *ius ad bellum* und *ius in bello* gilt auch im Rahmen nichtinternationaler bewaffneter Konflikte. Zwar lässt sich an der Übertragbarkeit des Neutralitätsrechts auf nichtinternationale bewaffnete Konflikte zweifeln.[1212] Doch gilt jedenfalls das Gewaltverbot der VN-Charta auch im Rahmen nichtinternationaler bewaffneter Konflikte.[1213] Denn es ist für das Gewaltverbot unerheblich, wie der bewaffnete Konflikt zu kategorisieren ist. *Ius ad bellum* und *ius in bello* sind nämlich zwei voneinander unabhängige Rechtsbereiche.[1214]

Die Ausweitung eines Konflikts mittelbar auch in geographischer Hinsicht zu begrenzen ist somit ebenfalls bei nichtinternationalen bewaffneten Konflikten von der ursprünglichen Konzeption her eine Aufgabe des *ius ad bellum*. Deshalb sind Zweifel daran angebracht, dass die geographische Ausdehnung eines Konflikts auch im Rechtsregime der nichtinternationalen bewaffneten Konflikte ein zu beachtender Aspekt ist. Eher scheint es naheliegend, dass das humanitäre Völkerrecht im Rahmen nichtinternationaler bewaffneter Konflikte grundsätzlich überall anwendbar sein und die territoriale Beschränkung des Konflikts über ein anderes Rechtsregime erreicht werden sollte. Alleinige Aufgabe des *ius in bello* auch im Rahmen nichtinternationaler bewaffneter Konflikte wäre dann die Beurteilung der Rechtmäßigkeit konkreter Handlungen innerhalb eines Konflikts, ohne gleichzeitig eine Agenda zur Beschränkung von Konflikten in irgendeiner Hinsicht zu besitzen.

1211 O'Connell, in: Fleck (Hrsg.), The Handbook of International Humanitarian Law, Rn. 103.1.

1212 Blank, in: N.A. (Hrsg.), Boundaries of the Battlefield, S. 22; Kreß, J. Conflict & Sec. L. 2010, 245, 267; Schindler, in: Delissen/ Kalshoven (Hrsg.), Humanitarian Law of Armed Conflict Challenges Ahead. Essays in Honour of Frits Kalshoven, S. 377; Vagts, Am. U. Int'l L. Rev. 1998, 83, 90 f.

1213 O'Connell, in: Fleck (Hrsg.), The Handbook of International Humanitarian Law, Rn. 101.7; Sivakumaran, The Law of Non-International Armed Conflict, S. 85 f.

1214 Gasser/ Thürer in: Wolfrum (Hrsg.), The Max Planck Encyclopedia of Public International Law, Bd. V, Humanitarian Law, International, Rn. 2; Kreß, J. Conflict & Sec. L. 2010, 245, 264; O'Connell, in: Fleck (Hrsg.), The Handbook of International Humanitarian Law, Rn. 131.2.

bb) Bei Berücksichtigung moderner Konfliktkonstellationen

Fraglich ist aber, ob das *ius ad bellum* in der heutigen Realität der nichtinternationalen bewaffneten Konflikte dieser Aufgabe in einem noch ausreichenden Maße gerecht wird. Betrachtet man die Ausweitungen von Konflikten, die in der Staatenpraxis schon stattgefundenen haben[1215], so sind daran erhebliche Zweifel angebracht. Unerwähnt blieben in diesem Zusammenhang bisher sogar die Ausweitungen von Auseinandersetzungen, die erst gar nicht die Schwelle zu einem nichtinternationalen bewaffneten Konflikt erreicht hatten, aber schon für das *ius ad bellum* relevant wurden. Man betrachte hierzu beispielsweise die Einsätze der türkischen Armee in Syrien.[1216] Ein weiteres Beispiel stellen auch die Drohneneinsätze der USA im Jemen und in Somalia dar.[1217] Dem lässt sich entnehmen, dass das *ius ad bellum* im Rahmen von Auseinandersetzungen zwischen Staaten und nichtstaatlichen Akteuren nur begrenzt in der Lage ist, den Schutz der Souveränität der Staaten zu gewährleisten.

Solange über andere Mechanismen sichergestellt war, dass sich Konflikte nicht ausweiten, hatte die Bestimmung des territorialen Anwendungsbereichs des humanitären Völkerrechts keine praktische Relevanz. Im Fokus der Aufmerksamkeit stand die Frage, wie eine möglichst umfassende generelle Anwendbarkeit des humanitären Völkerrechts auf verschiedene Formen von Konflikten sichergestellt werden kann. Die Vorzeichen haben sich in dieser Hinsicht aber geändert. Das humanitäre Völkerrecht kann grundsätzlich jede derzeit denkbare Konfliktkonstellationen erfassen, sodass der schon in Frühzeiten geforderte „weite Anwendungsbereich"[1218] Realität geworden ist.

Die Systematik des Kriegsrechts spricht vor dem Hintergrund moderner Konfliktkonstellationen deshalb nicht gegen eine Beschränkung des territorialen Anwendungsbereichs. Denn die Eingrenzung von Konflikten kann das *ius ad bellum* allein im Rahmen nichtinternationaler bewaffneter Konflikte nicht mehr erreichen. Zudem bleibt zu beachten, dass die Staaten dem *ius ad bellum* nach dem oben Gesagten nie explizit die Aufgabe zuwiesen, die Ausweitung von bewaffneten Konflikten zu verhindern. Das war vielmehr nur eine Folge des Interesses der Staaten an ihrer eigenen Souveränität.

1215 Die Konflikte in Afghanistan (S. 186 ff.), Kolumbien (S. 183 ff.), Vietnam (S. 182 f.) und Algerien (S. 180 ff.) sind nur die augenfälligsten Fälle.

1216 Keesing's Record of World Events, Bd. 59, February 2013, S. 52507.

1217 Dazu siehe S. 192 ff.

1218 Pictet, The Geneva Conventions of 12 August 1949: Commentary 1. Geneva Convention, S. 32.

Fraglich ist deshalb, ob Sinn und Zweck des Rechtes der nichtinternationalen bewaffneten Konflikte einen territorial beschränkten Anwendungsbereich fordern. Alternativ könnte das Telos wegen der Gefahr der ausufernden Anwendbarkeit des Rechtsregimes eine Beschränkung desselbigen vorgeben.

d) Staatenpraxis

Befürworter eines weltweiten territorialen Anwendungsbereichs rekurrieren regelmäßig auf die Tötung des japanischen Admirals Yamamoto im Zweiten Weltkrieg.[1219] Er wurde weit außerhalb der eigentlichen Kampfhandlungen in einem Flugzeug abgeschossen.[1220] Gerade aus diesem Fall würde deutlich, dass die Tötung von Personen außerhalb des eigentlichen Kampfgebiets rechtlich zulässig sei.[1221]

Dieses Beispiel ist jedoch kein Argument für einen weltweiten territorialen Anwendungsbereich im Rahmen nichtinternationaler bewaffneter Konflikte. Zum einen stammt es aus der Zeit noch vor der Geltung der jetzigen GK. Zum anderen handelte es sich bei der zugrunde liegenden Auseinandersetzung um einen internationalen und nicht um einen nichtinternationalen bewaffneten Konflikt. Die Bestimmung des territorialen Anwendungsbereichs im Rahmen des einen Rechtsregimes lässt sich jedoch nicht auf das andere übertragen.[1222]

Betrachtet man die Staatenpraxis in nichtinternationalen bewaffneten Konflikten, so sind bisher nur die USA nach humanitärem Völkerrecht in weit entfernten Orten unter Berufung auf das humanitäre Völkerrecht überall auf der Welt gegen einen verfeindeten nichtstaatlichen Akteur vorgegangen.[1223] Doch zumindest die Stellungnahme des US-Justizministeriums lässt die gezielte Tötung nicht voraussetzungslos zu.[1224] Auch wenn die Praxis der USA jetzt schon über 10 Jahre andauert, hat sich ihr kein anderer Staat angeschlossen.[1225] Staatsgrenzen

---

1219 So schon: Attorney General Eric Holder – Speech at Northwestern University School of Law v. 5. März 2012.

1220 Archiv der Gegenwart, 21. Mai 1943, S. 5945, Rz. D.

1221 Chesney, YIHL 2011, 3, 34; Lewis, Wm. Mitchell L. Rev. 2010–2011, 5021, 5028.

1222 Siehe S. 155 f.

1223 US-Präsident Obama: Remarks by the President at the National Defense University vom 23. Mai 2013. Näher dazu siehe S. 195 f.

1224 US Department of Justice, Lawfulness of a Lethal Operation Directed Against a U.S. Citizen Who Is a Senior Operational Leader of Al-Qa'ida or An associated Force, White Paper vom 2. April 2013. Näher dazu siehe S. 196 ff.

1225 Vgl. das Verhalten Englands und Spaniens im Nachgang der in Madrid und London verübten Anschläge. Siehe S. 201 f.

werden zwar in der Staatenpraxis im Grenzgebiet außer Acht gelassen.[1226] Das bedeutet aber nicht zwingend, dass das humanitäre Völkerrecht territorial keiner Begrenzung unterliegt. Vielmehr könnten auch andere territoriale Beschränkungen greifen, die nur nicht auf Staatsgrenzen abstellen.

e) Sinn und Zweck des humanitären Völkerrechts

Frühe Stimmen in der Literatur plädierten für eine möglichst umfassende Geltung des Rechtes der nichtinternationalen bewaffneten Konflikte.[1227] Damit beabsichtigten sie, dass das humanitäre Völkerrecht jedem von einer bewaffneten Auseinandersetzung betroffenen Menschen einen gewissen Mindestschutz gewährleisten solle.[1228] Das Bedürfnis danach resultierte insbesondere daraus, dass – zumindest damals – weder öffentlicher Druck noch ein anderes Rechtsregime zum Schutz Unbeteiligter bereitstanden, wenn Staaten die Anwendbarkeit des humanitären Völkerrechts ablehnten.[1229]

Eine weltweite territoriale Anwendbarkeit ließe sich darauf aufbauend deswegen fordern, weil die internationalen Menschenrechtsabkommen nicht ubiquitär gelten und nach Auffassung der USA sogar überhaupt nicht extraterritorial anwendbar sind.[1230] Die weltweite Anwendbarkeit würde dazu führen, dass allen vom bewaffneten Konflikt betroffenen Personen der Mindestschutz des Rechtes der nichtinternationalen bewaffneten Konflikte zukommt.

Zunächst lässt sich argumentieren, dass ein weltweiter territorialer Anwendungsbereich dem Sinn und Zweck der VN-Charta zuwiderläuft.[1231] Denn daraus könnte deshalb eine ungehemmte Gewaltspirale entstehen, weil Konfliktparteien Verstöße gegen internationale Menschenrechtsabkommen überall auf der Welt mit der weltweiten Anwendbarkeit des humanitären Völkerrechts rechtfertigen könnten.

Bei der davon unabhängigen Frage, ob der Sinn und Zweck des humanitären Völkerrechts für einen unbegrenzten oder für einen begrenzten territorialen Anwendungsbereich spricht, stehen sich jedoch zwei Interessen gegenüber. Das Telos

---

1226 Vgl. die Konflikte in Vietnam (S. 182 f.), Kolumbien (S. 183 ff.), Algerien (S. 180 ff.) und Afghanistan (S. 186 ff.).

1227 In diesem Zusammenhang stehts zitiert: Pictet, The Geneva Conventions of 12 August 1949: Commentary 1. Geneva Convention, S. 32.

1228 O'Connell, in: Fleck (Hrsg.), The Handbook of International Humanitarian Law, Rn. 101.7.

1229 Vgl.: Sivakumaran, The Law of Non-International Armed Conflict, S. 40.

1230 Chesney, YIHL 2011, 3, 37.

1231 Brooks, U. Pa. L. Rev. 2004–2005, 675, 724.

des humanitären Völkerrechts liegt zwar darin, von einem Konflikt betroffene Menschen zu schützen.[1232] Das umfasst jedenfalls nicht unmittelbar das Ziel, die weltweite Austragung einer Auseinandersetzung zu verhindern. Umgekehrt entspricht es dem Sinn und Zweck jedoch auch nicht, die weltweite Austragung erst zu ermöglichen.[1233] Denn Letzteres würde Unbeteiligte mehr gefährden als schützen, weil die Anwendbarkeit des humanitären Völkerrechts in der heutigen Welt grundsätzlich ein Weniger an Schutz bedeutet.[1234] Das ergibt sich wiederum daraus, dass sich die Staaten aufgrund der kritischen weltweiten Öffentlichkeit faktisch nur für einen hohen außenpolitischen Preis über die Regeln der internationalen Menschenrechtsabkommen hinwegsetzen können.

aa) Erweiterung des Anwendungsbereichs

Die Staaten schufen das humanitäre Völkerrecht, um von einem bewaffneten Konflikt betroffene Menschen zu einem Mindestmaß an Schutz zu verhelfen.[1235] Dazu einigten sie sich darauf, ihre eigenen Handlungsoptionen zu beschneiden. Im Ausgangspunkt des humanitären Völkerrechts stand also die Begrenzung der eigenen Macht durch die Staaten. Sie haben ihre Handlungsoptionen gerade auch im Rahmen von Konflikten mit nichtstaatlichen Akteuren eingeschränkt und damit ihre Macht im Umgang mit letzteren freiwillig beschränkt.[1236]

Erst in einem zweiten Schritt wurde insbesondere von *Pictet* die Auffassung vertreten, dass das humanitäre Völkerrecht möglichst umfassend gelten müsse.[1237] Hintergrund dieser Aussage war das sich abzeichnende Interesse der Staaten, die Anwendbarkeit des humanitären Völkerrechts abzustreiten.[1238] Besonders groß war dieses Interesse bei Konflikten mit nichtstaatlichen Akteuren, die als aus-

1232 O'Connell, in: Fleck (Hrsg.), The Handbook of International Humanitarian Law, Rn. 101.7.

1233 Geiß, in: Heintze/ Ipsen (Hrsg.), Heutige bewaffnete Konflikte als Herausforderungen an das humanitäre Völkerrecht, S. 56.

1234 Geiß, in: Heintze/ Ipsen (Hrsg.), Heutige bewaffnete Konflikte als Herausforderungen an das humanitäre Völkerrecht, S. 57.

1235 Junod in: Pilloud/ Sandoz (Hrsg.), Commentary on the Additional Protocols of 8 June 1977 to the Geneva Conventions of 12 August 1949, Protocol II – Article 2, Rn. 4490.

1236 Kretzmer, Isr. L. Rev. 2009, 8, 9.

1237 In diesem Zusammenhang stehts zitiert: Pictet, The Geneva Conventions of 12 August 1949: Commentary 1. Geneva Convention, S. 32.

1238 Kreß, JZ 2014, 365, 368.

schließlich die eigenen Angelegenheiten betreffend angesehen wurden.[1239] Die Staaten setzten dabei aber überwiegend bei der Frage an, ob überhaupt ein bewaffneter Konflikt vorliegt und dementsprechend ob das humanitäre Völkerrecht grundsätzlich anwendbar sei.[1240]

Auf welchem Gebiet das humanitäre Völkerrecht anwendbar ist, ist der Ermittlung der grundsätzlichen Anwendbarkeit gegenüber eine nachrangige Frage. Dabei bestand von Seiten der Staaten kein Interesse, den Anwendungsbereich zu beschränken. Denn der befürchtete Ansehensverlust tritt schon mit dem prinzipiellen Vorliegen eines bewaffneten Konflikts ein.[1241] Dementsprechend lässt sich das Ziel einer möglichst umfassenden Anwendbarkeit des humanitären Völkerrechts nur für die Frage formulieren, ob das Rechtsregime grundsätzlich anwendbar ist. Bei den Fragen des Anwendungsbereichs kann es nach dem oben Gesagten aber keine hervorgehobene Bedeutung besitzen.

Für einen weltweiten territorialen Anwendungsbereich spricht im Hinblick auf das Telos des Rechtes der nichtinternationalen bewaffneten Konflikte in diesem Zusammenhang aber, dass nichtstaatliche Akteure nicht und Staaten extraterritorial nur unter engen Voraussetzungen an die internationalen Menschenrechtsabkommen gebunden sind.[1242] Wenn weder dieses Rechtsregime noch das humanitäre Völkerrecht anwendbar ist, sind der Gewaltausübung der Konfliktparteien, jedenfalls mittels des internationalen Rechtes, keine Grenzen gesetzt. Die Menschen wären dann aber ohne jedweden Schutz.

Am jüngsten Verhalten eines Teils der Staatengemeinschaft lässt sich jedoch erkennen, dass ein unbeschränkter territorialer Anwendungsbereich dem Sinn und Zweck des Rechtes der nichtinternationalen bewaffneten Konflikte nicht entsprechen kann.[1243] Wie das Beispiel der USA im weltweiten „*War on Terror*" zeigt, haben sie den Nutzen der Anwendbarkeit des humanitären Völkerrechts für sich erkannt.[1244] Sie akzeptieren oder vertreten sogar, entgegen anderslau-

---

1239 Cullen, The Concept of Non-International Armed Conflict in International Humanitarian Law, S. 29 ff.; Kretzmer, Isr. L. Rev. 2009, 8, 13.

1240 Kreß, JZ 2014, 365, 368.

1241 So im Ergebnis auch: Kreß, JZ 2014, 365, 368.

1242 Geiß, in: Heintze/ Ipsen (Hrsg.), Heutige bewaffnete Konflikte als Herausforderungen an das humanitäre Völkerrecht, S. 56 f.

1243 So auch: Bundesanwaltschaft der Bundesrepublik Deutschland, Drohneneinsatz vom 4. Oktober 2010 in Mir Ali/Pakistan (AZ: 3 BJs 7/12–4), offene Einstellungsverfügung vom 23. Juli 2013, S. 22.

1244 US-Präsident Obama: Remarks by the President at the National Defense University vom 23. Mai 2013; John Brennan, Strengthening our Security by Adhering to our

tender Auffassungen, die Anwendbarkeit des humanitären Völkerrechts, um darüber eine rechtliche Legitimation zur Tötung von Menschen zu erhalten.[1245] Dabei ist irrelevant, ob die Menschenrechtsabkommen in der jeweiligen Situation überhaupt anwendbar wären. Denn der von der Weltöffentlichkeit ausgehende Druck reicht aus, dass Staaten die Tötung einer Person nicht mehr ohne weiteres außerhalb des humanitären Völkerrechts durchführen können. Den Staaten bietet sich deshalb inzwischen ein Anreiz, die Anwendbarkeit des humanitären Völkerrechts in jeglicher Hinsicht auszuweiten. Dazu gehört auch der territoriale Anwendungsbereich, wie nicht zuletzt das „White Paper" des US-Justizministeriums zeigt.[1246]

Das humanitäre Völkerrecht soll aber gerade nicht dazu dienen, den Staaten Handlungsoptionen zu eröffnen. Es soll sie vielmehr beschränken.[1247] Eine möglichst umfassende Anwendbarkeit liegt somit nur soweit im Sinn und Zweck des humanitären Völkerrechts, wie schutzbedürftigen Menschen ein Mindestmaß an Schutz gewährt werden muss.[1248] Es soll nur dann eine Notordnung bilden, wenn durch Kampfhandlungen ab einer gewissen Intensität kein anderes Rechtsregime mehr eine Chance auf Beachtung hat.[1249] Das muss aber auch in territorialer Hinsicht gelten. Mit Verweis auf den Sinn und Zweck kann demnach jedenfalls nicht für einen weltweiten territorialen Anwendungsbereich argumentiert werden. Denn das humanitäre Völkerrecht muss von seinem Telos her nicht überall, sondern nur dort anwendbar sein, wo Menschen keine andere Chance auf die Achtung ihrer Rechte haben als über die Anwendbarkeit dieser Notordnung.

Die internationalen Menschenrechte bilden demgegenüber die eigentlich universale Rechtsordnung. Sieht man von der Frage nach der extraterritorialen Anwendbarkeit ab, bindet dieses Rechtsregime die Staaten nämlich immer. Möchte

---

Values and Laws, Remarks at the Program on Law and Security vom 16. September 2011; John Brennen, The Ethics and Efficacy of the President's Counterterrorism Strategy, Remarks at the Woodrow Wilson International Center for Scholars vom 30. April 2012. Siehe dazu auch S. 195 f.

1245 Kreß, JZ 2014, 365, 369.

1246 US Department of Justice, Lawfulness of a Lethal Operation Directed Against a U.S. Citizen Who Is a Senior Operational Leader of Al-Qa'ida or An associated Force, White Paper vom 2. April 2013.

1247 Kretzmer, Isr. L. Rev. 2009, 8, 9.

1248 Geiß, in: Heintze/ Ipsen (Hrsg.), Heutige bewaffnete Konflikte als Herausforderungen an das humanitäre Völkerrecht, S. 56.

1249 Gasser/ Melzer, Humanitäres Völkerrecht, S. 24; Heintschel von Heinegg, Seekriegsrecht und Neutralität im Seekrieg, S. 125; Kreß, JZ 2014, 365, 368.

man einen jederzeitigen Schutz der Menschen garantieren, so sollte man den Anwendungsbereich der Menschenrechtsabkommen erweitern. Das ist jedoch politisch nicht opportun, weil sie die Tötung eines Menschen nicht so leicht für rechtmäßig erklären wie im humanitären Völkerrecht.

bb) Einschränkung des Anwendungsbereichs

Das Telos spricht jedoch nicht nur nicht für einen weltweiten Anwendungsbereich. Er lässt sich auch dafür heranziehen, dass es eines beschränkten territorialen Anwendungsbereichs bedarf.[1250] Ausgangspunkt ist auch hier, dass das Recht der nichtinternationalen bewaffneten Konflikte dem Schutz der Schutzbedürftigen dienen soll. Die „Befugnisse" der Staaten stellen sich daher traditionell als Einschränkungen der staatlichen Macht dar und sind Mindestrechte der Schutzbedürftigen. Die Vorschriften des Rechtsregimes können deshalb auch nur dort anwendbar sein, wo die Anwendbarkeit jedes anderen Rechtsregimes utopisch wäre.[1251] Das ist aber gerade nur in solchen Gebieten der Fall, in denen eine hohe Wahrscheinlichkeit besteht, dass sich die Konfliktparteien gegenseitig bekämpfen.

Das Gegenteil dieser Zielrichtung würde verwirklicht, wenn die Anwendbarkeit des humanitären Völkerrechts dazu führte, dass die Tötung unbeteiligter Menschen als Kollateralschaden an Orten in Kauf genommen werden könnte, an denen sie vom äußeren Anschein her nicht des Schutzes des Rechtsregimes bedurft hätten. Schutzbedürftige Personen würden durch die prinzipiell weltweite Anwendbarkeit dann gefährdet und nicht geschützt.

Sieht der Sinn und Zweck des humanitären Völkerrechts also vor, dass das Rechtsregime territorial nur dort anwendbar sein darf, wo Menschen tatsächlich schutzbedürftig sind, muss sich das auch in den maßgeblichen Voraussetzungen widerspiegeln. Der territoriale Anwendungsbereich eignet sich dafür am besten. Denn er ist in der Lage, für eine Vielzahl von Sachverhalten im Voraus zu verhindern, dass das humanitäre Völkerrecht instrumentalisiert wird, wenn es vom Telos her nicht indiziert ist. Andere Voraussetzungen des Rechtes der nichtinternationalen bewaffneten Konflikte können das nicht angemessen gewährleisten. Denn durch einen territorial beschränkten Anwendungsbereich des Rechtes der nichtinternationalen bewaffneten Konflikte bedürften, je nach Bestimmung der territorialen Grenzen, einzelne Sachverhalte keiner einzel-

1250 So auch: Bundesanwaltschaft der Bundesrepublik Deutschland, Drohneneinsatz vom 4. Oktober 2010 in Mir Ali/Pakistan (AZ: 3 BJs 7/12–4), offene Verfügung vom 23. Juli 2013, S. 22.

1251 Geiß, IRRC 2009, 127, 138.

fallabhängigen Prüfung. Die auf absehbare Zeit nicht abstellbaren Rechtsunsicherheiten bei der Auslegung des funktionalen Zusammenhangs verlören ein gewisses Maß an Bedeutung.

cc) Unzulänglichkeit anderer Voraussetzungen

Begrenzte der territoriale Anwendungsbereich nicht die Anzahl der vom Recht der nichtinternationalen bewaffneten Konflikte erfassten Sachverhalte, käme den einzelfallabhängigen Voraussetzungen über die schon bestehende hohe eine noch gesteigerte Bedeutung zu. Sie müssten sicherstellen, dass das Rechtsregime nicht zu Handlungen legitimiert, deren Rechtmäßigkeit nach dem Telos nicht durch das humanitäre Völkerrecht zu beurteilen ist. Diese Aufgabe kommt den Voraussetzungen zwar ohnehin zu. Allerdings würden sie sie ohne vorgelagerte Einschränkung des Anwendungsbereichs in einer größeren Anzahl an Fällen wahrnehmen müssen.

Im Zentrum der einzelfallabhängigen Voraussetzungen steht das Erfordernis des funktionalen Zusammenhangs zwischen einer Handlung der Konfliktparteien und dem bewaffneten Konflikt. Seine Existenz ist ein Teil des systematischen Arguments, dass der territoriale Anwendungsbereich unbeschränkt sein muss. Denn die Anwendbarkeit des humanitären Völkerrechts in einer konkreten Situation wird anhand anderer Kriterien und Rechtsinstitute entschieden als durch den territorialen Anwendungsbereich.[1252] Daraus könnte man den Schluss ziehen, dass allein Kriterien wie der innere Zusammenhang dazu genügten, dass das humanitäre Völkerrecht nicht in Situationen die Rechtsgrundlage darstellt, in denen die Anwendbarkeit im Widerspruch zu seinem Sinn und Zweck steht.[1253] Eines beschränkten territorialen Anwendungsbereichs bedürfte es daneben also nicht.

Das Erfordernis des funktionalen Zusammenhangs ist jedoch nicht geeignet, den Anwendungsbereich des humanitären Völkerrechts in einer ausreichenden Weise zu beschränken. Zum einen ist es eine einzelfallabhängige Begrenzung, die derjenigen durch den territorialen Anwendungsbereich unterlegen ist. Denn letztere stellt eine generelle Begrenzung auf, bei der keine Ausnahmen möglich sind. Darüber hinaus ist das Kriterium des funktionalen Zusammenhangs kein starkes Erfordernis. Denn ein innerer Zusammenhang kann immer in irgend-

---

1252 Chesney, YIHL 2011, 3, 37; Lubell/ Derejko, J. Int'l Crim. Just. 2013, 65, 76; Sivakumaran, The Law of Non-International Armed Conflict, S. 251 f.; Thynne, Austl. Int'l L.J. 2009, 161, 174.

1253 Arimatsu, YIHL 2009, 157, 189; Sivakumaran, The Law of Non-International Armed Conflict, S. 251 f.

einer Art und Weise gefunden werden. Dass die internationale Rechtsprechung in nächster Zeit diesbezüglich verbindliche Grenzen aufstellt, erscheint über alle Maßen optimistisch. Damit bleibt es aber dabei, dass den Staaten diesbezüglich ein hoher Einschätzungsspielraum eingeräumt wird.

Maßgeblich zur Beschränkung der Gewaltanwendungen im Sinne des humanitären Völkerrechts wären daneben die Anwendungsvoraussetzungen für einen nichtinternationalen bewaffneten Konflikt. Die Frage nach der Existenz der transnationalen bewaffneten Konflikte als neuem zusätzlichem Rechtsregime des *ius in bello* würde dabei eine Schlüsselposition erhalten. Durch die fehlende Begrenzung der Anwendbarkeit in territorialer Hinsicht wären beide Punkte dahingehend entscheidend, ob Staaten das humanitäre Völkerrecht dazu instrumentalisieren können, „effektiv" gegen nichtstaatliche Akteure vorzugehen.

An Vorschriften innerhalb des Rechtsregimes käme zur Begrenzung der Machtbefugnisse neben dem funktionalen Zusammenhang der Zugehörigkeit zu einer Partei[1254] und dem Begriff der *direct participation*[1255] eine herausgehobene Bedeutung zu. Letztere müssten so ausgelegt werden, dass insbesondere Staaten das humanitäre Völkerrecht nicht missbräuchlich zur Legitimierung gezielter Tötungen mit nur geringen Bezügen zu einem bewaffneten Konflikt heranziehen können. Denn ein „innerer Zusammenhang" zu einem bewaffneten Konflikt lässt sich regelmäßig leicht herstellen. Zumindest dürfte in der Praxis keine reelle Möglichkeit bestehen, einen behaupteten Zusammenhang zu widerlegen. Damit sind Zugehörigkeit und *direct participation* die zentralen Prüfungspunkte im Rahmen der Beurteilung der Rechtmäßigkeit der derzeit als *targeted killings* diskutierten Tötungen außerhalb des eigentlichen Operationsgebiets. Andernfalls gelangte man zu dem Ergebnis, dass das humanitäre Völkerrecht überall auf der Welt die gezielte Tötung von Menschen unter gleichzeitiger Inkaufnahme von Kollateralschäden ermöglicht.

Die einzelfallabhängigen Voraussetzungen des humanitären Völkerrechts und insbesondere die Vorschriften zur Zulässigkeit der Tötung einer Person und von Kollateralschäden sind somit allein nicht in der Lage sicherzustellen, dass das humanitäre Völkerrecht nur dort anwendbar ist, wo es vom Sinn und Zweck her geboten ist. Solange das aber nicht der Fall ist, kann nicht davon ausgegangen werden, dass ein weltweiter territorialer Anwendungsbereich in Verbindung mit ebenjenen Vorschriften vom Telos des Rechtsregimes vorgegeben ist.

1254 Daskal, U. Pa. L. Rev. 2013, 1165, 1179.

1255 Daskal, U. Pa. L. Rev. 2013, 1165, 1184 f.

Zudem ergehen nur selten Urteile, die sich mit den obengenannten Voraussetzungen explizit auseinandersetzen. Deshalb werden letztere auch kaum durch Urteile in einer bindenden Weise konkretisiert. Solange die relevanten Vorschriften des humanitären Völkerrechts jedoch nicht verbindlich konkretisiert sind, lässt sich die Rechtmäßigkeit einer Handlung aber nicht im Voraus mit an Sicherheit grenzender Wahrscheinlichkeit beurteilen.

Hinzu kommt, dass die Auslegung der Voraussetzungen immer nur im Einzelfall erfolgt.[1256] Dadurch steht die Rechtmäßigkeit einer Handlung immer erst im Nachhinein fest. Die Rechtmäßigkeit einer einzelnen Handlung wird dabei aber immer solange rechtmäßig sein, wie ihre Unrechtmäßigkeit nicht international – zumindest überwiegend – anerkannt ist. Eine faktische Beschränkung der Handlungen bestünde deshalb aber nur dann, wenn im Vorhinein auch über klare Grenzen des territorialen Anwendungsbereichs eindeutigere Aussagen über die Zulässigkeit verschiedener Handlungen getroffen werden könnten.

Daneben führt die fehlende festgelegte Auslegung bestimmter Voraussetzungen dazu, dass diese den Staaten obliegt. Solange sich dort keine einheitliche Staatenpraxis bildet, bleibt es dem einzelnen Staat möglich, eine bestimmte Voraussetzung in seinem Sinne auszulegen. Ein sicherlich extremes Beispiel dafür war die Ansicht der ehemaligen US-Regierung, dass die Drohneneinsätze weder den Vorschriften des humanitären Völkerrechts noch denen der internationalen Menschenrechtsabkommen unterfielen.[1257]

Festzuhalten bleibt dabei jedoch, dass den Staaten ein erheblicher Spielraum bei der Bildung eines verbindlichen Rechtsrahmens für die Kampfhandlungen verbleibt.[1258] Das resultiert unmittelbar daraus, dass die Gerichte und die Staatenpraxis die relevanten Vorschriften bislang nur in geringem Umfang verbindlich konkretisiert haben.[1259] Diesen Spielraum können die Staaten zur Maximierung ihrer Handlungsoptionen so weit wie möglich ausnutzen. Der Spielraum selbst

---

1256 Sivakumaran, The Law of Non-International Armed Conflict, S. 252.

1257 US-Präsident G.W. Bush Administration, Humane Treatment of Taliban and al Qaeda Detainees, Memorandum vom 7. Februar 2002, Doc.Nr.: CBG_AP&CNN-2004.06.22. Dazu näher siehe S. 195.

1258 So auch: Corn/ Jensen, Temp. L. Rev. 2008, 787, 829 f.

1259 Vgl.: Geiß, in: Heintze/ Ipsen (Hrsg.), Heutige bewaffnete Konflikte als Herausforderungen an das humanitäre Völkerrecht, S. 54; IKRK, Customary International Humanitarian Law, Bd. I: Rules, Bd. I, Regeln 1–21; Melzer, Targeted Killing in International Law, S. 397 f.; Sivakumaran, The Law of Non-International Armed Conflict, S. 370 f.

kann zudem nur begrenzt überprüft werden.[1260] Denn nur Gerichtsentscheidungen können die im Einzelnen divergierenden Auslegungen für unrechtmäßig erklären und für die Zukunft verhindern.

Besonders deutlich wird der Widerspruch zwischen dem Sinn und Zweck des Rechtes der nichtinternationalen bewaffneten Konflikte und einem unbeschränkten territorialen Anwendungsbereich bei alleinstehenden Handlungen. Weder das Erfordernis des funktionalen Zusammenhangs noch irgendeine andere Voraussetzung des Rechtsregimes verhindern, dass die gezielte Tötung einer einzelnen Person mit einer *continuous combat function* in einem unbeteiligten Staat rechtmäßig ist. In solchen Situationen ist es jedoch schwerlich vorstellbar, dass das Telos des Rechtes der nichtinternationalen bewaffneten Konflikte eine Anwendbarkeit des Rechtsregimes verlangt.[1261]

Denn das Recht der nichtinternationalen bewaffneten Konflikte muss eben nur überall dort einen Rahmen bilden, wo feindliche Kräfte regelmäßig aufeinander treffen oder zumindest treffen können. Außerhalb dieser Gebiete wird die Bevölkerung durch die Anwendbarkeit des humanitären Völkerrechts eher gefährdet als geschützt. Das Telos des Rechtsregimes spricht somit insgesamt gegen einen weltweiten territorialen Anwendungsbereich.

Dass ein solcher nicht im Sinn und Zweck des Rechtes der nichtinternationalen bewaffneten Konflikte liegen kann, verdeutlicht schließlich auch ein Blick auf die tatsächlichen Umstände der bisher geführten Konflikte. Denn diese waren bislang stets auf einen dynamischen, jedoch immer bestimmbaren Raum begrenzt.[1262] Ursache dafür ist, dass sich die Konfliktparteien in einer geographischen Nähe zueinander aufhalten müssen, um sich überhaupt gegenseitig bekämpfen zu können.[1263] Nur die USA hatten bislang den Anspruch, einen „weltweiten" Krieg zu führen.[1264]

1260 Geiß, in: Heintze/ Ipsen (Hrsg.), Heutige bewaffnete Konflikte als Herausforderungen an das humanitäre Völkerrecht, S. 58.

1261 So auch: Geiß, in: Heintze/ Ipsen (Hrsg.), Heutige bewaffnete Konflikte als Herausforderungen an das humanitäre Völkerrecht, S. 56; Kreß, JZ 2014, 365, 369.

1262 O'Connell, U. Rich. L. Rev. 2009, 845, 858.

1263 O'Connell, U. Rich. L. Rev. 2009, 845, 858.

1264 US-Präsident G.W. Bush Administration, Humane Treatment of Taliban and al Qaeda Detainees, Memorandum vom 7. Februar 2002, Doc.Nr.: CBG_AP&CNN-2004.06.22; Kreß, J. Conflict & Sec. L. 2010, 245, 266.

f) Rechtssicherheit

Die grundsätzlich unklare Rechtslage im Rahmen eines weltweiten territorialen Anwendungsbereichs verhindert schließlich einen effektiven Schutz schutzbedürftiger Personen. Denn das Rechtsregime des humanitären Völkerrechts überlagert die internationalen Menschenrechte, sobald es anwendbar ist.[1265] Zwar sind die internationalen Menschenrechte nicht in jeder Situation anwendbar.[1266] Jedenfalls ein Großteil der europäischen Staaten hat jedoch unabhängig davon ein erhebliches Interesse an einer sicheren Kenntnis, welches Rechtsregime wann anwendbar ist. Dazu trüge ein beschränkter territorialer Anwendungsbereich bei, indem er das Recht der nichtinternationalen bewaffneten Konflikte nur auf einem bestimmten Gebiet für anwendbar erklärte.

Nicht nur Staaten, sondern auch der einzelne Soldat bedarf einer sicheren Kenntnis, wann er auf Grundlage welches Rechtsregimes handelt. Denn er muss im Voraus die Rechtmäßigkeit seiner Handlungen sicher beurteilen können. Im Rahmen eines weltweiten territorialen Anwendungsbereichs gäbe es jedoch keine eindeutigen Anhaltspunkte, nach denen ohne weiteres erkennbar wäre, auf welchem Gebiet das humanitäre Völkerrecht grundsätzlich anwendbar ist.[1267] Vielmehr müsste die Anwendbarkeit des humanitären Völkerrechts als Rechtmäßigkeitsmaßstab außerhalb des Kriegsgebiets immer im Einzelfall geprüft werden.[1268] Besonders geographische Grenzen würden sich aber gut dafür eignen, eine sehr starke Richtung vorzugeben, ob das humanitäre Völkerrecht in der jeweiligen Situation anwendbar ist oder nicht.[1269]

Die Regeln, die sich die Staaten selbst geben, bieten keinen angemessenen Ausgleich dafür, dass das Rechtsregime selbst keine Rechtssicherheit gibt. Zum einen könnten die internen Richtlinien jederzeit widerrufen werden. Zum anderen unterscheiden sich die Regeln bis auf die Grundlagen. Ansätze einer Staatenpraxis lassen sich, wie oben gezeigt, auch deshalb nur bedingt erkennen.

g) Zusammenfassung

Ein territorial unbeschränkter Anwendungsbereich hätte den Vorteil, dass er von vornherein Wertungswidersprüche vermeidet, die bei falsch bestimmten Begren-

---

1265 Kleffner, in: Fleck (Hrsg.), The Handbook of International Humanitarian Law, Rn. 252 f. Näher dazu siehe S. 77 ff.

1266 Daskal, U. Pa. L. Rev. 2013, 1165, 1191.

1267 Sivakumaran, The Law of Non-International Armed Conflict, S. 252.

1268 Sivakumaran, The Law of Non-International Armed Conflict, S. 252.

1269 Sciullo, Willamette L. Rev. 2011–2012, 317, 323.

zungen auftreten können.[1270] Allerdings besteht demgegenüber die Gefahr, dass ein weltweiter Anwendungsbereich dazu zweckentfremdet wird, einzelne Handlungen zu legitimieren.[1271]

Aus der Systematik des humanitären Völkerrechts ergibt sich nicht, dass der territoriale Anwendungsbereich unbeschränkt sein muss. Auch in der Zusammenschau mit der Entstehungsgeschichte ergibt sich bei Berücksichtigung der modernen Konfliktkonstellationen nichts anderes.[1272] Ebenso sprechen der Status feindlicher Kämpfer[1273] und die Staatenpraxis[1274] nicht zwingend für einen weltweiten territorialen Anwendungsbereich.

Die Systematik des Kriegsrechts ist unter Berücksichtigung der modernen Konfliktkonstellationen auch kein durchschlagendes Argument für einen territorialen Anwendungsbereich. Denn selbst wenn man dem *ius ad bellum* ursprünglich bewusst die Aufgabe zugesprochen haben sollte, die Ausweitung bewaffneter Auseinandersetzungen zu vermeiden[1275], kann es diese in den derzeitigen nichtinternationalen bewaffneten Konflikten nicht mehr erfüllen.[1276]

Der Sinn und Zweck des Rechtes der nichtinternationalen bewaffneten Konflikte gibt demgegenüber vor, dass das Rechtsregime nicht in jeder Gewaltanwendung zwischen den Staaten anwendbar sein darf.[1277] Denn ss soll als Notordnung nur dort anwendbar sein, wo es nicht realistisch ist, dass ein anderes Rechtsregime den Rechtsrahmen der betreffenden Handlung bietet. Es soll bewirken, dass Schutzbedürftigen ein Mehr an Schutz zukommt. Außerhalb des Telos läge es aber, wenn sie durch die Anwendbarkeit des Rechtsregimes erst gefährdet würden.

Die anderen Rechtsinstitute des humanitären Völkerrechts und dabei insbesondere die Voraussetzungen des funktionalen Zusammenhangs können allein nicht ausreichend gewährleisten, dass dieser Sinn und Zweck gewahrt bleibt.[1278] Sie sind überwiegend einzelfallabhängig und stark auslegungsbedürftig. Gerichte haben sie bislang noch nicht soweit verbindlich bestimmt, dass im Voraus sicher wäre, wann das humanitäre Völkerrecht außerhalb andauernder gegenseitiger Kampfhandlungen anwendbar ist. Eine solche Kenntnis ist jedoch auch für die

1270 Siehe S. 223 f.
1271 Siehe S. 224 f.
1272 Siehe S. 226 f.
1273 Siehe S. 227 f.
1274 Siehe S. 231 f.
1275 Siehe S. 228 f.
1276 Siehe S. 229 ff.
1277 Siehe S. 236.
1278 Siehe S. 237 ff.

Staaten und die Kämpfer selbst von Bedeutung. Sie benötigen ein gewisses Maß an Rechtssicherheit, um angemessene Entscheidungen treffen zu können.

Insbesondere das Erfordernis des funktionalen Zusammenhangs ist nicht die einzige Möglichkeit, wie sich sicherstellen lässt, dass das Recht der nichtinternationalen bewaffneten Konflikte nur in all denjenigen Situationen anwendbar ist, in denen es vom Telos geboten ist. Ein beschränkter territorialer Anwendungsbereich kann jedenfalls einen Teil dieser Funktion erfüllen. Das maßgebliche Kriterium zur Bestimmung eines eingeschränkten territorialen Anwendungsbereichs kann und muss die vom Telos vorgegebenen Grenzen beachten. Dass das möglich ist, ist aber nicht von vornherein ausgeschlossen.

Der territoriale Anwendungsbereich kann deshalb insbesondere im Hinblick auf den Sinn und Zweck des humanitären Völkerrechts nicht unbeschränkt sein. Fraglich ist jedoch, wie der beschränkte territoriale Anwendungsbereich zu bestimmen ist, ohne dass es zu Wertungswidersprüchen kommt.

V. Gebietskontrolle als maßgebliches Kriterium

Fraglich ist, mittels welchen Kriteriums der territoriale Anwendungsbereich beschränkt werden soll. Die weitestgehende Beschränkung des territorialen Anwendungsbereichs wäre es, auf das Operationsgebiet des Konflikts abzustellen.[1279] Dann wäre der territoriale Anwendungsbereich nur dort anwendbar, wo im jeweiligen Zeitpunkt Kampfhandlungen stattfinden. Dadurch würde eine Begrenzung der vom humanitären Völkerrecht ausgehenden Legitimierungen der Inkaufnahme von Kollateralschäden, dem zeitlich unbestimmten Gefangenhalten beziehungsweise der Tötung feindlicher Kämpfer erreicht. Andererseits würde sich der territoriale Anwendungsbereich häufig ändern, da sich das Operationsgebiet stetig verlagert. Aus diesem Umstand entstünde eine andere Form der Rechtsunsicherheit, weil jederzeit eine erneute Bestimmung des territorialen Anwendungsbereichs notwendig würde.

Die weitestgehende Erstreckung des territorialen Anwendungsbereichs erreichte man durch einen Verzicht auf jegliche Begrenzung des territorialen Anwendungsbereichs. Dadurch änderte sich der territoriale Anwendungsbereich niemals. In dieser Hinsicht bestünde also eine höhere Rechtssicherheit. Gleichzeitig räumte man aber anderen Voraussetzungen eine erhöhte Bedeutung ein, die unzulässige Ausweitung eines Konflikts zu verhindern.[1280] Sie müssten dabei ins-

---

1279 In diesem Sinne aber: VN Doc. A/HRC/14/24/Add.6, 28. Mai 2010, Rn. 86.

1280 Kreß, Brit. Y.B. Int'l L. 2012, 145, S. 155; Sivakumaran, The Law of Non-International Armed Conflict, S. 251.

besondere auch so ausgelegt werden, dass die Legitimierungen des humanitären Völkerrechts nicht zweckentfremdet werden.

Ein entsprechendes Verständnis insbesondere der Voraussetzungen für einen bewaffneten Konflikt, des Begriffs der unmittelbaren Beteiligung an Kampfhandlungen und des Verhältnisses zwischen humanitärem Völkerrecht und internationalen Menschenrechtsabkommen ist ohnehin gefordert. Sie alle sind ebenso wie der territoriale Anwendungsbereich maßgeblich für die Abgrenzung zwischen der alleinigen Geltung der internationalen Menschenrechtsabkommen und der Geltung der Abkommen unter Modifikation des humanitären Völkerrechts. Sie haben einen wesentlichen Anteil daran, das Regel/Ausnahme-Verhältnis[1281] zwischen „Krieg" und „Frieden" zu bewahren. Mittels des territorialen Anwendungsbereichs kann und muss nach Sinn und Zweck auch ein Teil der Bedeutung von den anderen Rechtsfragen genommen werden, indem bestimmte Gebiete von vornherein der Anwendbarkeit des humanitären Völkerrechts enthoben sind.

Die fehlende allumfassende Anwendbarkeit der internationalen Menschenrechtsabkommen spricht nicht gegen dieses Argument. Denn zusammen mit der Veränderung der unter die nichtinternationalen bewaffneten Konflikte fallenden Konfliktkonstellationen hat sich auch die Bewertung des humanitären Völkerrechts, jedenfalls in der westlichen Weltöffentlichkeit und auch bei den Regierungen der entsprechenden Staaten, geändert. Wie im Zusammenhang mit der Doktrin des *global war on terror* erfahren, kann selbst ein so einflussreiches Land wie die USA nicht mehr ohne massive Kritik ihren Handlungen kein internationales Rechtsregime zugrunde legen.[1282]

Deshalb hat sich auch die Richtung der Auslegung des humanitären Völkerrechts geändert. Früher mussten die Vorschriften zu den Anwendungsvoraussetzungen und zum Anwendungsbereich insbesondere im Rahmen nichtinternationaler bewaffneter Konflikte weit ausgelegt werden, damit Staaten die Anwendbarkeit des humanitären Völkerrechts nicht grundsätzlich oder in einem einzelnen Sachverhalt leugnen konnten.[1283] Heute behaupten Staaten eher, dass das humanitäre Völkerrecht anwendbar ist, um hierüber die eigenen Handlungen zu legitimieren.[1284] Dadurch besteht aber die Gefahr, dass der Charakter einer Ausnahme verwässert wird, den ein bewaffneter Konflikt darstellen soll.

1281 Gasser/ Melzer, Humanitäres Völkerrecht, S. 24; Heintschel von Heinegg, Seekriegsrecht und Neutralität im Seekrieg, S. 125; Kreß, JZ 2014, 365, 368.

1282 Luther, Zeit Online vom 26.02.2013; Prantl, Sueddeutsche Zeitung vom 2.06.2013, 4.

1283 Kreß, JZ 2014, 365, 368.

1284 Kreß, JZ 2014, 365, 369.

Sinn und Zweck des humanitären Völkerrechts erfordern auch deshalb, dass der Anwendungsbereich des humanitären Völkerrechts in territorialer Hinsicht begrenzt ist. Bei der Ermittlung des dafür maßgeblichen Kriteriums muss ein Kompromiss zwischen den Vor- und Nachteilen eines weiten und eines eng umgrenzten territorialen Anwendungsbereichs gefunden werden.

1. Vereinbarkeit mit dem Rechtsregime

Vieles spricht dabei für ein erstmals durch den ICTY verwendetes Kriterium.[1285] Danach erstreckte sich der territoriale Anwendungsbereich auf diejenigen Gebiete, die unter der Kontrolle der am Konflikt beteiligten Parteien standen:

> [...] *international humanitarian law continues to apply* [...] *in the case of internal conflicts, [on] the whole territory under the control of a party, whether or not actual combat takes place there.*[1286]

Die Aussagekraft des Urteils hinsichtlich aller Konstellationen nichtinternationaler bewaffneter Konflikte ist jedoch eingeschränkt. Denn der ICTY entwickelte das Kriterium primär nur deswegen, um den Anwendungsbereich des humanitären Völkerrechts auszuweiten und damit seine Jurisdiktion zu rechtfertigen.[1287]

Das Kriterium verliert seine Überzeugungskraft jedoch nicht allein durch die Beweggründe, die den ICTY erstmals dazu brachten, es heranzuziehen. Die einzige Voraussetzung an das Kriterium ist, wie oben gezeigt, dass es die von Systematik, Sinn und Zweck und der Staatenpraxis vorgegebenen Grenzen berücksichtigt.

a) Systematik

In systematischer Hinsicht stößt das Kriterium der Kontrolle insofern auf Bedenken, als dass die Kontrolle eines Gebiets gerade kein Erfordernis für das Bestehen eines nichtinternationalen bewaffneten Konflikts ist.[1288] Das ist nämlich nur für die Anwendbarkeit des ZP II notwendig, wie ein Vergleich zwischen dem Wort-

---

1285 Duffy, The "War on Terror" and the Framework of International Law, S. 223; Kreß, J. Conflict & Sec. L. 2010, 245, 266; Tahzib-Lie/ Swaak-Goldman, in: Lijnzaad, u. a. (Hrsg.), Making the Voice of Humanity Heard – Essays in Honour of HRH Princess Margriet of the Netherlands, S. 246.

1286 ICTY, Prosecutor v. Dusko Tadić, Decision on the Defence Motion for Interlocutory Appeal on Jurisdiction vom 2. Oktober 1995, Case No. IT-94–1, Rn. 70.

1287 Chesney, YIHL 2011, 3, 37. Näher dazu siehe S. 157 ff.

1288 Lubell/ Derejko, J. Int'l Crim. Just. 2013, 65, 69.

laut von Art. 3 GK und dem von Art. 1 Abs. 1 ZP II zeigt.[1289] Man könnte darauf aufbauend argumentieren, dass das Erfordernis der Gebietskontrolle trotz der Unterscheidung implizit auch für Art. 3 GK eingeführt würde, stellte man darauf zur Bestimmung des territorialen Anwendungsbereichs ab.[1290]

Dagegen spricht aber, dass der Begriff der „Kontrolle" nicht zwingend der Definition des ZP II im Rahmen der Bestimmung des territorialen Anwendungsbereichs entsprechen muss. Deshalb muss gerade nicht der Maßstab von dort übernommen werden, der in der Praxis bislang dazu führte, dass kaum ein Konflikt die Voraussetzung des ZP II erfüllte.[1291]

Zudem ist die Kontrolle eines Gebiets durch den nichtstaatlichen Akteur keine Pflicht und wird damit gerade nicht zu einer „echten" Voraussetzung für einen nichtinternationalen bewaffneten Konflikt. Kontrolliert ein nichtstaatlicher Akteur ein Gebiet, dann gilt dort nur zusätzlich das humanitäre Völkerrecht. Davon unabhängig ist das humanitäre Völkerrecht aber in jedem Fall auf dem Territorium der beteiligten Staaten anwendbar. Liegt das vom nichtstaatlichen Akteur kontrollierte Gebiet im Territorium des am Konflikt beteiligten Staates, gilt das humanitäre Völkerrecht dort also in jedem Fall. Liegt es zumindest auch im Gebiet eines unbeteiligten Staates, ist das humanitäre Völkerrecht dort auch anwendbar, wenn die Voraussetzung der Kontrolle erfüllt ist. Andernfalls gilt das humanitäre Völkerrecht nur auf dem Territorium der am Konflikt beteiligten Staaten.

Das führt auch nicht zu unsachgemäßen Ergebnissen. Eine Auseinandersetzung mit einem nichtstaatlichen Akteur kann nach den Erfahrungen der bisherigen Konflikte keinen nichtinternationalen bewaffneten Konflikt darstellen, ohne dass der nichtstaatliche Akteur auf irgendeinem Gebiet eine gewisse Präsenz besitzt.[1292] Das gilt unabhängig davon, ob die Präsenz das Erfordernis der Kontrolle im Sinne des Art. 1 Abs. 1 ZP II erfüllt. Somit schließt Art. 1 Abs. 1 ZP II nicht aus, dass ein gegebenenfalls anders definiertes Erfordernis der Kontrolle zur Bestimmung des territorialen Anwendungsbereichs verwendet wird.

1289 Lubell/ Derejko, J. Int'l Crim. Just. 2013, 65, 69.

1290 So auch: Boelaert-Suominen, LJIL 2000, 619, 634; Tahzib-Lie/ Swaak-Goldman, in: Lijnzaad, u. a. (Hrsg.), Making the Voice of Humanity Heard – Essays in Honour of HRH Princess Margriet of the Netherlands, S. 246.

1291 Fleck, in: Fleck (Hrsg.), The Handbook of International Humanitarian Law, Rn. 1209.

1292 Vergleiche S. 191 f.

b) *Sinn und Zweck*

Das Recht der nichtinternationalen bewaffneten Konflikte muss nach seinem Sinn und Zweck nur dort anwendbar sein, wo an einer Auseinandersetzung Unbeteiligte eines besonderen Schutzes bedürfen, weil kein anderes Rechtsregime mehr Beachtung finden würde.[1293] Eine Schutzbedürftigkeit besteht nach der Wertung von Art. 3 GK und Art. 1 Abs. 1 ZP II jedoch nur bei Auseinandersetzungen ab einer gewissen Intensität.[1294] Denn wäre eine universelle Anwendbarkeit gewollt gewesen, so hätte man auf Anwendungsvoraussetzungen verzichtet. Was für die grundsätzliche Anwendbarkeit des humanitären Völkerrechts gilt, muss aber auch in territorialer Hinsicht gelten. Der Gedanke, dass humanitäres Völkerrecht nicht immer anwendbar sein soll, gilt deshalb auch bei der Bestimmung des territorialen Anwendungsbereichs.

Die Grenze der bezweckten Einschränkung des Anwendungsbereichs ist der Schutzauftrag des humanitären Völkerrechts. Der territoriale Anwendungsbereich darf sich deswegen auf der anderen Seite auch nicht nur auf das jeweilige Operationsgebiet erstrecken. Denn die Zivilbevölkerung bedarf des Schutzes des Rechtes der nichtinternationalen bewaffneten Konflikte nicht nur im Operationsgebiet.[1295] Wie die Fälle des ICTR und des ICTY gezeigt haben, wird die Zivilbevölkerung auch außerhalb der Kampfhandlungen unmittelbar angegriffen. In solchen Fällen muss das humanitäre Völkerrecht zum Schutz der Zivilbevölkerung nach seinem Sinn und Zweck auch anwendbar sein.[1296]

Wie im Rahmen der Auseinandersetzung mit einem unbeschränkten territorialen Anwendungsbereich bereits dargelegt, soll es nicht dazu dienen, bestehende Auseinandersetzungen auszuweiten.[1297] Es muss also auch räumlich nur dort anwendbar sein, wo die verfeindeten Parteien regelmäßig aufeinandertreffen können und Unbeteiligte durch die Anwendbarkeit geschützt und nicht gefährdet

---

1293 Gasser/ Melzer, Humanitäres Völkerrecht, S. 24; Heintschel von Heinegg, Seekriegsrecht und Neutralität im Seekrieg, S. 125; Kreß, JZ 2014, 365, 368.

1294 Vgl. Art. 1 Abs. 2 ZP II.

1295 Junod in: Pilloud/ Sandoz (Hrsg.), Commentary on the Additional Protocols of 8 June 1977 to the Geneva Conventions of 12 August 1949, Protocol II - Article 2, Rn. 4490; weniger eindeutig, aber in der Gesamtschau der Ausführung auch darauf hinauslaufend: Pictet, The Geneva Conventions of 12 August 1949: Commentary 4. Geneva Convention, S. 36.

1296 ICTY, *Prosecutor v. Dusko Tadić*, Decision on the Defence Motion for Interlocutory Appeal on Jurisdiction vom 2. Oktober 1995, Case No. IT-94-1, Rn. 68.

1297 Geiß, in: Heintze/ Ipsen (Hrsg.), Heutige bewaffnete Konflikte als Herausforderungen an das humanitäre Völkerrecht, S. 56. Siehe S. 233 ff.

werden. Dementsprechend ist es im Sinne des humanitären Völkerrechts, dass nicht überall auf der Welt die Tötung eines feindlichen Kämpfers unter Berufung auf das humanitäre Völkerrecht zulässig ist. Denn durch das Rechtsregime werden Gewaltanwendungen in einem größeren Maße legitimiert.[1298] Folge dessen wäre aber eine weitere Gefährdung von Unbeteiligten, was das humanitäre Völkerrecht gerade vermeiden will.

Der territoriale Anwendungsbereich darf sich aber auch nicht nur auf das Operationsgebiet beschränken. Denn das Recht der nichtinternationalen bewaffneten Konflikte soll auch territorial dort anwendbar sein, wo durch die Möglichkeit von Feindseligkeiten ab einer gewissen Intensität kein anderes Rechtsregime mehr die gegenseitigen Gewaltanwendungen regulieren würde.[1299] Nach dem Willen der Verfasser des Rechtsregimes muss die Zivilbevölkerung ausschließlich an diesen Orten vor gezielten Übergriffen und vor Kollateralschäden von Feindseligkeiten ab einer gewissen Intensität geschützt werden.

Die Kontrolle über ein Gebiet ist von den denkbaren Kriterien zur Bestimmung des territorialen Anwendungsbereichs dasjenige, das diesen Konflikt am ehesten in einer sachgerechten Art und Weise lösen kann. Denn außerhalb des von den Konfliktparteien kontrollierten Territoriums finden sich regelmäßig keine größeren Gruppen von Kämpfern einer Konfliktpartei über eine längere Dauer. Dadurch ist die Wahrscheinlichkeit jedoch sehr gering, dass sich beide Parteien dort in Kampfhandlungen verwickeln. Befinden sich Gruppen von Kämpfern aber über eine längere Dauer an einem bestimmten Ort, muss eine Kontrolle des betreffenden Gebiets durch diese Gruppen angenommen werden. Zugleich besteht dort regelmäßig keine Veranlassung gegen die Zivilbevölkerung vorzugehen, weil diese keiner der Konfliktparteien zuzuordnen ist. Eine Schutzbedürftigkeit besteht in diesen Gebieten also nicht, weil grundsätzlich kein Interesse an der Schädigung der Zivilbevölkerung besteht und Kollateralschäden schon deshalb unwahrscheinlich sind, weil andauernde Kampfhandlungen mehrerer Kämpfer unwahrscheinlich sind, weil sie sich nicht geschlossen in dem entsprechenden Gebiet aufhalten.

Die territoriale Anwendbarkeit des humanitären Völkerrechts nur auf dem von Konfliktparteien kontrollierten Gebiet ist auch nicht im Gesamtsystem des internationalen Rechtes unbillig. Denn jede Partei kann außerhalb der kontrollierten Gebiete nach anderen Rechtsregimen wie insbesondere den Menschenrechtsabkommen Mitglieder der gegnerischen Partei verfolgen. Dass sie dabei

1298 Kreß, JZ 2014, 365, 396.
1299 Siehe S. 236.

nicht die umfangreichen Befugnisse wie im Rahmen von bewaffneten Konflikten genießen, ist mit Blick auf die zu erwartende kleine Anzahl von in einer Gruppe auftretenden Kämpfern auch nicht von vornherein unangemessen oder ineffektiv. Ebenso verhält es sich für das Verbot von Kollateralschäden. Eine präzise Definition des Begriffs der Kontrolle vermeidet unsachgemäße Ergebnisse im Einzelfall.

c) *Staatenpraxis*

In der Staatenpraxis kommen Übergriffe auf die Zivilbevölkerung und Feindseligkeiten ab einer gewissen Intensität nur dort vor, wo eine gewisse Kontrolle durch eine der Konfliktparteien besteht. Denn außerhalb des eigentlichen Operationsgebiets sind die Staaten überwiegend überall dort gegen den nichtstaatlichen Akteur vorgegangen, wo er über eine spürbare Präsenz verfügte.[1300] Dies gilt mit Ausnahme des Verhaltens Israels im Konflikt mit der Hisbollah[1301] insbesondere bei Einsätzen in angrenzenden Staaten.[1302] Selbst die USA beachten diesen Grundsatz, zumindest nach Aussage des „White Papers", im Rahmen der Drohneneinsätze in Somalia, in Pakistan und im Jemen.[1303]

Das Verhalten der Staaten bezüglich auf dem eigenen Staatsgebiet stattfindender Konflikte stimmt mit dem Kriterium der Kontrolle allerdings nicht vollständig überein. Jeder Staat hat – soweit ersichtlich – das humanitäre Völkerrecht auf dem eigenen Staatsgebiet nur solange angewendet, wie es im Operationsgebiet des nichtinternationalen bewaffneten Konflikts lag.[1304] Selbst Russland[1305] und die Gerichte der USA[1306] sind so vorgegangen. Deutschland und Dänemark haben schließlich zwischenzeitlich nur Teile des afghanischen Staatsgebiets als dem humanitären Völkerrecht unterfallend angesehen.[1307] Zwar stellt sich diese Herausforderung bei nahezu allen Kriterien zur Bestimmung des territorialen Anwendungsbereichs. Das gilt insbesondere für Staatsgrenzen[1308] und den unbeschränkten territorialen Anwendungsbereich[1309]. Im Zusammenhang mit dem

1300 Vergleiche insbesondere die Konfllikte in Kolumbien (S. 175 f. und S. 183 ff.) und Russland (S. 176 ff.).
1301 Siehe dazu S. 178.
1302 Vergleiche die Konfllikte in angrenzenden Staaten (S. 180 ff.).
1303 Siehe S. 196 ff.
1304 Vergleiche die Konfllikte innnerhalb eines Staates (S. 173 ff.).
1305 Siehe S. 176 ff.
1306 Siehe S. 166 f.
1307 Siehe S. 174.
1308 Siehe S. 209 f.
1309 Siehe S. 223 ff.

Kriterium der Kontrolle weist dies allerdings auf mögliche Wertungswidersprüche hin. Sie unterscheiden sich danach, ob man ausschließlich die Gebietskontrolle durch einen nichtstaatlichen Akteur oder auch durch Staaten für die Bestimmung des territorialen Anwendungsbereichs für maßgeblich hält.

2. Maßgebliche Partei

Das humanitäre Völkerrecht wäre nach dem Kriterium der Kontrolle grundsätzlich auf dem gesamten Territorium der beteiligten Staaten anwendbar, weil Staaten ihr eigenes Staatsgebiet grundsätzlich kontrollieren. Darüber hinaus wäre das Rechtsregime aber noch in den Gebieten außerhalb des Staatsgebiets der beteiligten Staaten anwendbar, die entweder von den nichtstaatlichen Akteuren oder einem der beteiligten Staaten kontrolliert werden. Abhängig von der genauen Definition von „Kontrolle" können im territorialen Anwendungsbereich auch Ausbildungscamps und andere Einrichtungen des nichtstaatlichen Akteurs außerhalb des Operationsgebiets liegen.

Auf Schwierigkeiten stößt das Kriterium bei nichtstaatlichen Akteuren, die keine geographischen Ziele wie Unabhängigkeit verfolgen.[1310] Besitzt eine Gruppierung ausschließlich ideologische Ziele wie die Bekämpfung des „Westens", üben sie in der Regel nur selten die Kontrolle über ein Gebiet aus. Das verdeutlicht ein Vergleich zwischen dem IS und al-Qaida. Damit daraus aber ein Argument gegen das Kriterium der Gebietskontrolle wird, müsste die fehlende Anwendbarkeit des humanitären Völkerrechts außerhalb der unter der Kontrolle der beteiligten Staaten stehenden Territorien nicht sachgerecht sein. Das ist jedoch eine Frage nach der Vereinbarkeit mit dem Sinn und Zweck des Rechtsregimes.

Das Kriterium der Gebietskontrolle kann vielmehr regelmäßig im Rahmen grenzüberschreitender nichtinternationaler bewaffneter Konflikte in einem sehr hohen Maße das Verhalten der Beteiligten widerspiegeln. Ein bewaffneter Konflikt zwischen einem Staat und einem nichtstaatlichen Akteur richtet sich in derartigen Konfliktkonstellationen, wie im Abschnitt zur Staatenpraxis gezeigt[1311], gerade nicht primär nach den Staatsgrenzen. Er bleibt regelmäßig vom Aktionsradius des nichtstaatlichen Akteurs abhängig. Das Konfliktgebiet kann sich nur auf Teile des gegnerischen Staates oder auch über mehrere Staaten erstrecken. Über das Kriterium der Kontrolle ist somit sichergestellt, dass auch auf dem Gebiet unbeteiligter Staaten das Recht der nichtinternationalen bewaffneten Konflikte an-

1310 Daskal, U. Pa. L. Rev. 2013, 1165, 1208.
1311 Siehe insb. S. 203 f.

wendbar ist, wenn es durch die Anzahl der Kämpfer einer der Konfliktparteien wahrscheinlich ist, dass dort Kampfhandlungen ausgetragen werden.

Allerdings ist das Kriterium der Kontrolle innerhalb des Territoriums eines beteiligten Staates ebensowenig wie die Staatsgrenzen in der Lage, zu einer differenzierten Anwendung des humanitären Völkerrechts zu dienen. Stellt man auf die Kontrolle eines bestimmten Gebiets durch eine der Parteien ab, läge das Staatsgebiet eines am Konflikt beteiligten Staates jedenfalls im territorialen Anwendungsbereich des humanitären Völkerrechts. Die pauschale Erstreckung des territorialen Anwendungsbereichs auf das gesamte Territorium der Staaten birgt jedoch die Gefahr unbilliger Ergebnisse[1312] und des Missbrauchs[1313]. Das im Vergleich zu den Menschenrechtsabkommen niedrigere Schutzniveau für Kämpfer der gegnerischen Konfliktpartei würde bei der großflächigen Geltung des humanitären Völkerrechts generell zu einem nicht notwendigen Verlust an Menschenleben und dem missbräuchlichen Entzug der persönlichen Freiheitsrechte führen.[1314] Denn nimmt man den derzeitigen Afghanistan-Konflikt als Beispiel, so wäre neben Afghanistan nach dieser Sichtweise das humanitäre Völkerrecht auch in Deutschland, den USA und Großbritannien anwendbar.

Dieser Gefahr lässt sich auf zwei Arten begegnen. Es lässt sich einerseits überlegen, ob der territoriale Anwendungsbereich vor diesem Hintergrund nur in denjenigen Gebieten anwendbar ist, die unter der Kontrolle des nichtstaatlichen Akteurs stehen. Andererseits könnte man auch auf die sonstigen Erfordernisse des Rechtsregimes und insbesondere den funktionalen Zusammenhang verweisen.

a) Gebietskontrolle durch nichtstaatlichen Akteur

Abhängig von der Definition der Kontrolle könnte sich der territoriale Anwendungsbereich nur auf diejenigen Gebiete erstrecken, in denen der nichtstaatliche Akteur über eine gewisse Präsenz verfügt und regelmäßig anzutreffen ist. Das humanitäre Völkerrecht wäre dann nur dort anwendbar, wo Staat und nichtstaatlicher Akteur regelmäßig aufeinandertreffen. Nicht dem humanitären Völkerrecht unterfallen würden hingegen Handlungen des nichtstaatlichen Akteurs außerhalb seines Einflussgebiets, beispielsweise im Heimatland des feindlichen Staates. Das ist natürlich nur so lange nicht der Fall, wie die dort vorhandene Präsenz des nichtstaatlichen Akteurs nicht selbst eine Form der Gebietskontrolle darstellt.

1312 Lewis, Tex. Int'l L.J. 2012, 293, 302; Sivakumaran, The Law of Non-International Armed Conflict, S. 250.

1313 Lubell/ Derejko, J. Int'l Crim. Just. 2013, 65, 71.

1314 Lewis, Tex. Int'l L.J. 2012, 293, 302.

Für die Bestimmung des territorialen Anwendungsbereichs anhand des von dem nichtstaatlichen Akteur kontrollierten Gebiets spricht zunächst die Nähe des Rechtes der nichtinternationalen bewaffneten Konflikte zur Kriminalitätsbekämpfung und damit indirekt zu den internationalen Menschenrechtsabkommen. Grund dafür ist die fehlende Straffreistellung der Kämpfer der Parteien für mit dem humanitären Völkerrecht konforme Handlungen. Dadurch erhält das gesamte Recht der nichtinternationalen bewaffneten Konflikte den Charakter der Selbstbeschränkung durch die Staaten, wie dies auch bei den Menschenrechtsabkommen der Fall ist.

Nichtstaatliche Akteure haben deswegen aber jedenfalls so lange wenig Anreize, das humanitäre Völkerrecht zu beachten, wie sie keine realistische Chance haben, ihren Gegner endgültig zu besiegen. Denn nur in diesem Fall könnten sie die Mitglieder der unterlegenen Partei auch wegen deren Verstößen gegen das humanitäre Völkerrecht bestrafen. Andernfalls bleibt der nichtstaatliche Akteur unabhängig davon, ob er sich völkerrechtskonform verhält, jedenfalls nach lokalem Strafrecht, strafbar.[1315] Dann macht es für ihn jedoch faktisch keinen Unterschied, ob er sich dem humanitären Völkerrecht gemäß verhält. Zumindest in Konflikten, die von einer starken Asymmetrie zwischen den Parteien geprägt sind, führt dies besonders häufig zu gravierenden Verstößen gegen das humanitäre Völkerrecht durch den nichtstaatlichen Akteur.

Mit dieser Betrachtungsweise ist es auch nicht unbillig, die Anwendbarkeit des humanitären Völkerrechts auf diejenigen Gebiete zu beschränken, in denen sich der nichtstaatliche Akteur und die beteiligten Staaten regelmäßig begegnen, und gerade nicht auch solche Gebiete zu erfassen, auf denen der nichtstaatliche Akteur in der Praxis nie anzutreffen ist. Darauf aufbauend lässt sich argumentieren, dass die Anwendbarkeit des humanitären Völkerrechts auf dem Gebiet der beteiligten Staaten unerheblich ist. Denn die Geltung des humanitären Völkerrechts ist für den nichtstaatlichen Akteur in der Regel ohnehin unerheblich. Entscheidend ist nur, dass das humanitäre Völkerrecht überall dort anwendbar ist, wo der Staat gegen größere Gruppen des nichtstaatlichen Akteurs vorgeht. Dies wiederum könnte man allein durch eine passende Definition des Begriffs der Kontrolle gewährleisten.

In Konflikten auf dem Gebiet großflächiger Staaten entspricht das auch in Teilen der Staatenpraxis. Sie stimmt beispielsweise mit der Ansicht Deutschlands

---

1315 O'Connell, in: Fleck (Hrsg.), The Handbook of International Humanitarian Law, Rn. 128.3.

und Dänemarks im Afghanistan-Konflikt überein.[1316] Ebenso entspricht sie dem Verhalten der Staaten, die sich auf dem eigenen Territorium in einer bewaffneten Auseinandersetzung befanden.[1317]

b) Gebietskontrolle durch alle Konfliktparteien

Sinn und Zweck des humanitären Völkerrechts machen jedoch deutlich, dass nicht alleine die Kontrolle einer bestimmten Fläche durch einen nichtstaatlichen Akteur für den territorialen Anwendungsbereich des Rechtsregimes maßgeblich sein kann. Allerdings stellt sich dann noch einmal zugespitzt die Frage nach dem Mehrwert eines territorial beschränkten Anwendungsbereichs. Denn auf dem gesamten Territorium der an dem nichtinternationalen bewaffneten Konflikt beteiligten Staaten wäre das Rechtsregime territorial anwendbar.

aa) Sinn und Zweck

Gegen die Bestimmung des territorialen Anwendungsbereichs anhand des vom nichtstaatlichen Akteur kontrollierten Gebiets spricht die noch immer, jedenfalls in der Theorie des Rechtsregimes, bestehende Gleichbehandlung der Konfliktparteien. Das humanitäre Völkerrecht ist darauf angelegt, alle Konfliktparteien gleich zu behandeln. Denn sonst würden die Kämpfer des nichtstaatlichen Akteurs durch das Rechtsregime anders behandelt als die der Staaten. Das Recht der nichtinternationalen bewaffneten Konflikte selbst behandelt alle Parteien jedoch gleich. Es differenziert gerade nicht danach, ob ein Kämpfer einem Staat oder einem nichtstaatlichen Akteur angehört.

Die unterschiedliche Behandlung der Kämpfer der Konfliktparteien, beispielsweise in Bezug auf die strafrechtliche Verfolgung, ist eine Folge der faktischen Machtverhältnisse und nicht des Rechtsregimes. Nach den Vorschriften des Rechtes der nichtinternationalen bewaffneten Konflikte kann auch ein nichtstaatlicher Akteur die Kämpfer eines Staates für die Teilnahme am bewaffneten Konflikt bestrafen.

Wenn das Rechtsregime aber gerade nicht zwischen nichtstaatlichem Akteur und Staat unterscheidet, darf das Rechtsregime die Staaten auch nicht in Bezug auf den territorialen Anwendungsbereich privilegieren. Das wäre aber der Fall, wenn das humanitäre Völkerrecht auf ihrem Staatsgebiet nur dort gälte, wo der nichtstaatliche Akteur über ein gewisses Maß an Kontrolle verfügt. Die rechtliche Bewertung muss in dieser Hinsicht unabhängig von der tatsächlichen Lage sein.

1316 Dazu siehe S. 174.

1317 Vgl. die Auseinandersetzungen in Russland (S. 176 ff) und Kolumbien (S. 175 f).

Zudem widerspricht die Beschränkung des territorialen Anwendungsbereichs auf das vom nichtstaatlichen Akteur kontrollierte Gebiet Sinn und Zweck des humanitären Völkerrechts. Insbesondere die Zivilbevölkerung bedarf des Schutzes des humanitären Völkerrechts nicht nur dort, wo die Konfliktparteien mit einer hohen Wahrscheinlichkeit aufeinandertreffen können. Dann ließe sich der territoriale Anwendungsbereich nämlich auf das Operationsgebiet beschränken.[1318]

Die Zivilbevölkerung bedarf überall dort des Schutzes des humanitären Völkerrechts, wo es von Einwirkungen der nichtstaatlichen Akteure oder des Staates betroffen sein kann. Das ist aber auf dem gesamten Territorium der beteiligten Staaten der Fall. Denn der nichtstaatliche Akteur und der Staat können sich dort potentiell überall in Kampfhandlungen begegnen. Demgegenüber besteht eine solche Möglichkeit außerhalb des von den Konfliktparteien kontrollierten Gebiets nicht. Hier existieren keine Ziele, die von der anderen Partei bekämpft werden könnten. Es kommen allein einzelne Ziele in Betracht, bei denen Sinn und Zweck des humanitären Völkerrechts eine Anwendbarkeit des Rechtsregimes jedoch nicht gebietet, weil es eher eine Gefährdung als einen Schutz der Schutzbedürftigen bewirken würde.

Deshalb kann der territoriale Anwendungsbereich im Rahmen nichtinternationaler bewaffneter Konflikte nicht allein anhand der Kontrolle einer bestimmten Fläche durch einen nichtstaatlichen Akteur bestimmt werden. Fraglich ist jedoch, welche Schlüsse daraus zu ziehen sind, dass das Rechtsregime territorial auf dem gesamten Staatsgebiet der an dem nichtinternationalen bewaffneten Konflikt beteiligten Staaten anwendbar ist, weil die Kontrolle eines Gebiets durch eine der Konfliktparteien maßgeblich ist.

bb) Wertungswidersprüche

Natürlich kann der territoriale Anwendungsbereich des humanitären Völkerrechts nicht sämtliche Abgrenzungsprobleme zu den internationalen Menschenrechten lösen. Ebensowenig ist er in der Lage, sämtliche Wertungswidersprüche innerhalb des Rechtsregimes zu vermeiden. Die fehlende Möglichkeit, die territoriale Anwendbarkeit des humanitären Völkerrechts innerhalb des Staatsgebiets beteiligter Staaten zu differenzieren, wirft trotzdem die Frage nach dem Nutzen eines territorial beschränkten Anwendungsbereichs auf. Denn innerhalb des Territoriums beteiligter Staaten kommt dem funktionalen Zusammenhang und

1318 Dagegen zu Recht: ICTY, *Prosecutor v. Dusko Tadić*, Decision on the Defence Motion for Interlocutory Appeal on Jurisdiction vom 2. Oktober 1995, Case No. IT-94-1, Rn. 68. Näher dazu siehe S. 144.

den anderen Handlungsvoraussetzungen die entscheidende Rolle zu, wertungswidrige Ergebnisse zu verhindern. Im Unterschied zu einem unbeschränkten territorialen Anwendungsbereich wäre unter dem Kriterium der Gebietskontrolle eine Korrektur somit nur in großen Flächenstaaten und nicht auch in Bezug auf vom eigentlichen Konfliktgebiet weit entfernt stattfindenden Handlungen der Konfliktparteien notwendig.[1319]

Die erforderliche Beschränkung der Befugnisse der Konfliktparteien innerhalb des durch sie kontrollierten Gebiets stellt also in jedem Fall die Handlungsvoraussetzungen und das Erfordernis des funktionalen Zusammenhangs sicher. Da ihnen in diesem Maße also auch unter dem Kriterium der Gebietskontrolle eine bedeutende Rolle zukäme, ist fraglich, ob es dann nicht überflüssig ist, den Anwendungsbereich in territorialer Hinsicht zu beschränken.

Allerdings zeigt die Staatenpraxis, dass Staaten insbesondere innerhalb ihres eigenen Staatsgebiets in den letzten 15 Jahren nur dort und in solchen Fällen auf Grundlage des humanitären Völkerrechts gehandelt haben, wo der nichtstaatliche Akteur über eine Präsenz verfügte, die militärischen Verbänden entsprach.[1320] Wie daraus ersichtlich wird, ist es schon aus politischen Gründen unwahrscheinlich, dass Staaten das Recht der nichtinternationalen bewaffneten Konflikte innerhalb des eigenen Staatsgebiets entgegen seines Telos für alleinstehende Gewaltanwendungen heranziehen.

Abgesehen von diesen praktischen Erwägungen behält ein über das Kriterium der Gebietskontrolle beschränkter territorialer Anwendungsbereich auch seinen Nutzen. Ein beschränkter territorialer Anwendungsbereich verhindert im Voraus für eindeutige Fälle vereinzelter Gewalt auf dem Gebiet unbeteiligter Staaten, dass sich eine der Konfliktparteien dabei auf das humanitäre Völkerrecht berufen kann. Damit mindert es die Bedeutung der allgemeinen Handlungsvoraussetzungen und des funktionalen Zusammenhangs.[1321] Es führt dazu, dass in solchen Fällen gerade nicht mehr *ex post* ein Streit um die Rechtmäßigkeit der Handlung entstehen kann. Denn es stünde fest, dass das Recht der nichtinternationalen bewaffneten Konflikte unter keinen Umständen die Rechtsgrundlage der Handlung darstellt.[1322]

1319 Sivakumaran, The Law of Non-International Armed Conflict, S. 251.

1320 Vergleiche insbesondere die Auseinandersetzungen in Russland (S. 176 ff.) und Kolumbien (S. 175 f.).

1321 Siehe S. 237 ff.

1322 Unbenommen bleibt natürlich der Einwand, dass das Ausmaß der gegenseitigen Gewaltanwendungen der Parteien auf dem Gebiet des unbeteiligten Staates die Voraussetzungen eines nichtinternationalen bewaffneten Konflikts erfüllt.

Zudem entspricht es auch dem Telos des Rechtes der nichtinternationalen bewaffneten Konflikte, dass das Rechtsregime territorial auf dem Gebiet der beteiligten Staaten anwendbar ist. Denn es soll überall dort grundsätzlich anwendbar sein, wo die Parteien nach einer gewissen Wahrscheinlichkeit aufeinandertreffen können und Unbeteiligte deshalb des Schutzes des Rechtsregimes bedürfen.[1323] Das kann innerhalb der beteiligten Staaten potentiell jederzeit geschehen, weil sich dort Einrichtungen einer Partei befinden. Auf dem Gebiet unbeteiligter Staaten, das eine der Parteien kontrolliert, gilt selbiges.

Auf dem Gebiet unbeteiligter Staaten, das nicht eine der Parteien kontrolliert, befinden sich Angehörige der Parteien hingegen denklogisch nur vereinzelt. Die dort überhaupt nur denkbaren Gewaltanwendungen können in aller Regel kein Niveau erreichen, das die Anwendbarkeit des humanitären Völkerrechts zwingend notwendig macht. Denn das Rechtsregime soll gerade nicht schon bei sporadischen Kampfhandlungen anwendbar sein.[1324]

Die Folge, dass Drohneneinsätze oder Einsätze von Spezialeinheiten in nicht vom Konflikt betroffenen Ländern nicht dem Recht der nichtinternationalen bewaffneten Konflikte unterfallen, spricht nicht gegen das Ergebnis. Selbst wenn sich in einem unbeteiligten Staat zehn bewaffnete Mitglieder eines nichtstaatlichen Akteurs befinden, ist dieser Umstand allein keine Rechtfertigung für die Anwendbarkeit humanitären Völkerrechts.

c) Ergebnis

Die Kontrolle einer bestimmten Fläche durch eine der Konfliktparteien (nicht nur durch nichtstaatliche Akteure) ist von allen denkbaren Kriterien am ehesten geeignet, den Bereich zu umfassen, auf dem das humanitäre Völkerrecht nach Sinn und Zweck anwendbar sein muss. Gleichzeitig ist es aber auch in der Lage, über diesen Bereich nicht hinauszugehen. Das Kriterium ist damit besser als alle anderen Modi in der Lage, einen adäquaten territorialen Anwendungsbereich für nichtinternationale bewaffnete Konflikte unter Berücksichtigung der modernen Konfliktkonstellationen zu bestimmen. Dadurch werden zum einen – wie beim Abstellen auf die Staatsgrenzen – juristische Kunstgriffe hinfällig, um im Einzelfall doch die Anwendbarkeit des humanitären Völkerrechts zu begründen.[1325] Gleichzeitig wird der territoriale Anwendungsbereich aber auch so gering gehalten,

---

1323 Siehe S. 254 f.

1324 Fleck, in: Fleck (Hrsg.), The Handbook of International Humanitarian Law, Rn. 1205; Sivakumaran, The Law of Non-International Armed Conflict, S. 167 f.

1325 Vgl. S. 208 ff.

dass beispielsweise keine Korrektur in Bezug darauf notwendig wird, warum die Tötung eines einzelnen feindlichen Kämpfers weitab des eigentlichen Konfliktgebiets unzulässig ist.[1326]

3. Der Begriff der Kontrolle

Der territoriale Anwendungsbereich des humanitären Völkerrechts erstreckt sich folglich auf alle Gebiete, die unter der Kontrolle einer der Konfliktparteien stehen. Fraglich ist, wie dieser Begriff zu definieren ist. Wie bei der Beurteilung der grundsätzlichen Anwendbarkeit des humanitären Völkerrechts muss die Frage der Kontrolle anhand objektiver Kriterien festgestellt werden. Das Urteil des ICTY bleibt allerdings die Beantwortung der Frage schuldig, unter welchen Voraussetzungen eine Kontrolle vorliegt, sodass sich der territoriale Anwendungsbereich auf das entsprechende Gebiet erstreckt.[1327] Man könnte auf den Begriff der Kontrolle im ZP II rekurrieren.

„Kontrolle" wurde dabei so verstanden, dass sie Handlungen erlaubt, die die Voraussetzungen für einen nichtinternationalen bewaffneten Konflikt erfüllen.[1328] Eine genauere Bestimmung des Begriffs wurde auch in den Beratungen zum ZP II nicht vorgenommen.[1329]

a) Frühe Ansätze

In der frühen Literatur wird Kontrolle negativ abgegrenzt. Der nichtstaatliche Akteur kontrolliere regelmäßig das Gebiet, das nicht unter der Kontrolle des Staates stehe.[1330] Eindeutige Kriterien sind damit aber noch nicht gewonnen. Um unter der Kontrolle zu stehen,

---

1326 Vgl. S. 237 ff.

1327 So auch: Arimatsu, YIHL 2009, 157, 188.

1328 Junod in: Pilloud/ Sandoz (Hrsg.), Commentary on the Additional Protocols of 8 June 1977 to the Geneva Conventions of 12 August 1949, Protocol II - Article 1, Rn. 4466.

1329 Junod in: Pilloud/ Sandoz (Hrsg.), Commentary on the Additional Protocols of 8 June 1977 to the Geneva Conventions of 12 August 1949, Protocol II - Article 1, Rn. 4465.

1330 ICTR, *Prosecutor v. Jean-Paul Akayesu*, Judgement vom 2. September 1998, Case No. ICTR-96–4, Rn. 626; Junod in: Pilloud/ Sandoz (Hrsg.), Commentary on the Additional Protocols of 8 June 1977 to the Geneva Conventions of 12 August 1949, Protocol II - Article 1, Rn. 4467.

> [...] *there must be some degree of stability in the control of even a modest area of land for them to be capable of effectively applying the rules of the Protocol.*[1331]

Davon abgesehen, ob die so vorgenommene Konkretisierung im Rahmen der Anwendbarkeitsvoraussetzungen überhaupt weiterführend ist, lässt sie sich nicht zur Bestimmung des territorialen Anwendungsbereichs heranziehen. Denn das Kriterium der Kontrolle stellt im Zusammenhang mit den Anwendungsvoraussetzungen, so ausgelegt, nur sicher, dass die anderen Anwendungsvoraussetzungen erfüllt werden können. Das ist deswegen verständlich, weil die einzelnen Anwendungsvoraussetzungen als eng miteinander verbunden angesehen werden.[1332]

Das Kriterium der Kontrolle im Rahmen der Bestimmung des territorialen Anwendungsbereichs muss hingegen für sich allein bestehen. Die Anwendbarkeit des humanitären Völkerrechts auf die Auseinandersetzung zwischen einem nichtstaatlichen Akteur und einem Staat hängt, davon abgesehen, auch nur zu einem geringen Anteil von der Kontrolle eines Gebiets ab. Entscheidender dafür ist die Organisation der Gruppe.

b) *Neuere Ansätze*

Die neuere Literatur versucht, die Lücke des ICTY unmittelbar zu schließen. Sie fokussiert sich darauf, unter welchen Umständen ein nichtstaatlicher Akteur die Kontrolle über ein bestimmtes Gebiet ausübt. Dies sei nur dann der Fall,

> [...] *if the non-State party has established an actual (quasi-)military infrastructure on the territory of the third State's soil that would enable the non-State party to carry out intensive armed violence also from there.*[1333]

Für diesen Begriff der Kontrolle spricht, dass damit der Definition eines Angriffs durch einen nichtstaatlichen Akteur im Sinne des *ius ad bellum* entsprochen würde.[1334] Dieses Kriterium eignet sich auch deshalb gut, weil es Trainingscamps und andere Rückzugsorte außerhalb des Operationsgebiets in unbeteiligten Staaten erfasst. An solchen Orten muss das humanitäre Völkerrecht anwendbar sein, da

---

1331 Junod in: Pilloud/ Sandoz (Hrsg.), Commentary on the Additional Protocols of 8 June 1977 to the Geneva Conventions of 12 August 1949, Protocol II - Article 1, Rn. 4467.

1332 Junod in: Pilloud/ Sandoz (Hrsg.), Commentary on the Additional Protocols of 8 June 1977 to the Geneva Conventions of 12 August 1949, Protocol II - Article 1, Rn. 4465.

1333 Kreß, J. Conflict & Sec. L. 2010, 245, 266.

1334 Kreß, J. Conflict & Sec. L. 2010, 245, 266.

immer die Möglichkeit besteht, dass die Kämpfe auch zu solchen Orten getragen werden. Weil sich dort mehrere Kämpfer aufhalten, werden die Kampfhandlungen auch regelmäßig eine Intensität erreichen, in denen die Anwendbarkeit des Rechtsregimes mehr schützt als gefährdet.

c) Alternative

Eine alternative Definition ist die zum ZP II vorgeschlagene Negativabgrenzung. Kontrolle läge demnach immer über die Gebiete vor, die nicht unter der alleinigen Herrschaftsgewalt desjenigen Staates stehen, in dessen Territorium sie sich befinden. Letzteres ist dann der Fall, wenn sich dort ein organisierter Verband von Kämpfern ohne weiteres für eine Zeit von mehr als einzelnen Tagen aufhalten kann.

Dafür spricht, dass auch der ICTR die Formulierung schon verwendet hat.[1335] Die Definition hat zum anderen den Vorteil, dass dem Interesse des beteiligten Staates, die Kontrolle eines Gebiets zu behaupten, ein Interesse des betroffenen Staates entgegensteht. Aus Gesichtspunkten des internationalen Ansehens wird ein am Konflikt unbeteiligter Staat nämlich den Verlust der Kontrolle über ein bestimmtes Gebiet abstreiten. Dadurch würde zudem verhindert, dass eine Staatenpraxis ohne Widerspruch entstehen könnte. Wegen dieses Vorteils ist die Definition gegenüber der zuerst genannten vorzuziehen.

d) Ergebnis

Der territoriale Anwendungsbereich des humanitären Völkerrechts im Rahmen nichtinternationaler bewaffneter Konflikte erstreckt sich also auf das Gebiet aller beteiligter Staaten und diejenigen Gebiete unbeteiligter Staaten, in denen letztere nicht mehr über die alleine Herrschaftsgewalt verfügen, weil sich dort organisierte Verbände von Kämpfern der Konfliktparteien über einen über Stunden hinausgehenden Zeitraum ungestört aufhalten können.

1335 ICTR, *Prosecutor v. Jean-Paul Akayesu*, Judgement vom 2. September 1998, Case No. ICTR-96-4, Rn. 626.

F. Zusammenfassung und Ausblick

Der territoriale Anwendungsbereich des Rechtes der nichtinternationalen bewaffneten Konflikte ist ein Teilaspekt der Frage, wann humanitäres Völkerrecht den Rechtsrahmen für Gewaltanwendungen von nichtstaatlichen Akteuren und Staaten vorgibt. Im Unterschied zu den Anwendungsvoraussetzungen stellt sich diese Frage jedoch erst, wenn das Vorliegen eines nichtinternationalen bewaffneten Konflikts bejaht wird. Im Unterschied zu den Handlungsvoraussetzungen und der Voraussetzung des funktionalen Zusammenhangs ist der territoriale Anwendungsbereich jedoch nicht im Einzelfall zu bestimmen. Er entscheidet vielmehr grundsätzlich, auf welchem Gebiet das humanitäre Völkerrecht anwendbar ist.[1336] Der territoriale Anwendungsbereich gilt für sämtliche Normen des Rechtsregimes.[1337]

Der territoriale Anwendungsbereich kann in der Systematik des internationalen Rechtes verschiedene Funktionen erfüllen. Einerseits kann er teilweise die noch immer notwendige Abgrenzung von internationalen Menschenrechtsabkommen und humanitärem Völkerrecht vornehmen.[1338] Darüber hinaus kann er dazu dienen, den an einem nichtinternationalen bewaffneten Konflikt beteiligten Parteien und ihren Kämpfern ein gewisses Maß an Rechtssicherheit darüber zu verschaffen.[1339] Denn durch einen eindeutig und im *ex ante* bestimmbaren territorialen Anwendungsbereich wissen die Akteure, auf Grundlage welches Rechtsregimes sie wo handeln. Schließlich kann ein beschränkter territorialer Anwendungsbereich dazu beitragen, die Ausweitung von bewaffneten Konflikten zu unterbinden. Denn er macht es insbesondere Staaten unmöglich, das humanitäre Völkerrecht als Rechtsgrundlage in Sachverhalten heranzuziehen, in denen das Rechtsregime nicht zwingend anwendbar sein muss.[1340]

Der territoriale Anwendungsbereich umfasste ursprünglich das gesamte Staatsgebiet des Staates, in dem der nichtinternationale Konflikt ausgetragen wurde.[1341] Vergleicht man jedoch den Wortlaut und die Quellen zur Entstehungsgeschichte des Rechtes der nichtinternationalen bewaffneten Konflikte mit den Stellung-

1336 Siehe S. 5 ff.
1337 Siehe S. 26 ff.
1338 Siehe S. 79 ff.
1339 Siehe S. 80 f.
1340 Siehe S. 81 ff.
1341 Siehe S. 85 ff.

nahmen der neueren Literatur, bleibt festzustellen, dass sich die unter das Rechtsregime fallenden Konfliktkonstellationen in der Zwischenzeit wesentlich erweitert haben.[1342] Die anfangs „einfache" Bestimmung des territorialen Anwendungsbereichs anhand der Staatsgrenzen ist seitdem nicht mehr möglich. Das geänderte Verständnis, welche Konfliktkonstellationen einen bewaffneten Konflikt darstellen können, macht es erforderlich, die Bestimmung auf der Grundlage des geschriebenen Rechtes und der Rechtsprinzipien neu zu entwickeln.[1343]

Bei der Suche nach verbindlichen Vorgaben zur Bestimmung des territorialen Anwendungsbereichs fällt der erste Blick auf das andere Rechtsregime des humanitären Völkerrechts. Doch auch im Rahmen internationaler bewaffneter Konflikte lässt sich bislang nicht eindeutig feststellen, wie der territoriale Anwendungsbereich zu bestimmen ist.[1344] In diesem Rechtsregime besteht jedoch auch ein erheblich geringeres praktisches Bedürfnis danach.[1345]

Der bisherigen Rechtsprechung kommt deshalb eine besondere Bedeutung bei der Frage zu, ob es bereits verbindlich festgelegt wurde, wie der territoriale Anwendungsbereich zu bestimmen ist. Jedoch besteht dabei zwischen den Gerichtshöfen[1346] und teilweise sogar auch innerhalb eines Gerichtshofs[1347] keine einheitliche Linie. Die Urteile legen den den territorialen Anwendungsbereich auf unterschiedliche Art und Weise fest. Deshalb kann ihnen auch kein eindeutiger Hinweis auf das zu verwendende Kriterium entnommen werden.[1348]

Die Staatenpraxis bietet dafür teilweise Hinweise, auf welchem Gebiet humanitäres Völkerrecht von den Staaten angewendet wird. Allerdings kann selbst aus dem übereinstimmenden Handeln der Staaten insbesondere deswegen keine verbindliche Staatenpraxis entnommen werden, weil aus ihm nicht zwingend eine Rechtsauffassung der Staaten deutlich wird.[1349] Dementsprechend enthält auch das Verhalten der Staaten keine verbindlichen Hinweise darauf, wie der territoriale Anwendungsbereich bestimmt wird.[1350]

Entscheidende Bedeutung kommt daher (vorerst) der Auffassung der Literatur zu. Sie hat die Rechtsfragen im Zusammenhang mit dem territorialen

---

1342 Siehe S. 88 ff.
1343 Siehe S. 143.
1344 Siehe S. 154.
1345 Siehe S. 154 f.
1346 Siehe S. 157 ff.
1347 Vgl. S. 160 ff.
1348 Siehe S. 167.
1349 Siehe S. 167 ff.
1350 Siehe S. 203 ff.

Anwendungsbereich lange Zeit wenig beachtet. Inzwischen lassen sich jedoch drei Strömungen ausmachen.

Die Strömung, die den territorialen Anwendungsbereich weiterhin anhand der Staatsgrenzen bestimmen möchte, vermag nicht mehr zu überzeugen.[1351] Der Verweis auf die Entstehungsgeschichte und die ursprüngliche Bestimmung führen zu keinem anderen Schluss.[1352] Denn insbesondere bei modernen Konfliktkonstellationen entstünden erhebliche Wertungswidersprüche.[1353]

In der momentan erscheinenden Literatur besonders populär ist die Ansicht, dass der Anwendungsbereich des Rechtes nichtinternationaler bewaffneter Konflikte territorial unbeschränkt sei.[1354] Eine solche Betrachtungsweise findet jedoch keinen ausreichenden Rückhalt in der Systematik des humanitären Völkerrechts[1355] oder des Völkerrechts insgesamt[1356]. Ebenso spricht der Sinn und Zweck des Rechtsregimes nicht nur nicht für, sondern gegen einen unbeschränkten territorialen Anwendungsbereich.[1357]

Deshalb ist der territoriale Anwendungsbereich dahingehend zu beschränken, dass das Recht der nichtinternationalen bewaffneten Konflikte nur auf dem Gebiet anwendbar ist, das unter der Kontrolle einer der Konfliktparteien steht. Natürlich kann der territoriale Anwendungsbereich des humanitären Völkerrechts nicht alle Abgrenzungsprobleme zu den internationalen Menschenrechten lösen. Ebensowenig ist er in der Lage, sämtliche Wertungswidersprüche innerhalb des Rechtsregimes zu vermeiden. Doch über einen so beschränkten Anwendungsbereich kann die Anwendbarkeit des Rechtsregimes auf diejenigen Sachverhalte begrenzt werden, in denen sie vom Sinn und Zweck her vorgegeben ist. Der so bestimmte territoriale Anwendungsbereich befindet sich darüber hinaus auch im Einklang mit der Staatenpraxis.

Der Begriff der Kontrolle ist dabei so zu definieren, dass eine Konfliktpartei dann das Gebiet eines fremden Staates kontrolliert, wenn letzterer dort nicht mehr über die alleinige Herrschaftsgewalt verfügt. Das wird in der Regel der Fall

---

1351 Siehe S. 213 f.

1352 Siehe S. 208.

1353 Siehe S. 210 ff.

1354 Lubell/ Derejko, J. Int'l Crim. Just. 2013, 65, 86 f.; Sivakumaran, The Law of Non-International Armed Conflict, S. 251 f.; Studie für den Menschenrechtsausschuss des Europäischen Parlaments: Human Rights Implications of the Usage of Drones and Unmanned Robots in Warfare, Doc.: EXPO/B/DROI/2012/12, S. 21

1355 Siehe S. 225 ff.

1356 Siehe S. 229 ff.

1357 Siehe S. 232 ff.

sein, wenn sich dort organisierte Verbände von Kämpfern der Konfliktparteien über einen über Stunden hinausgehenden Zeitraum ungestört aufhalten können.

Demzufolge fallen die Einsätze von UAVs wie im Jemen und in Somalia nicht in den territorialen Anwendungsbereich eines nicht in diesen Ländern stattfindenden nichtinternationalen bewaffneten Konflikts. Geht man nach dem Sinn und Zweck des Rechtsregimes, ist das kein unhaltbares, sondern vielmehr ein erwünschtes Ergebnis. Denn bei solchen Einsätzen wird regelmäßig nur eine einzige Person bekämpft, sodass nicht nur das humanitäre Völkerrecht als Notordnung in Betracht kommt. In diesen Fällen werden gerade auch die internationalen Menschenrechtsabkommen als Rechtsregime diskutiert.[1358] Zugleich erreicht die Bekämpfung einer einzelnen Person, insbesondere mittels einer UAV, auch nicht die Intensität, dass der Schutz Unbeteiligter über das humanitäre Völkerrecht erforderlich wäre. Die Einsätze von UAVs sind vielmehr ein klassisches Beispiel dafür, dass das humanitäre Völkerrecht vielmehr zur Legitimierung von Gewaltanwendungen verwendet wird.

Es bleibt abzuwarten, inwieweit sich die internationale Rechtswissenschaft auf eine Art der Bestimmung des territorialen Anwendungsbereichs wird einigen können. Doch selbst wenn dies geschehen sollte, bleiben die Staaten diejenigen, denen es obliegt, die gefundenen Erkenntnisse umzusetzen. Hier bleiben erhebliche Bedenken, ob sie sich zu irgendeinem Zeitpunkt zu den hier aufgeworfenen Fragen explizit äußern werden.

Wie nicht zuletzt auch das Verhalten der deutschen Bundesregierung im Rahmen des Einsatzes der Bundeswehr in Afghanistan[1359] gezeigt hat, stehen vielfältige (innen)politische Interessen hinter der Frage, ob sich ein Staat in einem bewaffneten Konflikt befindet. Ebenso kritisch ist jedoch auch die Frage, wo sich ein Staat in einem bewaffneten Konflikt befindet. Selbst die juristisch korrekte Aussage, dass humanitäres Völkerrecht grundsätzlich auf deutschem Boden auch dann anwendbar sein kann, wenn dort kein bewaffneter Konflikt ausgetragen wird, kann für die deutsche Öffentlichkeit schwer zu akzeptieren sein. Allein daraus kann sich schon ein Beweggrund für die Bundesregierung ergeben, eine solche Position abzulehnen. Dass das kein rein deutsches Problem darstellt, zeigen

1358 Blum/ Heymann, Harv. Nat'l Sec. J. 2010, 145, 160 f.; Melzer, Targeted Killing in International Law, S. 58 ff.; Otto, Targeted Killings and International Law, S. 198 ff.; Schmitz-Elvenich, Targeted Killing. Die völkerrechtliche Zulässigkeit der gezielten Tötung von Terroristen im Ausland, S. 255 f.

1359 Siehe S. 174.

schon die Entscheidungen der US-Gerichte, die das humanitäre Völkerrecht auch nicht auf US-Territorium für anwendbar halten.[1360]

Gleichzeitig bestehen für die Staaten keinerlei Anreize, sich juristisch auf eine Antwort auf die Frage der Bestimmung des territorialen Anwendungsbereichs festzulegen. Jede eindeutige Aussage würde nämlich die Handlungsoptionen, die zu einem späteren Zeitpunkt zur Verfügung stehen, begrenzen. Daran haben Staaten aber natürlich kein Interesse. Im Gegenteil: Das Beispiel der USA zeigt, dass sich ein Staat ohne eindeutigen (bzw. ohne eindeutig kommunizierten) Standpunkt zum territorialen Anwendungsbereich (ebenso wie zu sämtlichen derzeit diskutierten Themen) je nach Situation flexibel verhalten kann. Das ermöglicht insbesondere, den Standpunkt einzunehmen, dass die Rechtmäßigkeit einzelner *targeted killings* unter dem Rechtsregime des humanitären Völkerrechts zu beurteilen sei, obwohl die eigene Judikative das humanitäre Völkerrecht territorial nicht überall für anwendbar hält.[1361]

Aus diesen Gesichtspunkten heraus erscheint die Hoffnung derzeit zu optimistisch, dass von den Staaten eine verbindliche Aussage zum territorialen Anwendungsbereich getroffen wird. Solange bleibt aber auch deren Verhalten ohne verbindlichere Aussagekraft.[1362] Da auch eine Fortentwicklung der Genfer Konventionen nicht abzusehen ist, kann nur die Rechtsprechung die hier aufgeworfenen Fragen verbindlich klären. Es bleibt abzuwarten, wann die Gerichte einen entsprechenden Fall erhalten werden, und ob sie die Gelegenheit nutzen werden, sich verbindlich zu der Problematik zu äußern. Insbesondere im Hinblick auf das gesteigerte Interesse an einer rechtssicheren Bestimmung des territorialen Anwendungsbereichs des Rechtes der nichtinternationalen bewaffneten Konflikte bleibt dies zu hoffen.

1360 Siehe S. 166 f.
1361 Vgl. S. 192 ff.
1362 Siehe S. 167 f.

Literaturverzeichnis

Archiv der Gegenwart, Königswinter 1931

Abi-Saab, Rosemary, Humanitarian Law and Internal Conflicts: The Evolution of Legal Concern, in: Delissen, Astrid J./ Tanja, Gerard J. (Hrsg.), Humanitarian Law of Armed Conflict Challenges Ahead: Essays in Honour of Frits Kalshoven, Dordrecht [u. a.] 1991, S. 209–223

Akande, Dapo, Classification of Armed Conflicts: Relevant Legal Concepts, in: Wilmshurst, Elizabeth (Hrsg.), International Law and the Classification of Conflicts, Oxford 2012, S. 32–79

Aldrich, George H., The Laws of War on Land, Am. J. Int'l L. 2000, S. 42–63

Altiparmak, Kerem, Bankovic: An Obstacle to the Application of the European Convention on Human Rights in Iraq?, J. Conflict & Sec. L. 2004, S. 213–251

Altman, Andrew, Introduction, in: Finkelstein, Claire (Hrsg.), Targeted Killings – Law and Morality in an Asymmetrical World, Oxford [u. a.] 2012, S. 1–27

Ambos, Kai, Vor §§ 8 ff. VStGB, in: Lagodny, Otto (Hrsg.), Münchener Kommentar zum Strafgesetzbuch, Bd. 8, 2. Auflage, München 2013, S. 1178–1213

Ambos, Kai/ Alkatout, Josef, Der Gerechtigkeit einen Dienst erwiesen? Zur völkerrechtlichen Zulässigkeit der Tötung Osama bin Ladens, JZ 2011, S. 758–764

Anderson, Kenneth, How we Came to Debate Whether there is a legal Geography of War, WaCLRP 2011, Nr. 16, S. 1–17

Arimatsu, Louise, Territory, Boundaries and the Law of Armed Conflict, YIHL 2009, S. 157–192

Barnidge, Robert P., A Qualified Defense of US Drone Attacks in Northwest Pakistan under International Humanitarian Law, B.U. Int'l L.J. 2012, S. 409–447

Bartels, Rogier, Timelines, Borderlines and Conflicts, IRRC 2009, S. 35–67

Bassiouni, Mahmoud C., Legal Control of International Terrorism: A Policy-Oriented Assessment, Harv. Int'l L.J. 2002, S. 83–103

Bellinger, John B., Legal Issues in the War on Terrorism – A Reply to Silja N. U. Vöneky, German L.J. 2007, S. 871–878

Ben-Naftali, Orna/ Michaeli, Keren, Public Committee Against Torture in Israel v. Government of Israel, Am. J. Int'l L. 2007, S. 459–465

Bennett, Joshua, Exploring the Legal and Moral Bases for Conducting Targeted Strikes Outside of the defined Combat Zone, Notre Dame J.L. Ethics & Pub. Pol'y 2012, S. 549–580

Berber, Friedrich, Lehrbuch des Völkerrechts, Bd. 2: Kriegsrecht, 2. Auflage, München [u.a.] 1969

Bianchi, Andrea/ Naqci, Yasmin, Terrorism, in: Clapham, Andrew/ Gaeta, Paola (Hrsg.), The Oxford Handbook of International Law in Armed Conflict, Oxford 2014, S. 574–604

Blank, Laurie R., Consequences of a "War" Paradigms for Counterterrorism: What Impact on Basic Rights and Values?, Ga. L. Rev. 2011–2012, S. 719–741

Blank, Laurie R., Targeted Strikes: The Consequences of Blurring the Armed Conflict and Self-Defense Justifications, Wm. Mitchell L. Rev. 2011–2012, S. 1655–1700

Blank, Laurie R., Debates and Dichotomies: Exploring the Presumptions Underlying Contentions About the Geography of Armed Conflict, in: Hrsg. noch nicht bekannt, Boundaries of the Battlefield, (Im Erscheinen)

Blank, Laurie R./ Corn, Geoffrey S., Losing the Forest for the Trees: Syria, Law and the Pragmaties of Conflict Recognition, Vand. J. Transnat'l L. 2013, S. 693–746

Blank, Laurie R./ Farley, Benjamin R., Characterizing US Operations in Pakistan: Is the US engaged in an Armed Conflict?, Fordham Int'l L.J. 2010, S. 151–189

Blum, Gabriella/ Heymann, Philip, Law and Policy of Targeted Killing, Harv. Nat'l Sec. J. 2010, S. 145–170

Boeckner, Otto, Der Kriegsschauplatz, Berlin 1911

Boelaert-Suominen, Sonja, The Yugoslavia Tribunal and the Common Core of Humanitarian Law Applicable to all Armed Conflicts, LJIL 2000, S. 619–653

Boothby, William H., The Law of Targeting, Oxford 2012

Boothby, William H., Conflict Law – The Influence of New Weapons Technology, Human Rights and Emerging Actors, The Hague 2014

Bothe, Michael, Article 3 and Protocol II: Case Studies of Nigeria and El Salvador, Am. U. L. Rev. 1892, S. 899–908

Bothe, Michael, The Law of Neutrality, in: Fleck, Dieter (Hrsg.), The Handbook of International Humanitarian Law, 3. Auflage, Oxford [u.a.] 2008, S. 549–580

Bothe, Michael, Friedenssicherung und Kriegsrecht, in: Graf Vitzthum, Wolfgang (Hrsg.), Völkerrecht, 5. Auflage, Berlin [u.a.] 2010, S. 639–740

Bothe, Michael, Neutrality, Concept and General Rules, in: Wolfrum, Rüdiger (Hrsg.), The Max Planck Encyclopedia of Public International Law, Bd. VII, Oxford 2012, S. 617–634

Brooks, Rosa Ehrenreich, War everywhere: Rights, National Security Law, and the Law of Armed Conflict in the Age of Terror, U. Pa. L. Rev. 2004–2005, S. 675–761

Buergenthal, Thomas, To Respect and to Ensure: State Obligations and Permissible Derogations, in: Henkin, Louis (Hrsg.), The International Bill of Rights, New York 1981, S. 72–91

Buergenthal, Thomas, Human Rights, in: Wolfrum, Rüdiger (Hrsg.), The Max Planck Encyclopedia of Public International Law, Bd. IV, Oxford 2012, S. 1021–1031

Cannizzaro, Enzo, Proportionality in the Law of Armed Conflict, in: Clapham, Andrew/ Gaeta, Paola (Hrsg.), The Oxford Handbook of International Law in Armed Conflict, Oxford 2014, S. 332–352

Cassese, Antonio, International Law, 2. Auflage, Oxford [u. a.] 2005

Chesney, Robert, Who May Be Killed? Anwar al-Awlaki as a Case Study in the International Legal Regulation of Lethal Force, YIHL 2011, S. 3–60

Chesney, Robert M., Beyond the Battlefield, beyond Al-Qaeda: The destablilizing legal Architecture of Counterterrorism, Mich. L. Rev. 2013, S. 163–224

Clapham, Andrew, Human Rights Obligations of Non-State Actors in Conflict Situations, IRRC 2006, S. 491–523

Clapham, Andrew, Focusing on Armed Non-State Actors, in: Clapham, Andrew/ Gaeta, Paola (Hrsg.), The Oxford Handbook of International Law in Armed Conflict, Oxford 2014, S. 766–810

Coomans, Fons/ Kamminga, Menno T., Comparative Introductory Comments on the Extraterritorial Application of Human Rights Treaties, in: Coomans, Fons/ Kamminga, Menno T. (Hrsg.), Extraterritorial Application of Human Rights Treaties, Antwerpen [u. a.] 2004, S. 1–8

Corn, Geoffrey S., Hamdan, Lebanon, and the Regulation of Armed Conflict: The Need to Recognize a Hybrid Category of Armed Conflict, Vand. J. Transnat'l L. 2007, S. 295–356

Corn, Geoffrey S., Making the Case for Conflict Bifurcation in Afghanistan: Transnational Armed Conflict, al Qaida and the Limits of the Associated Militia Concept, in: Schmitt, Michael N. (Hrsg.), Naval War College International Law Studies, Bd. 85: The War in Afghanistan: A Legal Analysis, Newport, Rhode Island 2009, S. 181–218

Corn, Geoffrey S., What Law applies to the War on Terror?, in: Lewis, Michael W. (Hrsg.), The War on Terror and the Laws of War – A Military Perspective, New York 2009, S. 1–36

Corn, Geoffrey S., Mixing Apples and Hand Grenades: The Logical Limit of Applying Human Rights Norms to Armed Conflict, J. Int'l Human. Legal Stud. 2010, S. 52–94

Corn, Geoffrey S., Geography of Armed Conflict: Why it is a Mistake to fish for the Red Herring, in: Deeks, Ashley S. (Hrsg.), Naval War College International Law Studies, Bd. 89: The Geography of Cyber Conflict: Through a Glass Darkly, Newport, Rhode Island 2013, S. 77–107

Corn, Geoffrey S. u.a., Belligerent Targeting and the Invalidity of a Least Harmful Means Rule, in: tba (Hrsg.), Naval War College International Law Studies, Bd. 89: tba, Newport, Rhode Island 2013, S. 536–626

Corn, Geoffrey S./ Jensen, Eric Talbot, Untying the Gordian Knot: A Proposal for Determining Applicability of the Laws of War to the War on Terror, Temp. L. Rev. 2008, S. 787–830

Corn, Geoffrey S./ Jensen, Eric Talbot, Transnational Armed Conflict: A "Principled" Approach to the Regulation of Counter-Terror Combat Operations, Isr. L. Rev. 2012, S. 46–79

Crowley, Michael, So, who can America Kill, Time Magazine vom 01.04.2013, S. 40–42

Cullen, Anthony, The Parameters of Internal Armed Conflict in International Humanitarian Law, U. Miami Int'l & Comp. L. Rev. 2004, S. 189–230

Cullen, Anthony, Key Devolopments Affecting the Scope of Internal Armed Conflict in International Humanitarian Law, Mil. L. Rev. 2005, S. 66–109

Cullen, Anthony, The Concept of Non-International Armed Conflict in International Humanitarian Law, Cambridge 2010

Daskal, Jennifer C., The Geography of the Battlefield: A Framework for Detention and Targeting outside the "Hot" Conflict Zone, U. Pa. L. Rev. 2013, S. 1165–1234

David, Eric, Internal (Non-International) Armed Conflict, in: Clapham, Andrew/ Gaeta, Paola (Hrsg.), The Oxford Handbook of International Law in Armed Conflict, Oxford 2014, S. 353–362

Deeks, Ashley S., "Unwilling or Unable": Towards a Normative Framework for Extraterritorial Self-Defense, Va. J. Int'l L. 2012, S. 483–550

Deeks, Ashley S., Domestic Humanitarian Law: Developing the Law of War in Domestic Courts, in: Jinks, Derek u.a. (Hrsg.), Applying International Humanitarian Law in Judicial and Quasi-Judicial Bodies, Den Haag 2014, S. 133–164

Dehn, John C./ Heller, Kevin Jon, Targeted Killing: The Case of Anwar Al-Aulaqi, U. Pa. L. Rev. PENNumbra 2011, S. 175–201

Delahunty, Robert J./ Yoo, John C., What is the Role of International Human Rights in the War on Terror?, DePaul L. Rev. 2009–2010, S. 803–850

Dennis, Michael, Application of Human Rights Treaties Extraterritorially in Times of Armed Conflict and Military Occupation, Am. J. Int'l L. 2005, S. 119–141

Dennis, Michael, Application of Human Rights Treaties Extraterritorally to Detention of Combatants and Security Internees: Fuzzy Thinking All Around?, ILSA J. Int'l & Comp. L. 2006, S. 459–480

von der Groeben, Constantin, The Conflict in Colombia and the Relationship between Humanitarian Law and Human Rights Law in Practice: Analysis of the New Operational Law of the Colombian Armed Forces, J. Conflict & Sec. L. 2011, S. 141–164

Dershowitz, Alan M., Targeted Killing Vindicated, The Huffington Post vom 02.05.2011, http://www.huffingtonpost.com/alan-dershowitz/targeted-killing-vindicat_b_856538.html (zuletzt abgerufen am 19.12.2013)

Detter, Ingrid, The Law of War, 3. Auflage, Farnham [u. a.] 2013

Dinh Tho, Tran, The Cambodia Incursion, Washingtion 1979

Dinstein, Yoram, Unlawful Combatancy, in: Borch, Fred L./ Wilson, Paul S. (Hrsg.), Naval War College International Law Studies, Bd. 79: International Law and the War on Terror, Newport, Rhode Island 2003, S. 151–174

Dinstein, Yoram, Terrorism and Afghanistan, in: Schmitt, Michael N. (Hrsg.), Naval War College International Law Studies, Bd. 85: The War in Afghanistan: A Legal Analysis, Newport, Rhode Island 2009, S. 43–58

Dinstein, Yoram, The Conduct of Hostilities under the Law of International Armed Conflict, 2. Auflage, Cambridge [u. a.] 2010

Dinstein, Yoram, Concluding Remarks on Non-International Armed Conflicts, in: Watkin, Kenneth/ Norris, Andrew J. (Hrsg.), Naval War College International Law Studies, Bd. 88: Non-International Armed Conflict in the Twenty-first Centrury, Newport, Rhode Island 2012, S. 399–421

Dinstein, Yoram, War, Aggression, and Self-Defence, 5. Auflage, Cambridge [u. a.] 2012

Doehring, Karl, Völkerrecht, 2. Auflage, Heidelberg 2004

Doswald-Beck, Louise, Developments in Customary International Humanitarian Law, SZIER 2005, S. 471–498

Doswald-Beck, Louise, Human Rights in Times of Conflict and Terrorism, Oxford [u. a.] 2011

Draper, G.I.A.D., The Relationship between the Human Rights Regime and the Law of Armed Conflict, Isr. Y.B. Hum. Rts. 1971, S. 191–207

Droege, Cordula, The Interplay between International Humanitarian Law and International Human Rights Law in Situations of Armed Conflict, Isr. L. Rev. 2007, S. 310–355

Duffy, Helen, The "War on Terror" and the Framework of International Law, Cambridge [u. a.] 2005

Durham, Helen/ Massingham, Eve, Who is Protected under International Humanitarian Law? Finding a Definition for "Direct Participation in Hostilities", in: Lovell, David W./ Primoratz, Igor (Hrsg.), Protecting Cilivilians during Violent Conflict. Theoretical and Practical Issues for the 21st Century, Farnham 2012, S. 103–118

Fair, Christine C./ Jones, Seth G., Pakistan's War Within, Survival 2009, S. 161–188

Final Record of the Diplomatic Conference of Geneva of 1949, Bd. I, Bern 1949

Final Record of the Diplomatic Conference of Geneva of 1949, Bd. II.B, Bern 1949

Finkelstein, Claire, Targeted Killing as Preemptive Action, in: Finkelstein, Claire (Hrsg.), Targeted Killings – Law and Morality in an Asymmetrical World, Oxford [u. a.] 2012, S. 156–182

Fleck, Dieter, Law Enforcement and the Conduct of Hostilities: Two Supplementing or Mutually Excluding Legal Paradigms?, in: Fischer-Lescano, Andreas/ Bothe, Michael (Hrsg.), Frieden in Freiheit. Festschrift für Michael Bothe zum 70. Geburtstag, Baden-Baden 2008, S. 391–407

Fleck, Dieter, The Law of Non-International Armed Conflicts, in: Fleck, Dieter (Hrsg.), The Handbook of International Humanitarian Law, 3. Auflage, Oxford [u. a.] 2008, S. 581–610

Fraleigh, Arnold, The Algerian Revolution, in: Falk, Richard A. (Hrsg.), The International Law of Civil War, Baltimore [u. a.] 1971, S. 179–243

Franck, Thomas M., On Proportionality of Countermeasures in International Law, Am. J. Int'l L. 2008, S. 715–767

Gaeta, Paola, War Crimes and Other International 'Core' Crimes, in: Clapham, Andrew/ Gaeta, Paola (Hrsg.), The Oxford Handbook of International Law in Armed Conflict, Oxford 2014, S. 737–765

Gasser, Hans-Peter, Internationalized Non-International Armed Conflicts: Case Studies of Afghanistan, Kampuchea and Lebanon, Am. U. L. Rev. 1983, S. 145–161

Gasser, Hans-Peter/ Dörmann, Knut, Protection of the Civilian Population, in: Fleck, Dieter (Hrsg.), The Handbook of International Humanitarian Law, 3. Auflage, Oxford [u. a.] 2013, S. 231–320

Gasser, Hans-Peter/ Melzer, Nils, Humanitäres Völkerrecht, 2. Auflage, Baden-Baden [u. a.] 2012

Gasser, Hans-Peter/ Thürer, Daniel, Humanitarian Law, International, in: Wolfrum, Rüdiger (Hrsg.), The Max Planck Encyclopedia of Public International Law, Bd. V, Oxford 2012, S. 59–72

Geiß, Robin, Armed Violence in Fragile States: Low-Intensity Conflicts, Spillover Conflicts, and sporadic Law Enforcement Operations by Third Parties, IRRC 2009, S. 127–142

Geiß, Robin, Das humanitäre Völkerrecht im Lichte aktueller Herausforderungen, in: Heintze, Hans-Joachim/ Ipsen, Knut (Hrsg.), Heutige bewaffnete Konflikte als Herausforderungen an das humanitäre Völkerrecht, Berlin, Heidelberg 2011, S. 45–67

Gillard, Emanuela-Chiara, International Humanitarian Law and Extraterritorial State Conduct, in: Coomans, Fons/ Kamminga, Menno T. (Hrsg.), Extraterritorial Application of Human Rights Treaties, Antwerpen [u. a.] 2004, S. 25–40

Gomez, Juan Carlos, Twenty-First-Century Challenges: The Use of Military Forces to Combat Criminal Threats, in: Watkin, Kenneth/ Norris, Andrew J. (Hrsg.), Naval War College International Law Studies, Bd. 88: Non-International Armed Conflict in the Twenty-first Centrury, Newport, Rhode Island 2012, S. 279–291

Goodman, Ryan/ Jinks, Derek, The ICRC Interpretive Guidance on the Notion of Direct Participation in Hostilites under International Humanitarian Law: An Introduction to the Forum, N.Y.U. J. Int'l L. & Pol. 2010, S. 637–641

Graf Vitzthum, Wolfgang, Begriff, Geschichte und Rechtsquellen des Völkerrechts, in: Graf Vitzthum, Wolfgang (Hrsg.), Völkerrecht, 5. Auflage, Berlin [u. a.] 2010, S. 6–77

Green, Leslie Claude, The Contemporary Law of Armed Conflict, 3. Auflage, Manchester [u. a.] 2008

Greenwood, Christopher, Self-Defence and the Conduct of International Armed Conflict, in: Dinstein, Yoram/ Rosenne, Shabtai (Hrsg.), International Law at a Time of Perplexity – Essays in Honour of Shabtai Rosenne, Dordrecht [u. a.] 1989, S. 273–288

Greenwood, Christopher, International Law and the "War against Terrorism", International Affairs 2002, S. 301–318

Greenwood, Christopher, War, Terrorism and International Law, CLP 2003, S. 505–530

Greenwood, Christopher, Self-Defence, in: Wolfrum, Rüdiger (Hrsg.), The Max Planck Encyclopedia of Public International Law, Bd. IX, Oxford 2012, S. 103–113

Grossmann, Lev, Drone Home, Time Magazine vom 11.02.2013, S. 20–25

Grote, Rainer, Northern Ireland, in: Wolfrum, Rüdiger (Hrsg.), The Max Planck Encyclopedia of Public International Law, Bd. VII, Oxford 2012, S. 816–829

Guggenheim, Paul, Lehrbuch des Völkerrechts, Bd. 1–2, Basel 1948–1951

Gulati, Rishi, The 26/11 Terrorist Attacks and the Application of the Laws of Armed Conflict, ISIL Y.B. Int'l Human. & Ref. L. 2012, S. 91–113

Hailbronner, Kay/ Kau, Marcel, Der Staat und der Einzelne als Völkerrechtssubjekte, in: Graf Vitzthum, Wolfgang (Hrsg.), Völkerrecht, 5. Auflage, Berlin [u.a.] 2010, S. 156–270

Haines, Steven, Northern Ireland 1968–1998, in: Wilmshurst, Elizabeth (Hrsg.), International Law and the Classification of Conflicts, Oxford 2012, S. 117–145

Hampson, Francoise J., Direct Participation in Hostilities and the Interoperability of the Law of Armed Conflict and Human Rights Law, in: Pedrozo, Raul A./ Wollschläger, Daria P. (Hrsg.), Naval War College International Law Studies, Bd. 87: International Law and the Changing Character of War, Newport, Rhode Island 2011, S. 187–213

Hampson, Francoise J., Afghanistan 2001–2010, in: Wilmshurst, Elizabeth (Hrsg.), International Law and the Classification of Conflicts, Oxford 2012, S. 242–279

Hankel, Gerd, Eroberung, Widerstand und Radikalisierung – Überlegungen zum Kombattantenstatus im asymmetrischen Krieg, in: Hankel, Gerd (Hrsg.), Die Macht und das Recht. Beiträge zum Völkerrecht und Völkerstrafrecht am Beginn des 21. Jahrhunderts, Hamburg 2008, S. 414–460

Häußler, Ulf, Drohnen sind nicht verboten, Frankfurter Allgemeine Zeitung vom 01.11.2012, S. 6

Heintschel von Heinegg, Wolff, Seekriegsrecht und Neutralität im Seekrieg, 1995

Heintschel von Heinegg, Wolff, Wider die Mär vom Tode des Neutralitätsrechts, in: Fischer, Horst/ Fleck, Dieter (Hrsg.), Krisensicherung und Humanitärer Schutz. Festschrift für Dieter Fleck, Berlin 2004, S. 221–242

Heintschel von Heinegg, Wolff, Asymmetric Warfare: How to Respond?, in: (Hrsg.), Naval War College International Law Studies, Bd. 87: International Law and the Changing Character of War, Newport, Rhode Island 2011, S. 463–480

Heintze, Hans-Joachim, Konsequenzen und Konvergenz von Menschenrechtsschutz und humanitärem Völkerrecht, in: Fischer, Horst (Hrsg.), Krisensicherung und Humanitärer Schutz. Festschrift für Dieter Fleck, Berlin 2004, S. 243–266

Henckaerts, Jean-Marie, Study on customary International Humanitarian Law: A Contribution to the Understanding and Respect for the Rule of Law in Armed Conflict, IRRC 2005, S. 175–212

Henkin, Louis, The International Bill of Rights, New York 1981

Herdegen, Matthias, Völkerrecht, 11. Auflage, München 2012

Hess, Martin, Die Anwendbarkeit des humanitären Völkerrechts, insbesondere in gemischten Konflikten - Eine Untersuchung der Anwendbarkeit der Genfer und Haager Konventionen anhand der Konflikte in Afghanistan, Angola, Kampuchea, im Libanon und im Tschad, Zürich 1985

Höfer, Martin F., Gezielte Tötungen. Terrorismusbekämpfung und die neuen Feinde der Menschheit, Tübingen 2013

Hoffmann, Thomás, Squaring the Circle? – International Humanitarian Law and Transnational Armed Conflicts, in: Matheson, Michael John/ Momtaz, Djamchid (Hrsg.), Les règles et institutions du droit international humanitaire à l'épreuve des conflits armés récents, Leiden [u. a.] 2011, S. 217–273

Holland, Elizabeth, The Qualification Framework of International Humanitarian Law: Too Rigid to Accommodate Contemporary Conflicts?, Suffolk Transnat'l L. Rev. 2011, S. 145–181

IKRK, Customary International Humanitarian Law, Bd. 1: Rules, Cambrigde 2007

IKRK, How is the Term "Armed Conflict" Defined in International Humanitarian Law?, 2008, http://www.icrc.org/eng/resources/documents/article/other/armed-conflict-article-170308.htm

IKRK, Protection of Victims of Non-International Conflicts, IRRC 2010, S. 343–352

ILA, Final Report on the Meaning of Armed Conflict in International Law, 2010, http://www.ila-hq.org/download.cfm/docid/2176DC63-D268-4133-8989A664754F9F87

Ipsen, Knut, Bewaffneter Konflikt und Neutralität, in: Ipsen, Knut (Hrsg.), Völkerrecht, 5. Auflage, München 2004, S. 1195–1290

Ipsen, Knut, Individualschutz im Völkerrecht, in: Ipsen, Knut (Hrsg.), Völkerrecht, 5. Auflage, München 2004, S. 771–815

Ipsen, Knut, Humanitäres Völkerrecht und asymmetrische Konfliktparteien – ein Ausschlussbefund?, in: Fischer-Lescano, Andreas/ Bothe, Michael (Hrsg.), Frieden in Freiheit. Festschrift für Michael Bothe zum 70. Geburtstag, Baden-Baden 2008, S. 445–463

Jinks, Derek, September 11 and the Laws of War, Yale J. Int'l L. 2003, S. 1–49

Jinks, Derek, The Applicability of the Geneva Conventions to the Global War on Terrorism, Va. J. Int'l L. 2005–2006, S. 165–196

Jinks, Derek, International Human Rights Law in Time of Armed Conflict, in: Clapham, Andrew/ Gaeta, Paola (Hrsg.), The Oxford Handbook of International Law in Armed Conflict, Oxford 2014, S. 656–674

Jones, Heather, 7. August 1914, in: Cabanes, Bruno/ Duménil, Anne (Hrsg.), Der Erste Weltkrieg, Bonn 2013, S. 39–45

Joseph, Sarah Louise, Scope of Application, in: Moeckli, Daniel u. a. (Hrsg.), International Human Rights Law, Oxford [u. a.] 2010, S. 150–172

Joseph, Sarah Louise/ Castan, Melissa, The International Covenant on Civil and Political Rights - Cases, Materials and Commentary, 3. Auflage, Oxford [u. a.] 2013

Junod, Sylvie-Stoyanka, Protocol II - Article 1, in: Pilloud, Claude/ Sandoz, Yves (Hrsg.), Commentary on the Additional Protocols of 8 June 1977 to the Geneva Conventions of 12 August 1949, Genf 1987, S. 1343–1346

Junod, Sylvie-Stoyanka, Protocol II - Article 2, in: Pilloud, Claude/ Sandoz, Yves (Hrsg.), Commentary on the Additional Protocols of 8 June 1977 to the Geneva Conventions of 12 August 1949, Genf 1987, S. 1357–1360

Junod, Sylvie-Stoyanka, Protocol II - Part I, in: Pilloud, Claude/ Sandoz, Yves (Hrsg.), Commentary on the Additional Protocols of 8 June 1977 to the Geneva Conventions of 12 August 1949, Genf 1987, S. 1343–1346

Kalshoven, Frits, Neutrality Law, in: Kalshoven, Frits (Hrsg.), Reflections on the Law of War, Leiden 2007, S. 961–974

Kao, Ernest, China considered Drone Strike on foreign Soil in Hunt for Drug Lord, South China Morning Post vom 19.02.2013, http://www.scmp.com/news/china/article/1153901/drone-strike-was-option-hunt-mekong-drug-lord-says-top-narc (zuletzt abgerufen am 19.12.2013)

Keesing's Record of World Events, Harlow, Essex ab 1931

Kelly, Patrick J., The Twilight of Costumary International Law, Va. J. Int'l L. 2000, S. 449–543

Kleffner, Jann K., The Applicability of International Humanitarian Law to Organized Armed Groups, IRRC 2011, 882, S. 443–461

Kleffner, Jann K., Scope of Application of International Humanitarian Law, in: Fleck, Dieter (Hrsg.), The Handbook of International Humanitarian Law, 3. Auflage, Oxford [u. a.] 2013, S. 43–78

Kolb, Karl Maximilian, Das Kriegsgebiet im Völkerrecht, Würzburg 1968

Kolb, Robert, Human Rights and Humanitarian Law, in: Wolfrum, Rüdiger (Hrsg.), The Max Planck Encyclopedia of Public International Law, Bd. IV, Oxford 2012, S. 1040–1053

Kreß, Claus, Some Reflections on the International Legal Framework governing Transnational Armed Conflicts, J. Conflict & Sec. L. 2010, S. 245–274

Kreß, Claus, Reviews of Books, Brit. Y.B. Int'l L. 2012, S. 145–160

Kreß, Claus, Der Bürgerkrieg und das Völkerrecht, JZ 2014, 8, S. 365–373

Kretzmer, David, Rethinking the Application of International Humanitarian Law in Non-International Armed Conflicts, Isr. L. Rev. 2009, S. 8–45

Krieger, Heike, Die Verantwortlichkeit Deutschlands nach der EMRK für seine Streitkräfte im Auslandseinsatz, ZaöRV 2002, S. 696–702

Krieger, Heike, A Conflict of Norms: The Relationship Between Humanitarian Law and Human Rights Law in the ICRC Customary Law Study, J. Conflict & Sec. L. 2006, S. 265–291

Krieger, Heike, Deutschland im asymmetrischen Konflikt – Grenzen der Anwendung militärischer Gewalt gegen Taliban-Kämpfer in Afghanistan, in: Weingärtner, Dieter/ Burkhardt, Lars (Hrsg.), Die Bundeswehr als Armee im Einsatz. Entwicklungen im nationalen und internationalen Recht, Baden-Baden 2010, S. 39–59

Krieger, Heike, After Al-Jedda: Detention, Derogation, and an Enduring Dilemma, Mil. L. & L. War Rev. 2011, S. 419–446

Kunig, Philip, War, Theatre of, in: Bernhardt, Rudolf (Hrsg.), Encyclopedia of Public International Law, Bd. 4, Amsterdam [u. a.] 2000, S. 1391–1394

Kwakwa, Edward K., The International Law of Armed Conflict: Personal and Material Fields of Application, Dordrecht [u. a.] 1992

La Haye, Eve, War crimes in Internal Armed Conflicts, Cambridge 2008

Lauren, Paul G., History of Human Rights, in: Forsythe, David P. (Hrsg.), Encyclopedia of Human Rights, Bd. 2, Oxford [u. a.] 2009, S. 407–417

Lawson, Rick, Life after Bankovic: On the Extraterritorial Application of the European Convention on Human Rights, in: Coomans, Fons/ Kamminga, Menno T. (Hrsg.), Extraterritorial Application of Human Rights Treaties, Antwerpen [u. a.] 2004, S. 83–125

Lewis, Michael W., Responses to the ten Questions, Wm. Mitchell L. Rev. 2010–2011, S. 5021–5033

Lewis, Michael W., Drones and the Boundaries of the Battlefield, Tex. Int'l L.J. 2012, S. 293–314

Lewis, Michael W. u. a., The War on Terror and the Laws of War – A Military Perspective, New York 2009

Lorenz, Dirk, Der territoriale Anwendungsbereich der Grund- und Menschenrechte, Berlin 2005

Luban, David, The President, Drones, and Just War Theory, Boston Review Online vom 06.06.2012, http://www.bostonreview.net/BR37.3/david_luban_obama_drones_just_war_ theory.php (zuletzt abgerufen am 08.06.2013)

Lubell, Noam, Extraterritorial Use of Force against Non-State Actors, Oxford [u. a.] 2010

Lubell, Noam, The War (?) against Al-Qaeda, in: Wilmshurst, Elizabeth (Hrsg.), International Law and the Classification of Conflicts, Oxford 2012, S. 421–454

Lubell, Noam/ Derejko, Nathan, A Global Battlefield? Drones and the Geographical Scope of Armed Conflict, J. Int'l Crim. Just. 2013, S. 65–88

Lueder, Karl, Das Kriegsfeld, in: Holtzendorff, Franz von (Hrsg.), Handbuch des Völkerrechts – Die Staatsstreitigkeiten und ihre Entscheidung, Bd. 4, Hamburg 1889

Luther, Carsten, Über Recht und Moral des Drohnenkriegs, Zeit Online vom 26.02.2013, http://www.zeit.de/politik/ausland/2013-02/drohnen-krieg-legalitaet-moral-strategie (zuletzt abgerufen am 19.12.2013)

Makovsky, David/ White, Jeffrey, Lessons and Implications of the Israel-Hezbollah War, Washington 2006

Marauhn, Thilo, Chemical Weapons and Warfare, in: Wolfrum, Rüdiger (Hrsg.), The Max Planck Encyclopedia of Public International Law, Bd. II, Oxford 2012, S. 108–115

Marauhn, Thilo/ Ntoubandi, Zacharie F., Armed Conflict, Non-International, in: Wolfrum, Rüdiger (Hrsg.), The Max Planck Encyclopedia of Public International Law, Bd. I, Oxford 2012, S. 626–637

Margulies, Peter, Networks in Non-International Armed Conflicts: Crossing Borders and Defining "Organized Armed Group", in: Deeks, Ashley S. (Hrsg.), Naval War College International Law Studies, Bd. 89: The Geography of Cyber Conflict: Through a Glass Darkly, Newport, Rhode Island 2013, S. 54–76

McCoubrey, Hilaire/ White, Nigel D., International Law and Armed Conflict, Aldershot [u. a.] 1992

McGoldrick, Dominic, Extraterritorial Application of the International Covenant on Civil and Political Rights, in: Coomans, Fons/ Kamminga, Menno T. (Hrsg.), Extraterritorial Application of Human Rights Treaties, Antwerpen [u. a.] 2004, S. 41–71

McLaughlin, Rob, The Law of Armed Conflict and International Human Rights Law: Some Paradigmatic Differences and Operational Implications, YIHL 2011, S. 213–243

Melzer, Nils, Targeted Killing in International Law, Oxford [u. a.] 2008

Melzer, Nils, The Principle of Distinction between Civilians and Combatants, in: Clapham, Andrew/ Gaeta, Paola (Hrsg.), The Oxford Handbook of International Law in Armed Conflict, Oxford 2014, S. 296–331

Meron, Theodor, Extraterritoriality of Human Rights Treaties, Am. J. Int'l L. 1995, S. 78–82

Meron, Theodor, The Humanization of Humanitarian Law, Am. J. Int'l L. 2000, S. 239–278

Meron, Theodor, Customary Humanitarian Law Today, in: Clapham, Andrew/ Gaeta, Paola (Hrsg.), The Oxford Handbook of International Law in Armed Conflict, Oxford 2014, S. 37–49

Milanovic, Marko, Lessons for Human Rights and Humanitarian Law in the War on Terror: Comparing Hamdan and the Israeli Targeted Killings Case, IRRC 2007, S. 373–393

Milanovic, Marko, From Compromise to Principle: Clarifying the Concept of State Jurisdiction in Human Rights Treaties, Hum. Rts. L. Rev. 2008, S. 411–448

Milanovic, Marko/ Hadzi-Vidanovic, Vidan, A Taxonomy of Armed Conflict, in: White, Nigel D./ Henderson, Christian (Hrsg.), Research Handbook on International Conflict and Security Law, Cheltenham 2012, S. 256–314

Modirzadeh, Naz K., Folk International Law: 9/11 Lawyering and the Transformation of the Law of Armed Conflict to Human Rights Policy and Human Rights Law to War Governance, Harv. Nat'l Sec. J. 2014, S. 225–304

Moir, Lindsay, The Law of Internal Armed Conflict, Cambridge [u. a.] 2002

Moreno-Lax, Violeta/ Costello, Cathryn, The Extraterritorial Application of the EU Charter of Fundamental Rights, in: Peers, Steve u. a. (Hrsg.), The EU Charter of Fundamental Rights, Oxford [u. a.] 2014, S. 1657–1684

Münkler, Herfried, Reziprozität, Asymmetrie und die neuerliche Moralisierung des Krieges, in: Hankel, Gerd (Hrsg.), Die Macht und das Recht. Beiträge zum Völkerrecht und Völkerstrafrecht am Beginn des 21. Jahrhunderts, Hamburg 2008, S. 300–322

Murphy, John F., Will-o'-the Wisp? The Search for Law in Non-International Armed Conflicts, in: Watkin, Kenneth/ Norris, Andrew J. (Hrsg.), Naval War College International Law Studies, Bd. 88: Non-International Armed Conflict in the Twenty-first Centrury, Newport, Rhode Island 2012, S. 15–39

Murphy, Sean D., Evolving Geneva Convention Paradigms in the War on Terrorism: Applying the Core Rules to the Release of Persons Deemed Unprivileged Combatants, Geo. Wash. L. Rev. 2006–2007, S. 1105–1164

Nebehay, Stephanie, Exclusive: Red Cross Ruling raises Questions of Syrian War Crimes, Reuters vom 14.07.2012, http://www.reuters.com/article/2012/07/14/us-syria-crisis-icrc-idUSBRE86D09H20120714 (zuletzt abgerufen am 19.12.2013)

Nebehay, Stephanie, Some Syria Violence amounts to Civil War: Red Cross, Reuters vom 08.05.2012, http://www.reuters.com/article/2012/05/08/us-syria-redcross-idUSBRE8470D 920120508 (zuletzt abgerufen am 19.12.2013)

Neff, Stephen C., War and the Law of Nations, Cambridge [u. a.] 2005

Nettesheim, Martin, Die Allgemeine Erklärung der Menschenrechte und ihre Rechtsnatur, in: Merten, Detlef/ Papier, Hans-Jürgen (Hrsg.), Handbuch der Grundrechte, Bd. 6.2: Europäische Grundrechte, universelle Menschenrechte, Heidelberg 2009, S. 191–236

Nowak, Manfred, U.N. Covenant on Civil and Political Rights Commentary, 2. Auflage, Kehl [u. a.] 2005

Nowak, Manfred, Torture and Other Cruel, Inhuman, or Degrading Treatment or Punishment, in: Clapham, Andrew/ Gaeta, Paola (Hrsg.), The Oxford Handbook of International Law in Armed Conflict, Oxford 2014, S. 387–409

O'Connell, Mary, When is a War not a War? The Myth of the Global War on Terror, ILSA J. Int'l & Comp. L. 2005, S. 535–539

O'Connell, Mary, Combatants and the Combat Zone, U. Rich. L. Rev. 2009, S. 845–863

O'Connell, Mary, Choice of Law against Terrorism, J. Nat'l Sec. L. & Pol'y 2010, S. 343–368

O'Connell, Mary, Historical Development and Legal Basis, in: Fleck, Dieter (Hrsg.), The Handbook of International Humanitarian Law, 3. Auflage, Oxford [u. a.] 2013, S. 1–42

o.V., Colombia confirms one Ecuadorian among Dead in Cross-Border Raid, DPA vom 24.03.2008

o.V., Israel authorizes ‚severe' Response to Abductions CNN.com vom 16.07.2006, http://www.cnn.com/2006/WORLD/meast/07/12/mideast/index.html (zuletzt abgerufen am 25.09.2013)

o.V., Minister of State for Foreign Affairs joins in the Condemnation, DAWN.com vom 13.03.2011, http://x.dawn.com/2011/03/18/minister-of-state-for-foreign-affairs-joins-in-the-condemnation/ (zuletzt abgerufen am 19.12.2013)

o.V., Red Cross declares Syria conflict a Civil War, Al-Jazeera Online vom 16.07.2012, http://www.aljazeera.com/news/middleeast/2012/07/2012716231913738.html (zuletzt abgerufen am 19.12.2013)

Oeter, Stefan, Terrorismus und Menschenrechte, AVR 2002, S. 422–453

Official Records of the Diplomatic Conference on the Reaffirmation and Development of International Humanitarian Law applicable in Armed Conflicts, Bd. 8, Genf 1978

Okimoto, Keiichiro, The Distinction and Relationship between Jus ad Bellum and Jus in Bello, Oxford [u. a.] 2011

Oppenheim, Lassa/ Lauterpacht, Hersch, Oppenheims International Law, Bd. 2: Disputes, War and Neutrality, 7. Auflage, London [u. a.] 1952

Otto, Roland, Targeted Killings and International Law, Heidelberg [u. a.] 2012

Paulus, Andreas/ Vashakmadze, Mindia, Asymetrical War and the Notion of Armed Conflict, IRRC 2009, S. 95–125

Pedrozo, Raul A., Use of Unmanned Systems to Combat Terrorism, in: Pedrozo, Raul A./ Wollschläger, Daria P. (Hrsg.), Naval War College International Law Studies, Bd. 87: International Law and the Changing Character of War, Newport, Rhode Island 2011, S. 217–269

Pejic, Jelena, Terrorist Acts and Groups: A Role for International Law?, Brit. Y.B. Int'l L. 2004, S. 71–100

Pejic, Jelena, The Protectice Scope of Common Article 3: More than Meets the Eye, IRRC 2011, S. 189–225

Pejic, Jelena, Law Applicable to Detention and the Use of Force, in: Wilmshurst, Elizabeth (Hrsg.), International Law and the Classification of Conflicts, Oxford 2012, S. 80–116

Peters, Anne, Artikel 25, in: Simma, Bruno u. a. (Hrsg.), The Charter of the United Nations - A Commentary, Bd. I, 3. Auflage, Oxford 2012, S. 787–854

Pictet, Jean Simon, The Geneva Conventions of 12 August 1949: Commentary 1. Geneva Convention, Genf 1952

Pictet, Jean Simon, The Geneva Conventions of 12 August 1949: Commentary 4. Geneva Convention, Genf 1958

Pictet, Jean Simon, The Geneva Conventions of 12 August 1949: Commentary 2. Geneva Convention, Genf 1960

Pictet, Jean Simon, The Geneva Conventions of 12 August 1949: Commentary 3. Geneva Convention, Genf 1960

Pictet, Jean Simon, Humanitarian Law and the Protection of War Victims, Leyden [u. a.] 1975

Pictet, Jean Simon/ Pilloud, Claude, Protocol I - Article 75, in: Pilloud, Claude/ Sandoz, Yves (Hrsg.), Commentary on the Additional Protocols of 8 June 1977 to the Geneva Conventions of 12 August 1949, Genf 1987, S. 861–890

Prantl, Heribert, Deutschland, ein Tatort, Sueddeutsche Zeitung vom 02.06.2013, S. 4

Provost, René, International Human Rights and Humanitarian Law, Cambridge 2002

Rajower, Felix, Das Recht des bewaffneten nicht-internationalen Konflikts seit 1949, Zürich 1990

Randall, Maya H., The History of International Human Rights Law, in: Kolb, Robert/ Gaggioli, Gloria (Hrsg.), Research Handbook on Human Rights and Humanitarian Law, Cheltenham [u. a.] 2013, S. 3–34

Randelzhofer, Albrecht/ Dörr, Oliver, Art. 2 Abs. 4, in: Simma, Bruno u.a. (Hrsg.), The Charter of the United Nations – A Commentary, Bd. I, 3. Auflage, Oxford 2012, S. 200–234

Randelzhofer, Albrecht/ Nolte, Georg, Art. 51, in: Simma, Bruno u.a. (Hrsg.), The Charter of the United Nations – A Commentary, Bd. II, 3. Auflage, Oxford 2012, S. 1397–1428

Rogers, A. P. V., Unequal Combat and the Law of War, YIHL 2007, S. 3–34

Ross, James, Jurisdictional Aspects of International Human rights and Humanitarian Law in the War on Terror, in: Coomans, Fons/ Kamminga, Menno T. (Hrsg.), Extraterritorial Application of Human Rights Treaties, Antwerpen [u.a.] 2004, S. 9–25

Rüb, Matthias, Lizenz zum Töten, Frankfurter Allgemeine Zeitung Online vom 04.08.2012, http://www.faz.net/aktuell/politik/ausland/obamas-drohnenkrieg-lizenz-zum-toeten-11843805.html (zuletzt abgerufen am 19.12.2013)

Sassòli, Marco, Use and Abuse of the Laws of War in the War on Terrorism, Law & Ineq. 2004, S. 195–222

Sassòli, Marco, Transnational Armed Groups and International Humanitarian Law, Harvard 2006

Sassòli, Marco, The Role of Human Rights and International Humanitarian Law in new Types of Armed Conflicts, in: Ben-Naftali, Orna (Hrsg.), International Humanitarian Law and International Human Rights Law, Oxford [u.a.] 2011, S. 34–94

Sassòli, Marco, Combatants, in: Wolfrum, Rüdiger (Hrsg.), The Max Planck Encyclopedia of Public International Law, Bd. II, Oxford 2012, S. 350–360

Schabas, William, Lex Specialis? Belt and Suspenders? The parallel Operation of Human Rights Law and the Law of Armed Conflict, and the Conundrum of Jus ad Bellum, Isr. L. Rev. 2007, S. 592–613

Schilling, Theodor, Internationaler Menschenrechtsschutz, 2. Auflage, Tübingen 2010

Schindler, Dietrich, Differend Types of Armed Conflicts According to Geneva Conventions and Protocols, in: HAIL (Hrsg.), Recueil des Cours, Bd. 163, Den Haag [u.a.] 1979, S. 125–156

Schindler, Dietrich, Kriegsrecht und Menschenrechte, in: Haefelin, Ulrich u.a. (Hrsg.), Menschenrechte, Föderalismus, Demokratie. Festschrift zum 70. Geburtstag von Werner Kägi, Zürich 1979, S. 327–350

Schindler, Dietrich, Human Rights and Humanitarian Law, Am. U. L. Rev. 1982, S. 935–977

Schindler, Dietrich, International Humanitarian Law and Internationalized Internal Armed Conflicts, IRRC 1982, S. 255–264

Schindler, Dietrich, Transformations in the Law of Neutrality since 1945, in: Delissen, Astrid J./ Kalshoven, Frits (Hrsg.), Humanitarian Law of Armed Conflict Challenges Ahead. Essays in Honour of Frits Kalshoven, Dordrecht [u. a.] 1991, S. 367–386

Schlight, John, A War Too Long – The USAF in Southeast Asia 1961–1975, Washington 1996

Schmidt, Lars, Das humanitäre Völkerrecht in modernen asymmetrischen Konflikten, Berlin 2012

Schmitt, Michael N., Targeting and International Humanitarian Law in Afghanistan, in: Schmitt, Michael N. (Hrsg.), Naval War College International Law Studies, Bd. 85: The War in Afghanistan: A Legal Analysis, Newport, Rhode Island 2009, S. 307–339

Schmitt, Michael N., Targeting Narcoinsurgents in Afghanistan: The Limits of International Humanitaran Law, YIHL 2009, S. 301–302

Schmitt, Michael N., Classification in Future Conflict, in: Wilmshurst, Elizabeth (Hrsg.), International Law and the Classification of Conflicts, Oxford 2012, S. 455–477

Schmitt, Michael N., Extraterritorial Lethal Targeting: Deconstructing the Logic of International Law, Colum. J. Transnat'l L. 2013–2014, S. 77–112

Schmitt, Michael N., Charting the Legal Geography of Non-International Armed Conflict, in: Hrsg. noch unbekannt, Naval War College International Law Studies, Bd. 90, Newport, Rhode Island (Im Erscheinen)

Schmitz-Elvenich, Heiko F., Targeted Killing. Die völkerrechtliche Zulässigkeit der gezielten Tötung von Terroristen im Ausland, Frankfurt am Main [u. a.] 2008

Schondorf, Roy S., Extra-State Armed Conflicts: Is there a Need for a new Legal Regime?, N.Y.U. J. Int'l L. & Pol. 2004–2005, S. 1–78

Schondorf, Roy S., The Targeted Killings Judgment: A Preliminary Assessment, J. Int'l Crim. Just. 2007, S. 301–309

Sciullo, Nick J., On the Language of Counterterrorism and the Legal Geography of Terror, Willamette L. Rev. 2011–2012, S. 317–341

Shane, Scott u. a., Secret Assault on Terrorism widens on two Continents, The New York Times Online vom 14.08.2010, http://www.nytimes.com/2010/08/15/world/15shadowwar.html? pagewanted=all&_r=0 (zuletzt abgerufen am 19.12.2013)

Shanor, Charles A., Terrorism, Historical Analogies, and Modern Choices, Emory Int'l L. Rev. 2010, S. 589–617

Shaw, John M., The Cambodian Campaign – The 1970 Offensive and America's Vietnam War, Lawrence 2005

Shaw, Malcolm N., International Law, 7. Auflage, Cambridge [u. a.] 2014

Shelton, Dinah, Introduction, in: Shelton, Dinah (Hrsg.), The Oxford Handbook of International Human Rights Law, Oxford 2013, S. 1–6

Sivakumaran, Sandesh, The Law of Non-International Armed Conflict, Oxford 2012

Solis, Gary D., Law of War Issues in Ground Hostilities in Afghanistan, in: Schmitt, Michael N. (Hrsg.), Naval War College International Law Studies, Bd. 85: The War in Afghanistan: A Legal Analysis, Newport, Rhode Island 2009, S. 219–245

Solis, Gary D., The Law of Armed Conflict – International Humanitarian Law in War, New York 2013

Sperotto, Federico, Targeted Killings in Response to Security Threats: Warfare and Humanitarian Law, GJ 2008, Bd. 8, Ausg. 3, Art. 10, S. 1–32

Stadlmeier, Sigmar, Das Kriegs- und Humanitätsrecht, in: Reinisch, August (Hrsg.), Österreichisches Handbuch des Völkerrechts, Bd. 1, 5. Auflage, Wien 2013, S. 663–683

Steiger, Dominik, Civilian Object, in: Wolfrum, Rüdiger (Hrsg.), The Max Planck Encyclopedia of Public International Law, Bd. II, Oxford 2012, S. 185–190

Stein, Torsten/ von Buttlar, Christian, Völkerrecht, 13. Auflage, München 2012

Stern, Klaus, Die Idee der Menschen- und Grundrechte, in: Merten, Detlef/ Papier, Hans-Jürgen (Hrsg.), Handbuch der Grundrechte, Bd. 1: Entwicklung und Grundlagen, Heidelberg 2004, S. 3–48

Stewart, James G., Towards a single Definition of Armed Conflict in International Humanitarian Law: A Critique of Internationalized Armed Conflict, IRRC 2003, S. 313–350

Stigall, Dan E. u. a., Human Rights and Military Decisions: Counterinsurgency and Trends in the Law of International Armed Conflict, U. Pa. J. Int'l L. 2009, S. 1367–1381

Szesnat, Felicity/ Bird, Annie R., Colombia, in: Wilmshurst, Elizabeth (Hrsg.), International Law and the Classification of Conflicts, Oxford 2012, S. 203–241

Tahzib-Lie, Bahia/ Swaak-Goldman, Olivia, Determining the Threshold for the Application of International Humanitarian Law, in: Lijnzaad, Liesbeth u. a. (Hrsg.), Making the Voice of Humanity Heard – Essays in Honour of HRH Princess Margriet of the Netherlands, Leiden [u. a.] 2004, S. 239–254

Thynne, Kelisiana, Targeting the "Terrorist Enemy": The Boundaries of an Armed Conflict against Transnational Terrorists, Austl. Int'l L.J. 2009, S. 161–187

Tolley, Howard B. Jr., Torture, Convention Against Torture, in: Forsythe, David P. (Hrsg.), Encyclopedia of Human Rights, Bd. 5, Oxford [u. a.] 2009

Tomuschat, Christian, The Application of Human Rights Law to Insurgent Movements, in: Fischer, Horst (Hrsg.), Krisensicherung und Humanitärer Schutz. Festschrift für Dieter Fleck, Berlin 2004, S. 573–592

Tomuschat, Christian, Human Rights: Between Idealism and Realism, Oxford [u. a.] 2005

Tomuschat, Christian, International Covenant on Civil and Political Rights, in: Wolfrum, Rüdiger (Hrsg.), The Max Planck Encyclopedia of Public International Law, Bd. V, Oxford 2012, S. 639–667

Treves, Tullio, Customary International Law, in: Wolfrum, Rüdiger (Hrsg.), The Max Planck Encyclopedia of Public International Law, Bd. II, Oxford 2012, S. 937–957

Turns, David, The War on Terror through British and International Humanitarian Law Eyes: Comparative Persprectives on selected Legal Issues, N.Y. City L. Rev. 2006–2007, S. 435–477

Turse, Nick u. a., Verified Civilian Slayings, Los Angeles Times Online vom 06.08.2006, http://www.latimes.com/news/la-na-vietcases6aug06,0,371318.story (zuletzt abgerufen am 19.12.2013)

Vagts, Detlev F., The traditional Legal Concept of Neutrality in a changing Viroment, Am. U. Int'l L. Rev. 1998, S. 83–102

van Ypersele, Laurence, Belgien, in: Hirschfeld, Gerhard u. a. (Hrsg.), Enzyklopädie Erster Weltkrieg, 2. Auflage, Paderborn [u. a.] 2004, S. 44–49

Vasiliauskiene, Violeta, Armed Conflict in the Fight against Terrorism, Baltic Y.B. Int'l L. 2011, S. 193–209

Vedder, Christoph, Die allgemeinen UN-Menschenrechtspakte und ihre Verfahren, in: Dederer, Hans-Georg u. a. (Hrsg.), Handbuch der Grundrechte, Bd. 6.2: Europäische Grundrechte, universelle Menschenrechte, Heidelberg 2009, S. 237–302

Vité, Sylvain, Typology of Armed Conflicts in International Humanitarian Law: Legal Concepts and Actual Situations, IRRC 2009, S. 69–94

Vogel, Ryan J., Drone Warfare and the Law of Armed Conflict, Denv. J. Int'l L. & Pol'y 2010, S. 101–138

Vöneky, Silja, Implementation and Enforcement of International Humanitarian Law, in: Fleck, Dieter (Hrsg.), The Handbook of International Humanitarian Law, 3. Auflage, Oxford [u. a.] 2008, S. 647–700

Walker, Paul, Chávez denounces Colombian Raid as War Crime, The Guardian Online vom 06.03.2008, http://www.theguardian.com/world/2008/mar/06/venezuela.colombia (zuletzt abgerufen am 19.12.2013)

Watkin, Kenneth, Controlling the Use of Force: A Role for Human Rights Norm in Contemporary Armed Conflict, Am. J. Int'l L. 2004, S. 1–34

Weissbrodt, David S./ de la Vega, Connie, International Human Rights Law, Philadelphia 2007

Wenzel, Nicola, Human Rights, Treaties, Extraterritorial Application and Effects, in: Wolfrum, Rüdiger (Hrsg.), The Max Planck Encyclopedia of Public International Law, Bd. IV, Oxford 2012, S. 1131–1138

Westlake, John, International Law, Bd. 2: War, Cambridge 1913

Whitaker, Brian/ Burkemann, Oliver, Killing probes the Frontiers of Robotics and Legality, The Guardian Online vom 06.11.2002, http://www.theguardian.com/world/2002/ nov/06/usa.alqaida (zuletzt abgerufen am 19.12.2013)

Wilmshurst, Elizabeth, Conclusions, in: Wilmshurst, Elizabeth (Hrsg.), International Law and the Classification of Conflicts, Oxford 2012, S. 478–503

Zechmeister, David, Die Erosion des humanitären Völkerrechts in den bewaffneten Konflikten der Gegenwart, Baden-Baden 2007

Zegveld, Liesbeth, Accountability of Armed Opposition Groups in International Law, Cambridge [u. a.] 2002

Zieger, Matthias, Die Behandlung interner Konflikte im Kriegsvölkerrecht, München 1972

Zimmermann, Andreas, War Crimes committed in an Armed Conflict not of an International Character, in: Triffterer, Otto (Hrsg.), Commentary on the Rome Statute of the International Criminal Court, München [u. a.] 2008

Zimmermann, Andreas/ Geiß, Robin, § 8 VStGB, in: Lagodny, Otto (Hrsg.), Münchener Kommentar zum Strafgesetzbuch, Bd. 8, 2. Auflage, München 2013, S. 1178–1213

Zwahr, Dr. Annette, Terrorismus, in: Brockhaus (Hrsg.), Enzyklopädie in 30 Bänden, Bd. 27, 21. Auflage, Leipzig [u. a.] 2006, S. 233–242

www.ingramcontent.com/pod-product-compliance
Ingram Content Group UK Ltd.
Pitfield, Milton Keynes, MK11 3LW, UK
UKHW021837290926
8980IPUK00004B/513

9 783631 742082